초사담헌 연경재 성해응의

지은이 연경재(研經齋) 성해응(成海應)

1760(영조 36)년~1839(헌종 5)년. 자는 용여(龍汝), 본관은 창녕(昌寧), 연경재는 그의 호이다. 18세기 후반~19세기 초반에 활동한 실학자이자 문인으로, 정약용(丁若鏞)과 함께 조선 후기를 대표하는 통유(通儒)로 평가받는다. 정조 때 규장각 검서관을 지냈으며 박학 고증적인 학문 성향을 지니고 있었다. 관직에서 물러난 뒤 150여 권의 『연경재전집(研經齋全集)』을 저술하였다. 특히 『초사담헌(草榭談獻)』을 통해 중세 사회에서 가장 천한 신분으로 평가받는 기녀와 광대, 백정 등을 한 인간으로 동등하게 존중했고, 나아가 창기제도를 비판하며 그의 폐지를 주장했다. 또한 입전(入傳) 인물을 확장하여 일국적 시야를 넘어선 세계적 시각과 인식을 견지함으로써 개혁적·실학적 사유의 틀을 마련했다.

옮긴이

손혜리·성균관대 동아시아학술원 연구교수
이성민·성균관대 대동문화연구원 수석연구원

실시학사
실학번역총서
09

연경재 성해응의
초사담헌

성해응 지음
손혜리 · 이성민 옮김
재단법인 실시학사 편

사람의무늬

實學飜譯叢書를 펴내며

   실시학사(實是學舍)에서 실학연구총서(實學硏究叢書)를 발간하여 학계에 공헌하면서 뒤이어 실학번역총서(實學飜譯叢書)를 내기로 방침을 세운 것은 벌써 2년 전의 일이다. 실시학사가 재단법인으로 발전하면서 그 재정적 바탕 위에 여러 가지 사업을 수행하는 가운데 실학(實學)에 관한 우리나라 고전들을 골라, 한문으로 된 것을 우리글로 옮겨서 대중화 작업을 시도하기로 한 것이다.

   여기, 이 기회에 나는 다시 몇 마디 말씀을 추가할 것이 있다. 이 실학번역총서를 낸다는 말을 전해 듣고 모하(慕何) 이헌조(李憲祖) 형이 앞서 거액을 낸 것 외에 다시 적지 않은 돈을 재단에 출연해 주었다. 나는 그의 학문에 대한 열정에 오직 감동을 느꼈을 뿐, 할 말을 잊었다. 오늘날 우리나라에서 사회문화에 대한 허심탄회(虛心坦懷)로 아낌없이 투자해 줄 인사가 계속해서 나와 준다면 우리 학계가 얼마나 다행할까 하는 생각을 금(禁)할 수 없었다.

실(實)은 실시학사가 법인으로 되기 전부터, 나는 성균관대학교에서 정년퇴임한 뒤에 진작 서울 강남에서 학사(學舍)의 문을 열고 젊은 제자들과 함께 고전을 강독하면서 동시에 번역에 착수하였고, 그 뒤 근교 고양(高陽)으로 옮겨 온 뒤에도 그대로 계속하여 적지 않은 책들을 간행하였다. 예를 들면 경학연구회(經學研究會)가 다산 정약용(茶山 丁若鏞)의 『정체전중변(正體傳重辯)』, 『다산과 문산(文山)의 인성논쟁』, 『다산과 석천(石泉)의 경학논쟁』, 『다산과 대산(臺山)·연천(淵泉)의 경학논쟁』, 『다산의 경학세계(經學世界)』, 『시경강의(詩經講義)』5책 등을 번역 출판하였고, 고전문학연구회(古典文學研究會)가 영재 유득공(泠齋 柳得恭)의 『이십일도회고시(二十一都懷古詩)』와 『열하기행시주(熱河紀行詩註)』각 1책, 낙하생 이학규(洛下生 李學逵)의 『영남악부(嶺南樂府)』1책, 그리고 『조희룡전집(趙熙龍全集)』5책, 『이옥전집(李鈺全集)』5책, 『산강 변영만(山康 卞榮晩)전집』3책, 유재건(劉在建)의 『이향견문록(里鄉見聞錄)』1책 등을 모두 번역 출판하였다. 이 열거한 전집들 중에는 종래 산실(散失) 분장(分藏)된 것이 적지 않아서 그것을 수집하고 재편집하는 데 많은 노력을 기울였다. 이 과정에서 제자들은 어려운 생활 속에서도 세월 따라 능력이 성장해 왔고 나는 그것을 보면서 유열(愉悅)을 느껴, 스스로 연로신쇠

(年老身衰)해 가는 것도 잊고 있었다.

　그런데 이제 번역 사업이 본격화되면서 많은 역자(譯者)가 한꺼번에 나오게 되고 나는 직접 일일이 참여할 수 없게 되고 보니 한편 불안한 점이 없지도 않다. 나는 지난날 한때 민족문화추진회(民族文化推進會, 韓國古典飜譯院의 前身)의 회장직을 맡아, 많은 직원들, 즉 전문으로 번역을 담당한 분들이 내놓은 원고들을 하나하나 점검할 수도 없어 그대로 출판에 부쳐 방대한 책자를 내게 되었다. 물론 역자들은 모두 한문 소양이 상당하고 또 성실하게 우리글로 옮겨 온 분들이지만 당시 책임자였던 나로서는 그 자리에서 물러난 지 오래된 지금에 와서도 마음 한 구석에 빚이 되어 있는 것이 사실이다. 그런데 지금 또 실시학사에서 전건(前愆)을 되풀이하게 되는 것이 아닐까 걱정이 앞서기 때문이다.

　그러나 이미 화살은 날았다. 이제 오직 정확하게 표적(標的)에 맞아 주기를 바랄 뿐이다.

2013년 초하(初夏)

李佑成

7

차 례

研經齋 『연경재전집(研經齋全集)』 권55
『초사담헌(草榭談獻)』 2

부록

〈고려대 대학원 도서관 소장 『초사담헌(草榭談獻)』〉

해 제 (解題)

* 손혜리

1. 머리말

『초사담헌(草榭談獻)』은 조선 후기 실학자이자 문인인 연경재(研經齋) 성해응(成海應, 1760~1839)이 저술한 책이다. 그 뜻은 초야(草野)의 누대에서 현자(賢者)에 대해 이야기한다는 의미로 해석된다. '초사(草榭)'는 초야에 있는 누대이고, '담헌(談獻)'은 '현자를 이야기하다'이니, 이때 '헌(獻)'은 '현자'를 뜻한다.

『논어(論語)』, 「팔일(八佾)」에서 공자(孔子)는 "하(夏)나라의 제도를 내가 말할 수 있으나 후손인 기(杞)나라에서 실증하기에 부족하며, 은(殷)나라의 제도를 내가 말할 수 있으나 후손인 송(宋)나라에서 실증하기에 부족한 것은 문헌이 부족하기 때문이다. 문헌이 충분하다면 내 말을 실증할 수 있을 것이다."라고 하였다. 이에 대해 주자(朱子)는 "문(文)은 전적이고, 헌(獻)은 현자이다.(文典籍也, 獻賢也.)"라고 하여 '헌'의 의미를 밝힌 바 있다.

청(淸)나라 문인 왕사정(王士禎, 1634~1711)의 『지북우담(池北偶談)』에 「담헌」이라는 항목이 있다. 『사고전서총목제요(四庫全書總目提要)』에서 "「담헌」6권은 모두 명나라 중엽 이후부터 청조에 이르기까지 명신(名臣)·석덕(碩德)·기인(畸人)·열녀(列女)를 기록하였다."라고 하였다. 즉 「담헌」은 명나라 중엽부터 청나라 초기까지 충렬을 고취한 현자를 기록한 것이다. 성해응은 『지북우담』의 「담헌」을 참조하여 『초사담헌』의 제목을 붙인 것으로 보인다. 그의 또 다른 저술인 『황명유민전(皇明遺民傳)』의 인용 서목에서 『지북우담』이 확인되는 것으로 그 개연성은 더욱 높아진다.

한편 성해응의 조카 성우증(成祐曾, 1783~1864)은 백부의 저술을 설명하며 다음과 같이 말하였다.

자잘한 이야기들을 모아 『초사담헌』과 『난실담총』이라 하였는데, 국초부터 영조 무신년(1748)에 이르기까지 충렬로 국승(國乘)과 야사(野史)에 수록된 인물들을 위해 전을 지었다. 순절(殉節)·순난(殉難)·충의(忠義)·병의(秉義) 등 각각 부류대로 모아놓았다. 임신년(1812) 서도(西道)의 적들이 변을 일으키자 부군은 적을 토벌하는데 스스로 떨쳐 일어나지 못한 것을 한스러워하였다. 적이 토벌되자 안주 목사 조종영(趙鐘永)에게 편지를 보내 변란에 순국한 여러 사람의 사적을 구하여 기술하였다. 비록 시골의 부녀자와 어린아이같이 천한 이라도 진실로 작은 절개와 재능이 있어 세교(世敎)를 돋우고 민속을 격려할 만한 것이 있으면, 시로 읊고 문으로 기록하여 장고(掌故)의 채록에 대비하여 민멸되지 않도록 하고자 하였다. (『연경재전집(研經齋全集)』, 「연경재부군 행장(研經齋府君行狀)」)

이를 통해 『초사담헌』의 성격과 저술의도가 선명하게 드러난다. 요컨대 『초사담헌』은 성해응이 통일 신라 말엽의 최치원(崔致遠)으로부터 18세기 중엽에 이르기까지 순절·순난·충의·병의 등의 사적을 남긴 이들의 자취를 취재하여 기록하고 논평한 인물 열전이다. 그 대상은 시골의 부녀자와 어린아이같이 힘없고 미천한 이라도 세교를 북돋우고 풍속을 격려할 만한 절개나 재능이 있으면 모두 기록하여 훗날 사가(史家)의 채록에 대비하여 인멸되지 않도록 하고자 한 것이다.

2. 성해응의 생애와 학문성향

1) 가계와 생애

성해응의 자는 용여(龍汝), 호는 연경재(研經齋)·난실(蘭室), 본관은 창녕이다. 그의 집안은 5대조 성후룡(成後龍, 1621~1671) 대부터 서족이 되었다. 성후룡은 인조(仁祖) 때 우의정을 지낸 김상용(金尙容)의 서녀(庶女)와 혼인하여 완(琬)과 경(璟)을 낳는다. 이 혼인을 계기로 성해응의 집안은 대대로 안동(安東) 김문(金門)과 긴밀한 관계를 유지하게 된다.

종고조 성완(成琬, 1639~1710)은 시에 뛰어나 임술(壬戌, 1682)사행에 제술관으로 참여하였고, 종증조 성몽량(成夢良, 1673~1735)은 기해(己亥, 1719)사행에 서기로 참여하였다. 부친 성대중(成大中, 1732~1809)은 문과에 급제한 뒤 계미(癸未, 1763)사행에 서기로 참여하여 일본에서 문명(文名)을 떨쳤다. 이처럼 성해응의 집안은 성완과 성몽량, 성대중으로 이어지는 3대가 사행에 종사하였다. 사행에서 제술관이나 서기는 서족 출신 중 문한이 뛰어난 인물이 주로 선발되었던 만큼 이 집안의 문학적 역량은 당대의 인정을 받았던 셈이다. 성대중은 사행 후 9년 동안 교서관 교리(校書館校理)를 지냈으며, 순정한 문체를 구사한다 하여 정조(正祖)의 칭찬을 받고 서족 출신으로는 이례적인 종 3품 북청도호부사에 제수되었다. 조선조 사상(史上) 서족 출신으로 가장 높은 품계에 오른 인물인 것이다.

이러한 가문적 배경아래 성장한 성해응은 부친으로부터 교유권을 비롯하여 학문과 문학 및 예술에 대해 많은 영향을 받는다. 그는 1783년(정조7) 진사시에 합격하고, 1788년(정조12) 규장각(奎章閣) 검서관(檢書官)에 임용되면서 중앙에 처음 진출하여 국가에서 주관하는 각종 편찬 사업에 참여하고 규장각에 비장(秘藏)된 국고 문헌을 두루 열람하였으며 당대를 대표하는 학자들과 교유하였다. 특히 부친 대부터 교유가 있던 이덕무(李德懋)·유득공(柳得恭)·박제가(朴齊家) 등과 검서관으로 함께 근무하면서 박학하고 고증적인 학문성향, 역사지리에 대한 관심, 실학적 학풍 등의 영향을 받게 된다.

1800년 정조 사후에는 통례원 인의(通禮院引儀), 금정 찰방(金井察訪), 음성 현감(陰城縣監) 등 외직을 주로 역임하였다. 1815년(순조15) 관직에서 물러난 뒤 고향 포천에 은거하여 저술에 몰두한 결과 150여 권에 달하는 방대한 분량의 『연경재전집(研經齋全集)』을 남겼다. 1825년(순조25)에 이서구(李書九)가 죽자 뒤이어 『존주휘편(尊周彙編)』의 편수를 마무리 하였으며, 이후 1839년(헌종5) 80세를 일기로 생을 마쳤다. 헌종(憲宗)때 영의정을 지냈으며 세교가 있던 조인영(趙寅永)은 "백 년 이전은 모르겠고 이후에 이러한 사람은 없을 것이다."고 하였으며, 조카 성우증은 "지위가 덕(德)을 충족시키지 못하였다."고 하며, 성해응의 죽음을 애도하였다.

2) 박학 고증적 학문성향

일찍이 이병도(李丙燾) 박사는 정약용(丁若鏞, 1762~1836)과 함께 성해응을 '통유(通儒)'로 고평한 바 있다. 『연경재전집』은 본집(本集) 61권과 외집(外集) 70권, 속집(續集) 17책(冊)으로 구성되어 있다. 본집은 시와 문이 연대별로 수록되어 있으며, 외집은 독특하게 경(經)·사(史)·자(子)·집(集)의 4부 체재를 갖추고 있다. 이 외집은 성해응의 '통유'로서의 면모를 여실히 보여준다.

성해응은 "한학(漢學)과 송학(宋學)을 합하여 그 요체를 잡아 박문약례(博文約禮)의 가르침에 이른다면 학문이 넉넉해질 것이다."라고 하여 '박문약례'와 '한송겸장(漢宋兼掌)'을 학문의 지향점으로 천명하였다. '박문약례'는 학문에 대한 해박한 지식과 이를 실천하는 과정을 말한다. 실제 그는 경사(經史)뿐만 아니라 서화(書畫)·산수(山水)·이기(彝器)·금석(金石)·도검(刀劍) 등에 대하여 다채로운 기록을 남겼다. 또 좋은 문장을 쓰기 위한 조건으로 기(氣)와 법(法), 식(識)을 들고, 그 중에서 특히 '식'의 역할을 강조하였다. 문장의 기세와 법도가 있어도 이들을 운용할 수 있는 '식' 즉 '견식(見識)'이 있어야 문장을 제대로 완성할 수 있다는 논리다. '견식'의 강조는 박학한 학문성향과 연동된다. 풍부한 견식이야말로 다채로운 작품 세계를 구사하며, 다양한 인물과 사건에 관심을 갖고 기록하게 된 동인(動因)이 된다. 풍부한 견식과 이를 토대로 한 박학한 학문성향 그리고 저술에 대한 강한 의지가 바로 『연경재전집』을 저술하게 된 배경이다.

한편 성해응은 경(經)을 자신이 걸어가야 할 길로 인식하여 '연경재(研經齋)'라 자호(自號)할 만큼 치력하였다. 이때의 경은 '육경(六經)'을 의미한다. 육경은 한(漢)나라 때 성행하여 명물도수(名物度數)를 강조하였으며 박흡하고 실증적이며 경세적이다. 당시 한학과 송학을 하는 사람들은 각각 공허한 말[空言]과 진부한 말[陳言]이라 하여 서로를 비난하였다. 한학은 육경을, 송학은 사서(四書)를 위주로 하였지만 애초에 육경과 사서는 분리되지 않고 하나인 것을 알지 못했던 것이다. 송학의 의리학(義理學)이 한학의 명물도수학(名物度數學)보다 절대적 우위를 차지하던 당시 분위기를 고려할 때 '한송겸장'을 주장한 성해응이 한학에 경도된 것은 분명해 보인다. 그렇다고 해서 그가 결코 송학을 소홀히 한것은 아니다. 오히려 송학의 의리를 적극적으로 수용하여 명말청초의 유민 574명을 입전한 「황명유민전」을 비롯하여 「송유민전(宋遺民傳)」·「청성효열전(靑城孝烈傳)」·「일민전(逸民傳)」·「나려유민전(羅麗遺民傳)」등 유교사회의 이념을 충실하게 실천한 인물군의 사적을 대거 기록하였다. 따라서 송학의 의리를 중요시하되 당대에 활동했던 다른 문인학자들보다 한학에 보다 치중했다고 볼 수 있다.

성해응은 역사적 인물로부터 동시대를 살았던 이들에 이르기까지 인물에 관한 많은 기록을 남겼다. 그러므로 인물을 기록한 전(傳)이나 기사(記事)의 분량은 압도적이다. 전과 기사는 근원 사실을 바탕으로 기술하는 장르이며, 이때 기술된 인물은 역사적으로 기릴 만한 가치가 있는 이를 대상으로 삼는다. 본 역서인『초사담헌』또한 역사적으로 기릴 만한 가치가 있는 인물을 대상으로 근원 사실에 바탕하여 기록한 인물전이다.

3. 『초사담헌』의 서지사항

1) 이본 검토

본 역서의 저본은 한국고전번역원에서 간행한 한국문집총간본『연경재전집』권54~57에 수록된『초사담헌』이다. 한국문집총간본『연경재전집』
(이하 문총본)은 고려대 도서관에 소장된 필사본『연경재전집』(대학원 貴
555, 555A, 555B)을 저본으로 하여 체재를 바로잡고 중복된 것을 산삭하
여 영인하였다. 1985년에 오성사에서 고려대본을 영인하여 출간한 바
있으며, 2001년에 한국고전번역원에서 고려대본을 정리하여 영인하고
DB화하여 공개한 이후 현재까지 가장 널리 알려지고 많이 활용된 판본
이다.

　다음은 성균관대 도서관 존경각(B09C-0100, 이하 성대본)에 소장된 4
권2책의 필사본으로, 문총본과 체재 및 목차가 대체적으로 일치한다. 다
만 약간의 글자 출입이 있으며 행이 몇 줄 빠진 구절도 있다. 특히 문총
본『초사담헌』2에 수록된 '정대임(鄭大任)・박의장(朴毅長)'이 빠진 대신
'이립(李立)・장린(張遴)'이 기록되어 있다. 또『초사담헌』4에 수록된 임
씨녀(任氏女)는 삭제 표시가 되어 있으며, 우심(牛尋)과 준수좌(儁首坐)
는 목차에는 기록되어 있지만 정작 내용이 없다. 마지막에 수록된 권극
중(權克中)과 이덕우(李德宇)는 문총본과 순서가 바뀌었으며 필체가 매
우 난삽하다. 성대본『초사담헌』에 표기된 교정과 삭제 표기가 문총본
에 대부분 반영되어 정서(淨書)된 만큼 문총본은 성대본을 바탕으로 하
여 기록된 것으로 보인다.

　마지막은 일본 오사카부립나카노시마도서관(日本大阪府立中之島圖書
館, 이하 나카노시마도서관본)에 소장된 것(韓9-77)으로, 불분권(不分卷) 2
책이며 1책은 74장이고 2책은 67장이다. 판심(版心) 하단에 '자연경실
장(自然經室藏)'이라는 인장이 찍혀 있어 나카노시마도서관본의 소장자
가 서유구(徐有榘, 1764~1845)임을 알 수 있다. 자연경실은 서유구의 당
호(堂號)이다.『연경재전집』에는 성해응이 서유구에게 써 준 시와 편지,
송서(送序) 여러 편이 확인된다. 이러한 친분으로 인해 서유구가『초

사담헌』을 소장하고 있었던 듯하다. 지난 1987년에 국립중앙도서관에서 나카노시마도서관본을 마이크로필름으로 촬영하여 일반에게 공개하였다.

나카노시마도서관본에는 문총본에 없는 인물이 대거 수록되어 있다. 나카노시마도서관본에만 수록된 인물로는, 건(乾)에 정렴(鄭磏)·이지함(李之菡)·양사언(楊士彦), 이의건(李義健)·이몽규(李夢奎), 성운(成運)·성제원(成悌元)·박개(朴漑)·이우(李瑀), 김시민(金時敏)·김천일(金千鎰)·최경회(崔慶會)·고종후(高從厚)·황진(黃進)·장윤(張潤)·양산숙(梁山璹)·이종인(李宗仁), 정운(鄭運)·이영남(李英男)·신호(申浩), 곽국안(郭國安)·박춘(朴春), 김사붕(金瀉鵬) 등 23명이 있고, 곤(坤)에 박영서(朴永緒)·이중로(李重老)·이성부(李聖符)·박영신(朴英臣)·윤정준(尹廷俊)·이사주(李師朱), 정씨노(鄭氏奴)·유가비(劉家婢)·김가비(金家婢)·만석(萬石), 변부인(邊夫人), 김열부(金烈婦)·양절부(楊節婦)·박열부(朴烈婦) 등 14명이 있다. 즉 나카노시마도서관본에는 널리 알려진 문총본『초사담헌』에서 확인되지 않는 37명의 새로운 인물이 기록되어 있는 것이다.『초사담헌』의 종합적 연구를 위해서는 문총본을 바탕으로 성대본과 나카노시마도서관본을 전면적으로 검토하고 논의할 필요가 있다.

2) 구성 및 내용

본 역서의 저본인 문총본『초사담헌』의 구성과 내용을 파악하기 위해 전체 목차를 제시하면 다음과 같다.

〈표〉 韓國文集總刊本(『硏經齋全集』 권54~57)

권54 (41명)	崔致遠, 新羅王子	권56 (36명)	朴承任, 尹鏌
	苜蓿政丞, 王白二尙書		鄭時凝, 宋將軍
	大朗慧, 智證, 慧昭		朴淵, 魚繼卜
	南乙珍, 趙瑜, 李陽昭		黃功, 康世爵
	李慶流, 尹安國, 尹淳		金忠善, 貴盈哥
	鄭希良, 朴枝華		金宗立, 趙某
	南師古, 鄭斗		屈氏, 梅環
	權吉, 申吉元		申瀏, 慶河昌
	林懽, 宋齊民		朴星錫, 新源
	鄭起龍, 洪季男, 高彦伯		成揆憲, 金百鍊
	李福男, 任鉉, 金敬老		李夫人, 郭夫人, 任夫人
	白光彦, 李之詩, 金德麟		江上烈孝女, 金銀愛
	魯認, 金永哲, 崔陟		賣粉嫗, 玉娘, 柳氏妾, 有分
	郭再祐, 諸沫		山南烈婦, 金時雨
	僧休靜, 僧惟政		金埴, 金呂鳴
	晉州妓, 桂月香		李述原, 愼溟翊, 田興道
	柳成龍兄, 柳琳叔		
권55 (33명)	金蟾, 愛香, 論介, 今玉, 龍岡妓	권57 (28명)	金晉熙
	姜緖, 趙忠男		李秀節, 張翻
	海上漁父, 醴泉隱者, 成處士		金聖基, 金鳴國
	鄭之升, 李之蕃		李台明, 釋致雄
	金萬壽, 光鋏		洪世泰, 李泰
	劉希慶, 白大鵬		嘉山童, 郭氏兒
	曺德健, 白胤耉		全百祿, 田日祥, 洪禹祚
	王一寧, 金溟鵬		刑仙, 祁利衮
	李成梁女, 李成龍		魚錫光, 洪楗
	鮮于浹, 李載亨		翠梅, 莫德
	鄭大任, 朴毅長		趙節婦, 優人妻
	權井吉, 朴義		金姬
	朴震龜, 馬神仙		趙峞
	慶運宮宮人, 韓保香, 李守則		牛尋, 儁首坐
			權克中, 李德宇

위 표를 통해 『초사담헌』은 최치원부터 몰년이 1753년으로 확인되는 전일상(田日祥)에 이르기까지 통일 신라 말엽에서 18세기 중반까지 활약한 139명이 연대순으로 기록되어 있음을 알 수 있다. 수록된 인물은 주로 임진왜란과 병자호란 때 활약한 의병과 의병장을 비롯하여 이인좌(李麟佐)의 난과 신임(申壬)옥사 등 국가적 변란에 지절을 지킨 인물 및 기녀, 노비, 무당, 궁녀, 향리, 백정, 어부, 은자(隱者), 처사(處士), 신선, 화가, 악사, 승려, 품팔이꾼, 점술가 등 실로 다채롭다. 국적별로는 우리나라 뿐 아니라 중국, 일본, 남만(南蠻) 등의 인물이 수록되어 그야말로 조선 후기 다양한 인물전을 표방한다.

또 마신선(馬神仙), 바닷가의 어부〔海上漁父〕, 예천(醴泉)의 은자(隱者), 성처사(成處士), 어계복(魚繼卜), 유씨(柳氏)의 첩(妾), 유분(有分), 전흥도(田興道), 광대의 아내〔優人妻〕, 금희(金姬), 준수좌(儁首坐), 김열부(金烈婦), 양절부(楊節婦), 박열부(朴烈婦) 등 14명에 관한 기록은 『초사담헌』에서만 확인할 수 있다. 그러므로 『초사담헌』은 조선 후기의 주목할 만한 새로운 인물에 대한 지식 정보를 제공해 준다는 측면에서 자료적 가치가 크다.

4. 『초사담헌』의 내용적 특징과 의미

1) 초야의 기걸지사(奇傑之士)에 대한 연민과 기록

성해응은 "초야에는 예부터 우뚝 뛰어난 선비가 많다(草野故多奇傑之士.)"고 하여 훌륭한 덕과 비범한 재능을 지니고 있지만 초야에 은거하여 사적이 인멸될 처지에 놓인 이들을 적극적으로 취재하였다.

백대붕(白大鵬)은 시를 잘 지었지만 노비 출신으로 과거에 응시할 수 없었다. 임진왜란 때 북상하는 왜적을 맞아 싸우다가 전사하였으나 신분이 낮아 세상에 알려지지 않았다. 이에 대해 성해응은 "백대붕의 절개는 세 명의 종사관과 비교할 때 경중을 가릴 수 없는데, 세 명의 종사관만 제단을 만들어 제향하고 있다. …… 이런 부류의 인물들이 인멸된 것을 또 어찌 한스럽게 여기겠는가."라고 평하였다. 세 명의 종사관은 임진왜란 당시 순변사 이일(李鎰)의 종사관으로 상주 전투에서 전사한 윤섬(尹暹)과 박호(朴篪), 이경류(李慶流)를 가리킨다. 이들은 1794년(정조 18) 상주의 충의단(忠義壇)에 제향되었다. 백대붕의 절개가 이들보다 결코 못하지 않지만 노비 출신이기 때문에 알려지지 않은 것을 안타까워하였다.

군대의 하급 관리이던 김려명(金呂鳴)은 이인좌의 난이 일어나자 노모와 어린 두 아들을 남겨두고 적과 싸우려 했는데 초계 군수 정양빈(鄭暘賓)이 도망쳐 버렸다. 관군의 지원을 받지 못한 김려명은 용감하게 적을 물리쳤지만, 정양빈은 자신의 죄가 탄로날까 두려워 김려명을 죽이고 만다. 난이 평정된 뒤 봉조하(奉朝賀) 박필기(朴弼琦)가 정양빈이 김려명을 무고하여 죽인 죄를 성토한 계(啓)를 올렸으나, 당시 정양빈의 무리 중 권세가와 결탁한 이가 많아 원통함은 끝내 밝혀지지 못했다. 성해응은 이에 대해 "김려명은 죽었는데도 신원되지 못하였으니, 저 무고를 잘하는 이들은 과연 무슨 마음일까? 공명(功名)에 관련된 일은 예부터 그러하였다."라고 하여, 큰 공을 세웠지만 억울하게 죽임을 당하고 훗날 신원조차 되지 못한 김려명을 안타까워하며 자신의 안위를 위해 무고를 일삼는 자들에 대한 울분을 표출하였다.

김진희(金晉熙)도 이인좌의 난이 일어나자 하급 관리의 신분으로 사람들을 모아 적을 진압하였다. 큰 공을 세웠으나 자신을 기다리는 연로한 어머니를 위해 논공행상(論功行賞)을 위한 서계를 작성할 겨를도 없이 고향 사람 박민웅(朴敏雄)에게 공을 넘기고 고향으로 돌아갔다. 소무사(召撫使) 유숭(兪崇)이 김진희의 이름으로 서계를 바꾸고자 했으나 결국 이루지 못하였다.

내가 음성 현감으로 있을 때 들으니, …… 김진희는 이미 작은 고을에 깊숙이 숨어 사적이 인몰되고 침잠하였다. 정조께서 일찍이 높은 벼슬을 더해 주셨는데 사람들은 오히려 알지 못하는 자가 있고, 아는 자들도 숨기며 분명하게 말하지 않는 것은 『감란록』에 실려 있는 박민웅 때문이다. 사람들이 직접 보고 들은 사적도 이처럼 모호한데 하물며 천년이 흐른 뒤에야 말할 것이 있겠는가? (『초사담헌』4, 〈김진희〉)

정조 무신년(1790)에 누락된 공신들의 사적을 정리하는 과정에서 김진희의 행적이 밝혀져 벼슬이 추증되었다. 그럼에도 불구하고 그의 사적은 널리 알려지지 못했다. 이 문제는 김진희가 자신의 공을 넘겨준 박민웅과의 관계에서 기인한다. 당시 서울에 있던 박민웅은 난이 일어났다는 소식을 듣고 고향으로 돌아와 적과 싸워 공을 세웠다. 그리고 김진희의 요청에 따라 그의 무공까지 아울러 자신의 몫으로 보고하여 『감란록(戡亂錄)』에 수록되었다.

『감란록』은 영조 때 무신란의 발생과 진압, 사후 처리의 과정을 정리한 책이다. 처음부터 잘못 수록된 것이지만, 박민웅과 연관된 사람들이 입을 다물고 진실을 은폐하는 바람에 김진희의 공은 끝내 드러날 수 없었던 것이다. 이처럼 비교적 명백한 사적도 조작과 인멸이 가능한데 세월이 흐름에 따라 진실은 왜곡될 수 있으며 왜곡된 진실은 고착화되기 마련이다. 이에 성해응은 사실의 전모를 객관적으로 서술하여 김진희의 활약상을 제대로 규명하고 분에 넘친 평가를 받으면서도 진실을 은폐한 박민웅을 비판하였다.

김만수(金萬壽)와 그의 아들 김광협(金光鋏)은 황해도 봉산(鳳山) 출신의 무인이다. 이들은 임진왜란이 일어나자 의병을 일으켜 해서(海西) 지역을 방어하고 왜구를 막는데 큰 공을 세웠다. 김광협은 전란 중에 전사하였고, 김만수는 전공(戰功)을 논할 때 시기하는 자의 배척을 받아 공신에 책봉되지 못하였다. 두 사람 모두 사후에 벼슬이 추증되었다. 이들에 대한 성해응의 논평을 주목할 만하다.

임진년 왜란 때 호남과 영남에서 많은 의병이 일어나 주와 현에 분산되어 많은 왜적을 죽였다. 해서에서는 봉산의 김만수, 황주(黃州)의 황하수(黃河水)와 윤담(尹聃), 중화(中和)의 김진수(金進壽)가 모두 벌떼처럼 일어나 굳건히 싸워 왜구를 제압할 수 있었으니, 영남과 호남의 의병에 뒤지지 않는다. 그런데 지금 사람들은 권응수와 정기룡 등 영남과 호남의 의병장만 알 뿐 김만수 등은 전혀 들어보지 못했다. 이는 해서가 궁벽한 곳이라 문헌이 없기 때문이다. 또한 김만수는 권응수 등과 마찬가지로 전쟁터에서 스스로 빠져나와 공명을 세우는 일에 자신을 힘써 드러낼 수 없었기 때문이다. 애석하다. 하지만 그들의 충성과 의리에 대해 어찌 세상에 드러났는지의 여부로 논할 수 있겠는가. (『초사담헌』2, 〈김만수 · 김광협〉)

임진왜란이 일어나자 영호남 뿐만 아니라 해서 즉 황해도 지역에서도 김만수 부자를 비롯하여 많은 의병이 일어나 활약을 펼쳤다. 그러나 황해도 출신의 의병들은 영호남 출신에 비해 거의 알려지지 않았다. 이는 황해도 지역이 궁벽하고 문헌이 없어 무공(武功)을 세우더라도 증명할 수 있는 문서가 통용되지 않았기 때문이다. 성해응은 지역적 연고로 인

해 사적이 인멸되어 버릴 지경에 이른 김만수 부자의 사적을 기록하여
세상에 전하고자 한 것이다.

박성석(朴星錫)은 송시열(宋時烈), 김수항(金壽恒), 민정중(閔鼎重)의
문하에서 수학하다가, 효종이 대의(大義)를 밝힌다는 소식을 듣고는 글
읽기를 그만두고 활쏘기를 배워 무과에 합격하였다. 이후 서북 지역의
도적을 막고 변방을 정비하는데 큰 공을 세웠다. 성해응은 "박성석은 평
소 건방진 무인으로 일컬어졌다. 나라 풍속이 무인을 천시하고 문인을
숭상하여 무인이 된 자는 비록 지벌이 고르고 품계가 같더라도 또한 문
인에게 굴욕을 당했으니, 조금만 고집이 세고 꼿꼿하면 건방지다고 일
컬어졌던 것이다. 저 박성석은 대로(大老)를 종유하여 평소에 의리를 강
론하여 밝혔으니, 문신들이 아첨하고 구차하게 영합하여 공명을 취하는
것을 보고서 실로 마음에 들지 않았을 것이다. 그러니 어떻게 그들을 경
시하지 않을 수 있었겠는가? 가령 문곡과 노봉의 곁에 있었다면 어찌
그가 교만했겠는가?"(『초사담헌』3, 〈박성석·박신원〉)라고 논평하였다. 뛰
어난 재주를 지녔지만 무인이기 때문에 제대로 된 평가를 받지 못하였
으며, 문신들에게 굽신거리지 않고 꼿꼿하다는 이유로 '건방진 무인[驕
武]'이라 일컬어진 것에 대하여 안타까움을 표출한 것이다. 나아가 무인
을 천시하고 문인을 숭상하며, 문인이 무인을 함부로 대하는 풍속에 대
해서도 비판하였다.

이처럼 성해응은 노비나 한미한 가문 출신의 무인, 군대의 하급 관리
처럼 신분이 낮거나, 혹은 공을 다투는 상대의 시기와 무고, 은폐에 기
인하거나, 해서 지역처럼 궁벽하여 문헌이 전하지 않는 등의 이유로 훌
륭한 사적을 성취하였지만 그에 걸맞은 대우나 평가를 받지 못하고 인
멸되어 버릴 처지에 놓인 초야의 기걸지사(奇傑之士)를 적극적으로 취재
하여 기록하였다. 사회적으로 소외된 하층 신분의 인물이 대부분으로,

이들의 사적이 인멸되어 세상에 전해질 수 없게 된 이유에 대하여 다양한 사례를 들어 구체적으로 보여준다.

2) 여성 인물의 다양한 취재와 문학적 형상

『초사담헌』에는 여성 인물이 많이 입전되어 있으며 비중 또한 크다. 사대부가 여성으로부터 민가(民家)의 여성, 기녀, 궁녀, 노비, 아전과 백정의 딸, 광대의 아내 등 다양한 인물이 기록되어 있다.

사대부가 여성으로는 이부인(李夫人), 곽부인(郭夫人), 임부인(任夫人), 산남열부(山南烈婦)가 있다. 이들은 모두 시를 잘 짓고 집안의 법도를 다스렸으며 임부인과 같은 경우 사학(史學)에도 뛰어나 학문적 성취가 크다는 평가를 받는다. 성해응은 이들의 시가 섬약하고 아름답기만 한 부녀자의 시가 아니라 유한(幽閑)하고 청일(淸逸)하며 돈후(敦厚)하고 법도로 삼을 만하여 『시경(詩經)』의 풍모가 있다고 극찬하였다.

민가의 여성으로는 강상열효녀(江上烈孝女), 김은애(金銀愛), 막덕(莫德), 금희(金姬)가 있다. 강상열효녀는 아버지를 죽인 원수를 찾아 칼로 찔러 복수한 자매 이야기이며, 김은애는 자신을 무고한 노파를 역시 칼로 찔러 죽인다는 이야기다. 강상열효녀와 김은애는 스토리 자체가 흥미진진하고 묘사가 치밀하여 문학적 형상화가 뛰어나다. 특히 강상열효녀와 같은 경우 당대 많은 사대부 문인들이 전과 한문단편, 기사, 서사한시 등의 양식으로 서술한 바 있다. 성해응 역시 「강상효녀전」, 「강상효녀가」 등의 전과 서사한시를 기록하여 강상열효녀의 '효(孝)'와 김은애의 '절(節)'을 특기하였다.

기녀로는 김섬(金蟾), 애향(愛香), 논개(論介), 금옥(今玉), 용강(龍岡) 기녀가 있다. 이들은 모두 관기(官妓)로 임진왜란과 병자호란 당시 자신이 섬기던 주인이 전란에서 죽자 따라 죽음으로써 절개를 지켰다. 기녀들이 모시던 이들은 왜구와 오랑캐가 쳐들어온 거점 지역의 지방관이었던 만큼 이들의 활약상을 중심으로 서술되어 실제 기녀들의 사적에 대한 분량은 많지 않다. 그러나 이들을 표제로 묶어 제시하고 행적을 간략하게나마 서술하여 정보를 제공하고 의미를 부여했다는 점에서 의의가 있다.

우리나라 풍속에서 관기를 둔 것은 고려 때부터 이미 그러하였다. 그러나 금수와 같은 행동으로 사람을 인도한 것이니 이것은 무슨 이치인가. 세종 때 관기를 없애려고 했지만 허조(許稠)에 의해 저지당했으니, 그가 대도(大道)를 알지 못했음이 안타깝다. 그렇기는 하지만 기생으로서 열행(烈行)을 행한 경우가 많으니, 하늘이 부여한 품성은 귀천에 상관없이 똑같다.(『초사담헌』2, 〈김섬·애향·논개·금옥·용강 기생〉)

세종 때 관기제도를 폐지하자는 논의가 있었으나, 좌의정이던 허조가 반대하여 제도가 유지되었다. 성해응은 이에 대해 금수와 같은 행동으로 사람을 인도한 것이라며 관기제도뿐만 아니라 제도의 폐지를 반대한 허조를 강경한 어조로 비판하였다. 특히 사회적으로 가장 소외되고 천시받는 기녀라도 하늘이 부여한 품성은 귀천에 상관없이 똑같다는 말을 통해 한 인간으로서 기녀의 존엄성을 인정하였다. 신분차별제도의 모순을 비판하고 폐지를 주장한 만큼 선진 개혁적인 의식을 확인할 수 있다.

궁녀로는 경운궁(慶運宮)의 궁녀, 한보향(韓保香), 수칙(守則) 이씨(李氏)가 있다. 이들은 인목대비와 광해군, 장헌세자를 모셨던 자들로, 인목대비가 서궁(西宮)에 유폐되고 광해군과 장헌세자가 폐위되어 죽임을 당한 뒤에도 충절(忠節)을 지켰다. 특히 한보향에 대한 기록은 『초사담헌』

에서만 확인할 수 있는 소중한 정보이다.

노비로는 분 파는 할멈〔賣粉嫗〕, 옥랑(玉娘), 유씨(柳氏)의 첩(妾), 유분(有分)이 있다. 이들은 모두 종의 신분이지만 인연을 맺은 이들과의 약속을 지키기 위해 자결하거나 수절하여 정절을 지켰다. 성해응은 이들에 대해 "네 여인은 모두 천한 자들로 평소에 보고 배운 것이 없었지만, 마음을 허락하고는 그 맹세를 바꾸려 하지 않기도 했고 몸을 허락하고는 절개를 꺾으려 하지 않기도 하였다. 남녀의 정과 생사의 갈림은 진실로 중대한 일인데도 이를 생각지 않은 것은 어째서인가? …… 내가 보고 들은 것이 넓지 못해 단지 이 네 사람만 기록하였다. 어떻게 하면 널리 얻어 숨어 있는 이들을 드러낼 수 있을 것인가?"(『초사담헌』3, 〈분 파는 할멈·옥랑·유씨의 첩·유분〉)라고 논평하였다. 견문한 바가 없는 미천한 신분으로 정절을 지킨 것에 대하여 높게 평가하고, 훌륭한 사적을 남긴 이들을 널리 취재하여 기록함으로써 세상에 전하고자 하는 의도를 선명하게 표출하였다.

이 밖에 아전의 딸 취매(翠梅), 백정의 딸 조절부(趙節婦), 광대의 아내 우인처(優人妻), 임경업의 첩 매환(梅環) 등이 있다. 조절부는 백정의 딸로 글 읽기를 좋아하였고 자신을 훼절시키려는 아버지에 맞서 자결하였다. 광대의 아내는 기지를 발휘하여 남편을 죽이고 자신을 넘보려던 광대를 칼로 찔러 죽였다. 다음은 백정의 딸 조절부와 광대의 아내에 대한 논평이다.

백정과 광대는 천한 자들로, 사람을 욕보일 때 반드시 백정과 광대를 일컫는다. 그런데 어떤 이는 위태로울 때 죽음을 결정하였고 어떤 이는 술수로 남편의 죽음을 면하게 하였으니, 이는 실로 남자도 하기 어려운 일이다. 천한 자들이 비록 스스로 천하게 처신하지만 천하게 처신하지 않는 자도 있다. 사람을 논할 때 걸핏하면 지위의 고하를 따지는 것은 어째서인가?(『초사담헌』4, 〈조절부·광대의 아내〉)

백정과 광대는 사람축에도 들지 못하는 중세 사회에서 가장 천시되는 신분이다. 조절부와 광대의 아내는 백정과 광대의 신분이지만 죽음으로 절의를 지키고 기지를 발휘하여 위험에 처한 남편을 구하였다. 이는 남자들도 행하기 어려운 것으로, 조절부와 광대의 아내는 신분은 천하지만 결코 천하지 않은 인물인 것이다.

기녀에 이어 이 글에서도 하층민 중 가장 미천한 신분인 백정과 광대를 한 인간으로 동등하게 존중하고 그들의 훌륭한 자취를 기록하여 세상에 전하고자 한 성해응에게서 인간에 대한 애정 어린 시선과 함께 합리적이고 개명적인 사고를 다시 한 번 확인할 수 있다.

3) 입전 인물의 확장을 통한 세계 인식

『초사담헌』에는 우리나라 뿐 아니라 중국, 일본, 네덜란드, 달단(㺚狚)족에 대한 사적이 두루 수록되어 있다. 귀영가(貴盈哥)는 만주의 누르하치의 둘째 아들로 강포하며 전투에 뛰어난 인물이다. 홍태시(弘歹始, 청 태종)에게 왕위를 양보한 뒤 조선으로 망명하였으나, 조선에서 박하게 대우하여 음식조차 얻지 못할 만큼 곤궁하였다. 병자년 겨울 홍태시가 조선에 쳐들어오자 귀영가는 홍태시에게 귀의하여 중국으로 돌아갔다. 김충선(金忠善)은 임진왜란 때 조선을 치러 왔다가 조선의 문풍(文風)에 감동하여 항복한 일본인이다.

성해응은 이들에 대해 "김충선 등은 모두 사납고 호방하며 굳센 인물로 우리나라에 귀의하였다. 번곤(藩閫)의 임무를 그들에게 맡겼다면 저들은 반드시 목숨을 바쳐 보답했을 것이다. 그러나 관직을 아껴 주려고 하지 않았느니 어쩌겠는가."(『초사담헌』3, 〈김충선·귀영가〉)라고 하여, 조선으로 망명해 온 인재를 잘 대우하여 활용하지 못한 사실을 지적하였다. 조선의 인재 뿐만 아니라 외국의 인재도 제대로 활용하지 못한 폐쇄성을 통렬히 비판하고 있다.

탐라(耽羅)에 표류해 온 남만 사람 박연(朴淵)과 북관의 바닷가에 흘러 들어온 달단족 어계복(魚繼卜)에 대한 기록은 매우 흥미롭다.

서양인은 기술이 많고 역법과 의술에 가장 뛰어났는데, 솜씨 좋은 장인과 훌륭한 대장장이들은 거의 바다에 빠져 죽었다. 다만 역법을 아는 자 1명과 권법(拳法)을 아는 자 1명, 조총을 잘 쏘는 자 1명과 큰 돌쇠뇌를 잘 쓰는 자 10여 명이 남아 있다가 후에 대부분 일본으로 도망갔다. …… 우리나라는 삼면이 바다에 막혀 도적은 적지만, 동해와 남해 가에는 늘 홍모이와 아란타들이 표류하여 이르렀으니 왜구는 더 말할 것도 없다. 바다 가운데 여러 나라들은 모두 난장이가 조잘대는 듯 하여 그 풍속을 알 수 없다. 그러나 성질이 사납고 표독하여 쉽게 화를 내며 가지고 있는 병기가 모두 정교하니, 만일 변방에서 흉악한 짓을 한다면 어떻게 제어할 수 있을 것인가? 해외의 풍속이 다른 나라라고 하여 선비가 공부하지 않아서야 되겠는가? 신숙주의 『해중제국기』와 같은 것은 참으로 나라를 운영할 방책을 안 것이다.(『초사담헌』3, 〈박연·어계복〉)

박연은 네덜란드인으로 1628년(인조6) 탐라에 표류해 왔는데, 후일 훈련도감에 소속되었으며 우리나라 여자와 혼인하여 자식을 낳고 살았다. 1653년(효종4)에 네덜란드인 하멜 일행이 표류하다가 또 탐라에 이르렀다. 이들은 일본으로 보내줄 것을 요청하였으나 박연의 권유로 조선에 정착하여 중외(中外)의 군영에 소속되었다. 그러나 조선이 이들을 박하게 대우하여 대부분 일본으로 도망갔다. 서양인들은 재주와 기술이 많고 특히 역법과 의술에 뛰어났으니, 우리가 이들을 잘 대우하여 선진 기술 문명을 배웠다면 경세제민(經世濟民)에 큰 도움이 되었을 것이다. 그러나 끝내 그 기회를 놓쳐버리고 말았다.

『해중제국기(海中諸國記)』는 『해동제국기(海東諸國記)』를 말한다. 서장관으로 일본을 다녀온 신숙주(申叔舟, 1417~1475)가 직접 관찰한 일본의 정치·사회·풍속·지리 등을 종합적으로 기록한 저술이다. 일국(一國)의 선비라면 『해동제국기』와 같은 나라를 운영할 계책이 기록된 문헌을 숙지해야 함을 강조하였다. 자발적으로 조선에 온 서양인 박연과 일본인 김충선 등을 잘 대우하여 국정을 운영하는데 효과적으로 활용해야 한다는 논리다.

입전 인물의 확장을 통한 성해응의 일국적 시야 너머 동아시아와 네덜란드를 아우른 세계적 시각과 인식을 탐색할 수 있다. 그의 개명적, 실학적 사유를 확인할 수 있다는 점에서 중요한 글이다.

5. 맺음말

『초사담헌』은 성해응이 통일 신라 말부터 18세기 중엽에 이르기까지 순절·순난·충의·병의 등의 사적을 남긴 139명을 취재하여 기록한 인물전이다. 그 대상은 무명의 군졸, 무인, 은자, 기녀, 노비, 궁녀, 광대와 백정의 딸 등으로 매우 다채롭다. 하층 신분의 인물이 다수를 차지하며, 조선을 비롯하여 중국과 일본, 네덜란드까지 입전 인물이 확장되어 있다. 훌륭한 덕과 비범한 재능을 지녔지만 그에 걸맞은 평가나 대우를 받지 못하고 인멸될 처지에 놓인 이들을 적극적으로 기록하여 세상에 전하고자 한 저술이다.

이 책을 통해 성해응은 중세 사회에서 가장 미천한 신분으로 평가받는 기녀와 광대, 백정 등을 한 인간으로 동등하게 존중하고 나아가 창기 제도를 비판하며 폐지를 주장하였다. 또 입전 인물을 확장하여 일국적 시야를 넘어선 세계적 시각과 인식을 견지함으로써 개혁적, 실학적 사유의 틀을 마련하고 있음을 확인할 수 있다. 그러므로 『초사담헌』은 성해응의 인간에 대한 관심과 기록, 개혁적 의식과 실학적 사유 등을 확인할 수 있는 중요한 저술이다. 본 역서를 통해 『초사담헌』에 대한 연구가 보다 활발하게 이루어지길 기대한다.

1. 이 책은 한국고전번역원에서 간행된 한국문집총간 275권인 『연경재전집(研經齋
   全集)』 권54~57에 수록된 『초사담헌(草榭談獻)』을 저본으로 하였다.

2. 현재 『초사담헌』의 이본은 3종으로 알려져 있으며, 이에 대해서는 해제에 소개
   해 두었다.

3. 번역문을 앞에 싣고 원문을 뒤에 붙였다. 번역문에는 독자의 이해를 돕기 위해
   비교적 자세한 주석을 첨부하였고, 원자료에서 공란으로 비워진 부분은 2차 자
   료를 검토하여 고증한 뒤 보강 번역하였다. 원문에는 교감 사실을 각주에서 밝
   혔으며, 표점을 달아 독자들의 이해를 돕도록 하였다.

4. 각 인물에 관하여 참고할 만한 자료의 출처를 해당하는 번역의 말미에 각주로
   첨부하여 인물을 이해하는 데 도움이 되도록 하였다.

『연경재전집(研經齋全集)』 권54

『초사담헌(草榭談獻)』1

研經齋全集卷之五十四

　草樹談獻一

　崔致遠新羅王子

崔致遠字孤雲黃州人年十二隨海舶朝唐乾符元
年登第年二十八爲侍御史內供奉賜紫金魚袋黃
巢叛都統高駢辟爲從事爲駢檄聲巢罪徵諸道
兵討之由是名聞天下致遠見天下已亂心懷思東
歸光啓元年充詔使還事新羅爲翰林侍讀學士兵
部侍郎知瑞書監事唐素以聲律取士韓偓拉筍鶴
之徒皆以文章名然儸文撞致遠爲妙所著挂苑筆

〈고려대 대학원 도서관 소장 『草樹談獻』 1. 崔致遠 · 新羅王子〉

최치원(崔致遠) / 신라 왕자(新羅王子)

최치원(崔致遠)의 자는 고운(孤雲)이고 본관은 황주(黃州)이다.[1]

12세에 배를 타고 당(唐)나라에 들어가 건부(乾符) 원년에 과거에 급제하였으며, 28세에 시어사 내공봉(侍御史內供奉)이 되어 자금어대(紫金魚袋)를 하사받았다.[2] 황소(黃巢)의 반란[3]이 일어났을 때 도통(都統) 고변(高騈)[4]이 최치원을 발탁해 종사관(從事官)으로 삼자, 고변을 대신해 격문(檄文)을 지어 황소의 죄를 성토하고[5] 여러 도(道)의 병사들을 불러모아 황소를 토벌하게 하였다. 이 일을 통해 명성이 천하에 알려졌다.

---

1 본관은 황주(黃州)이다 : 최치원은 경주 최씨(慶州崔氏)의 시조로 알려져 있는데, 여기서 최치원의 본관을 황주라고 한 것에 대해서는 그 근거를 찾지 못했다. 『초사담헌』의 여러 이본에도 모두 '황주'라고 기록되어 있다. 이본에 대해서는 본 번역서의 해제를 참조하기 바란다.

2 12세에 …… 하사받았다 : 최치원이 당나라에 들어간 12세 때는 868년(경문왕8)이다. 건부 (乾符)는 당나라 희종(僖宗)의 연호로 그 원년은 874년이며, 이 때 최치원은 18세의 나이로 당나라 예부 시랑(禮部侍郞) 배찬(裵瓚)이 주시(主試)한 빈공과(賓貢科)에 급제하였다. 28세 때는 884년이다. 자금어대는 적동(赤銅)으로 만든 물고기 모양의 장식이 붙어 있는 주머니를 말한다.

3 황소(黃巢)의 반란 : 중국 당나라 말기에 일어난 농민반란으로 875년~884년까지 이어졌다. 황소는 당나라 산동성(山東省)에서 소금 밀매(密賣)를 하던 사람인데, 관리의 부패와 무거운 세금에 시달리다가 동업자인 왕선지(王仙芝)에게 호응하여 반란을 일으켰다. 879년에 광주(廣州)를 점령하고, 881년에는 수도 장안(長安)을 점령하였으며, 스스로 황제의 자리에 올라 국호를 '대제(大齊)'라고 하였다. 그러나 883년 관군과의 전투에서 패한 뒤 이듬해 자결하였다.

4 고변(高騈) : 821~887. 당나라 희종 때의 장군으로, 자는 천리(千里)이다. 서천(西川)·형남(荊南)·진해(鎭海)·회남(淮南)의 절도사(節度使)를 역임하였다. 황소의 반란이 일어났을 때 회남 절도사로 있다가 황소의 계책에 빠져 수도 장안이 함락되는 빌미를 제공했으며, 887년 부장(部將) 필사탁(畢師鐸)에게 살해당했다.

5 격문(檄文)을 …… 성토하고 : 최치원이 지은 격문은 「격황소서(檄黃巢書)」를 말하는데, 『계원필경집(桂苑筆耕集)』 권11에 수록되어 있다.

최치원은 세상이 이미 혼란스러워졌음을 보고 신라로 돌아갈 생각을 품고 있다가, 광계(光啓) 원년(885)에 조사(詔使)의 일원으로 돌아와 신라에서 벼슬하여 한림 시독학사(翰林侍讀學士) 병부 시랑(兵部侍郎) 지서서감사(知瑞書監事)가 되었다.

당나라는 본래 성률(聲律, 시(詩))로 선비를 선발하였는데, 한악(韓偓)[6]과 두순학(杜荀鶴)[7] 등이 모두 시로 이름이 났다. 그러나 변려문(騈儷文)[8]은 최치원의 글을 뛰어난 작품으로 추대하였다. 저서로 『계원필경(桂苑筆耕)』 20권이 있는데, 『당서(唐書)』에 그 서명이 실려 있다.[9]

최치원이 돌아온 뒤 김씨(金氏)[10]의 정치 역시 쇠약해져서 궁예(弓裔)가 북원(北原)[11]에서 반란을 일으켰고 견훤(甄萱)이 전주(全州)에서 반란을 일으켰다. 진성여왕(眞聖女王)은 음란하였으며, 은사(隱士) 왕거인(王巨人)이 국정을 비난한 것을 미워하여 가두어 죽이려고 하였는데,[12] 소

---

6 한악(韓偓) : 842~923. 당나라 사람으로, 자는 치요(致堯), 또는 치광(致光)·치원(致元)이며, 호는 옥산초인(玉山樵人)이다. 소종(昭宗) 때 병부 시랑과 한림학사·승지(承旨)를 지냈고, 애제(哀帝) 때 주전충(朱全忠)의 역절(逆節)을 미워하여 민(閩) 땅에 피하였다. 그의 시는 강개 격앙(慷慨激昻)하고 충분(忠憤)의 기가 가득 넘쳤다. 저서로 『한내한별집(韓內翰別集)』이 있다.

7 두순학(杜荀鶴) : 846~904. 당나라 시인 두목(杜牧)의 막내아들로, 자는 언지(彦之), 자호(自號)는 구화산인(九華山人)이며, 벼슬은 지제고(知制誥)에 이르렀다. 그의 시는 백성들의 질고와 현실을 많이 반영하고 있으며, 조탁을 일삼지 않고 전고(典故)를 많이 사용하지 않은 특징이 있다. 저서로 『당풍집(唐風集)』이 있다.

8 변려문(騈儷文) : 화려한 수사(修辭)와 전고를 사용하면서 주로 네 글자 여섯 글자로 짝을 맞추어 짓는 글로 사륙변려문이라고도 한다. 최치원의 「격황소서」가 변려문으로 특히 유명하다.

9 저서로 …… 있다 : 『당서』 권60, 「예문지(藝文志)」 50에 최치원의 저서로 『계원필경』이라는 서명이 수록되어 있다.

10 김씨(金氏) : 여기서는 신라를 의미하는 말로 쓰였는데, 당시 신라 왕의 성씨가 김씨였다.

11 북원(北原) : 신라 오소경(五小京)의 하나인 북원경(北原京), 즉 지금의 원주(原州)를 가리킨다.

인배들이 여왕의 눈과 귀를 가렸고 최치원의 정직함을 꺼려 태산(泰山)과 부성(富城)¹³ 두 군(郡)의 태수(太守)로 내보냈다.

최치원은 당나라에서 벼슬할 때부터 본국으로 돌아온 뒤까지 늘 어지러운 세상을 만나 험난한 길에서 곤란을 겪으며 걸핏하면 허물을 얻었기에, 스스로 불우함을 한탄하여 산과 바다를 찾아 홀로 방랑하는 것을 좋아하였다. 경주 남산(南山), 강주(剛州)¹⁴ 빙산(氷山), 합천(陜川) 청량사(淸涼寺), 지리산(智異山) 쌍계사(雙溪寺), 합포(合浦)¹⁵의 별서(別墅)에 모두 누각과 정자를 마련하여 꽃과 과일과 송죽(松竹)을 심어놓고 산보하며 유유자적하기를 즐겼다.

건녕(乾寧) 원년(894)에 상소하여 국가의 위태로움을 말하고 적절한 대안 열 가지 사항을 진언하였으나 임금이 시행하지 않았다. 마침내 가야산(伽倻山) 해인사(海印寺)로 들어가 모형(母兄)인 승려 현준(賢俊) 및 정현 법사(定玄法師)와 어울려 지내다가 어느 날 아침 모자와 신을 벗어 숲속에 남겨둔 채 종적을 감추었다.

---

12 진성여왕(眞聖女王)은 …… 하였는데 : 『삼국유사(三國遺事)』권2, 「기이(奇異)」에, "제51대 진성여왕이 임금이 된 지 몇 해만에 유모(乳母) 부호부인(鳧好夫人)과 그의 남편 위홍 잡간(魏弘匝干) 등 서너 명의 총신(寵臣)이 권력을 장악하여 정사를 멋대로 하니, 도적이 벌떼처럼 일어났다. 나라 사람이 이를 근심하여 다라니(陁羅尼)의 은어(隱語)로 글을 지어 길에 던졌다. 왕과 권신들이 이 글을 보고 '왕거인(王居仁)'이 아니면 누가 이런 글을 짓겠는가.' 하고, 왕거인을 잡아 옥에 가두었다."라는 기록이 보인다. 왕거인은 진골 귀족의 지배체제를 비판하던 신진 지식 계급의 대표적 인물이었던 것으로 짐작된다. 『초사담헌』에는 '왕거인(王巨人)'으로 나와 있는데, 『삼국사기』와 『삼국유사』에는 '왕거인(王居仁)'으로 기록되어 있다.

13 태산(泰山)과 부성(富城) : 태산은 『삼국사기』권46, 「최치원열전」에 '대산(大山)'으로 기록되어 있으며 현재의 부여(扶餘)이다. 부성은 현재의 서산(瑞山)이다.

14 강주(剛州) : 오늘날의 영주(榮州)이다.

15 합포(合浦) : 오늘날의 창원(昌原)이다.

최치원이 당나라에서 돌아온 지 22년 만에 당나라가 멸망하였고,[16] 가야산에 들어간 지 29년 만에 신라가 멸망하였다.[17]

『육조사적(六朝事跡)』에 다음과 같은 기록이 있다.[18]

"「쌍녀분기(雙女墳記)」에 나오는 기록이다. 계림(鷄林) 사람 최치원은 건부 연간에 율주위(溧州尉)에 보임되었다. 언젠가 초현관(招賢館)에서 쉰 적이 있었는데 그 앞에 '쌍녀분'이라는 무덤이 있어 사적을 물어 보았지만 아는 사람이 없었기에 시를 지어 위로해 주었다. 그날 밤에 두 여인이 나타나 사례하면서 '저희는 선성군(宣城君) 개화현(開化縣) 마양향(馬陽鄉)에 사는 장씨(張氏)의 두 딸입니다. 어려서부터 문장을 좋아하였고 문재(文才)로 이름이 났습니다. 부모님이 시집을 보내 소금 장수의 아내가 되었다가 원한을 품고 죽어, 천보(天寶) 6년(747)에 이곳에 함께 묻혔습니다.'라고 하였고, 한가로이 이야기를 나누다가 새벽이 되어 헤어졌다. 쌍녀분은 율수현 남쪽 111리에 있다."

신라 왕자(新羅王子)[19]는 이름이 전하지 않는데, 경순왕(敬順王) 김부

---

16 당나라에서 …… 멸망하였고 : 최치원이 신라로 돌아온 해는 885년이고, 당나라가 멸망한 것은 907년이다.
17 가야산에 …… 멸망하였다 : 최치원이 가야산에 들어간 해는 896년이고, 신라가 멸망한 것은 935년이므로, 그 사이의 기간은 총 39년이다. 여기서 29년이라고 한 것은 성해응의 착오 또는 필사 과정에서 생긴 오류인 듯하다.
18 『육조사적(六朝事跡)』에 …… 있다 : 『육조사적』은 『육조사적편류(六朝事跡偏類)』로 송나라 장돈이(張敦頤)가 지은 책이다. 역사와 지리에 대한 여러 가지 기록들이 수록되어 있는데, 쌍녀분 이야기는 권하(卷下)에 들어 있다.
19 신라 왕자(新羅王子) : 마의태자(麻衣太子)로 알려진 인물로, 『연경재전집』 권58, 「나려유민전(羅麗遺民傳)」에도 같은 내용이 전하며, 『연경재전집』 권1에 「신라왕자가(新羅王子歌)」가 실려 있다. 또 『연경재전집』 권51, 「기관동산수(記關東山水)·금강산(金剛山)」에도 마의태자의 사적이 실려 있다.

(金傅)의 아들이다.

경순왕은 국력이 쇠약해지고 영토가 줄어들자 신하들과 의논하여 고려에 항복하려 하였다. 왕자가 말하기를 "국가의 존망은 천명에 달린 것입니다. 마땅히 충신·의사(義士)와 목숨을 걸고 스스로 지켜야지 어찌 사직(社稷)을 가벼이 남에게 넘겨줄 수 있겠습니까." 하였다. 그러나 왕은 듣지 않고 김봉체(金封體)[20]로 하여금 국서를 들고 가서 고려에 항복하게 하였다. 왕자가 통곡하고 왕에게 하직인사를 올린 뒤 부하들을 거느리고 금강산 옥경봉(玉鏡峰)으로 들어가 바위에 의지해 집을 삼고 마의(麻衣)를 입고 풀을 먹으며 생을 마쳤다. 금강산에 들어갔을 때 만든 석성(石城)이 지금도 남아 있다.

경주의 남쪽에 '상서장(上書庄)'이란 곳이 있는데, 세상 사람들은 최치원이 왕씨(王氏)에게 글을 올린 곳이라고 말한다.[21] 그러나 최치원은 높은 절개를 숭상하였으니, 어찌 왕씨를 몰래 도왔겠는가. 아마 왕씨가 일어나려 한다는 것을 말하여 신라의 임금과 신하를 경계시킨 것인데, 후

---

20 김봉체(金封體) : 『삼국유사』 권2, 「기이」에는 '김봉휴(金封休)'로 되어 있다. 또 『고려사(高麗史)』·『고려사절요(高麗史節要)』·『동사강목(東史綱目)』 등에도 김봉휴로 기록되어 있는 것으로 보아, 『초사담헌』을 필사하는 과정에서 '休'자를 '體'자로 오인한 듯하다. 김봉휴는 당시 시랑(侍郞) 벼슬을 맡고 있었다.

21 경주의 …… 말한다 : 『고운집(孤雲集)』, 「고운선생사적(孤雲先生事蹟)」에는 『여지승람(輿地勝覽)』의 기록을 인용하여, "상서장은 경주 금오산(金鰲山) 북쪽 문천(蚊川) 가에 있다. 진성왕 8년(894)에 선생이 상서하여 시무(時務) 10여 조를 진달하였는데, 그 글을 작성한 곳이 바로 이곳이다. 고을 사람들이 지금 건물을 세워 수호하고 있다."라고 하였다. 한편 『신증동국여지승람(新增東國輿地勝覽)』 권21, 「경상도 경주부」와 『성호전집(星湖全集)』 권7, 「해동악부(海東樂府)」에는 "고려 태조가 일어날 때, 고운이 '계림황엽 곡령청송(鷄林黃葉 鵠嶺靑松)'이라는 구절을 이곳에서 지어 올렸으므로 상서장이라고 하였다."라는 기록이 있다.

인들이 이를 모르고 왕씨에게 글을 올린 것으로 여긴 듯하다. '왕씨가 내사령(內史令) 문창후(文昌侯)로 추증하고 국학(國學)에 종사(從祀)하였으니 어찌 최치원이 몰래 도와준 것에 은덕을 베푼 것이 아니겠는가.'[22] 라고 하지만, 이는 최치원의 마음을 전혀 모르는 것이다.

왕자가 산으로 들어간 것은 북지왕(北地王) 심(諶)[23] 이후 유일한 사람이었으니, 김부는 어찌 부끄러움을 모른 것인가.

---

22 왕씨가 …… 아니겠는가 : 최치원은 고려 현종(玄宗) 11년인 1020년에 내사령에 추증되고 문묘에 종사되었으며, 현종 14년인 1023년에 문창후로 추봉(追封)되었다. 『고려사』 권4, 「현종세가」 경신년 및 권5, 계해년 조 참조.

23 북지왕(北地王) 심(諶) : ?~263. 중국 삼국 시대 촉(蜀)의 후주(後主) 유선(劉禪)의 아들 유심(劉諶)을 말한다. 그는 촉이 위(魏)에 항복할 때 끝까지 항쟁하기를 주장하다가 후주가 듣지 않자 유비(劉備)의 사당에 나아가 통곡한 뒤 처자식을 죽이고 자결하였다. 북지왕이 산으로 들어갔다는 기록은 찾지 못했다. 『삼국지』, 「촉서(蜀書)」 권3, 「후주(後主)」 참조.

2

목숙 정승(苜蓿政丞) / 왕(王)과 백(白) 두 상서(尚書)

목숙 정승(苜蓿政丞)은 궁예 때의 사람이다.

지봉(芝峯) 이수광(李晬光)이 말하기를 "고로(古老)들이 '궁예 때의 재상 신기명(辰起明)이라는 자는 궁예가 무도하였으므로 병을 핑계대어 벼슬하지 않고 목숙헌(苜蓿軒)이라 자호하였다.'라고 하였다." 하였으니,[24] 이 사람을 말하는 듯한데 분명하지는 않다. 철원(鐵原)은 궁예의 옛 도읍지로 부(府) 북쪽 풍천원(楓川原)에 궁궐터가 있고 그 근처에 목숙 정승의 묘가 있는데, 목숙헌의 묘라고 전해져 온 것이다.

왕씨(王氏)와 백씨(白氏) 두 상서는 이름이 전하지 않는다.

광주(廣州)의 퇴촌(退村)에 행양리(杏陽里)라는 곳이 있는데, 그 마을 사람들이 말하기를 "왕씨와 백씨 두 상서가 나라가 망하자 함께 이곳으로 물러나 살았는데 지붕을 잇닿아 이웃으로 지내며 살구나무 수백 그루를 심었다. 퇴촌과 행양이라는 마을 이름은 여기에서 연유한 것이다." 하였다. 지금도 그 마을에는 살구나무가 많다.

마을 앞쪽에 있는 봉우리를 망주령(望主嶺)이라고 하는데, 두 상서가 매달 초하루에 북쪽을 바라보며 통곡한 곳이다. 행양리 동쪽 10여 리는 바로 양근(楊根, 경기도 양평(楊平)) 땅으로 세이정(洗耳亭)이 있고, 또 조금 동쪽으로 가면 강가에 왕충리(王忠里)가 있으며, 조금 더 남쪽에 귀

---

24 지봉(芝峯) …… 하였으니 : 『지봉유설(芝峯類說)』 권19, 「궁실부(宮室部) 능묘(陵墓)」에 나오는 내용인데, 이수광이 김환(金煥)에게 들은 말로 기록되어 있다. 신기명에 대해서는 『연경재전집』 권58, 「나려유민전」에도 기록이 보인다. 그런데 『지봉유설』에는 이름이 '단기명(段起明)'으로 되어 있다. 목숙은 원래 말먹이 풀인 거여목을 가리키는데 몹시 조악한 음식을 뜻하는 말로 쓰인다.

농포(歸農浦)가 있다. 이곳은 다 고려의 유로(遺老)들이 살던 곳인데, 그
들의 이름은 모두 전해지지 않는다. 귀농포는 뒤에 구운포(九雲浦)로 이
름이 바뀌었는데 발음이 와전(訛傳)된 것이다.[25]

은(殷)나라 말에 백이(伯夷)는 수양산(首陽山)에서 굶어 죽었고, 기자
(箕子)는 동쪽 조선으로 나왔다. 전(傳)에 "가장 훌륭한 사람은 달절(達
節)하고, 그 다음은 수절(守節)한다.〔太上達節 其次守節〕"라고 하였는
데,[26] 백이와 기자는 성인(聖人)임에도 오히려 수절의 경지에 머물렀으
니, 하물며 백이와 기자에 미치지 못하는 자가 달절의 경지에 이를 수
있겠는가. 목숙 정승과 왕씨와 백씨 두 상서는 거의 수절의 경지에 이른
자들인데, 애석하게도 그들의 이름은 전하지 않는다.

부조현(不朝峴)[27]과 두문동(杜門洞)[28]은 모두 송도(松都)에 있다. 태조
대왕이 한양으로 천도할 때 고려조의 명문 70여 가문이 따르지 않고 두
문동에 들어갔는데, 오직 조의신(曹義臣)·임선미(林先味)와 맹씨(孟氏)
성을 가진 사람만이 세상에 전해지며, 맹씨 성을 가진 이도 그 이름은

---

25 목숙 정승에 대한 이야기는 『연경재전집』 권58, 「나려유민전」에도 보인다.
26 전(傳)에 …… 하였는데 : 『춘추좌씨전(春秋左氏傳)』, 성공(成公) 15년 조에 "성인(聖人)은
   달절하고, 그 다음인 현인(賢人)은 수절하며, 그 이하 사람은 실절한다.(聖達節, 次守節,
   下失節.)"라고 하였다. 달절은 행동에 구애받지 않더라도 절의에 들어맞는 경지를 말하며,
   수절은 의도적인 노력을 통해 절의를 지키는 것을 말한다.
27 부조현(不朝峴) : 이성계(李成桂)가 왕위에 오르기 전에 살았던 개성의 경덕궁(慶德宮)
   앞에 있던 고개이다. 『국조보감(國朝寶鑑)』 권62, 「영조조(英祖朝) 6」에, "조선 태종이
   개성에 과거를 설행하였는데, 고려의 50여 대족이 과거에 응시하려 하지 않았기에 그렇게
   이름을 붙였다."라고 하였다.
28 두문동(杜門洞) : 지금의 경기도 개풍군(開豊郡) 광덕면(光德面) 광덕산(光德山) 서쪽의
   골짜기를 지칭한다. 고려가 망하자 신하들이 조선에 벼슬하기를 거부하여 이곳으로 들어
   가 은거했다고 한다.

전하지 않는다. 정조(正祖) 계묘년(1783)에 사당을 세우고 사액(賜額)하여 '표절사(表節祠)'라 하였으며, 봄과 가을로 제향이 끊어지지 않게 하였다.

대낭혜 화상(大朗慧和尙)은 신라 무열왕(武烈王)의 8세손이다.

일찍이 중원(中原)의 불광사(佛光寺)[29]에서 유학하며 여만(如滿)에게 불도(佛道)를 물은 적이 있었다. 여만은 백거이(白居易)와 교유한 승려인데, 번번이 낭혜와의 논쟁에서 굴복하자 "내가 많은 사람을 겪어보았지만 그대처럼 훌륭한 사람은 없었다. 선도(禪道)가 아마 동쪽으로 갈 것이다.[30]" 하였다.

대낭혜 화상이 그곳을 떠나 보철 화상(寶徹和尙)[31]을 찾아뵙자, 보철 화상이 말하기를 "옛날 나의 스승 마 화상(馬和尙)[32]이 나에게 유언하기를 '봄에 꽃이 번성했는데 가을에 열매가 적게 열리는 것은 도수(道樹, 보리수)에 오르는 자가 한탄할 바가 아니다.[33] 지금 그대에게 인(印)을 전하노니,[34] 뒷날 문도들 중에 기이한 공을 세워 봉(封)해 줄 만한 자가 있으면 봉해 주어라. 불법(佛法)이 동쪽으로 흐른다는 말[35]은 예언에서

---

29 불광사(佛光寺) : 중국 하남성(河南省) 낙양(洛陽)의 숭산(嵩山)에 있던 사찰이다.

30 선도(禪道)가 …… 것이다 : 『고운집』 권2, 「무염화상비명(無染和尙碑銘)」에는 "뒷날 중국이 선(禪)을 잃으면 장차 동이(東夷)에게 물어야 할 것인가.(他日中國失禪, 將問之東夷耶?)"라고 되어 있다.

31 보철 화상(寶徹和尙) : 당나라 때의 선승(禪僧)으로, 산서성(山西省) 포주(蒲州) 마곡산(麻谷山)에 주석(駐錫)하며 선풍(禪風)을 널리 떨쳤다. 마곡보철이라고도 한다.

32 마 화상(馬和尙) : 마조도일(馬祖道一, 709~788)로, 당나라 선종 일파인 홍주종(洪州宗)의 파조이다.

33 한탄할 바가 아니다 : 『초사담헌』의 원문은 '非所吒'인데, 『고운집』 권2, 「무염화상비명」에는 '所悲吒'로 되어 있고 이를 번역하면 '슬퍼하고 한탄할 바이다.'가 된다. 문맥상 「무염화상비명」의 기록이 옳을 듯한데, 여기서는 『초사담헌』의 원문대로 번역해 두었다.

34 인(印)을 전하노니 : 도통(道統)을 전해준다는 말이다. 인은 언어나 문자로 형용할 수 없는 불교의 진리인 심인(心印)을 말한다.

35 불법(佛法)이 …… 말 : 육조(六祖) 혜능(慧能)이 입적할 때 남긴 말로, 자신이 입적한 뒤

나온 것인데, 저 해 뜨는 곳의 선남자(善男子)의 근기(根機)가[36] 지금쯤은 거의 익었을 것이다.'라고 하셨다. 스승의 그 말씀이 지금도 귀에 선하니, 지금 그대에게 인을 전해 주노라." 하였다.

당나라 무종(武宗) 회창(會昌) 5년(845)에 승려들을 도태시킬 때[37] 칙명을 내려 외국에서 온 승려들을 본국으로 돌아가게 하니, 낭혜 화상이 사신의 배를 타고 돌아와 금성(錦城)의 웅천사(熊川寺)[38]에 머물렀다.

헌안왕(憲安王)이 즉위하여 한마디 가르침을 구하자, 대답하기를 "공자(孔子)가 노공(魯公)에게 대답한 말[39]에 갖추어져 있습니다." 하였다.

70년이 지나 동방에서 두 보살이 와서 자신의 법통을 계승할 것이라고 한 것을 말한다. 『오등회원(五燈會元)』 권1, 「동토조사(東土祖師)」 참조.

36 저 …… 근기(根機)가 : 해 뜨는 곳은 신라를 의미하며, 선남자는 불교에 귀의하여 선을 닦는 불심이 깊은 남자를 말한다. 근기는 근성(根性)이라는 말과 같은 불교어로, 불법을 받는 중생의 능력을 말한다.

37 당나라 …… 때 : 당나라 무종은 도교(道敎)를 맹신한 임금이었다. 무종은 사원이 소유한 장원(莊園)의 증가에 따른 국가경제의 피폐와 승려의 부패와 타락을 막기 위해 841년에서 845년 사이에 4,600여 사찰을 폐지하고 수십만의 승려를 환속시켰으며 사원에 소속된 전답의 대부분을 몰수하였다. 이는 중국 역사상 가장 대규모의 불교 탄압 사건으로, 불교계에서는 이를 '회창(會昌)의 법난(法難)'이라고 한다.

38 금성(錦城)의 웅천사(熊川寺) : 공주(公州)의 성주사(聖住寺)를 말하는 것으로 보인다. 금성은 현재 공주시 금성동으로 그 이름이 남아 있고, 웅천은 또 공주의 고호(古號)이다. 『고운집』 권2, 「무염화상비명」에 의하면, 낭혜 화상이 신라로 돌아와 웅천주(熊川州)의 한 절에 머물렀는데 이곳으로 제자들이 모여들자 문성왕(文聖王)이 성주사라는 이름을 내렸다고 한다.

39 공자(孔子)가 …… 말 : 원문은 '孔子對魯公之語'이다. 노공은 노나라 임금을 지칭하는 말이다. 그런데 무염화상비탑 원본 탁본에는 '周豊對魯公之語'로 기록되어 있고, '주풍(周豊)'에 대해 현재 두 가지 견해가 제기되어 있다. 첫째 주풍은 『주례(周禮)』를 뜻하는 말로 '예(禮)'자에서 '시(示)'를 생략해 쓴 것이라는 견해인데, 『고운집』 권2, 「무염화상비명」에는 '周禮對魯公之語'로 기록되어 있다. 다만 『주례』에서 노공에게 대답한 말은 어떤 구절을 지칭한 것인지 분명치 않다. 둘째 '주풍'은 노나라 애공(哀公) 때의 은자로 보아야 한다는 견해인데, 주풍이 애공에게 "진실로 예의와 충신과 정성스럽고 진실한 마음 없이

경문왕(景文王)이 즉위한 뒤에 낭혜 화상을 서울로 불러들여 스승으로 삼았다. 왕이 한번은 낭혜 화상에게 묻기를 "유협(劉勰)의 『문심조룡(文心雕龍)』에 '유(有)에만 집착하거나 무(無)만을 고수한다면 한쪽으로 치우쳐서 이해할 뿐이다. 진원(眞元)으로 나아가고자 한다면, 반야(般若)의 절경(絶境)이어야 한다.'라고 했는데,[40] 절경이란 무엇을 말하는 것인지요?" 하였다. 이에 낭혜 화상이 대답하기를 "최고의 경지에 이르면 어떤 이치도 존재하지 않습니다. 이는 심인(心印)의 경지이니, 묵묵히 행할 뿐입니다."라고 하였다. 뒤에 심묘사(深妙寺)에 우거하였는데, 왕이 몸이 편치 않아 낭혜 화상을 부르니, 낭혜가 말하기를 "산승이 대궐에 이른다면 나를 아는 자는 '성주(聖住)는 무주(無住)이다.'라고 하겠지만, 나를 모르는 자는 '무염(無染)이 유염(有染)이 되었다.'고 할 것이다.[41] 하지만 생각건대 우리 임금과는 향화(香火)의 인연[42]이 있고, 또 도리천(忉利天)으로 떠나실 날이 얼마 남지 않았으니,[43] 어찌 한번 가서 영결하

백성 위에 군림한다면, 비록 굳게 약속을 한다 할지라도 백성들이 흩어지지 않을 수 있겠습니까.(苟無禮義忠信誠愨之心以涖之, 雖固結之, 民其不解乎?)"라고 대답한 내용이 『예기(禮記)』, 「단궁 하(檀弓下)」에 나온다.

[40] 유협(劉勰)의 …… 했는데 : 『문심조룡』 권18, 「논설(論說)」에 나오는 내용을 요약해 인용한 것이다. 반야는 불교어로 만물을 여실하게 이해하는 지혜를 말하며 절경은 최고의 경지를 뜻하므로, 반야의 절경이란 최고의 경지에 다다른 지혜를 뜻하는 말인 듯하다.

[41] 나를 아는 …… 것이다 : 성주(聖住)는 낭혜 화상이 머물렀던 성주사를 가리키는데, 여기서는 낭혜 화상을 가리키는 말로 쓰였다. 무염(無染)은 낭혜 화상의 법명이다. '성주는 무주이다.'라는 말은 낭혜 화상은 어느 한 곳에 머무는 존재가 아니라는 말이며 낭혜가 대궐에 가는 것을 옹호한다는 의미인데, 무주는 낭혜 화상의 호이기도 하다. 또 '무염이 유염이 되었다'는 말은 낭혜 화상이 대궐로 찾아가 세속에 오염되었다고 비난한다는 의미이다.

[42] 향화(香火)의 인연 : 향화는 부처를 받드는 일을 말하는데, 경문왕이 즉위한 뒤 낭혜 화상을 불러 스승으로 삼은 인연을 말한다.

[43] 도리천(忉利天)으로 …… 않았으니 : 이승을 버리고 저승으로 가는 것을 말한다. 도리천은 불가의 용어로 대개 천당(天堂)을 지칭한다.

지 않겠는가." 하고는 마침내 왕에게 나아갔다.

경문왕이 붕어(崩御)하고 헌강왕(憲康王)이 즉위하여 눈물을 흘리며
낭혜 화상을 만류해 멀리 떠나지 못하게 하니, 낭혜가 말하기를 "옛날의
스승으로는 육적(六籍, 육경(六經))이 있고, 오늘날의 보필(輔弼)로는 삼
경(三卿)이 있습니다. 늙은 산승이 무엇 하는 자이기에 계옥(桂玉)[44]을
축낸단 말입니까. 한 마디만 진헌하오니, 제대로 사람을 임용하십시
오.[45]" 하고, 다음날 마침내 떠나갔다. 헌강왕이 나라를 이롭게 할 방법
을 물은 적이 있었는데, 하상지(何尙之)가 진실된 마음으로 송(宋)나라
문제(文帝)에게 대답했던 말[46]로써 답변하는 글을 올렸다. 왕이 읽고 말
하기를 "삼외(三畏)는 삼귀(三歸)에 비견되고 오상(五常)은 오계(五戒)와
같으니,[47] 왕도(王道)를 제대로 실천하면 이것이 불심(佛心)에 부합된다.

---

44 계옥(桂玉) : 계수나무 땔나무와 옥으로 지은 밥이라는 말이다. 『전국책(戰國策)』, 「초책
(楚策)3」에, 전국 시대 소진(蘇秦)이 초나라를 떠나려고 하면서 "초나라의 밥은 옥보다도
귀하고 땔감은 계수나무보다도 귀하다. 지금 제가 옥으로 지은 밥을 먹고 계수나무로
불을 때고 있으니, 어려운 일이 아니겠습니까.(楚國之食貴于玉, 薪貴于桂, 今臣食玉炊桂,
不亦難乎?)" 한 데서 나온 말이다.

45 제대로 사람을 임용하십시오 : 원문은 '能官人'인데 『서경(書經)』, 「고요모(皐陶謨)」에 "사
람을 알면 명철하여, 사람을 제자리에 쓸 수 있다.(知人則哲, 能官人.)"라고 하였다.

46 하상지(何尙之)가 …… 말 : 남조 송 문제(宋文帝)가 불경(佛經)을 법도로 삼아 태평 시대
를 이루고자 하여 그 대책을 묻자, 시중(侍中) 하상지가 사람들에게 오계(五戒)와 십선(十
善)을 행하도록 하고 이를 나라의 정치에 확대 적용하면 감옥의 죄수가 없어지고 아송(雅
頌)의 정치가 흥기할 것이라는 내용으로 대답한 말이 양나라 승우(僧祐)가 지은 『홍명집
(弘明集)』 권11, 「답송문황제찬양불교사(答宋文皇帝讚揚佛敎事)」에 보인다.

47 삼외(三畏)는 …… 같으니 : 유교와 불교가 궁극적으로는 서로 통한다는 의미이다. 삼외는
군자가 두려워하는 세 가지 일인데, 『논어』, 「계씨(季氏)」에서 공자가 "천명을 두려워하고
대인을 두려워하고 성인의 말을 두려워한다.(畏天命, 畏大人, 畏聖人之言.)"라고 한 것을
말한다. 삼귀는 불(佛)·법(法)·승(僧) 삼보(三寶)에 귀의하는 것을 말한다. 오상은 인의
예지신(仁義禮智信)이다. 오계는 불살생(不殺生)·불투도(不偸盜)·불사음(不邪淫)·불
망어(不妄語)·불음주(不飮酒)를 말한다.

대사의 이 말씀이 지극하다." 하였다.

당시에 당나라 희종(僖宗)이 황소의 난 때문에 촉(蜀) 땅으로 들어갔으므로, 헌강왕이 사신을 보내 위문하려 하면서 낭혜 화상을 불러 천자를 위해 복을 빌게 하였다. 이때 왕이 "예전에 문고(文考)께서는 비파를 내려놓은[舍瑟] 몸이 되었고, 지금 과인은 외람되게 자리를 피해 일어난[避席] 아들이 되었습니다.⁴⁸ 부왕(父王)을 이어 제가 공동(崆峒)의 가르침⁴⁹을 얻고 이를 가슴에 간직하여 혼돈의 근원을 열게 되었습니다." 하였으니, 왕은 평소 아름다운 말을 잘하여 말만 하면 대구를 이룬 말이 되었던 것이다. 낭혜가 물러나와 왕손(王孫)인 소판(蘇判) 김일(金鎰)에게 말하기를 "옛날 임금 중에 훌륭한 육체는 있어도 훌륭한 정신이 없는 자가 있었는데⁵⁰ 우리 임금님은 모두 갖추었고, 신하 중에 공재(公才)는 있어도 공망(公望)이 없는 사람이 있었는데⁵¹ 그대는 온전히 갖추었으

---

48 예전에 …… 되었습니다 : 헌강왕 자신이 선왕(先王)인 경문왕과 함께 낭혜 화상의 제자가 되었다는 말을, 증점(曾點)과 증삼(曾參) 부자가 공자의 제자가 되었던 것에 비유한 말이다. 문고는 제왕이 돌아가신 자신의 부친을 일컫는 말이다. 비파를 내려놓았다[舍瑟]는 말은 공자의 제자인 증점이 연주하던 비파를 내려놓고 일어나[舍瑟而作] 자신의 생각을 말하여 공자의 인정을 받았다는 것으로, 『논어』, 「선진(先進)」에 나온다. 또 자리를 피해 일어났다[避席]는 말은, 증자(曾子)가 공자를 모시고 앉아 있다가 공자의 물음에 자리를 피해 일어나 대답했던 고사에서 나온 말로 『효경(孝經)』, 「개종명의(開宗明義)」에 나온다.

49 공동(崆峒)의 가르침 : 지인(至人)의 가르침이라는 말로, 여기서는 낭혜 화상의 가르침을 뜻한다. 고대 전설상의 선인(仙人)인 광성자(廣成子)가 공동산(崆峒山)의 석실(石室)에 은거하였는데, 황제(黃帝)가 재위 19년 만에 그를 찾아가 도를 묻고 수도 끝에 지도(至道)의 정수를 얻었다는 고사에서 나온 것으로 『장자(莊子)』, 「재유(在宥)」에 보인다.

50 옛날 …… 있었는데 : 『진서(晉書)』 권9, 「태종간문제기(太宗簡文帝紀)」에, "사문(沙門) 지도림(支道林)이 일찍이 말하기를 '회계왕은 훌륭한 육체는 지녔는데 훌륭한 정신은 없다.(會稽有遠體而無遠神.)'라고 하였다."는 기록이 있다. 회계왕은 간문제가 황제로 즉위하기 전의 봉호이다.

51 신하 …… 있었는데 : 『진서』 권76, 「우비전(虞騑傳)」에, 진나라 승상 왕도(王導)가 우비에게 "공유는 공재는 있어도 공망이 없고, 정담은 공망은 있어도 공재가 없다. 공재도 있고

니, 우리나라는 아마 잘 다스려질 것이오." 하였다.

문덕(文德) 원년(888)에 세상을 떠나니 승랍(僧臘)은 89세이다.[52] 진성여왕이 '대낭혜(大朗慧)'라는 시호를 내렸고, 탑명(塔名)을 '백월보광(白月葆光)'이라고 하였다.

낭혜의 성품은 공손하고 신중하였으며, 언어는 화기(和氣)를 해치지 않았다. 생도(生徒)를 깨우쳐주며 말하기를 "저 사람이 마셨다고 해서 나의 갈증을 풀어 주지 못하며, 저 사람이 먹었다고 해서 나의 굶주림을 구해 주지 못한다. 어찌 노력하여 스스로 마시고 먹지 않겠는가." 하였다. 수리하고 수선하는 모든 일에 대중보다 솔선수범하면서 늘 말하기를 "조사(祖師)께서도 진흙을 이기셨는데,[53] 내가 어찌 잠시라도 편히 쉴 수 있겠는가." 하였다.

지증 대사(智證大師)는 성은 김씨(金氏)이고 본관은 경주이며, 호는 도녕(道寧),[54] 자는 지선(智詵)이다.

공망도 있는 사람은 바로 그대이다.(孔愉有公才而無公望, 丁潭有公望而無公才, 兼之者其在卿乎.)"라고 말한 기록이 보인다. 공재는 삼공(三公)이 될 만한 재능을 말하고, 공망은 공재에 걸맞은 명망을 말한다.

52 승랍(僧臘)은 89세이다 : 승랍은 승려가 출가한 이후의 햇수를 말하며, 승려가 세상을 떠나면 대개 향년과 승랍을 구분하여 기록한다. 그런데 여기서의 승랍은 향년의 의미로 쓰였다.

53 조사(祖師)께서도 진흙을 이기셨는데 : 불교 선종(禪宗)의 초조(初祖)로 일컬어지는 가섭(迦葉)이 어느 날 진흙을 밟고 있자 한 사미가 왜 손수 그런 일을 하느냐고 물으니, "내가 하지 않는다면 누가 나를 위해서 해 주겠느냐."라고 대답했다는 이야기가 『오등회원(五燈會元)』 권1, 「일조마가가섭존자(一祖摩訶迦葉尊者)」에 보인다.

54 호는 도녕(道寧) : 『청장관전서』 권68, 「한죽당섭필 상(寒竹堂涉筆上)」과 『고운집』 권3, 「지증화상비명(智證和尙碑銘)」에는 호가 '도헌(道憲)'으로 기록되어 있으며, 『청장관전서』 권20, 간본 『아정유고(雅亭遺稿)』 제3권, 「지증전(智證傳)」에는 '도령(道靈)'으로 기록되어 있다.

어머니의 꿈에 한 거인(巨人)이 나타나 "저는 예전 승견불(勝見佛)⁵⁵의 말세에 승려[桑門]가 되었는데, 화를 내었기 때문에 오래도록 용(龍)이 되는 업보에 떨어졌습니다. 이제 그 업보가 끝났으니 마땅히 법손(法孫)⁵⁶이 될 것입니다." 하였고, 이 일이 있은 뒤에 임신하였다.

지증은 장경(長慶) 갑진년(824)에 태어났는데 몸집이 대단히 컸다. 아홉 살 때 부친을 여의고 너무 슬퍼한 나머지 거의 목숨을 잃을 정도로 몸이 상하였다. 고인의 명복을 빌어 주던 승려가 가련하게 여겨 타이르기를, "허깨비 같은 몸은 사라지기 쉽고, 장한 뜻은 성취하기 어렵다. 옛날 부처가 보은한 것에 큰 방편이 있을 것이다." 하였다. 지증은 이 말을 듣고 깨달은 바가 있어 통곡을 멈추고 모친에게 승려가 되겠다고 아뢰었고, 허락받지 못하자 즉시 집을 떠나 서석산(瑞石山, 무등산(無等山))으로 들어갔다. 17세에 구족계(具足戒)를 받고 비로소 계단(戒壇)에 나아갔는데,⁵⁷ 소매 속에 신령스런 빛이 있음을 느껴 뒤져보고서 구슬 하나를 얻었다.

경문왕이 편지를 써서 이르기를 "이윤(伊尹)은 큰 도리를 알았고[大通], 송섬(宋纖)은 작은 절개를 보았습니다[小見].⁵⁸ 유교의 말로 불교를

---

55 승견불(勝見佛) : 석가모니가 출현하기 이전의 과거 칠불(過去七佛) 가운데 제1불(第一佛)로, 승관불(勝觀佛)이라고도 한다. 범어(梵語) Vipaśyin을 음역한 비바시불(毘婆尸佛)로 더 잘 알려져 있다.

56 법손(法孫) : 불교에서 법사(法師)의 뒤를 이은 승려를 이르는 말이다.

57 17세에 …… 나아갔는데 : 출가하여 승려가 되었다는 말이다. 구족계는 승려로서 지켜야 할 계율을 말하며, 계단은 불교에서 수계(受戒)하거나 설계(說戒)할 때 사용하는 단을 말한다.

58 이윤(伊尹)은 …… 보았습니다 : 이윤은 탕왕(湯王)을 도와 은나라를 세우는데 공을 세운 인물이다. 『맹자』, 「만장 하(萬章下)」에 "이윤은 '누구를 섬긴들 임금이 아니며 누구를 다스린들 백성이 아니냐.'라고 하면서 치세에도 나아갔고 난세에도 나아갔다.(伊尹曰, 何事非君, 何使非民? 治亦進, 亂亦進.)"라는 말이 나오는데, 큰 도리를 알았다는 것은 이것

비유하자면 '가까운 곳에서 시작하여 먼 곳에 오르는 것'이라고 하겠습니다.[59] 도성 주변의 산에도 제법 좋은 곳이 있어 새가 나무를 가려 앉듯 고를 수 있을 것이니, 봉황의 자태를 아끼지 말고 드러내 주십시오." 하였다. 그리고 근시(近侍) 중에서 적임자를 골라 곡릉(鵠陵)[60]의 먼 후손 김입언(金立言)을 사신으로 삼았다. 김입언은 왕의 분부를 전한 뒤 제자가 되기를 청하니, 지증이 대답하기를 "제 몸을 수양하고 남을 교화하려는데, 조용한 곳을 버리고 어디로 가겠습니까." 하였다.

헌강왕이 지증 대사를 불러 월지궁(月池宮)에서 만났는데, 이때 매우 선명한 달빛이 연못 속에 비쳐져 있었다. 지증이 고개를 숙이고 바라보다가 고개를 들어 왕에게 고하기를 "이것이 바로 그것입니다. 다른 것은 말씀드릴 것이 없습니다."[61]라고 하니, 왕이 분명하게 깨닫고서 마침내 절을 올리고 '망언사(忘言師)'[62]로 삼았다. 대사가 떠나려 할 때 왕이 조

을 두고 한 말이다. 또 송섬은 진(晉)나라의 은사인데, 주천 태수(酒泉太守) 마급(馬岌)이 예의를 갖추어 방문했으나 끝까지 거절하고 얼굴을 보여주지 않자, 마급이 "이름은 들을 수 있어도 몸은 볼 수 없고, 덕은 우러를 수 있어도 모습은 볼 수 없으니, 내가 지금에 와서야 선생이 사람 중의 용이라는 것을 알겠다.(名可聞而身不可見, 德可仰而形不可睹, 吾而今而後知先生人中之龍也.)"라고 탄식한 고사가 『진서』 권94, 「송섬전(宋纖傳)」에 나온다. 여기서는 어떤 임금을 섬긴 이윤이 작은 절개를 지킨 송섬보다 훨씬 더 훌륭하다는 점을 일깨워, 지증에게 경문왕 자신을 만날 것을 당부한 말이다.

59 유교의 …… 하겠습니다 : 깨달음에 이르기 위한 불교의 수행 과정을 유교의 경전에 나오는 말로 비유하자면, 『서경(書經)』, 「태갑 하(太甲下)」의 "높은 곳에 오르려면 반드시 낮은 곳에서 시작해야 하고, 먼 곳에 오르려면 반드시 가까운 곳에서 시작해야 한다.(若升高, 必自下, 若陟遐, 必自邇.)"라는 말과 같다는 뜻이다. 불교와 유교는 서로 통한다는 말이다.

60 곡릉(鵠陵) : 원성왕(元聖王)을 가리키는데, 원성왕의 능이 경북 월성군 외동면(外東面) 곡릉리에 있다.

61 이것이 …… 없습니다 : 『고운집』 권3, 「지증화상비명」에 의하면, 지증의 이 말은 헌강왕의 '마음이란 어떤 것인가?(問心)'라는 물음에 대한 대답이었다. '이것'은 연못에 비친 달빛을 가리키며 '그것'은 마음을 가리킨다.

62 망언사(忘言師) : 말을 하지 않고도 가르치는 스승이라는 뜻이다

금 더 머물러 주기를 청하니, 대사는 "우대우(牛戴牛)라고 평하지만 그 값어치는 많지 않습니다. 새의 본성대로 새를 길러준다면 그 은혜가 적지 않을 것입니다.[63] 이 말씀으로 작별을 고하려 합니다." 하였다. 왕이 한숨 쉬며 시를 지어 탄식하기를,

만류해도 머물지 않으니	挽旣不留
공문(空門)의 등후(鄧侯)[64]로다.	空門鄧侯
대사는 지학(支鶴)[65]인데	師是支鶴
나는 조구(趙鷗)[66]가 아니네.	我非趙鷗

---

63 우대우(牛戴牛)라고 …… 것입니다 : 지증 자신에 대한 세간의 평가는 과도한 것이니, 승려의 본분대로 산사(山寺)에 살도록 해달라는 말이다. 우대우는 소가 소 한 마리의 값이 나가는 귀한 쇠뿔을 머리에 이고 있다는 말로, 여기서는 지증 자신에 대한 세상의 높은 평가를 비유한 말이다. 『주례(周禮)』, 「동관(冬官) 궁인(弓人)」에, "쇠뿔의 길이가 2자 5치이고 세 가지 색이 제대로 갖추어진 것을 우대우라고 한다.(角長二尺有五寸, 三色不失理, 謂之牛戴牛.)"라고 하였다. 한편 새의 본성대로 길러준다는 것은, 승려의 본분대로 산사에 살겠다는 뜻을 드러낸 말이다. 『장자』, 「지락(至樂)」에, 옛날 노(魯)나라 교외에 해조(海鳥)가 날아왔는데 이 새에게 좋은 음식을 주고 좋은 음악을 들려주었는데도 먹이를 먹지 않다가 3일 만에 죽고 말았다는 고사가 전한다.

64 등후(鄧侯) : 진(晉)나라 등유(鄧攸)를 가리킨다. 오군 태수(吳郡太守)로 선정을 베풀다가 떠날 즈음에 백성들이 그의 배가 출발하지 못하도록 막자 한밤중에 조각배를 타고 몰래 떠났는데, 백성들이 노래를 지어 부르기를 "둥둥 울리는 오경(五更)의 북소리여, 닭 울음소리에 하늘이 밝아 오네. 등후는 만류해도 머무르지 않고, 사령은 떠밀어도 떠나지 않네.(紞如打五鼓, 鷄鳴天欲曙. 鄧侯拖不留, 謝令推不去.)"라고 했다고 한다. 사령은 사씨 성을 가진 탐욕스런 전임 태수를 가리키는 말이다. 『진서』 권90, 「등유열전(鄧攸列傳)」 참조.

65 지학(支鶴) : 지둔(支遁)의 학이라는 뜻으로, 구속을 받지 않고 자유롭게 살아가는 사람을 비유하는 말이다. 『고승전(高僧傳)』 권4, 「지둔전(支遁傳)」에 "학을 선물한 자가 있자, 지둔이 학에게 말하기를 '너는 하늘을 나는 동물이니, 어찌 사람들의 노리개가 되리오.' 하고는 마침내 날려 보냈다.(有餉鶴者, 遁謂鶴曰, 爾冲天之物, 寧爲耳目之翫乎? 遂放之.)"는 일화가 전한다.

66 조구(趙鷗) : 조나라의 갈매기라는 뜻으로, 고승과 허물없이 친하게 지내는 임금을 비유하

라고 하였다.

중화(中和) 임인년(882)에 담담히 세상을 떠나니 승랍은 59세였다. 왕이 '지증'이라는 시호와 '탑조(塔照)'라는 탑호를 하사하였다.

혜소(彗昭)는 성이 최씨(崔氏)이다. 그 선조는 수(隋)나라 사람인데, 요동(遼東)을 정벌할 때 종군하였다가 여맥(驪貊)에서 패하자[67] 마침내 전주(全州) 금마(金馬)[68] 사람이 되었다.

어머니의 꿈에 어떤 승려가 나타나 "제가 어머니[阿孃]의 아들이 되고 싶습니다." 하면서 유리병을 주었는데, 얼마 뒤 임신하여 혜소를 낳았다. 혜소는 어린 시절 장난칠 때부터 반드시 나뭇잎을 태워 향을 만들고 꽃을 꺾어 공양(供養)하였으며, 때로는 서쪽을 향해 단정히 앉아 움직이지 않기도 하였다.

정원(貞元) 20년(804)에 뱃사공이 되어 공사(貢使)를 따라 바다를 건넜는데, 창주(滄州)에 도착하여 신감대사(神鑑大師)[69]를 만나 뵈니, 대사가 곧 기뻐하면서 계(誡)를 받도록 하였다. 혜소는 얼굴이 검었으므로 사람들이 '흑두타(黑頭陀)'라고 불렀다. 원화(元和) 5년(810)에 숭산(嵩山) 소림사(少林寺)의 유리단(琉璃壇)에서 구족계를 받았으니, 그 어머니

는 말이다. 천축(天竺)의 명승(名僧) 불도징(佛圖澄)이 후조(後趙)의 황제인 석호(石虎)와 어울려 노닌다는 말을 듣고, 지도림(支道林)이 "징공이 석호를 바닷가의 갈매기로 삼았네.(澄以石虎爲海鷗鳥.)"라고 한 고사가 전한다. 『세설신어(世說新語)』, 「언어(言語)」 참조.

67 요동(遼東)을 …… 패하자 : 수나라 양제(煬帝)가 고구려를 정벌하러 왔다가 을지문덕(乙支文德) 장군에게 살수(薩水)에서 크게 패한 것을 말한다. '여맥'은 '예맥(濊貊)' 즉 현재의 만주 지역으로 보는 설과 고구려를 낮추어 부르는 말이라는 설이 있다.

68 금마(金馬) : 지금의 익산군(益山郡)을 말한다.

69 신감대사(神鑑大師) : 마조도일의 제자인 염관제안(鹽官齊安)의 제자이다.

가 꿈속에서 유리병을 받았던 것이 비로소 증험되었다. 마침내 종남산(終南山)으로 들어가 송실(松實)을 먹으며 선(禪)을 익혔다.

태화(太和) 4년(850)에 고국으로 돌아오니, 성덕왕(聖德王)이 맞이하여 말하기를 "하늘에 가득한 자비와 위엄에 온 나라가 기쁘게 의지할 것입니다. 과인은 동쪽 계림(鷄林) 땅에 길상(吉祥)의 집을 만들 것입니다." 하였다.

혜소는 상주(尙州)의 장백사(長柏寺)로부터 강주(康州)의 지리산 화개곡(花開谷)으로 가서 삼법 화상(三法和尙)의 난야(蘭若) 터를 얻어 당우(堂宇)를 수축하고 거처하였다.[70]

민애왕(愍哀王)이 즉위한 뒤 친서[璽書]를 내려 특별히 발원(發願)해 줄 것을 부탁하니, 혜소가 말하기를 "부지런히 선정(善政)을 베푸는 것에 달려 있는데, 발원은 해서 무엇 하겠습니까." 하였다. 사신이 돌아가 왕에게 아뢰자 왕이 부끄러워하였고, '선사는 색(色)과 공(空)의 경지를 다 없앴고 정(定)과 혜(慧)가 다 원만하다.'[71]고 여겨 '혜소(慧昭)'라는 법호를 하사하였는데, 성조(聖祖)의 묘호를 피휘(避諱)하여 '조(照)'를 '소(昭)'로 바꾼 것이다.[72]

---

70 혜소는 …… 거처하였다 : 『고운집』 권2, 「진감화상비명」에 의하면, 신라로 돌아온 혜소가 처음에 상주의 장백사에 머물렀는데 찾아오는 사람이 너무 많아 비좁아지자 화개곡에 사찰을 수축하였다고 한다. 강주는 오늘날의 진주(晉州)이다. 삼법 화상은 723년 옥천사(玉泉寺)를 창건한 승려로, 의상 대사(義湘大師)의 제자이다. 옥천사는 현재의 쌍계사(雙溪寺)이다. 난야는 범어 araṇya의 음역인 아란야(阿蘭若)의 준말로, 출가한 승려의 한적한 수행처, 즉 사원을 뜻한다.

71 색(色)과 …… 원만하다 : 색과 공은 불교 용어로, 색은 물질의 현상적인 모습을 말하고, 공은 본질적인 체성(體性)을 의미하는 말이다. 정과 혜 역시 정학(定學)과 혜학(慧學)을 뜻하는 불교 용어로, 정학은 선정(禪定)을 의미하고 혜학은 지혜(智慧)를 의미하는 말이다.

72 '혜소(慧昭)'라는 …… 것이다 : 종래 학계에서 많은 논란이 있어왔던 구절인데, 성조는 소성왕(昭聖王)을 가리킨다는 설과 효소왕(孝昭王)을 가리킨다는 설이 있다. 효소왕은 원래

만년에는 남령(南嶺)의 산기슭에 거처하였는데, 입적(入寂)하기 직전에 문도들에게 고하기를 "만법(萬法)이 모두 공(空)이니 나는 장차 이 세상을 떠나 멀리 갈 것이다. 탑을 만들어 사리를 보관하거나 비를 세워 행적을 기록하지 말라." 하였다. 입적할 때 법랍(法臘)[73]은 77세였다. 이때 하늘에는 구름 한 점 없었는데 갑자기 바람과 우레가 일어나고 호랑이와 이리가 울부짖었으며, 얼마 뒤에는 자색(紫色) 구름이 하늘을 뒤덮더니 하늘에서 손가락을 튀기는 소리[74]가 났다.

　혜소는 성품이 질박하였다. 왕이 보낸 사신이 왕명(王命)을 전하며 멀리서 법력(法力)을 베풀어주기를 기원할 때마다, "왕토(王土)에 거처하면서 불일(佛日)을 머리에 이고 있는 자라면 누군들 마음을 기울여 호념(護念)하며 임금을 위해 복을 쌓지 않겠습니까.[75] 어찌 마른 나무나 썩은 등걸 같은 이 몸에게 멀리서 왕명을 욕되게 하실 필요가 있겠습니까." 하였다. 어떤 사람이 호향(胡香)[76]을 선물하자, 질화로에 잿불[77]을 담아

효조왕(孝照王)이지만 효소왕으로 잘못 전해졌다고 한다. 『초사담헌』의 원문에 충실하자면, 혜소의 법호는 원래 '혜조(慧照)'였는데, 효조왕의 묘를 피휘하여 '효소'라는 법호로 바꾸었다는 말이 된다. 이 논란에 대해서는 최영성, 『譯註 崔致遠全集 1 四山碑銘』, 亞細亞文化社, 1998, 181~182쪽 참조.

73　법랍(法臘) : 승랍과 같은 말로 출가 이후 승려 생활을 한 햇수를 말하는데, 여기서는 향년의 의미로 쓰였다.

74　손가락을 튀기는 소리 : 불가에서 짧은 시간을 비유하는 말로 쓰이는 표현이며, 또 허락이나 탄미를 표하는 뜻으로 쓰이기도 한다. 여기서는 후자의 의미로 쓰였는데, 혜소의 입적에 대해 하늘이 감응을 보였다는 말이다.

75　왕토(王土)에 …… 않겠습니까 : 특별히 사람을 보내 불력(佛力)을 베풀어주기를 기원하지 않아도 늘 왕을 위해 기도하고 있다는 말이다. 불일은 모든 중생을 구제하는 부처의 광명을 하늘의 해에 비유한 말이다. 호념 역시 불교 용어로, 밖에서 악(惡)이 들어오지 못하게 하는 것을 호(護)라고 하고, 안에서 선(善)이 생기게 하는 것을 염(念)이라고 한다.

76　호향(胡香) : 외국에서 들어온 향을 말한다.

77　잿불 : 원문은 '糠灰'이다. 『고운집』 권2, 「진감화상비명」에는 '煻灰'로 되어 있는데, 당회는

환(丸)으로 만들지 않고 사르며 말하기를 "나는 이 향이 무슨 향인지 모른다. 그저 마음을 보존할[78] 뿐이다." 하였다. 어떤 사람이 중국차를 올리자, 땔나무로 돌솥에 불을 지피고 가루로 만들지 않고 달이면서 말하기를 "나는 이 맛이 무슨 맛인지 모른다. 그저 뱃속을 적실 뿐이다." 하였다. 진(眞)을 지키고 속(俗)을 싫어하는 것이 모두 이와 같았다. 평소 범패(梵唄)[79]를 잘하였는데 그 음조가 상쾌하였으니, 우리나라에서 어산(魚山)의 오묘한 곡조[80]를 익히는 자들은 혜소를 종주로 삼는다.

헌강왕이 '진감선사(眞鑑禪師)'라는 시호를 추증하고 '태공허(太空虛)'라는 탑호를 내렸다.

지증 등은 신라의 세 명승인데, 최치원이 나란히 그들의 명(銘)을 지었다.[81] 신라 때부터 고려에 이르기까지 불법을 숭상하여 왕자가 승려가 되고 공주와 비빈(妃嬪)이 불법을 듣고 따랐다. 고려 말 포은(圃隱, 정몽

뜨거운 열기가 남아 있는 재를 말한다.

78 마음을 보존할 : 원문은 '處心'이다. 『고운집』 권2, 「진감화상비명」에는 '虔心'으로 되어 있는데, 마음을 경건히 한다는 뜻이다.

79 범패(梵唄) : 불교 의식에서 노래로 불리던 성악의 한 갈래로, 주로 여래(如來)의 공덕을 찬미하는 노래이다.

80 어산(魚山)의 오묘한 곡조 : 범패 소리를 말한다. 삼국 시대 위나라의 조식(曹植)이 어산이라는 곳을 유람하였는데, 공중에서 맑고 구슬픈 소리가 나기에 따라 했더니 염불 소리가 되었다고 한다. 『법원주림(法苑珠林)』 권49 참조.

81 지증 …… 지었다 : 최치원의 이른바 『사산비명(四山碑銘)』 중 「만수산성주사낭혜화상백월보광탑비(萬壽山聖住寺朗慧和尙白月葆光塔碑)」·「희양산봉암사지증대사적조탑비(曦陽山鳳巖寺智證大師寂照塔碑)」·「지리산쌍계사진감선사대공탑비(智異山雙谿寺眞鑑禪師大空塔碑)」를 말한다. 『사산비명』의 글은 『고운집』 권2에 「무염화상비명」, 「진감화상비명」, 권3에 「지증화상비명」으로 각각 수록되어 있다. 이 글들은 원문의 오탈자 및 이본이 상당히 많은데, 여기에 대해서는 이우성, 『新羅四山碑銘校譯』, 『이우성저작집』7, 창비, 2010에 자세히 정리되어 있다.

주(鄭夢周))·목은(牧隱, 이색(李穡)) 같은 유학자들이 끊임없이 이어졌지만 불법을 다 물리치지는 못하였으니, 도선(道詵)과 무학(無學) 같은 이들의 설법이 사대부들 사이에서 행해지기도 하였다. 조선에 이르러 유학이 크게 일어나 승도(僧徒)들이 저절로 사라지고 사찰이 모두 무너져 버렸으니, 사물이 극에 달하면 시드는 것은 본래 그 형세가 그렇다. 세 명승은 모두 선(禪)의 이치를 지니고서도 낭혜처럼 성인(聖人)의 말씀으로 왕을 훈도하였으니, 또한 기이한 일이다.

4   남을진(南乙珍) / 조유(趙瑜) / 이양소(李陽昭)

남을진(南乙珍)은 본관이 의령(宜寧)이다.

고려에서 벼슬하여 참지문하부사(參知門下府事)를 지냈고, 고려의 정치가 어지러워지자 벼슬을 버리고 양주(楊州)의 사천현(沙川縣)으로 돌아가 몸소 농사를 지어 먹고 살았다.

그의 조카 남재(南在)는 태조(太祖)를 도와 조선을 개국하여 일등공신이 되었다. 태조가 남재에게 "그대의 숙부는 어디에 있는가?" 하고 묻자, 남재가 "사천에 계십니다."하고 대답하니, 태조가 명을 내려 양주에서 그를 불러오게 하였다. 그러나 남을진은 나아가지 않고 머리를 풀어 헤치고 감악산(紺岳山) 속으로 달아나 세상과 인연을 끊었다. 태조는 그의 뜻을 빼앗을 수 없음을 알고서 그의 거처 주위를 봉(封)해 주고 '사천백(沙川伯)'이라는 호를 내렸다. 후대 사람들이 석실(石室)에 그의 형상을 새겼고, 또 제수(祭需)를 갖추어 제사를 지냈다.[82]

조유(趙瑜)는 본관이 순창(淳昌)이다.

훌륭한 행실이 있었으니, 어려서 어머니의 상을 당했을 때 진정으로 슬퍼하며 예를 엄수하였고 후모(後母)의 상을 당했을 때도 똑같이 하였다. 아버지가 돌아가시자 몸소 흙을 짊어지고 와서 장례를 치렀다. 고려 말에는 사대부들이 삼년상을 행하지 않았는데, 조유와 야은 선생(冶隱先生) 길재(吉再), 포은 선생 정몽주만은 삼년상을 행하였다.

처음에 진사(進士)로 급제하였고 고려에서 벼슬하여 부정(副正)에 이

---

82   남을진에 대한 이야기는 『연경재전집』 권58, 「나려유민전」에도 거의 같은 내용이 수록되어 있다.

르렀다. 고려가 멸망한 뒤 조선에서 누차 관직을 내려 불렀고 검교 한성 윤(檢校漢城尹)까지 제수하기도 하였지만, 전혀 나아가지 않았다. 세종 (世宗)이 이를 가상히 여겨 그의 집에 정려문을 내려 '효자 전 부정 조유의 문[孝子前副正趙瑜之門]'이라고 하였다. 정려문에 고려 때의 관직을 기록한 것은 그를 조선의 신하로 삼지 않았음을 보여 조유의 뜻을 이루게 해 준 것이었다. 뒤에 순천(順天)의 겸천(謙川)으로 거처를 옮겼고, 호남 사람들이 제사를 지낸다.

조유의 아들 숭문(崇文)은 절도사(節度使)를 지냈는데, 숭문은 성삼문 (成三問) 등과 함께 죽었다.

이양소(李陽昭)는 자가 여건(汝建)이고 본관은 순천으로, 고려 때 대언(代言)을 지낸 이사고(李師古)의 아들이다. 조선 태종(太宗)이 탄강하신 해인 정미년(1367)에 태어났으며, 홍무(洪武) 임술년(1382)에 사마시에 입격하였으니 이 역시 태종이 입격한 해와 같았다. 이 때문에 남달리 돈독하게 지내며 의기가 투합하였다.

고려가 위태로워지자 연천(漣川)의 도당곡(陶唐谷)으로 달아났는데, 태종이 3년 만에 찾아내어 그의 집에 술을 마련하게 하고 직접 맞이하러 찾아갔다. 이양소가 태종이 왕위에 오르기 전의 일을 아주 자세히 이야기하니, 태종이 곧 "가을 비 반쯤 개고 사람은 반쯤 취했네.[秋雨半晴人半醉]"라는 시 한 구절을 짓고 이양소에게 화답하게 하였다. 이양소가 즉시 "저녁 구름 처음 걷히자 달이 처음 나왔네.[暮雲初捲月初生]"라는 대구를 지었다. 시 구절의 '월초생(月初生)'은 태종이 왕위에 오르기 전에 사랑했던 기녀의 이름이었다. 태종이 의자에서 내려와 이양소의 손을 잡고 "자네는 진정한 나의 벗일세." 하였다.

태종이 돌아갈 때 이양소와 함께 가고 싶어 했으나 이양소가 굳게 사양하고 나서지 않으니, 즉시 곡산 군수(谷山郡守)를 제수하였다. 예전에 이양소가 태종과 함께 곡산의 산 속에서 글을 읽을 때 장난삼아 "내 훗날 이 군(郡)을 다스리며 우리가 노닐었던 산천을 다시 보고 싶네."라고 한 적이 있었는데, 태종이 곡산 군수를 제수한 것은 이 때문이었다. 그러나 이양소가 또 나아가지 않자 태종이 가상히 여겨 그가 사는 산에 '청화산(淸華山)'이라는 이름을 붙여 주었으니, 이는 백이(伯夷)의 '맑음〔淸〕'[83]과 희이(希夷)가 은거했던 '태화(太華)'[84]에서 그 뜻을 취한 것이었다. 또 이양소를 위해 산 아래에 집을 짓고 '이화정(李華亭)'이라는 편액(扁額)을 걸어 주었다. 하지만 이양소는 그곳에 살지 않고 거처를 옮겨 숲속에 초가를 엮어 '안분당(安分堂)'이라 하고 뜰에 손수 은행나무를 심어 거문고를 타고 즐기면서 금은(琴隱)이라고 자호하였다.

죽음을 앞두고 직접 쓴 자신의 만장(挽章)에 '고려 진사 이양소'라고 썼으니, 자신이 죽은 뒤에 조선에서 내린 관직을 쓸까 걱정했기 때문이었다. 태종이 탄식하기를 "살아 있을 때 그의 뜻을 굽힐 수 없었으니, 죽은 뒤에 마땅히 그의 뜻을 이루어 주리라." 하였다. 청화공(淸華公)이라는 시호를 내리고 장지(葬地)를 하사해 장례를 치르게 하였다.[85]

---

83 백이(伯夷)의 '맑음' : 『맹자』, 「만장 하(萬章下)」에 "백이는 성인 가운데 맑은 사람이다.(伯夷, 聖之淸者也.)"라는 말이 있다.
84 희이(希夷)가 은거했던 '태화(太華)' : 희이는 송나라 초의 도인(道人) 진단(陳搏)의 시호로, 『도덕경(道德經)』14장에 "보아도 안 보이는 것을 이(夷)라 하고, 들어도 안 들리는 것을 희(希)라 한다.(視之不見, 名曰夷, 聽之不聞, 名曰希.)"라고 한 말에서 취한 것이다. 진단은 어렸을 때 푸른 옷을 입은 여인의 품에 안겨 젖을 먹은 뒤에 도술을 깨달아 태화산(太華山)에서 은거하였다. 태화산은 중국 오악(五嶽)의 하나로, 섬서성(陝西省)에 있으며 보통 화산(華山)이라고 한다. 진단은 송나라 태조와 같은 해에 태어났다고 한다.
85 이양소의 이야기는 『연경재전집』권58, 「나려유민전」에도 거의 같은 내용이 수록되어 있다.

고려에 절개를 지킨 인사들은 대부분 본조(本朝) 훈구(勳舊) 대신의 집안에서 나왔다. 훈구 대신의 집안은 천명이 향하는 곳을 일찌감치 알고 진주(眞主, 이성계)에게 귀의하여 화란을 안정시켜 무궁한 태평성대의 복을 도울 수가 있었다. 그러나 절개를 지킨 자들은 이것을 좋아하지 않았던 것이다. 차라리 빈천함에 곤궁을 겪으며 나무와 돌과 하나가 되어 살지언정 성인(聖人)의 조정에서 공신(功臣)들과 나란히 서기를 원하지 않았다. 이는 낙읍(洛邑) 완민(頑民)의 지조이니,[86] 이것이 없었다면 또한 어찌 왕조가 교체하는 시대를 빛낼 수 있었겠는가.

---

[86] 낙읍(洛邑) 완민(頑民)의 지조이니 : 낙읍은 낙양(洛陽)이고, 완민은 뜻을 굽히지 않은 완고한 백성이라는 의미이다. 원래는 주나라에 복종하지 않은 은나라의 유민을 가리키는 말이었는데, 망국의 백성으로서 새 왕조에 굴복하지 않는 유민을 가리키는 말로 쓰인다. 『서경(書經)』, 「주서(周書) 필명(畢命)」에 "주공이 선왕을 도와 국가를 편안히 안정시키고, 은나라의 완민을 신중히 낙읍으로 옮겨 왕실과 가깝게 하니, 그 가르침에 교화되었다.(惟周公, 左右先王, 綏定厥家, 毖殷頑民, 遷於洛邑, 密邇王室, 式化厥訓.)"라고 한 데서 나온 말이다.

이경류(李慶流) / 윤안국(尹安國) / 윤순(尹淳)

이경류(李慶流)의 자는 장원(長源)이고 본관은 한산(韓山)이다. 목은(牧隱)의 후손으로, 호방하여 지조와 절개가 있었으며, 문과에 급제하여 예조 좌랑(禮曹佐郎)을 지냈다.

만력(萬曆) 임진년(1592)에 왜구가 난리를 일으키자, 조정에서 장수를 파견하여 조령(鳥嶺)을 지키게 할 때 이경류를 종사관(從事官)으로 차출하여 조방장(助防將) 변기(邊璣)의 휘하에 소속시켰다. 변기가 달아나자 또 상주(尙州)에서 이일(李鎰)을 수행하게 하였는데, 이일 역시 군대가 궤멸되자 달아나 버렸고 이경류와 종사관 박호(朴箎)·윤섬(尹暹)만이 전사하였다.

이경류의 혼(魂)이 집으로 돌아와 영좌(靈座)[87]에 앉아 집안의 길흉을 메아리가 울리듯 척척 알려주었다. 당시 대부인(大夫人)이 살아있었고 아들 이재(李穧)의 나이가 네 살이었는데, 이경류의 혼은 늘 평소처럼 아침저녁으로 대부인에게 문안을 올렸고 날마다 아들 이재를 매우 부지런히 가르쳤다. 대부인이 모습을 보여 달라고 하자, 이경류의 혼이 "어머니께서 슬퍼하실까 걱정됩니다."라는 말을 몇 번이나 한 뒤에 마침내 모습을 드러내었는데, 상처를 입은 모습이었다. 대부인이 통곡하여 거의 숨이 끊어지려하자 혼이 소리쳐 소생시키고 간호하면서 말하기를 "진실로 이 점을 염려하였습니다." 하였다.

아들 이재가 마마에 걸려 증세가 심각하자 의원이 "동정귤(洞庭橘)이 있으면 치료할 수 있습니다만, 어떻게 구하겠습니까." 하니, 이경류의

----

87 영좌(靈座) : 신주를 놓는 자리를 말한다.

혼이 "만약 병을 낫게 할 수 있다면 내가 구해 올 수 있다." 하고, 얼마 뒤 열 개 남짓을 구해 와 병을 낫게 하였다.[88]

이경류의 혼이 홀연 집안사람들에게 하직인사를 하며 "나는 이곳을 떠나 다른 곳에서 화생(化生)할 것이고, 또 몇 년 뒤에 중국의 강남(江南) 땅에서 화생하여 다시 고국으로 돌아올 것이다." 하였고, 이때부터 혼은 효험을 보이지 않았다. 자손들이 그 말을 기록해 두었다.

영조(英祖) 임신년(1752)에 청나라의 부칙사(副勅使) 오달성(吳達聖)이 조선에 왔는데 그의 본적이 강남이었고 또 나이도 이경류와 같았다. 이에 이씨 집안에서 오달성을 만나고자 하였는데, 어떤 이가 말하기를 "그일은 매우 괴이할 뿐더러 또 칙사를 만나는 것은 국가에게 금지하는 일이니 불가합니다." 하여, 그만두었다.[89]

윤안국(尹安國)의 자는 정경(定卿)[90]이고 본관은 양주(楊州)이다. 문과에 급제하여 관찰사를 지냈다.

숭정(崇禎) 기사년(1629)에 요심(遼瀋)[91]이 오랑캐에게 함락되어 조공

---

88 아들 …… 하였다 : 이 이야기는 『청구야담(靑邱野談)』에 「공중에서 귤 세 개를 던지고 혼령을 드러내다〔投三橘空中見靈〕」라는 제목으로 수록되어 있는데, 『청구야담』에는 이경류의 모친이 병에 걸려 갈증을 느끼자 이경류가 귤을 구해 공중에서 던진 것으로 되어 있다. 이재(李縡)의 『도암집(陶菴集)』 권31, 「종사이공묘갈(從事李公墓碣)」의 명(銘) 부분에는 '공중에서 귤을 던지니 정신이 황홀하네.(空裏投橘, 神怳惚兮.)'라고 묘사되어 있다.

89 영조(英祖) …… 그만두었다 : 이 일화는 『연경재전집』 외집(外集) 권55, 「시화(詩話)·오칙사시(吳勅使詩)」에도 실려 있는데, 내용이 조금 더 자세하다.

90 정경(定卿) : 『초사담헌』의 원문에는 공란으로 되어 있는데, 박세당(朴世堂)의 『서계집(西溪集)』 권9, 「강원도관찰사윤공묘지명(江原道觀察使尹公墓誌銘)」의 기록에 의거하여 보충하였다.

91 요심(遼瀋) : 요양(遼陽)과 심양(瀋陽)을 중심으로 하는 요동반도 지역을 일컫는 말이다.

로가 끊어져 사신들이 바다를 건너 등주(登州)와 내주(萊州)로 가서 황도(皇都)에 이른 것이 10여 년이었다. 그런데 원숭환(袁崇煥)이 독사(督師)가 되어 내지(內地)로 통행하는 것을 금지해야 한다고 주장하면서부터 조공로가 바뀌어 각화(覺華)를 거쳐 여순구(旅順口)와 철산취(鐵山觜)를 지나 영원위(寧遠衛)에 이르렀는데, 지나가는 곳이 모두 험준하였다.

윤안국이 형조 참의(刑曹參議)로서 진하사(進賀使)가 되어 경사(京師)로 가다가 영원위에 도착하기 전에 바다에 빠져 죽었다. 그런데 언젠가 마부를 성대히 갖춘 윤안국이 집 밖에서 들어오는 것을 가족들이 보고 모두 늘어서서 절하고 맞이한 적이 있었다. 윤안국은 즉시 말에서 내려 가묘(家廟)로 들어간 뒤 마침내 잠잠해졌으며, 따라왔던 마부들도 사라졌다. 얼마 뒤에 윤안국이 집 시렁 위에 앉아 직접 배가 뒤집힐 때의 일을 아주 상세히 말하였고, 또 집안의 우환과 경사 및 노비들의 농간에 대해 전부 신기하게 맞추었으며, 평소처럼 자식들에게 글을 가르쳤다.

윤순(尹淳)의 자는 화중(和仲)이고 본관은 해평(海平)이다.

글씨로 이름을 날렸는데 당시 사람들이 백하체(白下體)[92]라고 하였다. 형인 윤유(尹游)와 우애가 매우 돈독하였고 조정에서 형과 함께 높은 벼슬에 올랐다.

윤유가 세상을 떠난 뒤 윤순이 홀로 앉아 형을 그리워하며 눈물을 줄줄 흘린 적이 있었다. 이때 밤이 깊고 달은 침침하였으며 곁에서 시중드는 사람들도 모두 잠들어 있었는데, 갑자기 가도(呵導)[93]하는 소리를 듣고 대문에 나가 보았더니 바로 윤유였다. 윤순이 맞이해 절을 올리고 통

---

92 백하체(白下體) : 윤순의 호가 '백하'이므로 붙여진 명칭이다.
93 가도(呵導) : 관원이 왕래할 때 소리쳐 행인을 물리치는 것을 말한다.

곡하니, 윤유가 만류하며 말하기를 "슬퍼하지 말라. 나는 좌시국(左侍國)에서 높은 관직을 지내고 있는데, 우리 조정의 호조(戶曹)와 예조(禮曹)를 겸대(兼帶)한 벼슬과 같다." 하였다. 윤유는 평소에 수가(水茄)[94]를 좋아하였는데, 당시 분재(盆栽)해 놓은 수가가 온 뜰에 무성하였다. 윤유가 말하기를 "지하 세상이 좋기는 한데 이것이 없어 한스러울 뿐이다." 하였다. 윤순이 하인을 불러 수가를 따 올리게 했더니 인사하고 떠났다. 아침에 분재한 수가를 살펴보니 과연 윤유에게 올린 숫자만큼 없어졌고, 수가를 따낸 곳에는 모두 수액(水液)이 넘치고 있었다.

신령스럽고 괴이한 일은 사리에는 맞지 않는다고 해도 그런 일이 없지는 않다. 간혹 배양한 기운이 대단히 굳세어 그 기운이 맺혀 흩어지지 않는 사람의 경우 왕왕 신령스러움을 드러내곤 하는 것이다. 어떤 이는 이를 두고 '마귀(魔)'라고 하지만, 저들은 모두 군자이니 어찌 요상하고 망령된 것이 감히 그들의 몸에 붙을 수 있겠는가.

---

94 수가(水茄) : 까마중을 말한다. 가지과에 딸린 한해살이 풀로, 까맣게 익은 열매가 빡빡머리 소년이나 스님의 머리모양을 닮았기 때문에 이런 이름이 생겼다고 한다.

정희량(鄭希良)의 자는 순부(淳夫)이고 호는 허암(虛菴)이며, 본관은 해주(海州)이다.

고결하고 청렴한 생활을 좋아했고, 학문이 넓었는데 특히 『주역(周易)』에 조예가 깊었다. 홍치(弘治) 8년(1495)에 진사시에 장원으로 뽑혔다.[95]

성종(成宗)이 붕어하자 조정에서 나라에 대상(大喪)이 생기면 불사(佛事)를 행했던 구례(舊例)를 따르려 했다. 정희량이 제생(諸生)을 이끌고 불가함을 말했는데, 그 말이 너무나 격렬하고 직설적이었기에 해주로 유배되었다가 얼마 뒤 풀려났다. 문과에 급제한 뒤 예문관 검열(藝文館檢閱)이 되어 상소하여 조정의 일을 간언하면서 조금도 거리낌이 없었으므로, 올곧다는 명성을 얻어 조정에서 중시되었다.

점필재(佔畢齋) 김종직(金宗直)이 글을 지어 의제(義帝)를 조상(弔喪)하니[96] 제자 김일손(金馹孫)이 그 글을 사초(史草)에 기록하였다. 유자광(柳子光)이 평소 자신을 경시하던 김종직에게 앙심을 품고 있다가 이 일을 문제 삼아 김종직이 감히 세조(世祖)를 비난한 것이라고 하였다. 이로 인해 사관(史官)이 무거운 벌을 받았으며, 정희량은 간악한 일을 아뢰지 않았다는 이유로 곤장을 맞고 의주(義州)로 유배되었다가 김해(金海)로 이배(移配)된 지 1년 만에 모친이 세상을 떠나자 그 해에 풀려나

---

95 홍치(弘治) …… 뽑혔다 : 『사마방목(司馬榜目)』에 따르면 정희량은 생원시에 장원급제하였으며, 급제한 해는 1492년으로 되어 있다. 홍치 8년인 1495년에 정희량은 문과에 급제하였다.

96 글을 …… 조상(弔喪)하니 : 이른바 「조의제문(弔義帝文)」을 말한다. 의제는 항우(項羽)에 의해 초나라 왕으로 추대되었다가 결국 항우에게 죽임을 당한 회왕(懷王)이다.

덕수(德水)[97] 가에서 시묘하였다.

당시에 연산군(燕山君)이 황음무도(荒淫無度)하였기에 정희량은 근심과 걱정으로 마음이 편치 않았다. 일찍이 "갑자년의 화는 무오년보다 심할 것이다." 하고, 마침내 달아나 행적을 감추니 어디로 갔는지 알 수 없었다. 집안사람들이 행적을 추적해 보았더니 조강(祖江) 가에 두건과 신과 지팡이만 남아 있어, 강에 빠져 죽은 것으로 여겼다. 이때가 5월 5일이었다.

이전에 성종(成宗) 때 연산군의 모친 윤씨(尹氏)가 사사되었는데, 연산군은 윤필상(尹弼商)·한치형(韓致亨) 등 대신들이 간언하여 성상을 만류하지 않고 오히려 성상의 뜻에 맞장구를 친 것을 원망하고 있었다. 그런데 때마침 왕후(王后)의 아우 신수영(愼守英)이 "죄지은 자들이 불평하고 원망한다."고 밀고하니,[98] 마침내 옥사가 크게 일어나 윤필상 등은 멸족(滅族)을 당했고, 홍귀달(洪貴達)·박은(朴誾)·김굉필(金宏弼)·정여창(鄭汝昌) 등이 모두 죽었다. 이것이 이른바 '갑자년의 화'이다.

문순공(文純公) 이황(李滉) 선생이 소백산(小白山)에서 『주역』을 공부할 때 『주역』의 담론에 아주 뛰어난 노승(老僧)이 있었다. 선생은 그가 정희량이 아닐까하고 여겨 "스님은 정허암(鄭虛菴)을 아시오?" 하고 물으니, 노승이 "그 사람됨을 좀 알지요." 하였다. 선생이 "세상이 바뀌었고 금령(禁令)도 풀렸는데, 왜 세상에 나오지 않는지요?" 하니, 노승이

---

97 덕수(德水) : 경기도 고양(高陽)의 덕수천(德水川)을 말한다.
98 그런데 …… 밀고하니 : 『연산군일기(燕山君日記)』, 10년 7월 19일자 기사에 의하면, 이날 신수영이 자신의 집에 익명으로 된 글의 투서가 있었는데 연산군을 비판하는 내용이었다고 밀계(密啓)를 올렸다고 한다. 또 『기언(記言)』 권11, 「허암사(虛菴事)」에 따르면, 왕후 신씨의 아우 신수영이 "익명서로 조정을 비방한 것은 죄지은 자들이 불평과 원망을 한 것"이라고 고변하였다고 한다.

"그 사람은 어머니가 돌아가셨는데 삼년상을 다 치르지 않았으니 불효를 저질렀고, 임금의 명을 무시했으니 불충을 저지른 것이지요. 불효하고 불충한 자가 어찌 세상에 설 수 있겠소." 하였다. 선생은 마침내 그를 정희량이라 여겨 두터이 예우하려고 하니, 노승은 일어나 떠나버렸고 어디로 갔는지 몰랐다.

박지화(朴枝華)의 자는 군실(君實)이고 호는 수암(守菴)이며, 본관은 정선(旌善)[99]이다.

젊은 시절에 화담(花潭) 서경덕(徐敬德) 선생에게 『주역』을 배웠다. 수련하는 술법을 좋아하여 금강산에 들어갔다가 7년 만에 돌아왔는데, 제자가 그 술법에 대해 묻자, 박지화가 말하기를 "이것은 세상을 버리고 홀로 도를 지키는 사람이 익히는 것이지, 공부하는 사람이 먼저 힘쓸 것이 아니다." 하였다. 북창(北窓) 정렴(鄭𥖝)과 벗으로 친하게 지냈고, 정렴의 아우 정작(鄭碏)은 박지화를 스승으로 섬겼다.

선조(宣祖) 계미년(1583)에 허봉(許篈)이 갑산(甲山)으로 유배되었다.[100] 그해 여름에 갑산에 요귀(妖鬼)가 나타났는데, 큰 이빨을 드러내고 머리를 풀어헤친 채 오른손에는 활을 잡고 왼손에는 불을 들고 있었다. 고을에서 군사를 풀어 북을 치며 물리쳤는데, 박지화가 이 소식을 듣고 "10년 내에 나라에 큰 난리가 날 것이니, 남방에서 시작될 것이다." 하였다. 10년 뒤인 임진년(1592)에 왜구가 우리나라를 침범해 7년 만에

---

99 정선(旌善) : 『초사담헌』의 원문에는 공란으로 되어 있는데, 유신환(兪莘煥)의 『봉서집(鳳棲集)』 권7, 「수암박공묘지(守庵朴公墓誌)」의 기록에 의거하여 보충하였다.
100 허봉(許篈)이 갑산(甲山)으로 유배되었다 : 허봉은 1583년 7월에 송응개(宋應漑)와 함께 이이(李珥)와 심의겸(沈義謙)을 비판한 일로 인하여 창원 부사(昌原府使)로 좌천되어 가다가 도중에 갑산(甲山)으로 유배되었다.

야 끝이 났다.

임진년 난리 때 박지화의 나이는 팔순이 넘었다. 자손들이 뿔뿔이 흩어지고 달아나자 박지화는 수춘(壽春, 춘천(春川))의 사탄(史呑)에 들어갔다가 물에 몸을 던져 세상을 떠났다. 죽기 전에 나무를 깎아 '백구는 본래 물에서 자니, 무슨 일로 남은 슬픔 있으리오.'[101]라고 적었다. 박지화는 항상 고요함을 지키며 외물(外物)에 마음을 쓰지 않았고 성품은 맑고 깨끗하였는데, 문장도 그러하였다.[102]

옛날에 굴원(屈原)이 고결함과 청렴함으로도 초나라 임금의 지우(知遇)를 받지 못함을 스스로 상심하여 멱라수(汨羅水) 깊은 물에 몸을 던졌는데, 이를 두고 군자(君子)는 '충성이 지나쳤다.'고 평하였다.[103] 정희량이 강에 몸을 던진 것도 아마 굴원과 같은 뜻이었을 것이다. 혹자는 그가 죽지 않았을 것이라고 생각한다.

중종(中宗)이 반정(反正)하여 현자들이 나란히 벼슬에 나아갔으니, 정암 선생(靜菴先生, 조광조(趙光祖))은 대사헌(大司憲)이 되어 신임을 받았고, 김식(金湜)은 대사성이 되었으며, 김정(金淨)은 형조 판서가 되었다. 그러나 정희량은 홀로 벼슬에 나아가지 않았으니 아마도 을묘년의 화가 생길 줄 미리 알았기 때문이 아닐까. 박지화가 깊은 강에 몸을 던진 것

---

101 백구는 …… 있으리오 : 두보(杜甫)의 「운산(雲山)」 시에 "쇠하고 병들어 강변에 누운 몸, 친지와 붕우도 해 저물자 돌아가네. 백구야 본래 물에서 자니, 무슨 일로 남은 슬픔 있으리오.(衰疾江邊臥, 親朋日暮廻, 白鷗元水宿, 何事有餘哀.)"라는 구절이 있다. 『두소릉시집(杜少陵詩集)』 권9 참조.

102 박지화의 이야기는 허목(許穆)의 『기언』 권26, 「박수암사(朴守庵事)」에도 거의 같은 내용이 수록되어 있다.

103 군자(君子)는 …… 평하였다 : 주희(朱熹)가 『초사후어(楚辭後語)』에서 굴원을 평하면서 "굴원의 충은 충성스러우면서도 지나쳤다.(夫屈原之忠, 忠而過者也.)"라고 하였다.

역시 시대를 상심한 것이니, 옛날의 이른바 '수선(水仙)'[104]이라는 자에
가깝다.

---

104 수선(水仙) : 수중(水中)의 선인(仙人)이란 뜻으로, 춘추 시대 오(吳)나라의 오자서(伍子
胥), 전국 시대 초(楚)나라의 굴원을 지칭하는 말로 자주 쓰인다.

남사고(南師古) / 정두(鄭斗)

남사고(南師古)는 본관이 영양(英陽)[105]이고, 집은 선사현(仙槎縣, 울진(蔚珍))이다.

이술(異術)[106]을 지녔는데, 명종(明宗) 때 판서 권극례(權克禮)에게 말하기를 "조정에 분명 분당(分黨)이 생길 것이다. 또 왜란이 생길 것인데, 진년(辰年)에 변란이 일어나면 그래도 손을 쓸 수 있겠지만 사년(巳年)에 변란이 일어나면 손을 쓸 수 없다." 하였다. 과연 동인(東人)과 서인(西人)으로 분당이 생겼고, 왜적이 임진년에 우리나라를 침범하였다. 또 "왕기(王氣)가 사직동(社稷洞)에 있다." 하였고, 또 태릉(泰陵)이 들어설 산기슭을 가리키며 "내년에 저 동쪽에 태산(泰山)을 쌓게 될 것이다." 하였다. 선조(宣祖)의 잠저(潛邸)가 사직동에 있었고 이곳에서 대통(大統)을 계승하였으며, 또 문정왕후(文定王后)가 세상을 떠난 뒤 태릉에 묻혔다.

한번은 영천(榮川, 영주(榮州))을 지나가는데 장맛비가 막 그치고 흰구름이 소백산 아래를 휘감으니 멀리서 바라보고 희색을 지었다. 어떤이가 이유를 묻자, "이것은 상서로운 구름이다. 조만간 전쟁이 일어날 것인데 이 산 아래에 있는 자들은 편안할 것이니, 풍기(豊基)와 영천이 바로 복지(福地)이다." 하였다. 그 뒤에 왜구가 조령(鳥嶺)을 지나갔는데, 영천과 풍기는 조령에서 겨우 백여 리 떨어진 곳이었지만 왜구가 침범하지 않았다.

---

105 영양(英陽) : 『초사담헌』의 원문에는 공란으로 되어 있는데, 김하구(金夏九)의 『추암집(楸菴集)』 권6, 「격암남공묘갈명(格菴南公墓碣銘)」의 기록에 의거하여 보충하였다.
106 이술(異術) : 이단의 학술이라는 뜻으로, 여기서는 미래를 점치는 능력의 의미로 쓰였다.

남사고가 부친을 장사지내다가 갑자기 "여기에 묘를 쓰면 후손이 없을 것이다." 하고 열 번이나 묏자리를 옮겼는데도 다 불길하자 마침내 대성통곡하고 묏자리를 옮기지 않았고 과연 후손이 없었다.

예언하기를 "벌 눈〔蠭目〕을 가진 장군이 서쪽에서 일어날 것이다." 하였는데, 뒤에 이괄(李适)이 영변(寧邊)에서 반란을 일으켰으니, 그의 눈이 바로 벌 눈이었다.

정두(鄭斗)는 본관이 진주(晉州)이다. 진주의 동산(東山)에 살았으므로 사람들이 동산옹(東山翁)이라고 불렀다.

훌륭한 품성을 지녔고 은거하여 세상에 자신을 알리려 하지 않았다. 평소에 잘못을 숨기고 명예를 구하는 것을 수치로 여겼고, 또 시속(時俗)을 잘 따랐기에 기이하게 여기는 사람이 없었다. 그런데 유독 토정(土亭) 이지함(李之菌)만은 그를 보고 감탄하기를 "고상한 선비이다. 강우(江右)[107]에는 오직 이 한 사람뿐이다." 하였다.

진주 사람들 사이에 전해오는 말에, 정두는 특이한 재능이 있어 새와 짐승의 소리를 알아들었는데 산속으로 들어가 피리를 불면 새와 짐승들이 와서 따랐다고 한다.

세상을 떠나기 직전에 자식들에게 명하기를 "나를 동산 곁에 묻어라. 모년(某年)에 네가 죽고 묻어 줄 사람이 없을 것이니, 너도 여기에 유해를 남길 것이다." 하였다. 임진년에 아들이 왜구에게 살육을 당해 정두의 무덤 곁에서 죽었으니, 그의 말이 과연 증명되었다.

정두는 체구가 건장하고 남달랐으며 외물에 의탁하여 스스로 즐겼지

---

107 강우(江右) : 낙동강 오른쪽 지역을 말한다. 대개 경상우도를 가리키는 말로 쓰인다.

만, 그의 글은 염민(濂閩)의 학문[108]에서 벗어나지 않았다.[109]

세상에서 이술이라고 일컫는 것은 모두 무익하다. 복은 요행으로 구할 수 없고 화는 요행으로 피할 수 없으며, 길(吉)은 요행으로 얻을 수 없고 흉(凶)은 요행으로 벗어날 수 없다.[110] '수명의 길고 짧음에 개의치 않고 천명을 기다린다.'[111]고 하였으니, 성인이 어찌 나를 속였겠는가.

남사고가 일찍이 동해를 바라보며 탄식하기를 "우리 동방의 근심은 오늘부터 커질 것이다." 한 적이 있었는데, 바로 풍신수길(豊臣秀吉)이 태어난 날이었다. 성상(星象)으로 미래를 점치는 데 밝은 것이 이와 같았다. 하지만 부친을 장사지내기 위해 열 번이나 묏자리를 바꾸었지만 결국 후손이 없었으니, 그인들 천명을 어찌하겠는가.

---

108 염민(濂閩)의 학문 : 성리학을 일컫는 말로, 염민은 염락관민(濂洛關閩)의 준말이다. 염은 주돈이(周敦頤)가 살았던 염계(濂溪)를, 민은 주자(朱子)가 살았던 민중(閩中)을 가리키며, 락은 정자(程子) 형제가 살았던 낙양(洛陽)을, 관은 장재(張載)가 살았던 관중(關中)을 일컫는다.

109 정두의 이야기는 『기언』 권11, 「허암사」에도 유사한 내용이 보인다.

110 복은 …… 없다 : 『명심보감(明心寶鑑)』에 "경행록에 이르기를, '화는 요행으로 벗어날 수 없고 복은 두 번 구할 수 없다.' 하였다.(景行錄云, 禍不可倖免, 福不可再求.)"라는 구절이 보인다.

111 수명의 …… 기다린다 : 『맹자(孟子)』, 「진심 상(盡心上)」에 "수명의 길고 짧음에 개의치 않고 제 몸을 닦으며 천명을 기다리는 것이 천명을 완수하는 방법이다.(夭壽不貳, 修身以俟之, 所以立命也.)"라고 하였다.

권길(權吉)의 자는 응선(應善)이고 본관은 안동(安東)이며, 문충공(文忠公) 권근(權近)의 6세손이다. 음보(蔭補)로 벼슬하여 상주 판관(尙州判官)이 되었는데, 청렴결백하여 훌륭한 치적을 세웠다.

　임진년 4월 13일에 왜구의 침입 소식을 듣고 즉시 병사를 일으켰다. 15일 밤에 순찰사(巡察使) 김수(金睟)가 격문(檄文)을 보내 '상주 목사는 군대를 이끌고 가 동래(東萊)를 구원하고, 판관은 상주성(尙州城)을 지키라.' 하였다. 17일에 절도사(節度使) 김성일(金誠一)이 와서 적진으로 가지 않은 권길을 꾸짖으며 "상주 목사는 나이도 많고 술주정을 부리니 군대의 일을 맡겨서는 안 된다. 판관은 급히 합천(陜川)으로 가라." 하였다. 권길은 즉시 모제(母弟)와 이별하고 상주 백성인 서의(徐誼)에게 판관의 일을 맡기며 병사 2천여 명을 통솔해 상주성을 지키도록 하였다. 18일에 군대를 거느리고 고령(高靈)에 도착하였다.

　그런데 상주 목사 김해(金澥)는 자신의 군대가 궤멸되자 상주로 돌아와 성을 지키고 있는 군사들에게 "적군이 뒤에서 추격해 오는데 그 예봉(銳鋒)을 당해낼 수 없으니, 너희들은 속히 떠나라. 그렇지 않으면 다 죽는다." 하고는 도망쳤다. 서의는 성을 지키고자 하였으나 군사들이 흩어져 버렸다. 권길의 군대 역시 얼마 뒤에 무너져 상주로 돌아와 보니, 고을은 텅 비어 아무도 없었고 따르는 부하들은 굶주림에 일어서지도 못했다. 권길은 가마솥을 구해 직접 밥을 지어 함께 먹고 또 호각(號角)을 불어 병사들을 모으니, 이민(吏民)들이 산 계곡에서 조금씩 모여들었고, 마침내 김해도 찾아내었다.

　권길이 말하기를 "우리 두 사람이 녹봉을 먹은 지 20여 년인데 하루 아침에 은혜를 저버리고 살기를 도모해서야 되겠습니까?" 하니, 김해는 하늘만 쳐다보며 아무 말도 하지 않았다. 권길이 통곡하며 "공께서 나라를 위해 한번 목숨을 바치고 싶지 않으시더라도 어찌 처자식을 생각지 않으십니까." 하였다. 그리고 마침내 자신의 옷 안쪽에 직접 이름을 쓴 뒤 흩어진 병사를 모으니 7백여 명쯤 되었다.

순변사(巡邊使) 이일(李鎰)이 도착해 상주성을 지키지 못할 것을 알고 안동으로 군대를 옮기려고 하였다. 권길이 간언하기를 "공께서는 왜적 때문에 군부(君父)를 버리려 하십니까?" 하고, 이일에게 강권하여 상주성 밖 냇가에 진을 치도록 하였다. 25일 정오에 왜적 10여만 명이 공격해오자 이일의 군대가 무너졌다. 관노(官奴)인 수복(守福)이 권길의 허리를 붙잡으며 피하라고 청했지만, 권길은 그럴 수 없다며 북쪽을 향해 네 번 절을 올린 뒤 왜적의 칼에 맞아 전사하였다. 수복과 상주의 아전 박걸(朴傑)도 함께 죽었다.

권길의 가족은 권길의 시신을 찾지 못해 의관(衣冠)으로 장례를 치렀다. 김해가 즉시 보고하지 않으니, 조정에서는 이 사실을 몰라 추증의 은전을 베풀지 않았다. 이에 상주 사람 조정(趙靖)이 그 상황을 진언하였고, 권길의 아들 권담(權譚)이 또 상소하여 억울함을 호소하니, 마침내 조정에서 권길을 좌승지(左承旨)로 추증하였다.

신길원(申吉元)의 자는 경초(慶初)이고 본관은 평산(平山)이니, 장절공(壯節公) 신숭겸(申崇謙)의 후손이다.

국학(國學)의 추천을 받아 문경 현감(聞慶縣監)이 되었다. 임진년에 왜적이 동래를 함락시키고 북상하였는데, 문경은 그 요충지였다. 신길원은 즉시 대구(大邱)에 있는 관찰사의 감영(監營)으로 달려가 전쟁에 관한 일을 논의하려 했으나, 가는 도중에 대구부의 성이 함락되었다는 소식을 듣고 문경현으로 돌아와 군대와 식량을 준비하였다.

왜적이 문경현 경계까지 쳐들어오자 이민(吏民)들이 앞다투어 신길원에게 피할 것을 청하였다. 신길원이 꾸짖기를 "나는 영토를 지키는 신하이다. 임지를 버리고 어디로 간단 말이냐." 하고는, 즉시 의관을 정제한 뒤 관인(官印)을 차고 자리에 앉았다. 왜적이 이르러 칼을 꺼내 보이며 묻기를 "말을 탈 줄 모르느냐?" 하니, 신길원이 "나는 유자(儒者)다. 어찌 말을 탈 줄 알겠느냐." 하였다. 왜적이 "속히 항복하라." 하자, 신길원이 손을 들어 자신의 목을 가리키며 왜적을 꾸짖기를 "나는 네 놈의 목을 벨 수 없으니, 너는 속히 내 목을 베어 나를 욕보이지 말라." 하였다. 이에 왜적이 노하여 먼저 한쪽 팔을 자르고 위협했지만, 신길원이 끊임없이 왜적을 꾸짖으니 마침내 죽었다. 이날은 4월 27일이다. 이 일이 조정에 알려져 좌승지로 추증되었다.

예전에 신숭겸이 견훤과 전투를 벌이다가 대구의 동수(桐藪)에서 전사하자[112] 대구부 사람들이 신숭겸을 제향하였다. 신길원이 죽자 다시 신숭겸에게 배향(配享)하였다.

국가에 어려움이 생겼을 때 영토를 지키는 자가 자신의 임지에서 목숨을 바치는 것은 직분이다. 그러나 지금 보고 들은 신길원의 경우로 논하자면, 죽을 수만 있을 뿐 지킬 수는 없는 상황이었다. 무기와 군량은 모두 삐걱대고 흩어졌으며 사졸(士卒)들은 모두 혼란스럽고 견고한 뜻도 없어 조련할 수조차 없었는데, 하물며 전쟁을 치를 수 있겠는가. 권

---

112 신숭겸이 …… 전사하자 : 927년(고려 태조10)에 후백제의 견훤이 신라를 침공하자 고려 태조가 친히 기마병을 거느리고 대구로 가서 동수에서 견훤과 전투를 벌였다. 고려 태조가 견훤에게 포위되자 신숭겸이 목숨을 걸고 싸우다가 전사하였고, 태조는 위기를 벗어날 수 있었다.

길 등은 그저 적의 칼날에 몸을 던지는 것으로 나라에 보답할 뿐이지 무슨 일을 할 수 있었겠는가.

임환(林懽)의 자는 자중(子中)이고, 호는 습정(習靜)이며, 본관은 나주(羅州)이다. 진사시에 합격하였다.

만력(萬曆) 임진년에 창의사(倡義使) 김천일(金千鎰)이 의병을 일으키고, 임환을 불러 종사관으로 삼고서 강화도(江華島)에 병사를 주둔시켰다. 당시 광해군(光海君)은 수안(遂安)에 있었는데, 임환이 수안으로 찾아가 광해군을 알현하고 세 차례나 글을 올리며 거처를 호남으로 옮겨 중흥(中興)의 터전을 세울 것을 청하였다. 그리고 돌아올 때 왜구들 속으로 잠입하여 종묘(宗廟)의 신주(神主)를 찾아서 돌아왔다.

이듬해에 왜구가 물러가자 김천일과 왜구를 추격하여 남쪽으로 내려갔다가 상주에 이르러 병이 심해져 가마에 실려 집으로 돌아왔다. 김천일이 진주에 들어갔다가 전사했다는 소식을 듣고 크게 탄식하기를 "아아! 장부(丈夫)가 이미 약조를 맺어놓고 어찌 공만 홀로 죽게 했단 말인가." 하고, 이때부터 세상에 대한 뜻을 끊고 바닷가에 집을 지어 낚시하며 지냈다.

정유년(1597)에 왜구가 다시 쳐들어왔을 때 통제사(統制使) 이순신(李舜臣)이 명량(鳴梁)에서 왜구를 대파하고 보화도(寶化島)에 주둔했다가 식량이 끊기자, 임환이 즉시 곡식 수백 섬을 털어 도와주었다. 왜구가 전군(全軍)을 이끌고 북으로 올라오자 고을 사람들이 모여 의병을 일으키고 임환을 찾아와 장군이 되어주기를 청했다. 임환이 사양하며 "나는 김 창의사(金倡義使)를 저버렸으니 다시 일어나 장군이 될 수 없다." 하였다. 사람들이 "그대는 예전의 충심(忠心)을 잃지 않으셨습니다. 충심이 있어야 일을 이룰 수 있으니, 우리들은 그대가 아니면 따를 사람이 없습니다." 하니, 임환이 어쩔 수 없이 응하였다. 순찰사 황신(黃愼)이

이 사실을 조정에 알리니, 조정에서 특별히 공조 좌랑을 제수하였다.

　예교(曳橋)[113]의 전투에서 임환은 고두성(孤頭城)을 지켰는데, 왜적들이 갑자기 침범하자 명나라 병사들은 혼란에 빠졌으나 임환의 군대만은 흔들리지 않았다. 이때부터 다른 병사들이 임환의 군사를 '진사군(進士軍)'이라고 불렀다. 당시 명나라 장수 유정(劉綎)이 정예병 4만을 거느리고 순천(順天)에 주둔했는데, 군대의 위용이 매우 성대했기에 사람들은 모두 왜적을 금방 섬멸할 것이라고 여겼다. 그런데 임환이 유정을 한번 만나보고 나와 사람들에게 말하기를 "유공(劉公)은 싸울 마음이 없으니, 필시 화친을 맺고 물러갈 것이다." 하였는데, 과연 군대가 철수하였다.

　전쟁이 끝난 뒤 임환은 주현(州縣)을 다스리며 때를 기다렸는데,[114] 평소 자신이 섬긴 우계선생(牛溪先生, 성혼(成渾))을 당시 사람들이 공박(攻駁)했기 때문에 마음이 편치 않은데다 여러 차례 탄핵까지 받자,[115] 벼슬을 그만두고 고향에서 숨어 지냈다.

　일찍이 김천일을 위해 사당을 건립하고 조정에 사액(賜額)을 요청하

---

113 예교(曳橋) : 전라남도 순천(順天)에 있는 지명이다.

114 전쟁이 …… 기다렸는데 : 번역문의 '전쟁이 끝난 뒤'는 원문에는 없는 내용인데, 문맥의 이해를 위해 보충하였다. 왜란이 끝난 뒤 임환은 무주 현감(茂朱縣監)·직산 현감(稷山縣監) 등을 역임한 바 있다. 『백사집(白沙集)』 권2, 「전문화현감임공묘지명(前文化縣監林公墓誌銘)」 참조. 또 번역문의 '때를 기다렸는데'는 원문의 '自試'에 대한 번역인데, '자시'는 『주역』, 「건괘(乾卦) 문언전(文言傳)」에 "뛰어오르기도 하고 연못에 있기도 하는 것은 자신을 시험함이다.(或躍在淵, 自試也.)"라고 한 데서 나온 말이다. 여기서는 자신의 능력을 발휘함으로써 조정에서 인정해 주기를 바란다는 의미이므로 이렇게 번역하였다.

115 여러 …… 받자 : 1601년 임환이 직산 현감에 제수되어 잠시 서울에 들어갔을 때, 이미 사망한 성혼에 대해 '성혼이 최영경(崔永慶)을 모함해 죽게 했으니 삭탈관직해야 한다.'라는 경상도 유생들의 상소가 있었다. 이에 임환은 성혼의 제자들과 함께 성혼의 죄를 해명하기 위해 논의한 일이 있었는데, 이 일로 인해 김대래(金大來)의 탄핵을 받았다. 『백사집』 권2, 「전문화현감임공묘지명」 참조.

니, 군자들이 말하기를 "의리를 좋아하여 게을리하지 않는다." 하였다. 임환이 신의가 있다고 알려지니, 김상곤(金象坤)[116]은 죽음을 앞두고 자신의 처자식을 부탁하였고, 명나라 장군 이의(李義)[117]는 애첩(愛妾)을 부탁하며 "중국 사람에게 부탁하지 않고 그대에게 부탁하는 것은 그대의 신의를 알기 때문이다." 하였다. 또 명나라 장군 오종도(吳宗道)[118]가 돌아갈 때도 유복자(遺腹子)를 부탁하였다.[119]

송제민(宋齊民)의 자는 이인(以仁)이고 본관은 홍주(洪州)이다.

『주역』에 조예가 깊었는데, 토정 이지함이 말하기를 "한 글자에 만변(萬變)의 이치가 있는데 자네는 아는가?" 하니, 송제민은 곰곰이 생각해도 이해가 되지 않았다. 그 뒤에 서석산(瑞石山)에 이르러 한참동안 조용히 앉아 있다가 마침내 그 뜻을 깨닫고서 "이것은 낙서(洛書)의 법이니, 어찌 주자(朱子)가 말한 '그 변수에서 시작하여 활용한 것이다.'[120]라는 것이 아니겠는가." 하였다.

송제민은 긴장을 풀고 스스로 편안하게 사는 것을 좋아하였지만 예법에는 신중하였고, 규문(閨門)을 엄히 단속하여 여인이라고 할지라도 『소학(小學)』과 『효경(孝經)』과 『열녀전(列女傳)』을 반드시 환히 알게 하였다.

일찍이 음사(淫祠)[121] 뒤에 있는 나무를 잘라 배를 만들어 바다에 있

---

116 김상곤(金象坤) : 김천일의 둘째 아들이다.
117 이의(李義) : 정유재란 때 유정과 함께 순천에 주둔했던 명나라 장군이다.
118 오종도(吳宗道) : 정유재란 때 조선에 온 명나라 장군으로, 임환이 그의 접반관을 지낸 바 있다.
119 임환의 이야기는 『백사집』 권2, 「전문화현감임공묘지명」에 유사한 내용이 보인다.
120 주자(朱子)가 …… 것이다 : 『역학계몽(易學啓蒙)』, 「본도서(本圖書)」에 나오는 말이다.
121 음사(淫祠) : 미신(迷信)의 신을 모셔놓은 사당을 말한다.

는 섬을 유람하려고 한 일이 있었는데, 마을 사람들이 음사를 매우 정성으로 섬기던 터라 앞다투어 만류하였다. 송제민이 그 말을 듣지 않자 갑자기 나무를 베던 여러 일꾼들이 그 자리에서 죽어버렸다. 이에 송제민이 즉시 글을 지어 음사의 신(神)을 꾸짖으니 죽었던 사람들이 모두 소생하였다. 배가 만들어지자 바다로 나갔는데, 태풍을 만나 배가 부서지고 뱃길이 끊어져 7일 동안 아무 것도 먹지 못했지만 걱정하거나 두려워하지 않았고, 어떤 배가 와서 구조되었으나 또한 기뻐하는 기색이 없었다. 또 사나운 호랑이 떼가 포효하였으나 두려워하지 않았다.

임진년에 왜적이 쳐들어오자 양산숙(梁山璹)과 함께 의병을 일으켰다. 김덕령(金德齡)은 송제민의 중표형(中表兄)[122]이었는데, 송제민은 즉시 김덕령을 일으켜 의병장으로 추대하고[123] 스스로 제주(濟州)로 들어가 준마(駿馬)를 구해 김덕령을 도왔다. 김덕령이 의병을 일으키자 왜적들이 두려워하였다.

정유재란 때[124] 명나라 장군 양원(楊元)이 남원(南原)에 주둔하자 송제민이 찾아가 양원을 만났는데, 양원은 왜적의 첩자로 의심하여 죽이려고 하였다. 민순(閔純)이 다급하게 말하기를 "이 사람은 우리나라의 고사(高士) 송제민입니다." 하였다. 이에 양원이 놀라 몸을 일으켜 직접 포박을 풀어주고 자리에 앉게 하여 계책을 물었다. 송제민이 말하기를 "공이 차지한 땅은 유리한 곳이 아닙니다. 어찌 옮기지 않으십니까?" 하

---

122 중표형(中表兄) : 내외종(內外從)의 사촌형을 말하는데, 여기서는 외종 사촌형이다.
123 즉시 …… 추대하고 : 송제민의 『해광집(海狂集)』 권하, 부록 「유사(遺事)」에 따르면, 당시 김덕령은 친상(親喪)을 당해 집에 있었는데 송제민이 찾아가 의병장으로 추대했다고 한다. 본 번역문은 「유사」의 내용에 의거해 보충 번역하였다.
124 정유재란 때 : 『초사담헌』의 원문에는 없는 내용인데, 『해광집』 권하, 부록 「유사」의 내용에 의거하여 보충해 넣었다.

였다. 양원이 그 말을 듣지 않았다가 패하였다.

송제민이 이릉(二陵)의 변고[125]를 원통해하며 「와신기(臥薪記)」라는 글을 지었는데, 원수를 잊고 수호(修好)한 것을 치욕으로 여기고 백성을 보호하고 병사를 기르는 것을 주요 내용으로 삼고 간간이 남다른 계책을 제시하였다. 그리고 도신(道臣)에게 조정에 올려주기를 청했지만 도신이 제지하고 들어주지 않았다. 그러자 마침내 배를 타고 섬으로 들어가 스스로 세상과 단절하고 '해광(海狂)'이라 자호하며 세상을 마쳤다.

송제민의 아들은 송타(宋柁)인데, 왜적에게 붙잡혀 왜선(倭船)에 실렸다가 칼을 빼앗아 왜적을 거의 다 죽여 버렸다. 어떤 왜적이 헤엄쳐 가서 무리를 이끌고 오자 송타는 스스로 물에 빠져 죽었다. 송제민의 아들 송장(宋檣)이 부모를 모시고 왜적을 피해 계곡으로 달아났는데, 왜적이 추격해오자 송장은 숲속에서 나와 도망쳐 일부러 왜적에게 붙잡힘으로써 부모를 죽음에서 벗어나게 하였다. 송장이 일본으로 끌려간 뒤 왜적이 송장을 사모하여 미녀 세 사람을 단장시켜 송장에게 한 여인을 고르게 하였으나 끝내 여인을 택하려 하지 않았다. 그 뒤 통신사(通信使)를 따라 조선으로 돌아왔다. 그 일은 권필(權韠)의 기록[126]에 보인다. 권필은 송제민의 사위였다.[127]

예전에 호남에는 도학(道學)과 문장(文章)과 절의(節義)를 갖춘 선비가 많았고, 또 임환과 송제민처럼 호탕하여 속박에 매이지 않는 선비들

---

125 이릉(二陵)의 변고 : 임진왜란 때 왜적이 성종(成宗)과 중종(中宗)의 능을 파헤친 것을 말한다. 『연려실기술(燃藜室記術)』 권16, 「선조조 이릉지변(宣祖朝二陵之變)」 참조.
126 권필(權韠)의 기록 : 『해광집』 권하, 부록에 수록된 「유사」를 말한다.
127 송제민의 이야기는 『송자대전(宋子大全)』 권193, 「해광처사송공묘표(海狂處士宋公墓表)」 및 송제민의 문집인 『해광집』 권하, 부록 「유사」에도 유사한 내용이 보인다.

역시 호남에서 배출되었다. 그러므로 섬오랑캐의 변란이 일어났을 때 호남은 국가의 근본이 되었고 마침내 중흥의 업적을 이룰 수 있었던 것이다.

훌륭하다! 송제민의 말이여. 그는 "선비가 때를 얻어 뜻을 행할 수 없다면 차라리 호(戶)에 편입되어 들판에서 일하며 부역(賦役)을 제공할 뿐, 어찌 꼭 부(賦)를 지어 올려 벼슬하기를 구할 필요[128]가 있겠는가." 하였으니, 참으로 출중한 선비이다.

---

[128] 부(賦)를 …… 필요 : 부를 지어 올린다는 것은 군주의 덕을 칭송하거나 실정(失政)을 간언하는 부를 지어 임금에게 올려 지우를 입는 것을 말한다. 한(漢)나라 때 사마상여(司馬相如)가 「자허부(子虛賦)」를, 양웅(揚雄)이 「감천부(甘泉賦)」를 지어 올려 천자에게 인정을 받았던 데서 나온 말이다.

정기룡(鄭起龍)의 자는 경운(景雲)이고 본관은 곤양(昆陽)이며, 초명은 무수(茂壽)이다.

만력 14년(1586)에 무과에 장원급제하였을 때, 선조(宣祖)가 종루(鐘樓)에서 신룡(神龍)이 일어나 하늘로 올라가는 꿈을 꾸고[129] 내신(內臣)을 가보도록 하였는데, 무수가 홀로 종루 아래에서 기둥에 기대 있었다. 내신이 돌아와 이를 아뢰자, 선조가 불러서 만난 뒤 그 모습을 기이하게 여겨 지금의 이름을 하사하고 훈련원 봉사(訓鍊院奉事)에 보임하였다. 얼마 뒤에 고향으로 돌아갔는데 이름을 알아주는 사람이 없었다.

임진년에 왜구가 국경을 침범했다는 소식을 듣자 마을 사람과 바둑을 두고 있다가 즉시 바둑알을 내려놓으며 "지금이 남자가 이름을 드러낼 때이다."라고 소리치니, 바둑판이 깨졌다. 곧 방어사(防禦使) 조경(趙儆)을 따라 선봉이 되어 우지(牛旨)[130]에 이르러 왜구를 만나 5백여 명을 죽였다. 왜구 네 명이 예리한 칼을 들고 무성한 숲에 숨어 있다가 찌르려고 하여 칼날이 거의 정기룡의 등에 닿을 무렵 활을 쏘아 죽였고, 다시 우지를 넘어 삼봉산(三峰山) 아래에서 왜구를 격파하였다. 얼마 뒤 왜구에게 포위되자 상수리나무를 잘라 몽둥이를 만들어 후려치니 왜구들의 머리뼈가 다 부서졌고 이에 포위를 풀고 벗어났다.

---

129 선조(宣祖)가 …… 꾸고 : 『갈암집(葛庵集)』 권29, 「보국숭록대부삼도수군통제사오위도총부도총관정공시장(輔國崇祿大夫三道水軍統制使五衛都摠府都摠管鄭公諡狀)」에 의하면, 정기룡이 무과에 급제하여 방(榜)을 내걸려고 할 무렵에 선조가 신룡이 승천하는 꿈을 꾸었다고 한다.
130 우지(牛旨) : 우두령(牛頭嶺)으로, 경상남도 거창군과 경상북도 김천시의 경계에 있는 고개이다.

조경이 왜구의 대단한 기세를 두려워하여 금산(金山)의 추풍역(秋豊驛)으로 물러나 지켰는데, 왜구가 습격하여 조경을 사로잡고 죽이려 하였다. 정기룡이 즉시 칼을 뽑아 왜구 진영으로 돌진하여 크게 소리치기를 "왜놈들아! 우리 방어사를 죽이지 말라." 하였다. 왜구가 더욱 화가 나 조경의 목을 조르며 찌르려고 했는데, 정기룡이 어느새 말에 올라 왜구의 머리를 베고 조경을 구출해 돌아오니, 왜구는 멀리서 바라볼 뿐 감히 덤비지 못하였다. 당시 정기룡의 어머니가 적군을 피해 지리산에 숨어 있었으므로 정기룡이 어머니를 찾아가 문안을 올리자, 어머니가 말하기를 "왕실(王室)에 어려움이 생겼으니 너는 빨리 가거라." 하였다.

정기룡이 곤양에 이르자 곤양 군수 이광악(李光岳)이 진주로 가면서 정기룡에게 곤양을 지키도록 하였으며, 초유사(招諭使) 김성일이 다시 정기룡을 불러 유병장(游兵將)으로 삼았다. 상주 판관(尙州判官) 권길이 북천(北川)에서 전사하였는데, 김성일이 관찰사가 되자 다시 정기룡을 불러 판관의 임무를 맡기면서 금오산(金烏山)을 지키게 하였다. 당시 왜구는 상주를 함락시킨 뒤 일부는 산양(山陽)에 웅거하고 일부는 중모(中牟)에 웅거하고 일부는 화령(化寧)에 웅거하면서 백성들을 죽이고 약탈하고 있었다.

문장공(文莊公) 정경세(鄭經世)가 상주 사람 김광두(金光斗)·강응철(康應哲) 등과 함께 향병(鄕兵)을 거느리고 왜구와 싸우다가 군대가 무너졌고, 상주 목사 김해(金澥)가 백성을 데리고 용화동(龍華洞)으로 들어가니 왜구가 용화동을 습격하여 백성을 도륙하려 하였다. 정기룡이 이들을 구하려고 계곡 입구에 이르니 왜적이 이미 산에 가득하였고, 지세를 살펴보니 험준하여 말을 달려 공격할 수 없었다. 이에 광대 차림을 하고 즉시 말에 올라 길게 휘파람을 불면서 말 위에 서기도 하고 눕기도 하고 몸을 숨기기도 하고 드러내기도 하니, 왜구들이 다투어 쫓아오며 구경하였다. 정기룡은 깃발을 내리고[131] 달아나다가 왜구들이 다 평지로 내려온 뒤에 깃발을 세우고 재빨리 공격하니 패주하여 쓰러진 왜구의 시체가 70리에 걸쳐 있었고, 상주의 백성들은 모두 온전할 수 있었다.

얼마 뒤에 왜구가 중모로부터 화령으로 옮겨갈 때 정기룡이 발석거(發石車)[132]로 많은 왜적을 살상하니, 왜구들은 성에 머무르며 떠나지 못하였다. 정기룡이 마침내 상주 백성 400여 명을 동원하여 서정(西亭)에 주둔시키고 화공(火攻)을 펼칠 것을 약속한 뒤, 삼면으로 왜구를 에워싸고 동쪽만 비워둔 채 성 동쪽 밤나무 숲에 건장한 군사를 매복시켰다. 한밤중에 피리 소리를 신호로 삼아 400여 명이 불을 지르며 서정에서부터 쳐들어가 왜구의 진영을 불태웠다. 왜구들이 크게 놀라 동문 쪽으로 달아나니 밤나무 숲에 있던 병사들이 왜구를 맞아 공격해 400여 명의 목을 베고 마침내 상주를 수복하였다.

12월에 창의군(倡義軍)과 함께 당교(唐橋)에서 왜구를 격파했고, 또 대승산(大乘山)에서 크게 무찔렀다. 장사(壯士) 이희춘(李希春) 등 수십 명에게 험준한 곳을 나누어 지키게 하니, 만나는 왜구마다 번번이 저격해 무찔렀다. 명나라의 유격장군(游擊將軍) 오유충(吳惟忠)이 상주에 주둔하자, 정기룡은 목사가 되고 토포사(討捕使)를 겸직하였다.

정유년 여름에 풍신수길이 다시 침략해왔을 때 문충공(文忠公) 이원익(李元翼)이 남방(南方)에 개부(開府)하고 있다가[133] 권율(權慄) · 곽재우

---

131 깃발을 내리고 : 원문은 '偃旗'인데 '언기식고(偃旗息鼓)'의 준말이다. 깃발을 내리고 북을 멈춘다는 뜻으로, 작전상 적의 눈에 띄지 않게 비밀리에 움직이는 것을 말한다.

132 발석거(發石車) : 돌을 발사하여 성을 공격하는 기계이다.

133 남방(南方)에 개부(開府)하고 있다가 : 개부는 삼공(三公)이나 대장군(大將軍) 등이 관아를 설치하고 관원을 두는 것을 말한다. 여기서는 이원익이 선조 28년(1595) 8월에 우의정 겸 제도체찰사(右議政兼諸道體察使)로 임명된 뒤 1597년까지 영남과 호남을 순시한 일

(郭再祐) 등과 장군을 정하는 일을 논의하였는데 모두들 "정기룡을 임명해야 한다." 하였다. 또 명나라의 유격 모국기(茅國器) 역시 "정기룡은 전쟁에서 승리할 관상을 지녔다." 하였다. 이에 28개 주(州)의 병마(兵馬)를 정기룡에게 맡겼다.[134]

정기룡은 그날로 녹가전(綠檟田)[135]으로 진군하여 척후장(斥候將) 이희춘(李希春) 등을 보내 밤에 왜구를 공격하게 해 죽전(竹田)에서 격파하고, 용담천(龍潭川)을 마주하여 왜구와 대치하였는데 전투에 매우 불리하였다. 이에 안동의 굳세고 빼어난 군사를 보내 풀숲에 매복하게 한 뒤, 정기룡이 먼저 올라가 왜구와 싸우다가 패주하는 체하며 이동령(理同嶺)에 이르니 예상대로 왜구가 군사를 다 거느리고 추격해 왔다. 정기룡이 마침내 기치를 돌리고 싸워 백마를 타고 홍의(紅衣)를 입은 적장을 사로잡아 허리에 끼고 말을 달리니, 왜구가 멀리서 바라보고 넋이 빠졌다. 이때 안동의 군대가 숲에서 나와 협공하여 왜구를 크게 무찔렀다. 이원익은 정기룡의 승전 소식을 듣고 기뻐하며 "모 유격(茅游擊)이 관상을 잘 보는구나." 하고, 드디어 정기룡을 경상좌도 병마절도사(慶尙左道兵馬節度使)로 발탁하였다.

당시 명나라 대장군(大將軍) 마귀(麻貴)가 영남에서 가등청정(加藤清正)을 공격하였는데, 정기룡이 그를 따라 경주(慶州)에 이르러 우영(右營)을 담당하였다. 가등청정이 대장군의 군대를 습격하자 정기룡이 휘

을 말한다. 『오리선생연보(梧里先生年譜)』 참조.

134 28개 …… 맡겼다 : 경상우도의 모든 군대를 통솔하는 대장으로 삼았다는 말이다. 경상우도는 모두 28개의 군현이 속해 있다.

135 녹가전(綠檟田) : 『초사담헌』의 원문에는 '사가전(絲檟田)'으로 되어 있으나, 『갈암집』 권29, 「보국숭록대부삼도수군통제사오위도총부도총관정공시장」 등의 기록을 참고하여 수정하였다. '녹가전'은 경북 고령(高靈)에 있는 지명이다.

하의 3천 명을 이끌고 가 격파하였고, 가등청정이 달아나자 정기룡이 부평역(富平驛)[136]까지 추격해 또 격파하고 마침내 경주를 수복하였다. 얼마 뒤 마귀가 울산에 주둔하니 가등청정 진영과의 거리가 60여 리였는데, 정기룡이 다시 명나라 장군 파새(擺賽)와 함께 선봉이 되어 여러 차례 왜구의 선봉을 꺾어버렸다.

이듬해 봄에 대장군 마귀는 경주로 돌아갔지만 정기룡은 홀로 돌아가지 않고 왜구와 싸웠다. 가등청정이 병사를 이끌고 정기룡의 군대를 포위하자 정기룡이 말을 달려 포위를 허물고 빠져나가니, 가등청정이 군사들을 경계시키기를 "저들은 죽기를 각오한 군대이니, 가벼이 공격하지 말라." 하였다.

처음에 명나라의 총병(總兵) 이절(李梲)이 휘하의 군사를 거느리고 정기룡과 함께 사근역(沙斤驛)에서 왜적을 공격했는데, 이절이 적의 탄환에 맞아 죽자 그 휘하의 군사 700여 명이 마귀에게 나아가 머리를 조아리며 정기룡의 군대에 소속되게 해 달라고 청하였다. 마귀가 주문(奏文)을 갖추어 알리자 조정에서 정기룡을 총병관(總兵官)으로 삼고 이절의 군대를 거느리게 하였다. 이해 9월에 대장군 동일원(董一元)을 따라 대군을 거느리고 사천(泗川)에서 심안돈오(沈安頓吾)의 군대를 공격하게 되었다. 동일원이 싸우지 않자 정기룡이 진군을 간곡히 요청하였다. 동일원이 감동하여 정기룡에게 보병 2천, 기병(騎兵) 1천을 주어 선봉으로 삼으니, 곧장 사천성 아래에 이르러 왜구를 무찔러 130여 명의 목을 베었다. 때마침 명나라 장군 팽신고(彭信古)의 진영에서 불이 나 군사들이 크게 어지러워졌고 이를 틈탄 왜구의 공격에 많은 사상자가 생겼다. 동

---

136 부평역(富平驛) : 울산군(蔚山郡)의 병영 서쪽에 있던 역원이다.

일원이 군대를 수습해 다시 싸우려고 했으나 팽신고가 정기룡의 군대도 함락되었다고 거짓말을 하니, 동일원이 그 말을 믿고 성주(星州)로 돌아가 버렸다. 하지만 정기룡의 군대는 한 번도 패한 적이 없었다.

왜구가 평정되자 정기룡은 절도사를 사직하고 고향으로 돌아갔다. 그 뒤 삼도 수군통제사(三道水軍統制使)를 지내다가 세상을 떠났다. 향년은 61세이고, 시호는 충의(忠毅)이다.

홍계남(洪季男)의 본관은 남양(南陽)이다. 부친은 홍수신(洪修身)[137]인데, 임진년에 왜구가 대대적으로 침략했을 때 안성(安城)에 있다가 의병을 일으켜 격파하였다. 홍수신의 네 아들은 홍진(洪震)·홍제(洪霽)·홍전(洪電)·홍뢰(洪雷)이며, 홍계남은 서자(庶子)이다.

홍계남은 평소 용맹함으로 칭찬을 받았는데, 비장(裨將)이 되어 사신을 따라 일본에 들어가 저들의 실정을 자세히 살피고 돌아왔다.[138] 순변사(巡邊使) 이일(李鎰)이 출병할 때 홍계남을 불러 휘하로 삼았는데, 이일이 패하자 홍계남은 다시 달천(㺚川)에서 신립(申砬)을 따랐다. 신립이 패하자 말을 달려 서울에 이르니 임금은 이미 서쪽 평양(平壤)으로 피란을 떠났고, 홍수신과 네 아들이 진천(鎭川)의 엽돈령(鬣頓嶺)에서 왜적을 막고 있었다. 이에 홍계남은 홍수신의 군대로 달려가 협공으로 왜적을 격파하였고, 따르는 군사 3천여 명과 마침내 안성의 남쪽 목촌(木村)에 보루를 쌓고 웅거하였다.

---

137 홍수신(洪修身) : 『연려실기술』과 『국조보감(國朝寶鑑)』 등에는 '홍언수(洪彦秀)'로 기록되어 있고, 『도암집(陶菴集)』 권30, 「홍장군고루비(洪將軍故壘碑)」에는 '홍자수(洪自修)'로 기록되어 있다.

138 비장(裨將)이 …… 돌아왔다 : 홍계남은 1590년 통신사 황윤길(黃允吉)·김성일(金誠一) 일행을 따라 일본에 들어갔다가 이듬해 돌아왔다.

왜적이 조령(鳥嶺)을 넘어 서울로 가기 위해서는 두 갈래의 길이 있었다. 북쪽으로는 여주(驪州)와 양근(楊根)을 거쳐 동문(東門)에 이르는 길이고, 남쪽으로는 죽산(竹山)과 양지(陽智)와 용인(龍仁)을 거쳐 남문(南門)에 이르는 길이었다. 그래서 이 두 곳에 모두 보루를 쌓아 서로 연결해 소식을 전하였는데, 홍계남은 남쪽 길로 오는 왜적을 격파하며 많은 사상(死傷)을 입히니 왜적의 세력이 크게 꺾였고, 이로 인해 감히 목촌을 넘어 서울의 남쪽으로 가지 못하였다. 양성(陽城)에서 내포(內浦)에 이르기까지 백성들이 모두 안도했던 것은 홍계남의 힘이었다. 홍계남이 사람들에게 "나는 왜적의 상황을 자세히 알고 있어, 왜적을 대적하기 쉽다." 하고, 전투를 벌일 때마다 사졸보다 앞장섰다. 한번은 적의 탄환을 맞자 상처를 싸매고 싸워 끝내 탄환을 쏜 자를 잡아 목을 베니, 왜적들이 두려워하며 서로 이야기할 때 반드시 '홍장군(洪將軍)'이라고 불렀다.

전공을 인정받아 수원 판관(水原判官)에 임명되었는데, 때마침 홍수신이 죽산의 왜적을 공격하다가 전사하였다. 홍계남 5형제가 적진을 뚫고 들어가 왜적을 죽이고 부친의 시신을 찾아서 돌아왔는데, 왜적들은 감히 막지 못하였다. 선조가 특명(特命)으로 홍기남을 기복(起復)[139]시켜 기호 조방장(畿湖助防將)을 제수하고, 또 도신(道臣)에게 명하여 고기를 먹도록 권유하게 하였다. 그러나 홍계남은 눈물을 흘리며 고기를 먹지 않으니, 모든 병사들이 감동하였다.

계사년(1593) 가을에 영천 군수(永川郡守)에 제수되어 조방장의 임무는 그대로 겸직하면서 절도사(節度使) 고언백(高彦伯)과 함께 경주에 주

---

139 기복(起復) : 부모의 상중(喪中)에 벼슬에 나가는 것을 말한다.

둔하였다. 얼마 뒤 김덕령과 함께 동래의 왜적을 공격할 때, 바닷가에서 일제히 말에 뛰어올라 칼을 뽑아 무예를 시험하니 왜적들이 넋이 빠져 감히 나오지 못하였으므로 마침내 경주로 돌아왔다. 왜적들이 갑자기 경주의 안강현(安康縣)을 침범하여 남녀 5천명을 붙잡아 갔는데, 여러 장군들이 감히 공격하지 못하였다. 홍계남이 분격(奮激)하며 "왜적이 우리의 경계를 약탈하는 것을 보고도 어찌 공격하지 않았는가." 하고, 즉시 출격하여 백성을 다 찾아서 돌아왔다.

홍계남은 영천 군수로 있으면서 항상 사졸을 훈련시키고 무기를 정비하며 임금과 부모의 원수를 갚겠다고 맹세하였다. 정유년(1597)에 세상을 떠나니 향년 34세였다. 판돈녕부사(判敦寧府事)로 추증되고, 또 정려문이 내려졌다.

고언백(高彦伯)은 교동(喬桐)의 향리(鄕吏)이다. 무과에 급제한 뒤 반호(叛胡)[140] 정벌에 종군(從軍)하여 명성을 얻었다.

임진왜란이 일어나자 도원수(都元帥) 김명원(金命元)을 따르며 많은 왜적의 목을 베어 공을 세웠다. 자청하여 양주(楊州)로 돌아가 도성(都城)에 주둔한 왜적을 도모하겠다고 하니, 선조가 특명으로 양주 목사를 제수하고 기내(畿內)의 능침(陵寢)을 보호하도록 하였다. 임진년 7월에 고언백이 임지로 가서 장사(壯士)를 모집하고 험준한 곳에 웅거하여 수시로 낙오한 왜적들을 공격하니, 왜적들이 병사를 크게 내어 수색하였

---

140 반호(叛胡) : 이탕개(尼湯介)를 가리키는 말인데, 1583년(선조16) 회령(會寧) 지방의 여진족이 이탕개를 중심으로 반란을 일으켰기 때문에 이렇게 지칭한 것이다. 이탕개는 선조 초 조선에 귀화한 여진족으로, 경원부(慶源府)에 사는 오랑캐들이 전임 진장(鎭將)의 허물을 이유로 민심을 선동하여 난을 일으키자 이에 호응해 난을 일으켰다.

다. 그러나 고언백은 피하고 숨는데 능했기에 왜적들이 끝내 고언백을 해치지 못했다. 고언백은 능침 곁에 병사를 숨기고 왜적이 가까이 오면 번번이 활을 쏘아 죽였다. 왜적이 한번은 태릉(泰陵)을 범하다가 고언백에게 쫓겨난 적이 있었는데, 이로 인해 모든 능침이 안전할 수 있었다.

경기 감사(京畿監司) 심대(沈岱)가 삭녕(朔寧)에 주둔하자, 유성룡(柳成龍)이 말하기를 "서생(書生)이 군진(軍陣)을 다스리고 있으니 결코 뛰어날 수 없소. 고언백을 장군으로 삼는다면 반드시 공을 세울 것이오." 하였으나, 심대가 그 말을 따르지 않았다가 패전하였다.[141] 이해 9월에 유성룡이 진언하기를 "경기도 일대의 장군들 중에 오직 고언백이 임무를 맡을 만한데, 양주의 병사들만 거느리고 있어 힘을 쓸 수 없습니다. 청컨대 경기도 산골 마을의 군대를 그에게 맡겨 동로(東路)의 왜적을 막게 하십시오." 하니, 선조가 허락하였다.

계사년 정월에 왜적의 상황을 정탐하여 벽제역(碧蹄驛) 남쪽에서 왜적 백여 명의 목을 베었다. 2월에 군관(軍官) 노송(盧松)이 전농현(典農峴)에서 왜적을 습격하고, 군관 신기(愼耭)와 구충경(具忠卿)이 사미리(沙彌里)에서 왜적을 습격하여 많은 적을 살상하였다. 이에 왜적이 북쪽에서 내려와 도봉산(道峰山) 들판에 진을 치니, 고언백이 다시 습격하여 적들을 거의 다 죽였다. 고언백은 병사들과 고락을 함께 하고 법령을 분명히 세웠기에, 기전(畿甸)의 장수들 가운데 고언백만이 힘써 싸운 것으로 명성을 얻었다.

---

141 경기 감사(京畿監司) …… 패전하였다 : 『기재사초(寄齋史草)』 하, 「임진일록(壬辰日錄)4」 의 기록에 따르면, 1592년 9월 심대는 경기도 관찰사가 되어 서울 수복작전을 펼칠 때 삭녕에 머무르면서 삭녕 군수 장지성(張志誠)에게 매복하도록 하였다. 그러나 이를 알아차린 왜적의 습격을 받아 결국 피살되었다고 한다. 유성룡이 말한 서생(書生)은 장지성을 지칭한 듯하다.

갑오년(1594)에 외직으로 나가 경상좌도 병마절도사가 되어 유정(惟政)과 영남의 왜적을 공격하였는데, 체찰사(體察使)가 고언백이 왜적의 상황을 환히 안다는 이유로 늘 정탐하는 임무를 맡겼다.

왜적이 평정되자 고향으로 돌아갔고, 뒤에 어떤 일에 연루되어 옥에서 세상을 떠났다.[142]

정기룡 등은 모두 용맹한 장수들로서 적은 무리를 거느리고 많은 적을 공격하는 데 뛰어났다. 그러나 늘 명나라 병사를 따르며 전투를 벌였고 한 지역의 책임자가 되어 공적을 세운 일이 없었으니, 슬프다. 만약 이런 사람들이 일찌감치 발탁되어 영남의 주현(州縣)에 포진되어 있었더라면, 왜적이 아무리 쳐들어오고 싶어도 가능했겠는가. 한비자(韓非子)가 말하기를 "세상에서 기르는 것은 쓸데없는 것이고, 쓸데가 있는 것은 기르지 않는다." 하였으니,[143] 이 말은 진실로 태평한 시대에 마땅히 걱정해야 할 것이다.

---

142 어떤 …… 떠났다 : 1608년 광해군이 왕위에 올라 임해군(臨海君)을 제거할 때, 임해군의 심복이라는 이유로 처형되었다. 『광해군일기』, 즉위년 2월 17·18·19일자 기사 참조.
143 한비자(韓非子)가 …… 하였으니 : 『한비자』, 「현학(顯學)」에 나오는 말로, 난리가 일어나는 원인을 분석한 말이다.

이복남(李福男) / 임현(任鉉) / 김경로(金敬老)

이복남(李福男)의 자는 수보(綏甫)이고, 본관은 본래 경주인데 우계(羽
溪)로 분적(分籍)하였다.[144] 젊은 시절 무과에 급제하였는데, 옛날 충신
과 열사의 사적을 읽을 때마다 반드시 눈물을 흘렸다.

임진년(1592) 봄에 나주 판관(羅州判官)이 되었고, 왜구가 침입하자 전
라도 조방장을 겸직하며 웅현(熊峴)에 주둔해 왜구의 예봉을 막았다. 다른
장수가 왜구에게 패하여 돌아오자 이복남이 떨쳐 일어나 직접 말을 달려
공격해 많은 왜구를 죽이고 사로잡으니, 왜구가 감히 전진하지 못했다.

나주 목사(羅州牧使)로 승진했다가 계사년(1593) 9월에 호서 방어사
(湖西防禦使)로 발탁되어 아산(牙山)의 경계에 이르렀는데, 당시 아산 현
령(牙山縣令)이 이름난 관원이라 교외로 마중 나오지 않았다. 이에 즉시
곤장을 치니 여러 고을 현령들이 벌벌 떨었다. 갑오년(1594)에 남원 부
사(南原府使)에 제수되어 전라도 방어사를 겸직하다가 을미년(1595)에
그만두었으며, 얼마 뒤 전라도 병마절도사에 제수되었다.

정유년(1597)에 왜구가 다시 쳐들어 왔을 때 왜장(倭將) 가등청정이
호남의 경계로 침입하자 이복남은 호남의 의사(義士) 김극조(金克祧) 등
을 불러 모아 휘하에 두고 두치(豆峙)와 섬진(蟾津)에 나누어 주둔하여
석만자(石曼子)[145]와 소서행장(小西行長)을 막았다. 당시 명나라 장수 양

---

144 본관은······ 분적(分籍)하였다 : 우계는 강원도 강릉시 옥계면(沃溪面) 지역이다. 경주
　　이씨의 시조 이알평(李謁平)의 48세손 이양식(李陽植)이 만년에 우계현으로 낙향한 뒤
　　분적하여 우계를 관향으로 삼았다.
145 석만자(石曼子) : 일본의 장수 도진의홍(島津義弘) 또는 그의 아들 도진충항(島津忠恒)
　　을 가리키기도 하는데, 여기서는 도진의홍을 가리킨다. 석만자는 시마즈〔島津〕의 중국식
　　발음이다.

원(楊元)이 병사 3천명을 거느리고 남원을 지키다가 세력이 위축되었는데, 진우충(陳愚衷)과 장유성(張維城)이 전주(全州)에 병사를 머물러둔채 구원해주지 않았다. 양원이 이복남에게 구원을 요청하자, 이복남이 병사들과 의논하기를 "남원이 조만간 함락될 것이 분명하니 내가 좌시할 수 없다. 하지만 결코 목숨을 지키지는 못할 것이다. 제군들은 함께 죽어서는 안 되니 따르고 싶은 자는 따르고 따르기를 원치 않는 자는 떠나라." 하니, 장수와 병사들이 눈물을 흘리며 대부분 흩어져 떠나갔다.

　이복남은 남은 50여 기병을 거느리고 질풍같이 말을 달렸고 길에서 조방장 김경로(金敬老)를 만나 함께 갔다. 비홍령(飛鴻嶺)을 넘어 왜구를 바라보니 남원성을 포위하고 있었다. 이에 하인을 불러 머리카락과 입고 있던 옷을 건네주며 "나는 남원성에서 생사를 함께 할 것이니, 이 두 물건을 가지고 집으로 돌아가라. 성이 함락된 날 나도 죽은 줄 알라." 하였다. 그리고 즉시 북을 치고 호각을 불며 남문(南門)을 따라 천천히 말을 몰아 남원성으로 들어가니, 왜적이 놀라 감히 공격하지 못했다.

　이복남은 북문(北門)을 지켰다. 왜적이 사다리를 만들어 개미떼처럼 달라붙고 화기(火器)를 쏘아댔지만 그들과 맞서 싸워 몇 번이나 물리쳤다. 왜적이 육박하여 다시 전진해오자 성 안의 사람들이 모두 통곡하였다. 왜적은 성 안의 상황이 다급해졌음을 알고 더욱 힘을 다해 공격하는 한편, 몰래 양원을 유인하여 성을 비우도록 하였다. 밤 이경(二更)에 왜적이 남문으로 올라오니 장수와 병사와 백성들이 모두 북문에 모여 있다가 왜적에게 몰살되고 말았다. 이복남이 남원부의 관아로 돌아가 의자에 걸터앉아 있으니 양원이 부르며 함께 달아나자고 했다. 이복남이 "나는 풀숲에 숨어 살기를 도모할 수 없다." 하고 즉시 몸에 불을 질러 죽으니, 향년 43세였다. 집안사람들이 머리카락과 옷으로 장례를 지냈다. 조정에서 병조 판서로 추증하고 충장(忠壯)이라는 시호를 내렸으며,

또 조천(祧遷)¹⁴⁶하지 말 것을 명하였다.

양원은 성이 함락되는 것을 보고 곧장 달아났는데, 왜적이 나무를 엮고 칼을 묶어 달아나는 길을 막아 버렸다. 양원은 준마를 타고 달아나다가 앞장서 달리던 말들이 모두 칼날을 밟고 쓰러져 줄줄이 길에 널브러지자 말을 솟구쳐 죽은 말 위로 뛰어넘게 해 지나갔다. 왜적 떼가 추격해오고 준마가 조금 지치자 다른 말로 바꾸어 타고 달아났고, 반사(伴使) 정기원(鄭期遠)은 따라가지 못하고 죽었다. 양원은 결국 군대를 버린 죄로 처형되었다.

이복남의 아우 이덕남(李德男)은 무과에 급제하였고 왜적과 싸우다가 김화(金化)에서 전사하였다. 또 이인남(李仁男)은 남우후(南虞候)를 지냈는데, 관북(關北)에서 순절하였다. 이복남의 서숙(庶叔)인 이경헌(李景憲)과 이승헌(李承憲)은 모두 신립(申砬)을 따르다가 탄금대(彈琴臺) 아래에서 전사하였다.

임현(任鉉)의 자는 사중(士重)이고 본관은 풍천(豊川)이다. 젊은 시절에 율곡(栗谷, 이이(李珥))과 우계(牛溪, 성혼(成渾)) 두 선생을 섬겼다. 만력 계미년(1583)에 문과에 급제하였고, 사간원 정언(司諫院正言)이 되었다. 당시 율곡 선생은 이미 세상을 떠났고 우계 선생은 당인(黨人)들에게 배척을 당했으므로, 임현은 벼슬을 그만두고 고향으로 돌아왔다.

임진년에 왜구가 침입해 선조가 의주로 피란했다는 소식을 듣고 즉시 행재소(行在所)로 달려가 문안을 올렸다. 임현을 꺼리는 자들이 강원도

---

146 조천(祧遷) : 조상의 제사를 4대조까지 모시는데, 이 대수가 지난 신주를 본래의 사당에서 빼내어 먼 조상을 함께 모신 별도의 사당으로 옮기는 것을 말한다. 사가(私家)에서는 일반적으로 묘소 옆에 신주를 묻는다.

도사(江原道都事)로 척보(斥補)하였는데,[147] 춘천(春川)에서 왜적 400여 명을 잡아 목을 베었다. 문충공 이원익(李元翼)과 오성부원군(鰲城府院君) 이항복(李恒福)과 문익공(文翼公) 이덕형(李德馨)이 모두 임현을 추천하며 일을 맡길 만한 재주와 계책을 지녔다고 하여, 함경남도 병마절도사가 되었다.

정유년이 되어서야 조정으로 돌아왔는데, 총병(摠兵) 양원이 남원을 지키다가 문무를 겸비한 자를 보내달라고 요청하자, 선조가 임현을 지목하여 "이 사람이면 되겠다." 하고, 마침내 남원 부사를 제수하였다. 당시는 왜적이 다시 크게 침략했던 터라 사람들이 대부분 임현의 부임을 걱정하였다. 임현이 말하기를 "어려운 일을 마다하지 않는 것이 신하의 직분이다." 하고, 어머니와 형과 이별하고 떠났다.

남원성이 포위당하자 힘을 다해 막아 싸웠고, 왜적의 병력이 더욱 많아지자 납서(蠟書)[148]를 보내 진우충과 장유성에게 도움을 요청했지만 모두 응해주지 않았다. 양원이 마침내 달아나며 임현의 만류도 듣지 않은 채 도리어 임현에게 함께 달아나자고 하였다. 임현이 말하기를 "나는 영토를 지키는 신하이니, 마땅히 적과 싸우다 죽어야 한다." 하였다. 마침내 성 위에 올라가 활을 쏘았고 화살이 떨어지자 관아로 돌아와 의관을 정제하고 북쪽을 향해 네 번 절을 올린 뒤 "신(臣)이 이 성을 지키지 못했으니, 죽더라도 그 죄를 다 씻을 수 없습니다." 하였다. 그리고 호상(胡床)에 기대 왜적을 꾸짖으니, 왜적이 노하여 임현을 죽였다. 향년 51

---

147 임현을 …… 척보(斥補)하였는데 : 당시 임현이 행재소로 달려가 선조를 알현하자 선조가 서용(敍用)하라는 명을 내렸는데, 임현을 싫어하는 자들이 강원도 도사로 내보낸 것이다. 척보는 외직으로 내쫓아 보임하는 것을 말한다. 『도곡집(陶谷集)』권9, 「증좌찬성충간임공신도비명(贈左贊成忠簡任公神道碑銘)」참조.

148 납서(蠟書) : 기밀을 유지하기 위해 밀랍으로 싸서 봉한 편지를 말한다.

세웠다.

이 일이 알려지자 조정에서 의정부 좌찬성(議政府左贊成)으로 추증하고 정려문을 내렸으며, 원종일등공신(原從一等功臣)에 책록하였다. 그리고 순절한 상황을 그림으로 그려 중외(中外)에 보였다. 남원 사람들이 사당을 지어 '충렬사(忠烈祠)'라고 하고, 임현 등 난리에 순절한 사람들을 제향하였다. 숙종(肅宗) 때 충간(忠簡)이라는 시호를 내렸다.

김경로(金敬老)의 본관은 □□이고 남원에 살았다. 무과에 급제하여 조방장이 되었다.

만력 정유년에 왜적이 습격해 한산도(閑山島)에서 통제사(統制使) 원균(元均)을 죽이고 승승장구하여 남원에 이르렀다. 김경로가 전주에 있다가 남원이 포위되어 위태롭다는 소식을 듣고 급히 구원하러 가다가 도중에 이복남을 만나 이르기를 "양총병(楊摠兵, 양원)에게 겨우 군사 3천이 있으니, 어찌 한창 기세가 오른 왜적을 감당할 수 있겠소. 며칠 내로 필시 함락되고 말 것이지만, 명나라 병사들을 외로이 죽게 해서는 안 되오." 하였다. 이복남이 갑자기 한 발 다가서서 김경로의 손을 잡으며 "공의 말이 옳소." 하고, 즉시 휘하의 병사에게 명령하여 떠나고 싶은 자들은 떠나라고 하였다. 장사 임사미(林士美) 등이 떠나지 않고 따르겠다고 하였는데, 모두 백여 명 정도 되었다. 마침내 남원성으로 달려갔고 성이 함락되자 칼을 휘둘러 왜적을 베고 전사하였다. 한성 판윤(漢城判尹)으로 추증되었다.

정유년에 쳐들어 온 왜적들은 이순신(李舜臣)이 한산도에 웅거하고 있었기에 수전(水戰)에서 뜻을 이루지 못하다가, 이순신이 죄를 얻은 틈에 수륙(水陸)으로 진격하였고 그 세력이 대단하였다. 명나라 군대가 강하기는 했지만, 양원은 달아났고 진우충은 성문을 닫은 채 구원해 주지 않았으며, 오직 이복남 등만이 목숨을 돌보지 않고 험난한 곳으로 나아갔던 것이다. 비록 그들이 함락되는 성을 구하지는 못했지만, 위축되어 두려움에 떨었던 저들을 부끄럽게 만들기에는 충분하다.

백광언(白光彦)의 자는 명선(明善)이고 본관은 고산(高山)이다.

태인(泰仁)에 살았는데, 당시 정여립(鄭汝立)이 살던 김제(金堤)와는 겨우 10여 리 떨어진 거리였다. 백광언이 무과에 급제하여 용력으로 세상에 알려졌고 또 청현직(淸顯職)을 두루 역임한 터라 정여립이 백광언과 교유를 맺고 싶어 했지만, 백광언은 일부러 정여립을 만나러 가지 않았다. 이에 정여립이 앙심을 품고 당인(黨人)을 사주하니, 백광언이 벼슬에 제수될 때마다 번번이 탄핵하여 나아가지 못하게 하였다. 어떤 사람이 백광언에게 정여립을 한번 만나 그의 유감을 풀어주라고 권하자, 백광언은 "정여립은 장차 반란을 일으킬 것이니, 내가 그를 멀리하기에도 여력이 없는데 어찌 만날 수 있겠는가." 하였다.

중봉(重峰) 조헌(趙憲) 선생이 정여립의 간사함을 간언하다가 길주(吉州)로 유배되었다. 조헌 선생이 지나가는 곳의 수령들이 정여립을 두려워하여 감히 나와 인사하지 못했다. 당시 백광언은 북청 판관(北靑判官)으로 있었는데, 평소 조헌 선생과 안면이 없었지만 술과 음식을 성대히 마련해 영접하였다. 얼마 뒤에 만포 첨사(滿浦僉使)가 되었다가 모친상을 당하여 고향으로 돌아갔다.

왜란이 일어나 선조가 서쪽으로 피란하자 백광언은 밤낮으로 통곡하였다. 선조가 백광언을 기복시켜 장수로 삼으니, 백광언은 묵최(墨縗)[149] 차림에 칼을 짚고 나가 의사(義士) 수십백 명을 모집하였는데 소속된 부대가 없었다. 이때 전라도 관찰사 이광(李洸)이 근왕(勤王)하기 위해 공

---

149 묵최(墨縗) : 묵최질(墨縗絰)의 준말로, 상중(喪中)에 군무(軍務)에 종사할 때 상복에 검은색을 덧붙이는 것을 말한다.

주(公州)에 이르렀다가 왜적이 도성에 들어갔다는 소식을 듣고는 곧장 벼슬을 버리고 돌아가려 하였다. 백광언이 이광을 찾아가 만나 분개하며 "군부(君父)께서 피란을 떠났는데 공께서는 많은 병사를 거느리고서 구원하지 않으시니, 무슨 이유입니까?" 하였다. 이어 칼을 뽑아 이광이 앉은 방석을 찍으며 말하기를 "내 공의 목을 베고 싶소. 빨리 군사를 내어 왜구를 치시오. 나의 명을 듣지 않는다면 이 방석 꼴이 날 것이오." 하였다. 이광이 무릎 꿇고 사죄하기를 "어찌 감히 장군의 명을 따르지 않겠소." 하였다. 백광언이 "공은 북으로 올라가시오. 내가 선봉이 되리다." 하였다. 이광이 마침내 2만의 병사를 거느리고 용인과 안성을 거쳐 올라갔고, 방어사 곽영(郭嶸) 또한 2만의 병사를 거느리고 전주(全州)를 거쳐 북으로 올라갔다. 광주 목사(光州牧使) 권율(權慄)은 중위장(中衛將)이 되고 백광언은 선봉이 되어 직산(稷山)에서 만나기로 약속하였다.

곽영이 용인(龍仁)의 왜적을 공격하려고 먼저 백광언을 보내 군대가 들어갈 곳을 살펴보게 하니, 백광언이 돌아와 길이 좁고 숲이 빽빽하여 가벼이 진격해서는 안 된다고 보고하였다. 그런데 이광이 평소 백광언에게 앙심을 품었던 터라, 백광언이 가기 싫어하는 것이라고 하여 곤장을 쳤다. 백광언이 너무도 억울해 매 맞은 몸으로 출정 준비를 하니 이광은 이지시(李之詩)로 하여금 백광언을 돕게 하였다.

백광언과 이지시가 용인으로 군대를 진격시켰다. 처음에 권율이 백광언에게 함부로 전투를 벌이지 말고 중위군(中衛軍)이 도착하기를 기다리라고 경계하였다. 백광언은 멀리서 북두문산(北斗門山)에 쌓은 왜적의 보루가 허술한 것을 보고 곧장 쉽게 공략할 수 있을 것으로 여겼다. 이에 권율의 말을 따르지 않고 적과 수십 보 떨어진 곳에 이르러 말에서 내려 활을 쏘았다. 왜적은 일부러 나오지 않다가 백광언 군대의 경계가 느슨해지자 이 틈을 타고 크게 소리치며 칼을 뽑아 공격해왔다. 백광언은 말에 오르지도 못한 채 짧은 칼로 거의 백여 명의 왜적을 죽였지만, 얼마 뒤 힘이 다해 전사하였다. 이광은 끝내 백광언을 구원하지 않고 깃발과 북을 버리고 달아나 버렸다. 이때가 임진년 5월 5일이다. 이 일이 알려지자 조정에서 병조 판서로 추증하였고, 태인 사람들은 사당을 세워 제향하였다.

이지시(李之詩)의 자는 영이(咏而)이고 본관은 단양(丹陽)이다. 조부 이겸재(李謙在)는 기묘제현(己卯諸賢)들 사이에서 명성이 있었다.

이지시는 무과에 장원으로 급제하였고, 부녕 부사(富寧府使)가 되어 북병사(北兵使) 이일(李鎰)을 따라 시전(時錢)[150]의 반호(叛胡)를 습격하여 380여 명의 목을 베었다. 임진년에 전라도 관찰사 이광이 근왕하러 갈 때 이지시가 용감하게 선봉이 되었고, 용인에 이르러 백광언과 왜구를 공격하다가 함께 전사하였다.

김덕린(金德麟)의 자는 상경(祥卿)이고 본관은 천안(天安)이다. 백광언과 같은 마을에 살면서 서로의 기개와 절조를 높이 여겼다. 무과에 급제하여 훈련 판관(訓鍊判官)이 되었다.

김덕린은 훌륭한 품성을 지녔는데, 도적이 방에 들어와 어머니를 해치려 했을 때 도적의 칼을 잡고 자신을 대신 죽이라고 애원하여 어머니가 목숨을 구할 수 있었다.

임진년에 난리가 일어나자 칼을 잡고 백광언을 따르며 부장(副將)이 되어 용인에서 싸우다가 전사하였으나, 가문이 한미하여 추증의 은혜가

---

150 시전(時錢) : 두만강 건너편에 있었던 여진족 부락의 지명이다.

내려지지 않았다. 뒤에 백광언의 사당 왼편에 배향되었다.

원수 권율은 웅치(熊峙)의 전투와 행주(幸州)의 전투에서 모두 큰 공을 세워 왜적들이 두려워하였다. 그러나 이광을 따라 용인에 이르러서 군대가 궤멸되었으니, 이는 무기가 예리하지 않았기 때문도 아니요 지략이 뛰어나지 않았기 때문도 아니다. 용렬한 장수가 그를 견제했기 때문에 공을 세우지 못한 것이다. 백광언 등과 같은 자들이 만약 한 부대를 맡아 스스로 용맹을 떨쳤더라면 어찌 권원수(權元帥)처럼 될 수 없었겠는가. 결국 얼마 되지 않는 왜적에게 나란히 목숨을 잃었으니,[151] 애석하다.

---

[151] 결국 …… 잃었으니 : 당시 조선군은 10만에 가까웠고, 왜적은 500여 명에 불과했다고 한다. 이 전투를 용인전투라고 한다.

노인(魯認)의 자는 공식(公識)이고 본관은 함평(咸平)이다. 부친은 노사
증(魯師曾)이다.

노인은 15, 6세 때 정개청(鄭介淸)으로부터 학문을 배웠고, 장성한 뒤
에는 활쏘기를 배워 무예로써 능력을 떨치고자 하였다. 임진년에 왜구
가 호남의 경계를 침범하자 광주 목사 권율이 노인을 불러 계책을 의논
하였으며, 권율이 이치(梨峙)에서 왜적을 격파하고 연이어 행주에서 왜
적을 격파할 때 노인이 군중(軍中)에 없었던 적이 없었다.

정유년에 남원이 왜적에게 포위당해 위태롭게 되자 노인이 적의 상황
을 살피며 남원에 이르렀는데, 양원은 달아나고 성은 함락되어 길이 막
혀 돌아오지 못했다. 왜적 찬기수 일정(讚岐守一正)이 광양(光陽)에서부
터 와 나주(羅州)를 도륙했는데 노인의 부모가 나주에 있었다. 노인은
하루 밤낮을 꼬박 달려 집에 도착해 부모를 업고 처자식을 이끌고 금성
(錦城)의 산속으로 들어갔다가 왜구에게 사로잡혔다. 노인이 날개를 펼
치듯 부모를 가리고 슬피 울며 살려달라고 하니, 왜구가 감동하여 풀어
주었다.

사흘 뒤에 또 왜구를 만나 붙잡혀서 순천의 방답포(防踏浦, 현재의 여
수시 돌산도)로 보내졌다. 노인이 격분하여 왜구를 꾸짖으며 왜 자신을
죽이지 않느냐고 하자, 왜구가 말하기를 "너는 건장하고 글도 아는 관리
라서 데리고 간다." 하였다. 배는 사흘 밤낮을 항해하여 안골포(安骨浦,
현재의 창원시 진해구에 있던 포구)에 이르렀고, 이틀을 더 가서 일기도(壹
岐島)에 이르렀으며, 서해도(西海道)의 축전주(筑前州)와 풍전주(豊前州)
의 중진촌(中鎭村)[152]을 거쳐 이예주(伊豫州)의 부혈(浮穴)에 이르렀다.
노인은 잡혀올 때 부모와 헤어졌으므로 채소만 먹으며 맹세하기를 "요

행으로 죽지 않는다면 기필코 왜적의 사정을 정탐하고 조선으로 돌아가 위로는 산릉(山陵)의 치욕[153]을 씻고 아래로는 부모의 원수를 갚은 뒤에, 왕부(王府, 대궐)에 엎드려 벌을 받고 나의 뜻을 밝힐 것이다." 하였다. 왜구들은 부채에 시를 적는 것을 좋아했기에 노인은 늘 그들에게 시를 적어주고 많은 은(銀)을 얻었다. 그리고 이 은을 써서 날마다 왜구의 사정을 정탐했고, 왜승(倭僧) 중에 시를 잘하는 자 또한 날마다 노인을 위해 일본의 사정을 말해 주었다.

그 이듬해인 무술년(1598) 상원(上元) 날 한밤중에 몰래 무안(務安) 사람 서경춘(徐景春)과 조선에서 포로로 잡혀온 몇 사람을 따라 작은 배를 타고 서쪽으로 가서 강 입구를 빠져나오다가 붙잡혀 관외(館外)에서 처형을 당하게 되었다. 노인이 큰 소리로 "금수(禽獸)도 오히려 고향을 그리워하는 법인데, 왜 나를 이상하게 여기는가." 하였다. 왜적 중에 노인을 처형하려던 자의 칼을 빼앗고 만류하는 자가 있어 목숨을 건졌으며, 화천주(和泉州)의 일근(日根)으로 압송되었다.

그달 그믐에 왜구가 명나라와의 화친을 요구했다는 소식을 들었다. 살마주(薩摩州)의 태수 도진의홍(島津義弘)이 노인을 대단히 예우하였다. 살마주의 소개로 사귄 왜승 희안(希安)은 일명 안서당(安西堂)이라는 자로 일찍이 중국에서 유학하고 돌아왔으며 노인과 아주 가까이 지냈는데, 노인은 그가 쓴 『일본풍토기(日本風土記)』를 얻어 보았다. 노인이 안서

---

152 중진촌(中鎭村): 『금계집(錦溪集)』 권3, 「만요섭험(蠻徼涉險)」에는 '중진촌(中津村)'으로 기록되어 있다. 본 번역서에서 활용한 『금계집』은 『한국문집총간』 71집에 수록된 초간본이다.
153 산릉(山陵)의 치욕: 임진왜란 때 왜적이 성종(成宗)과 중종(中宗)의 능을 파헤친 것을 말하는데, 이를 '이릉지변(二陵之變)'이라고 한다. 『연려실기술』 권16, 「선조조 이릉지변」 참조.

당에게 조선으로 돌아가도록 주선해달라고 부탁하니, 안서당이 경계하기를 "그대는 저 이엽(李曄)[154]을 보지 못했습니까? 달아나다가 붙잡히자 자신의 배를 가르고 물속에 몸을 던져 죽었지요. 함께 달아나던 자들도 모두 죽었습니다. 그대는 아예 이런 생각을 하지 마십시오." 하였다.

당시에 흥양(興陽)의 정병(正兵) 기효순(奇孝諄)과 밀양(密陽)의 역졸(驛卒) 정동(鄭同)과 경기(京畿)의 사노(私奴) 풍석(風石)이 노인보다 먼저 붙잡혀 와 왜어(倭語)를 할 줄 알았는데, 노인이 몰래 이 세 사람과 조선으로 돌아가기를 모의하였다. 때마침 명나라의 차관(差官)의 부하인 진병산(陳屛山)과 이원징(李源澄) 등이 왜국에 이르렀기에, 노인이 몰래 나가 그들을 만나 함께 배를 타고 복건성(福建省)으로 가기로 약속하였다.

5월 17일에 진병산 등이 탄 배가 포구를 출발하였고, 노인 등은 이미 몰래 밧줄을 타고 배에 올라 있었다. 열흘을 항해하자 큰 산과 기이한 봉우리가 백리 밖에 늘어서 있었으니 천태산(天台山)이었다. 이틀을 더 가서 장주(漳州)의 오서채(浯嶼寨)에 정박하자 수군(水軍) 파총(把摠) 손계작(孫繼爵)이 노인 등을 데리고 가 아주 진귀한 음식으로 잔치를 베풀어 주었는데, 노인이 음식을 사양하자 채소와 과일로 바꾸어 주고 흰색 의관도 주었으며, 며칠 머문 뒤 장주로 보내주었다. 200여 리를 가 장주의 관문에 이르렀고, 이어 천주(泉州)로 가다가 동안현(同安縣)을 지날 때 주문공(朱文公, 주희(朱熹))의 사당에 참배하였다. 또 사흘을 가서 복주(福州)에 당도했다. 복주는 오서채와 1,400여 리 떨어진 곳인데 가는

---

154 이엽(李曄) : 조선 선조 때의 무신으로 임진왜란 당시 가등청정에게 사로잡혀 일본으로 갔고, 가등청정의 후대를 받았다. 뒤에 도망치다가 잡히자 자신의 배를 가르고 물속에 투신하여 죽었다. 『금계집』 권3, 「왜굴정탐(倭窟偵探)」 참조.

곳마다 돌을 갈아 길에 깔아놓아 마치 숫돌처럼 평평하였고, 길을 끼고 있는 누관(樓觀)이 아주 장대하고 화려하였다. 차관(差官)이 노인 등을 복건성 군문(軍門)에게 인사시키자, 복건성에 오게 된 이유와 전에 써놓았던 왜구의 상황을 말해주고 물러나왔다.

홍여순(洪汝諄)이라는 수재(秀才)가 노인에게 이르기를 "그대께서는 의리를 지켜 굴복하지 않고 탈출해 왔다고 들었습니다. 옛날 포서(包胥)와 자경(子卿)[155]인들 어찌 그대보다 나을 수 있겠습니까." 하였다. 좌우 사람들은 노인이 흰 옷을 입은 것을 보고 채소를 내놓으며 크게 탄식하기를 "누가 조선을 오랑캐라고 했던가. 이처럼 예를 아는데." 하였다. 노인이 말하기를 "그대들은 '거상(居喪)을 잘한 이는 대련(大連)과 소련(小連)이니, 이들은 동이(東夷) 사람이다.'라고 한 말[156]을 듣지 못하였습니까? 무왕(武王)이 조선에 기자(箕子)를 봉하니 기자는 팔정(八政)으로 백성을 가르쳤습니다. 당시는 칠민(七閩)[157]이 아직 천자의 교화를 입지

---

155 포서(包胥)와 자경(子卿) : 포서는 춘추 시대 초(楚)나라 대부 신포서(申包胥)를 말한다. 오자서(伍子胥)가 오(吳)나라 군대를 이끌고 초나라를 공격하자, 신포서가 진(秦)나라 조정에 가서 7일 낮밤을 통곡하며 호소하여 초나라를 위기에서 구한 고사가 전한다. 『춘추좌씨전(春秋左氏傳)』, 정공(定公) 4년 참조. 자경은 한(漢)나라 무제(武帝) 때의 장군 소무(蘇武)의 자(字)로, 소무는 흉노에 사신으로 갔다가 19년간 억류되어 있으면서도 절개를 지키며 굴복하지 않았다. 『한서(漢書)』 권54, 「이광전(李廣傳)」 참조.

156 거상(居喪)을 …… 말 : 『예기(禮記)』, 「잡기(雜記)」에 "공자가 말하기를, '소련과 대련은 거상을 잘했다. 3일 동안을 게을리하지 않았고, 3개월 동안을 해이하게 하지 않았으며, 1년 동안 슬퍼하였고, 3년 동안 초췌하게 지냈다.'라고 하였다.(孔子曰, 小連大連善居喪. 三日不怠, 三月不解, 期悲哀, 三年憂.)" 하였다. 또 『논어(論語)』, 「미자(微子)」 집주(集註)에 "소련은 동이 사람이다.(少連東夷人.)" 하였다. 또 『소학(小學)』, 「계고(稽古)」에 "소련과 대련이 거상을 잘하여 부모가 돌아가시자 3일 동안 태만히 하지 않았으며, 3개월 동안 해이하게 하지 않았으며, 1년 동안 슬퍼하였으며, 3년 동안 근심하였으니, 동이의 자식이었다." 하였다.

157 칠민(七閩) : 중국 복건성(福建省)과 절강성(浙江省) 부근 지역을 가리킨다. 이 지역에

못한 시절이었고, 당나라 이후에야 비로소 상곤(常袞)¹⁵⁸ 덕분에 중원(中原)의 풍속에 교화되었습니다. 그대들은 옛날을 한 번 생각해 보시고 저를 비루하게 여기지 마십시오." 하니, 좌우 사람들이 서로 바라보며 웃었다.

노인이 복건성 군문에게 글을 올려 조선으로 돌아가게 해달라고 요청했으나 한참이 지나도록 명령을 받지 못했다. 유종(儒宗)인 포정사(布政司) 서광악(徐匡嶽)¹⁵⁹이 노인을 보고 안타깝게 여겨 군문에게 말을 해주었다. 그리고 노인에게 군문의 뜻을 전하며 말하기를 "빗물이 한창 불어나 있으니, 가을이 되어 장마가 걷히기를 조금 기다렸다가 돌려보내 주겠다." 하였다. 또 『민중문답(閩中問答)』 8권과 백금(白金) 열 냥을 보내주었다. 노인이 아침에 사례하러 가다가 서광악을 만났고 함께 어사(御史)¹⁶⁰에게 가면서 길 가에서 시첩(詩帖)을 올리니, 서광악이 문자(門子, 하인)에게 명하여 함께 서원(書院)에 가서 강독에 참여토록 하였다.

서원에서는 주위재(朱韋齋)와 주회암(朱晦菴) 두 선생¹⁶¹을 제향하고

살았던 종족이 일곱 개의 부족으로 나뉘어 살았으므로 이렇게 말한 것이다. 복건성에 사는 사람들이 조선을 오랑캐라고 부르자, 노인이 조선이 훨씬 먼저 중원의 문물에 교화되었음을 말하기 위해 이렇게 표현한 것이다.

158 상곤(常袞) : 당나라 덕종(德宗) 때 사람으로, 복건 관찰사(福建觀察使)가 되어 향교를 설치하여 민(閩)땅 사람을 교화함으로써 이 지역의 풍속이 크게 바뀌었다. 『신당서(新唐書)』 권150, 「상곤열전(常袞列傳)」 참조.

159 서광악(徐匡嶽) : 서즉등(徐卽登)으로 자는 헌화(獻和)이고 광악은 그의 호이다. 저서에 『주례설(周禮說)』이 있다.

160 어사(御史) : 『연경재전집』 외집 권58, 「난실담총」 노인(魯認) 조의 기록에 따르면, 당시 복건성 군문이 감찰어사(監察御史)의 탄핵을 받아 노인의 송환 문제를 상주하지 못했다고 한다. 여기서의 어사는 복건성 군문을 탄핵한 감찰어사를 가리킨다.

161 주위재(朱韋齋)와 주회암(朱晦菴) 두 선생 : 위재는 주송(朱松)의 호로, 주희의 부친이다. 회암은 주희의 호이다.

있었다. 중문(中門)으로 들어가니 명도당(明道堂)이 있었다. 헌(軒) 동쪽에는 종이 걸려 있고 서쪽에는 석경(石磬)이 걸려 있었으며 긴 회랑이 감싸고 있었다. 전후와 좌우는 모두 제생(諸生)이 머무는 곳으로, 글 읽는 소리가 낭랑하게 귀에 가득히 들려왔다. 문자가 먼저 들어간 뒤 얼마 뒤에 어떤 수재가 나와 노인에게 읍(揖)하고 인도하였다. 서로 양보하며 당(堂)에 이르니 제생과 수재가 각자 방에서 나와 읍양(揖讓)하고 앉았다. 자리가 정해지자 각자 이름을 적었는데, 제생은 예사화(倪士和)와 사조신(謝兆申) 등 세 명이었고 수재는 황응양(黃應暘) 등 25명이었다.

서원에 한참 머무른 뒤에 『대학(大學)』과 『심경(心經)』을 강론하기에 노인이 그 요결(要訣)을 듣고 싶다고 하였다. 예사화가 말하기를 "공자의 학문은 오직 『대학』 경일장(經一章)[162]에 있습니다. 그 종지(宗旨)는 지선(至善)에 머무는 것이며, 그 공부의 과정은 남을 가르칠 때 수신(修身)을 근본으로 삼는 것입니다." 하였다. 노인이 즉시 말하기를[163] "지선이란 우리의 본성이니 하늘에 있어서는 천명(天命)입니다. 『대학』의 도는 단지 지선에 머무는 것이며, 지선에 머무는 것은 수신을 통해 볼 수 있습니다." 하였다. 사조신이 감탄하면서 "족하께서는 하나를 들으면 열을 아는 분이라고 할 만합니다. 우리 스승께서 백금을 상으로 내리고 또 『민중문답』을 주시며, 또 그대를 참강(參講)하게 하신 것은 다 이유가 있었습니다." 하였다. 당시에 육왕(陸王)의 학문[164]이 중국의 동남 지역

---

162 『대학』 경일장(經一章): 『대학』 첫머리에 나오는 "대학의 도는 명덕(明德)을 밝힘에 있으며, 백성을 새롭게 함에 있으며, 지선에 머무는 것에 있다.(大學之道, 在明明德, 在親民, 在止於至善.)"라는 구절을 말한다.

163 노인이 즉시 말하기를: 『금계일기(錦溪日記)』, 5월 15일자 기록에는 강론이 끝나고 이튿날 예사화를 찾아가 필담을 나눈 것으로 되어 있다.

164 육왕(陸王)의 학문: 송나라 육구연(陸九淵)과 명나라 왕수인(王守仁)의 학문으로, 양명

에 만연했으므로, 서광악은 글을 지어 나무 병풍에 써서 명도당 벽의 동쪽과 서쪽에 펼쳐두었는데, 모두 육왕학(陸王學)을 물리치는 내용이었다. 노인이 또 사조신에게 『심경』의 종지(宗旨)를 청하자, 사조신이 말하기를 "『심경』은 인심(人心)과 도심(道心)의 구분을 연구한 것인데, 이는 단지 경(敬)일 뿐입니다." 하였다.

다른 날 서광악이 행인(行人)[165] 이여규(李汝奎)를 위해 명도당에서 강학하니, 지봉서원(芝峰書院)·근강서원(謹江書院)·삼산서원(三山書院)의 여러 수재들이 모여 청강하였으며 노인 역시 그 자리에 참여하였다. 강학이 진행되자 수재 세 사람이 동쪽에 늘어서서 『시경(詩經)』의 「관저(關雎)」장(章)과 「녹명(鹿鳴)」장을 노래하였다. 두 사람이 동쪽과 서쪽에 서서 종과 석경(石磬)을 치며 화답하니 그 소리가 쟁그랑하고 맑게 울렸다. 모든 사람들이 경건히 공수(拱手)하고 움직이지 않았다. 집사(執事)가 나가 소리치며 "진강(進講)하라." 하니, 수재 두 사람이 "예." 하고 공경히 대답한 뒤 책상 앞에 서서 먼저 『대학』 경일장을 강독하고 '지(止)'와 '수(修)' 두 글자의 의미에 대해 질문하였다. 서광악이 단정히 앉아서 질문에 따라 대답해 주었다. 『심경』을 강학하는 것도 이와 같았다. 강학이 끝나자 두 사람이 책상을 들고 물러났고, 서광악이 나가자 여러 수재들이 문까지 전송하였다.

9월에 복건성 군문이 노인을 위해 행장을 마련하여 황경(皇京)까지 보내주었는데, 각 아관(衙官)들과 원생(院生)들이 앞다투어 시문을 지어 전별하였다. 노인 역시 시를 지어 사례하고, 마침내 출발하였다. 태주(台州)를 지나며 천태산(天台山)과 안탕산(鴈蕩山)과 진망산(秦望山)을 구

학(陽明學)을 말한다.
165 행인(行人) : 행인사 행인(行人司行人)으로, 외교를 담당하는 관직이다.

경하였고, 소흥(紹興)에 도착하여 섬계(剡溪)·운문산(雲門山)·약야계(若耶溪)·난정(蘭亭)을 구경하였다. 열흘 동안 여항(餘杭)에 머물면서 서호(西湖)의 두 산을 다 구경하고, 가흥(嘉興)·호주(湖州)·소주(蘇州)를 거치며 오월(吳越)의 산천을 마음껏 구경하였다. 금릉(金陵, 남경(南京))에 들어가 육조(六朝) 시대의 유허(遺墟)를 두루 살펴보고 진회(秦淮)를 지나 양주(楊州)의 24교(橋)[166]를 유람했는데, 육가(六街)[167]의 번화함은 당(唐)나라의 전성시대와 같았다. 서주(徐州)를 지나 산동(山東)으로 들어가 니구산(尼丘山) 아래에서 대성사(大聖祠)를 참배하고 대종(岱宗, 태산(泰山))을 멀리서 바라보았으며, 수양(首陽)을 지나 황성(皇城)에 이르러 병부(兵部)로 갔다.

병부의 역관(譯官)이 묻자 노인이 눈물을 흘리며 시말(始末)을 진술하였다. 병부에서 노인을 위해 말하기를 "지금은 날씨가 추우니 내년 봄이 되기를 잠시 기다리면 호송(護送)해 주겠다." 하였다. 경자년(1600) 3월에 병부 원외랑(兵部員外郎) 사여매(史汝梅)가 황지(皇旨)를 받들어 의주(義州)까지 호송해 주었는데, 천자가 노인에게 말 한 필을 하사하여 타고 가게 하였다.

한양에 도착하니 선조 대왕이 중관(中官)에게 노인을 불러 와 합문(閤門)에 오르게 하여 위로하고, 급히 역마를 타고 고향으로 돌아가게 하였다. 집에 이르니 부모는 왜적의 칼을 피해 살아 있다가 무술년(1598)에 천수를 누리고 돌아가셨고, 아내 양씨(梁氏)만이 생존해 있었다. 노인이

---

166 양주(楊州)의 24교(橋) : 양주 강도현(江都縣) 서교(西郊)의 24개 교량이 있는 명승지를 말한다. 두목(杜牧)의 시에 "이십사교의 달 밝은 밤에, 어느 곳에서 옥인이 퉁소를 불게 했나.(二十四橋明月夜, 玉人何處敎吹簫.)"라는 구절이 있다.

167 육가(六街) : 원래 당나라 수도 장안(長安)에 있던 여섯 갈래의 큰 길인데, 후대에는 도시에 나 있는 큰 길을 의미하는 말로 쓰였다.

부모를 가매장한 곳으로 달려가 통곡하고 선영(先塋)으로 이장한 뒤, 그 곁에 여막을 짓고 뒤늦게 삼년상을 치렀다. 삼년상이 끝나자 빙고 별제(氷庫別提)에 제수되었고, 장수의 자질을 인정받아 천거되어 특별히 무과급제를 하사받아 선전관(宣傳官)과 주부(主簿) 등의 직책을 지냈으며, 외직으로 나가 여도진 만호(呂島鎭萬戶)가 되었다.

이듬해 을사년(1605)에 승려 유정(惟政)이 사신의 임무를 받들어 일본에 갔다가 돌아올 때, 조정에서 삼도(三道)의 주사장(舟師將)으로 하여금 부산에 모여 강성한 군대의 위세를 떨치며 맞이하게 하였는데, 노인이 선봉이 되었다. 병오년(1606)에 군산진 만호(羣山鎭萬戶)가 되어 공적을 세워 조정에 알려졌다. 선조가 말하기를 "노인은 군함과 병기를 수선하여 모두 견고하고 예리하게 만들고 사랑으로 사졸들을 위무하며 몸가짐이 청렴하고 부지런하였다. 특별히 통정(通政)의 품계를 더해주고 수원부사(水原府使)에 제수하노라." 하였다. 임지에 부임하기 전에 소강진 수군첨절제사(所江鎭水軍僉節制使)에 제수되어 최고의 치적을 세우니, 백성들이 비석을 세워 그 은혜를 칭송하였다.

정인홍(鄭仁弘)이 권력을 멋대로 휘두르면서 노인이 타고 온 말을 보고 욕심을 냈다. 노인이 말하기를 "천조(天朝)에서 하사한 것이니 드릴 수 없습니다." 하였다. 정인홍이 크게 노하였고, 이 일로 인해 정인홍의 당인에게 탄핵을 받아 집에 있다가 세상을 떠났다.[168]

김영철(金英喆)은 영유현(永柔縣)에 살았다.

---

[168] 노인의 이야기는『연경재전집』외집 권58,「난실담총」, 노인 조에도 수록되어 있다. 그 내용에 따르면 성해응은 박회원(朴會源)이 지은 「노인전(魯認傳)」을 통해 자세한 내용을 알게 되었다고 하였다.

만력 기미년(1619)에 종조부(從祖父) 김영화(金永和)와 함께 선천 군수(宣川郡守) 김응하(金應河)의 부대에 소속되어 심하(深河)에서 전투를 벌이다 패하여 오랑캐에게 항복하였다.[169] 김영화가 죽고[170] 김영철이 참수될 찰나에 오랑캐 장군 아라나(阿羅那)가 제 두목에게 청하기를 "제 아우가 이번 전투에서 죽었습니다. 이 사람의 생김새가 제 아우와 닮았으니 살려주십시오." 하니, 두목이 허락하였다. 아라나는 김영철을 데리고 집으로 돌아왔다.

김영철은 등주(登州) 사람 전유년(田有年)과 함께 새벽부터 밤까지 마구간 일을 했는데, 반 년 만에 도망치다 잡혀 왼쪽 발뒤꿈치가 잘렸고, 또 도망치다 잡혀 오른쪽 발뒤꿈치마저 잘렸다. 오랑캐 법에 세 번 도망치면 죽이게 되어 있었다. 아라나는 김영철이 결국 도망칠 것이라고 여겨 전사한 제 아우의 아내를 김영철의 아내로 삼게 하였다. 김영철은 득북(得北)과 득건(得建) 두 아들을 낳았다.

을축년(1625) 5월에 아라나가 김영철에게 전마(戰馬) 세 필을 주며 전유년 및 항복한 중국인 일곱 명과 함께 건주(建州)의 강가로 가서 말을 기르게 하였다. 8월 15일 밤이 되어 구름 한 점 없는 하늘에 달이 밝으니 함께 노래 부르며 즐겼다. 전유년이 사람들을 돌아보며 "저 달이 내

---

169 심하(深河)에서 …… 항복하였다 : 심하는 요동(遼東) 무령현(撫寧縣) 동쪽 산해관(山海關) 근처의 진(鎭)이다. 1618년 명나라가 요동을 정벌한 후금(後金)을 공격하기 위해 조선에 출정을 요청하자 광해군은 강홍립(姜弘立, 1560~1627)을 오도 도원수(五道都元帥)로 삼아 군대를 출동시켰다. 이 전투에서 김응하는 전사하였고 강홍립은 남은 군사들을 이끌고 후금에 항복하였다.

170 김영화가 죽고 : 후금은 항복한 조선 병사 가운데 좋은 옷을 입은 자 400여 명을 골라 조선의 양반과 장군으로 간주하고 살려두면 후환이 될 것이므로 참수하였다. 이 과정에서 김영철의 종조부인 김영화가 처형되었다. 『유하집(柳下集)』권9,「김영철전(金英喆傳)」 참조.

부모와 처자들도 응당 비춰주겠지." 하니, 모두들 달을 보며 통곡하였다. 이윽고 전유년이 김영철에게 말하기를 "내가 종군(從軍)한 지 오래되어 오랑캐 지역의 형세를 잘 알고 있소. 이 말은 천리마이니 4, 5일쯤 달리면 영금(寧錦)[171] 땅에 당도할 것이오. 요동(遼東)은 이미 길이 막혔소. 조선의 사행단이 바다를 항해해 등주(登州)를 거쳐 황도(皇都)로 간다고 들었는데, 그대는 혹시 나와 함께 할 생각이 있소?" 하였다.[172] 다른 사람들이 모두들 좋다고 하였다. 전유년은 김영철이 처자식 때문에 망설일까 걱정하여 "나에게 아름다운 누이 둘이 있소. 등주로 돌아가는 날, 큰 누이가 시집갔다면 반드시 작은 누이를 그대의 아내로 삼아 주겠소." 하였다.

이에 김영철과 손가락을 깨물어 피를 술에 타서 마시고 달을 향해 절하며 맹세하였다. 사람들이 닷새 동안의 양식을 챙겨 동시에 말에 올랐다. 이때는 한밤중이라 말을 치는 사람들이 모두 잠들어 있었다. 북쪽을 향해 급히 말을 달리다가 깊은 여울을 만나자 말을 채찍질해 세찬 물살을 횡단해 건넜다. 목장을 지키는 자들이 알아차리고 추격해 왔는데, 일행이 큰 연못에 빠졌다가 여섯 마리 말은 탈출해 나왔지만 나머지는 모두 죽었다.

백여 리를 달리자 달이 졌다. 벌판에는 오랑캐의 막사가 많았기에 큰 산기슭에 숨어 생쌀을 씹고 물을 마시다가 달이 떠오르면 다시 말을 타고 달렸다. 사람이 없는 사막 백여 리를 달려 옛 전장(戰場)을 지나다가 깨진 화로를 구하고는 잠시 머물러 밥을 지어 먹었다. 또 말을 달리다 새벽이 되자 전유년이 산천을 둘러보고 기뻐하며 "이미 요동과 심

---

171 영금(寧錦) : 요녕(遼寧)과 금주(錦州)를 합해서 부르는 말이다.
172 요동(遼東)은 …… 하였다 : 전유년의 고향이 등주이므로, 함께 등주로 도망가자는 말이다.

양을 벗어났다." 하였다. 이틀 밤낮을 더 달려 영원(寧遠)에 도착하니 순찰하던 병사가 오랑캐로 여겨 죽이려고 하였다. 때마침 도망친 일행 중 한 사람의 형이 순찰 대장으로 있다가 깜짝 놀라 만류했기에 목숨을 건졌다.

이 일이 알려지자 천자가 조서(詔書)를 내려 김영철에게 옷과 음식과 황금을 하사하였다. 전유년과 함께 등주로 가니 전유년이 작은 누이를 아내로 삼아 주었다. 김영철의 아내가 말하기를 "사람이라면 누구나 시부모께 인사를 드리는데 저만 그렇게 하지 못하네요." 하였다. 이에 김영철이 부모의 모습을 그려주니, 아내는 아침저녁으로 인사를 올렸다. 이웃에 잔치가 있으면 반드시 김영철을 불러 조선의 노래와 춤을 청하였는데, 칭찬하지 않는 사람이 없었다. 아들 둘을 낳았는데 득청(得靑)과 득중(得中)이다.

경오년(1630) 겨울 10월에 조선의 진하사(進賀使)가 탄 배가 등주에 정박하였는데, 뱃사공 이연생(李連生)이 김영철과 동향 사람이었다. 김영철이 가서 그를 부르니 이연생이 물끄러미 쳐다보다가 마침내 깜짝 놀랐다. 그리고 김영철의 부친은 안주(安州)에서 전사했고, 조부는 종조부 김영화의 아들 김이룡(金爾龍)에게 의지해 살며, 모친은 소호(蘇湖)[173]의 외가로 돌아간 사실을 말해 주었다. 김영철이 통곡한 뒤 이연생과 함께 조선으로 돌아가기로 약속하였다.

이듬해 봄에 조선의 사신이 등주로 돌아왔다. 배가 떠나기 하루 전에 김영철이 아내에게 술을 먹여 취하게 하고 몰래 이연생이 탄 배의 바닥에 들어가 숨었다. 이튿날 아내가 달려와 배를 샅샅이 뒤졌으나 김

---

173 소호(蘇湖) : 경북 안동의 소호리(蘇湖里)를 말한다.

영철을 찾지 못했다. 사흘 뒤에 배는 평양(平壤)의 석다산(石多山)으로 돌아와 정박하였고, 김영철이 고향으로 돌아가니 조부와 모친은 모두 무탈하였다. 김영철은 고향으로 돌아온 것은 참으로 기뻤지만, 새로 전쟁을 겪은 터라 가산이 깡그리 없어졌기에 길에서 통곡하였다. 같은 고을 부자 이군수(李羣秀)가 김영철을 효자라고 여겨 자신의 딸을 시집보내었다.

병자년(1636) 가을에 이연생이 또 등주로 가자 김영철의 아내가 두 아들을 데리고 와 김영철의 안부를 물으며 "듣자하니 조선이 또 오랑캐에게 함락되어 이 사행 길도 이번이 마지막이라고 하네요. 부디 그대가 제 남편 소식을 말해주어 저의 마음을 풀어주십시오." 하니, 이연생이 김영철의 소식을 자세히 전하였다. 전유년이 탄식하기를 "김영철은 장부(丈夫)다. 자신의 의지를 실행하고야 말았다."[174] 하였다.

이해 겨울에 오랑캐가 우리나라를 침략한 뒤 공유덕(孔有德)을 시켜 가도(椵島)에 주둔한 군대[175]를 공격하게 하였다. 영유 현령(永柔縣令)이 김영철을 오랑캐 진영에 보내 명령을 전하게 하였는데, 어떤 오랑캐가 김영철을 잡고서 말하기를 "이 사람은 우리 숙부의 가노(家奴)이다. 말을 훔쳐 도망쳤기에 우리 숙부가 항상 매우 분하게 생각하신다. 지금 이 놈을 잡아 가야겠다." 하였다. 이에 영유 현령이 자신이 타고 있던 수레의 말을 풀어 아라나에게 돌려주게 하고 또 그 사람에게 다른 물건을 뇌물로 주어 풀려날 수 있었다. 뒤에 영유 현령은 김영철에게 끝내 말값을 받아갔다.

---

174 김영철은 …… 말았다 : 『유하집』 권9, 「김영철전」의 기록에 의하면, 김영철이 포로로 있을 때 기필코 고향으로 돌아가겠다고 한 말을 실행했다는 의미로 한 말이다.
175 가도(椵島)에 주둔한 군대 : 명나라 황손무(黃孫茂)의 군대를 말한다.

경진년(1640)에 오랑캐가 금주(錦州)를 침략할 때 임경업(林慶業)이 수군(水軍)을 이끌고 도와주게 되었다. 명나라 군대의 전함이 보이자 임경업이 몰래 김영철을 보내 명나라 장군에게 편지를 전하게 했는데, 그 편지에 "오랑캐가 우리나라를 침략하였는데 힘으로 맞설 수가 없어 이번 전투에 참여한 것이오. 그러나 명나라 조정을 어찌 감히 잊을 수 있겠소. 내일 우리 군대는 총에서 탄환을 뺄 것이니, 명나라 군대 역시 활에 살을 매기지 마시오. 우리가 일부러 포위를 당해 항복할 것이니, 서로 힘을 합쳐 오랑캐를 격파합시다."라고 되어 있었다. 명나라 장군이 크게 기뻐하며 은(銀) 30냥과 청포(靑布) 20필을 주었다. 그런데 불빛 속에서 어떤 사람이 김영철의 손을 잡으며 말하기를 "이보게 친구! 어찌 이곳에 왔는가?" 하였는데, 바로 전유년이었다. 김영철은 처자가 잘 있다는 소식을 듣고 청포를 전유년에게 주면서 처자식에게 전해달라고 하였다. 조선 진영으로 돌아와 배를 대다가 오랑캐에게 발각되었는데, 임경업이 거짓으로 둘러대어 모면하였다.

이날 정오에 명나라 군대와 전투를 벌였는데, 명나라 군대가 조선 군대를 한참동안 포위한 채 몇 차례 나아왔다 물러갔다 하다가 갑자기 조선 군대의 배에 갈고리를 걸어 당겼다. 그런데 조선 군사 중에 임경업의 계책을 모르는 자가 탄환을 채워 총을 발사해 명나라 군사 중에 죽은 사람이 생기니, 명나라 군대가 마침내 포위를 풀고 물러갔다.

신사년(1641)에 김영철이 또 유림(柳琳)을 따라 금주에 갔다. 아라나가 그곳에 와서 일을 논의하다가 김영철을 보더니 은혜를 저버렸다고 꾸짖고서 부하 기병(騎兵)에게 급히 포박하도록 지시하였다. 유림이 말하기를 "공께서 이미 살려주셨다가 지금 죽이려 하시니, 어찌 끝까지 은혜를 베풀지 않으십니까. 제가 공을 위해 그의 몸값을 후하게 치르겠습니다." 하고, 세남초(細南草, 질 좋은 담배) 200근을 몸값으로 주었다. 당시 김영철이 건주(建州)에 있을 때 얻은 자식이 종군했다가 김영철을 만나 서로 부둥켜안고 슬피 울었다.

오랑캐 임금이 10만의 명나라 군대를 격파하자, 유림이 김영철을 보내 축하의 말을 전하게 하였다. 그런데 아라나가 옛 일을 아뢰며 김영철을 벌해 달라고 청하였다. 오랑캐 임금이 손을 들어 남쪽을 가리키며 말하기를 "김영철은 본래 조선 사람인데, 8년 동안 우리의 백성이 되었고 6년 동안 등주의 백성이 되었다가 이제 돌아가 조선의 백성이 되었다. 조선의 백성 역시 우리의 백성이다. 더구나 그의 큰아들이 우리 군대에 있고 작은아들이 건주에 있으니, 부자가 모두 우리 백성이다. 또 저 등주에 있는 자들이 어찌 우리 백성이 아니겠는가. 나는 이제 천하를 얻었다." 하고, 마침내 비단 열 단(端)과 말 한 필을 내려주었다. 김영철이 말하기를 "하사하신 말을 아라나에게 주어 제가 말을 훔친 죄를 갚고 싶습니다." 하였다. 오랑캐 임금이 허락한 뒤 다시 김영철에게 푸른 나귀 한 마리를 주었다.

김영철이 돌아와 봉황성(鳳凰城)에 도착하니, 유림이 말하기를 "지난번에 호조(戸曹)의 물품으로 몸값을 치렀으니 너는 이를 갚아야 할 것이다." 하였다. 집으로 돌아온 지 몇 달 만에 호조에서 과연 은 2백 냥을 갚으라고 독촉하였다. 김영철은 나귀를 팔고 가산을 털어 겨우 그 반을 갚고 친척들의 도움을 얻어 나머지를 채워 갚았다. 이를 들은 사람들이 가련하게 여겼다.

무술년(1658)에 조정에서 자모산성(慈母山城)을 보수할 때 군역(軍役)을 면제해주는 조건으로 성을 지킬 병사를 모집하였다. 김영철은 종군의 고달픔을 생각하여 아들 넷을 데리고 가 그곳에서 살았다. 나이 60여 세에 곤궁한 늙은이로 의지할 곳이 없었고, 불평스런 생각이 들 때마다 산성에 올라 북쪽으로 건주를 바라보고 서쪽으로 등주를 바라보며 처량하게 눈물을 흘렸다. 한번은 어떤 사람에게 말하기를 "처자식은 나를 저버리지 않았는데 나는 실로 그들을 저버려 죽을 때까지 슬프고 한탄하게 만들었으니, 내가 이처럼 곤궁하게 된 것은 당연한 일이다. 그러나 이역(異域)에 떨어졌다가 끝내 부모의 나라로 돌아왔으니 또한 무엇을 한스러워하겠는가." 하였다. 20여 년 동안 성을 지키다가 84세의 나이로 세상을 떠났다.

최척(崔陟)의 자는 백승(伯升)이고 본관은 남원이다.

집은 남원부(南原府) 서쪽 만복사(萬福寺) 곁에 있었는데, 일찍 어머니를 여의고 아버지 최숙(崔淑)과 함께 외로이 살았다. 무예를 좋아하고 남과 어울리는 것을 좋아하였으며, 자잘한 절개에 얽매이지 않았다. 당시 왜구가 사나운 위세를 떨쳤기에, 주현(州縣)에서 무사(武士)를 징발하였다. 부친은 최척이 징발될까 걱정되어[176] 남원성 서쪽에 사는 정상사(鄭上舍)에게 가서 학업을 익히게 하였는데, 열 달도 되지 않아 아름다운 문장이 환하게 빛나니 마을 사람들이 최척의 명민함을 칭찬하였다.

최척이 글을 읽을 때마다 17, 8세 쯤 되는 매우 어여쁜 여인이 창문과 벽 사이에 엎드려 몰래 엿들었다. 어느 날 최척이 홀로 앉아 글을 읽는 사이에 창틈으로 「표매(摽梅)」 시의 마지막 장(章)[177]을 적어 던져

---

176 부친은 …… 걱정되어 : 원문은 '陟恐與募'인데, 번역하면 '최척은 징발될까 걱정하여'가 된다. 그런데 앞 문장에 '최척이 무예를 좋아하였다'는 말과 서로 배치되고, 또 조위한(趙緯韓)이 지은 「최척전」에는 최척의 부친이 최척이 징발될까 걱정한 것으로 되어 있으므로, 문맥을 고려하여 이렇게 번역하였다.

177 「표매(摽梅)」 …… 장(章) : 「표매」는 『시경』, 소남(召南)에 수록된 「표유매(摽有梅)」 시를 말한다. 표매는 떨어지는 매실을 의미하는 말로, 청춘 남녀가 때에 맞춰 혼인함을 상징한다. 「표유매」 시의 마지막 장의 내용은 다음과 같다. "떨어지는 매실 광주리 기울여 모두 담았네. 나를 찾는 남자들이여, 말이라도 하고 오소서.(摽有梅, 頃筐塈, 求我庶

넣었는데 글씨가 참으로 아름다웠다. 최척은 마음을 가누지 못하여 그녀를 만나고 싶었지만 방법이 없었다.

공부를 마친 뒤 여인이 보낸 시를 소매에 넣고 집으로 돌아오는데, 청의(靑衣, 하녀) 하나가 뒤따라와 최척의 집에 이르러 말하기를 "저는 이낭랑(李娘娘)의 하녀 춘생(春笙)입니다. 아씨께서 그대에게 시를 받아 오라고 하셨습니다." 하였다. 최척이 의아해하며 묻기를 "너는 정공(鄭公) 댁의 하녀가 아니더냐? 어찌 이낭랑의 하녀라고 하는 것이냐?" 하였다. 하녀는 다음과 같이 말하였다.

"우리 아씨 댁은 본래 경성(京城) 청파리(靑坡里)입니다. 아씨의 부친인 이경신(李景新) 어른이 일찍 세상을 떠나고 모친 심씨(沈氏)가 홀로 아씨와 함께 사셨지요. 아씨의 이름은 옥영(玉英)이고 그대께 시를 보낸 분입니다. 득영(得英)이라는 언니가 있어 글을 참 잘 지었는데, 열아홉의 나이로 요절하였습니다. 우리 아씨가 언니의 글재주를 전수받았답니다. 작년 봄에 난리를 피해 심도(沁都, 강화도(江華島))로 갔다가 배를 타고 나주(羅州)의 회진(會津)을 거쳐 이곳으로 왔습니다. 정공은 아씨의 친척입니다. 아씨를 잘 보살펴 주며 훌륭한 남편을 고르고 있는데, 아직 얻지 못했습니다."

최척은 매우 기뻐하며 술과 음식을 주고 편지를 써서 은근한 마음을 전하였다.

옥영은 다음날 또 춘생을 보내 전한 편지에서 다음과 같이 말하였다.

"저는 불행하게도 부친을 일찍 여의었고 형제도 적었습니다. 난리를 만난 시대에 태어나 편모(偏母)를 홀로 모시고 남쪽 지방을 떠돌고 있으

士, 迫其謂之.)"

니, 하루아침에 사나운 자들에게 이 몸이 더럽혀질까 두렵습니다. 그러나 사라(絲蘿)가 의지할 곳은 반드시 높은 나무여야 합니다.[178] 제가 살펴보니 그대는 온화하고 한아(閑雅)하였습니다. 어제 시를 드린 것은 감히 그대를 유혹하려 한 것이 아니라 그대의 마음을 시험해보려는 것이었습니다. 이제부터는 중매쟁이가 있을 것이니, 더 이상 편지를 보내 저로 하여금 행로(行露)의 비난[179]을 듣게 하지 말아 주십시오."

최척이 편지를 받고 나서 부친과 이경신의 부인에게 옥영과 혼인을 하게 해 달라고 부탁했는데, 옥영의 모친 심씨가 최척이 가난하다는 이유로 난색을 드러내었다. 이날 밤에 옥영이 어머니에게 나아가 말하였다.

"어머니께서 저를 위해 부잣집 사위를 고르시는데, 사위가 만약 현명하지 않다면 곡식이 있다한들 제가 그것을 먹겠습니까? 더군다나 지금 친척에게 몸을 의탁해 있고 왜적이 사방에서 핍박하는 상황이니 더 말할 필요가 있겠습니까. 이웃에 사는 최생(崔生)은 충신(忠信)한 사람이니 의지해서 일을 이룰 수 있습니다. 이런 사람의 배필이 될 수 있다면 죽어도 한이 없을 것입니다."

이에 어머니가 어쩔 수 없이 정공에게 고하니, 정공이 말하기를 "맞는 말이네. 최척의 재주로 보아 어찌 오랫동안 가난하게 살겠나!" 하고, 그

---

178 사라(絲蘿)가 …… 합니다 : 사라는 토사(兎絲)와 송라(松蘿)를 말하는데, 항상 큰 나무에 넝쿨을 뻗어 자라는 식물이다. 여기서 사라는 옥영 자신을, 높은 나무는 자신이 배필로 삼을 사람을 비유하는 말로 쓰였는데, 옥영 자신의 상황이 불안하지만 아무하고나 혼인할 수 없고 올바른 사람과 혼인해야 한다는 말이다.
179 행로(行露)의 비난 : 여인이 부정하게 남자와 만난다는 비난을 말한다. 행로는 이슬 젖은 길이라는 의미로, 『시경』, 소남의 「행로」라는 시에서 나온 말이다. 원래 『시경』에서는 여인이 이슬 젖은 길을 다니지 않겠다고 맹세하여 자신의 정절을 지킨다는 의미로 쓰였다.

날로 경첩(庚帖)[180]을 보내 9월 보름날 혼례를 치르기로 하였다.

얼마 뒤 남원부 사람인 변사정(邊士貞)이 의병을 일으켜 영남의 왜적을 토벌하려 하니 최척도 참여하였다. 그런데 혼인 날짜가 되어 최척이 휴가를 내어 돌아가려 하자, 장군이 노하여 말하기를 "군부(君父)가 피란을 떠나 멀리 초야(草野)에 계시니, 신하는 당연히 창을 베고 잘 겨를도 없어야 한다. 더군다나 너는 아직 혼인할 나이가 안 되었으니 더 말할 필요가 없다. 왜적을 섬멸하고 혼인해도 늦지 않다." 하며 허락하지 않았다.

옥영의 이웃에 양씨(梁氏)라는 부자가 있었는데, 최척이 전쟁에 나가 오랫동안 돌아오지 못한다는 소식을 듣고 몰래 정공의 아내에게 뇌물을 주며 자신과 혼인하게 해 달라고 하였다. 심씨도 그의 재산이 탐나 허락하여 혼인날이 잡혔다. 옥영이 몇 번이나 하소연했지만 어머니가 들어주지 않자 밤에 창문과 벽 사이에 스스로 목을 매 거의 숨이 끊어졌다가, 어머니가 깜짝 놀라 구해주어 목숨을 건졌다. 이 일이 있은 뒤로 온 집안사람들은 양씨의 일을 입 밖에 내지 않았다. 부친 최숙이 최척에게 이 일을 자세히 이야기해 주었다. 최척은 옥영이 그리워 병이 났다가 부친의 말을 듣고는 병이 위독해지니, 장군이 최척을 보내주었다. 마침내 10월 길일에 정공의 집에서 초례(醮禮, 혼례)를 치렀다.

옥영은 혼인한 뒤에 직접 물 긷고 절구질하고 길쌈하며 시아버지를 매우 효성스럽게 봉양하였고, 가산도 조금 넉넉해졌다. 그러나 오랫동안 자식이 없자 매달 초하루에 부부가 만복사에 가서 기도를 올렸다. 그

---

180 경첩(庚帖) : 혼인할 때 신랑과 신부의 성명 · 나이 · 본관 · 3대 조상을 기록하여 서로 교환하는 문서이다. 연경(年庚)을 기록하므로 경첩이라고 하는데, 연경은 사주(四柱)를 말한다.

이듬해인 갑오년(1594) 정월 초하루에 만복사에 기도를 올렸는데, 이날 밤 옥영의 꿈에 장육불(丈六佛)[181]이 나타나 말하기를 "나는 만복사의 부처다. 너의 경건한 기도를 가상히 여겨 사내 아이 하나를 내려줄 것인데 태어나면 분명히 남들과 다른 모습이 있을 것이다." 하였다. 과연 아들을 낳았는데, 등에 붉은 사마귀가 있었다. 이름을 '몽석(夢釋)'이라고 하였다.

최척은 퉁소를 잘 불었다. 한번은 바람이 고요하고 달이 밝은 늦은 봄밤에 꽃나무 아래에서 큰 술잔을 들이켜고 침상에 걸터앉아 퉁소를 불었다. 옥영이 이에 화답하여 시를 짓기를,

왕자진(王子晉)[182]이 피리를 부니 달이 내려오려 하는데,

王子吹簫月欲低

바다 같은 푸른 하늘엔 이슬이 싸늘하네.

碧天如海露凄凄

응당 함께 청란(靑鸞) 타고 가야겠지만,

會須共御靑鸞去

봉도(蓬島)[183]에 운무 끼어 찾지 못하네.

蓬島烟霞路不迷

라고 하였다. 이어 걱정스레 이르기를 "사람의 일이란 걸핏하면 어그러지니 백년 인생동안 만나고 헤어짐이 무상(無常)하지요. 저는 이에 대해

---

181 장육불(丈六佛) : 키가 일 장 육 척되는 불상을 말한다.
182 왕자진(王子晉) : 주(周)나라 영왕(靈王)의 아들인 왕자교(王子喬)를 말하는데, 피리 불기를 좋아하였다. 신선 부구공(浮丘公)을 따라 숭산(嵩山)에 올라가 선도(仙道)를 닦은 뒤 30년 만에 백학(白鶴)을 타고 구지산(緱氏山)에 내려왔다는 전설이 전한다. 『열선전(列仙傳)』 권상(上), 「왕자교」 참조.
183 봉도(蓬島) : 신선이 산다는 삼신산(三神山)의 하나로, 동해에 있는 봉래산(蓬萊山)을 가리킨다.

느꺼움이 없을 수 없습니다." 하고, 눈물을 흘려 옷깃을 적셨다.

정유년(1597) 8월에 왜구가 남원을 함락시키자, 최척은 식구들과 지리산 연곡사(燕谷寺)로 피란하였다. 옥영은 남자 복장을 하고 많은 사람들 속에 섞여 산으로 들어갔는데 며칠 만에 양식이 떨어졌다. 최척이 몇몇 장정(壯丁)을 따라 양식을 구하려고 구례현(求禮縣)에 갔다가 왜적을 만나 몰래 바위골짜기에 숨었다. 그런데 이날 왜적이 연곡사에 침입하여 크게 약탈하였다. 사흘이 지난 뒤에야 최척이 연곡사에 도착하니 쌓인 시체가 널려 있었다. 숲속에서 나는 통곡 소리를 듣고 찾아보니 늙은이 몇 명이 울면서 말하기를 "왜적이 산으로 들어와 사람들을 마구 죽인 뒤 아이와 여자들을 다 끌고 갔소. 어제 이미 물러가 섬진강(蟾津江)에 진을 쳤으니, 그대는 어디서 가족을 찾겠소?" 하였다.

최척이 곧장 섬진강으로 달려가다가 몇 리 못 가 시체더미 속에서 중한 상처를 입고 죽어가는 사람을 발견했는데, 바로 춘생이었다. 최척이 크게 놀라 소리쳐 부르자, 춘생이 잠깐 눈을 뜨고 들릴 듯 말 듯 말하기를 "주인 나리 댁 사람들이 다 잡혀갔습니다. 저는 몽석 도련님을 업고 있어 도망치지 못하다가 왜적의 칼에 쓰러졌고 등에 있던 도련님의 생사를 모릅니다." 하였다. 말이 끝나자 숨이 끊어졌다. 최척이 가슴을 치고 발을 굴렀지만 어쩔 방도가 없었다.

섬진강을 향해 가니 강 언덕 위에 상처 입은 수십 명이 울면서 말하기를 "연곡사에서 잡혀온 뒤 장정들은 다 배에 실려 갔고 왜적의 칼에 부상을 당한 늙은이들만 이렇게 남았습니다." 하였다. 최척이 여기저기 찾았으나 식구들을 발견하지 못했다. 대성통곡하며 자결하려 했지만 주위 사람들의 만류로 그만두었다.

남원의 옛 집으로 돌아오니 담장이 무너지고 담벼락이 깨져 살 수 없었다. 금교(金橋) 아래에서 쉬었는데, 때마침 명나라 장군인 절강(浙江)

사람 여유문(余有文)이 10여 명의 기병을 거느리고 금교 곁에서 말을 먹이고 있었다. 최척은 오랫동안 군대에 있었으므로 중국어에 익숙했고 또 활쏘기와 말타기에 뛰어나 여유문이 매우 아꼈기에, 최척을 군적(軍籍)에 올리고 절강성의 집으로 데려갔다.

전에 최척의 가족들이 약탈을 당했을 때, 왜적은 최척의 부친과 장모 심씨가 늙고 병들어 엄히 지키지 않았다. 이에 두 사람은 경비가 소홀하기를 기다렸다가 도중에 달아나 걸식하면서 연곡사에 이르렀다. 승방(僧房)에서 어린 아이의 울음소리를 듣고 따라가 보았더니 바로 몽석이었다. 승려들에게 어디에서 아이를 찾았느냐고 묻자 혜정(惠正)이라는 스님이 길가 시체더미 속에서 찾았다고 말해주었다. 최척의 부친이 몽석을 안고 심씨와 번갈아가며 아이를 업고 집으로 돌아와 하인들을 모으고 집안 살림을 꾸려나갔다.

당시 옥영은 돈우(頓于)라는 늙은 왜적에게 잡혀갔는데, 돈우는 부처를 믿어 살생을 좋아하지 않았다. 장사하는 상인으로 배를 잘 탔기에 왜적 우두머리 소서행장(小西行長)이 그를 선주(船主)로 삼았다. 돈우는 옥영의 기지(機智)와 명민함을 아껴 여러 차례 좋은 옷을 주며 마음을 위로하였다. 옥영은 바다에 몸을 던지려 하였으나 번번이 그에게 발각되었는데, 어느 날 꿈에 장육불이 나타나 "부디 죽지 말라. 뒷날 반드시 기쁜 일이 생길 것이다." 하였고, 옥영은 마침내 억지로 밥을 먹었다. 돈우의 집은 낭고야(狼姑射)에 있었는데 아내는 늙고 딸은 어렸으며 집에는 다른 남자가 없었으므로 옥영에게 집안일을 맡기려 하였다. 하지만 옥영은 거짓으로 이르기를[184] "저는 허약하고 병이 많아 사내의 일을

---

[184] 거짓으로 이르기를 : 옥영은 처음 피란할 때 남장 차림을 하고 있었고, 돈우는 당시까지 옥영이 여자임을 몰랐다.

할 수 없습니다." 하였다. 돈우가 더욱 가련하게 여겨 묘우(妙于)라는 이름을 지어주고 민절(閩浙)[185]에서 함께 장사를 하였다.

이때 최척은 요흥부(姚興府)에 있었다. 여유문이 자신의 누이를 아내로 주려고 하니 최척이 사양하기를 "우리 집이 왜적에게 함락되어 연로한 부친과 연약한 아내의 생사를 지금까지 모르고 있습니다. 어찌 혼인하여 저 혼자 편안하기를 생각할 수 있겠습니까." 하였다. 이에 여유문이 의롭게 여겨 그만두었다. 이해 겨울에 여유문이 병으로 죽자 최척은 의지할 사람이 없어져 강회(江淮)[186] 일대를 떠돌다가 해섬도사(海蟾道士) 왕명(王明)[187]이 청성산(青城山) 속에 은거하며 황백술(黃白術)[188]을 수련한다는 말을 듣고 찾아가 배우려 하였다. 그즈음 때마침 주우(朱佑)라는 자를 만났는데, 항주(杭州) 용금문(湧金門) 밖에 살고 남에게 베풀기를 좋아하는 사람이었다. 최척이 촉(蜀) 땅으로 들어간다는 소식을 듣고 그가 말하기를 "인생이 얼마나 된다고 고생스레 복식(服食)[189]하며 배고픔을 참겠소. 나를 따라 오월(吳越) 땅으로 가 비단과 차를 팔며 여생을 즐기는 것이 어떻겠소?" 하니, 최척이 옳다고 여겨 마침내 함께 떠났다.

경자년(1600)에 주우를 따라 안남(安南)에서 장사를 할 때, 왜선(倭船) 십여 척이 포구에 정박하여 십여 일을 머물며 떠나지 않았다. 이때

---

185 민절(閩浙) : 오늘날의 복건성과 절강성 일대를 가리킨다.
186 강회(江淮) : 양자강(揚子江)과 회수(淮水)를 말한다.
187 왕명(王明) : 조위한의 「최척전」에는 '왕용(王用)'으로 되어 있다.
188 황백술(黃白術) : 신선이 단사(丹砂)를 고아서 황금(黃金)이나 백은(白銀)으로 만드는 술법을 말하는데, 신선술을 의미한다.
189 복식(服食) : 도가(道家)의 양생법(養生法) 가운데 하나로 단약(丹藥)을 복용하는 것을 말한다.

는 4월 중순이라 하늘에는 작은 구름 한 점 없고 바다 빛은 맑고 푸르렀으며, 사공들은 모두 잠에 빠지고 포구의 새만 가끔 울 뿐이었다. 최척은 옆의 배에서 나는 매우 처량한 염불 소리를 듣고, 자신의 신세를 생각하며 퉁소를 꺼내 계면조(界面調)를 연주하였다. 그러자 염불 소리가 갑자기 그치고 조선 사람의 말로 '왕자진이 피리를 부니'로 시작하는 시구를 읊었고, 다 읊고 나서는 한참 동안 한숨을 내쉬었다. 최척은 시 읊는 소리를 듣고서 너무나 슬퍼하며 피리를 던졌고 잠시 뒤에는 줄줄 눈물을 흘렸다. 주우가 이상히 여겨 묻자, 최척이 말하기를 "이 시는 바로 내 아내가 지은 것이니, 남들은 모르는 것입니다. 또 내 아내의 목소리와 너무 흡사합니다. 하지만 내 아내가 어찌 여기에 있겠소." 하였다. 이어 왜적에게 성이 함락될 때의 일을 아주 자세히 말해주니, 배에 타고 있던 사람들이 모두 기이하게 여겼다. 그 자리에 있던 두홍(杜洪)이라는 자는 용감한 사내였는데, 떨쳐 일어나 그 여인을 찾아보겠노라고 했지만 주우가 만류하였다.

이튿날 왜선으로 가서 최척이 묻기를 "나는 조선 사람이오. 어젯밤에 시 읊는 소리를 들었는데 그 역시 조선 사람이었소. 내가 그 사람을 한번 만날 수 있겠소?" 하였다. 전날 밤에 옥영은 피리 소리가 몹시 귀에 익고 또 조선의 곡조였기에 남편이 온 게 아닐까라는 생각으로 그 시를 읊어 시험해 본 것이었다. 그러다가 최척의 말을 듣고 배에서 뛰어내려 서로 만나 놀라 소리치며 부둥켜안고서 한참동안 바닥을 뒹굴었다. 옥영은 최척에게, 연곡사에서 붙잡혀 섬진강으로 갔을 때 부모가 무사했는데 때마침 날이 저물었고 배에 오르다가 황망간에 서로 놓쳐 마침내 어디로 갔는지 모르게 되었다고 하였다. 이에 또 마주보고 소리치며 발을 동동 구르니, 듣는 자들 역시 비통해하였다.

주우가 돈우에게 백금(白金)으로 옥영의 몸값을 치르겠다고 하니, 돈우가 화를 내며 "내가 이 사람을 얻은 지 4년이 되었소. 그동안 침식을 함께하며 잠시도 서로 떨어지지 않았지만 여자라는 사실을 몰랐소. 오늘 그가 남편을 만난 것은 분명히 천명이니, 내 어찌 차마 돈을 받을 수 있겠소." 하고, 곧 전대 속에서 은 열 냥을 꺼내 건네주며 "잘 가시게, 묘우. 몸조심하시게." 하였다. 최척이 옥영을 데리고 배로 돌아가려하니, 옆의 배에 타고 있던 사람들이 금은과 채색 비단을 주며 축하해 주었기에 돌아올 때의 행낭이 제법 두둑하였다.

이에 돌아와 주우의 집에 머물며 1년 만에 자식 하나를 낳았다. 자식이 태어나기 전날 밤에 또 장육불이 꿈에 나타나 "아이를 낳으면 역시 등에 사마귀가 있을 것이다." 하였다. 최척 부부는 몽석이 다시 태어난 것이라고 여기며 이름을 '몽선(夢禪)'[190]이라 지었다. 몽선이 장성하자 배필을 구하였다. 이웃 진씨(陳氏) 집에 홍도(紅桃)라는 딸이 있었는데, 태어난 지 채 돌이 안 되었을 때 아비가 제독(提督) 유정(劉綎)을 따라 왜적 정벌에 나섰다가 돌아오지 못했고 어미마저 잃었기에, 이모 오봉림(吳鳳林)이 길렀다. 홍도는 부친이 이역에서 돌아가신 것을 늘 가슴아파하여 한번 조선에 가서 부친의 시신을 모셔 오고 싶어 했다. 그러다가 몽선이 배필을 찾는다는 말을 듣고 이모에게 최씨의 아내가 되게 해 달라고 청하여 자신의 뜻을 이루기를 바랐다. 그 이모가 최척에게 이야기를 하자 최척 역시 감탄하고 기특하게 여겨 며느리로 맞아들였다.

이듬해인 기미년(1619)에 노추(老酋)가 요양을 노략질하자, 명나라 천자가 사방의 군대를 일으켜 토벌하게 하였다. 소주(蘇州) 사람 오세영(吳世榮)은 유격 교일기(喬一琦)의 백총(百摠)[191]이었는데, 여유문을 통해

---

190 몽선(夢禪) : 조위한의 「최척전」에는 '몽선(夢仙)'으로 되어 있다.
191 백총(百摠) : 명나라 때 변방 부대의 하급 군관이다.

최척이 무예가 있고 용감하다는 것을 알고 불러서 서기(書記)로 삼아 종군하게 하였다. 옥영이 눈물을 흘리며 "저는 기구한 운명으로 일찍부터 우환을 겪다가 하늘의 도움으로 다시 그대를 만난 지 이제 2년이 되었습니다. 그런데 늘그막에 생각지도 않게 먼 이별을 하게 되었습니다. 여기서 요양까지는 만여 리나 되어 살아 돌아오기를 기약하기 어려우니, 제가 먼저 자결하겠습니다." 하니, 최척이 만류하였다.

마침내 길을 떠나 요양에 이르러 오랑캐 땅 200여 리까지 깊이 들어가 우미채(牛尾寨)에서 조선 군영과 연합하였고, 제독이 패하여 전사하자 최척은 조선 군영에 숨었다. 원수(元帥) 강홍립(姜弘立) 등이 항복하자 최척 역시 사로잡혔다. 당시 몽석은 남원의 무학생(武學生)[192]으로 강홍립 부대에 예속되어 있었다. 노추가 항복한 조선 병사들을 나누어 거처하게 하여 최척은 몽석과 함께 거처하였는데, 부자가 얼굴을 마주하면서도 전혀 누구인지 알지 못했다. 몇 달 지나는 동안 서로간의 정의가 돈독해지자 최척이 비로소 자신의 평생을 이야기해 주었다. 몽석이 얼굴빛을 바꾸며 갑자기 자식의 나이와 생김새를 묻자, 최척이 말하기를 "갑오년 10월에 태어났고 정유년 8월에 죽었다네. 등에 붉은 사마귀가 있었지." 하였다. 몽석이 웃옷을 벗어 등을 보여주며 말하기를 "제가 바로 그 아이입니다." 하였다. 이에 서로 부둥켜안고 슬프게 통곡하였다.

오랑캐 장군이 가련하게 여겨 다른 오랑캐들이 다 나가기를 기다렸다가 조선말로 최척에게 이야기하기를 "나를 두려워하지 말게. 나는 조선

---

192 무학생(武學生) : 무술을 가르치는 학교인 무학(武學)에 들어가 병서(兵書) · 궁마(弓馬) · 무예(武藝) 등을 익히는 사람을 말한다. 무학은 송(宋)나라 때 시작된 기관으로 태학(太學) · 종학(宗學)과 함께 삼학(三學)이라 불렸다.

삭주(朔州)의 토병(土兵)이었는데, 고을 사또의 학대에 고생하다가 온 집안 식구를 데리고 오랑캐 땅에 들어온 지 10년이나 되었네. 노추가 나에게 8천의 병사를 거느리고 조선 사람들을 관리하게 했네. 지금 그대의 말을 들으니 참으로 기이하네 그려. 노추가 나를 벌할지언정 내 어찌 차마 그대를 보내주지 않겠나." 하였다.

다음날 오랑캐 장군이 말린 군량미를 마련하고 제 아들로 하여금 샛길로 인도해 주도록 하였다. 이에 최척이 몽석을 데리고 남으로 내려오다가 마침 등창을 앓았고, 은진현(恩津縣)에 이르러 병세가 심해져 객점(客店)에 눕게 되었다. 이때 조선으로 옮겨와 사는 명나라 사람이 최척의 병세를 보고 놀라며 "오늘을 넘기면 이 병을 치료할 수 없소." 하고, 손으로 종기를 터트려 낫게 해 주었다. 최척은 이 사람을 데리고 집으로 돌아왔다.

심씨는 옥영과 헤어진 뒤로 오직 몽석에게 의지해 살았는데, 몽석마저 전쟁터에 나가자 그 슬픔으로 병이 들었었다. 그런데 몽석과 그 아비가 돌아오는 것을 보고 또 옥영이 무사하다는 말까지 듣고서 미친 듯이 소리치며 깜짝 놀랐고, 병이 드디어 나았다.

몽석은 부친을 살려준 명나라 사람에게 감격하여 그 성명을 물었다. 그가 답하기를 "나는 진위경(陳偉慶)이고, 집은 항주에 있네. 만력 정유년에 유제독(劉提督)을 따라 와 순천에 주둔했는데, 어느 날 왜적의 상황을 염탐하다가 장군의 뜻을 어겨 참형을 당하게 되었네. 그날 한밤중에 몰래 도망쳐 조선에 머물다가 여기까지 왔네." 하였다. 최척이 깜짝 놀라며 "부모와 처자가 있습니까?" 하니, 대답하기를 "조선으로 떠나오기 직전에 아내가 딸 하나를 낳았지요. 그때 이웃 사람이 복숭아를 보내주었기에 이름을 홍도라고 지었소." 하였다. 최척이 갑자기 앞으로 다가가 손을 잡으며 "아아! 그대는 나의 사돈입니다. 제가 항주에 있을 때 그대 집과 이웃하여 살았지요. 그대의 아내는 신해년 9월에 병으로 세상을 떠났고 홍도만 홀로 남았는데, 지금 나의 며느리가 되었습니다." 하였다. 진위경 역시 깜짝 놀라 소리치고 한참 동안 안색이 좋지 않다가 말하기를 "제가 대구에 사는 박씨 성을 가진 사람을 따르며 노파 하나를 얻었고, 침을 놓아 입에 풀칠을 하고 있었습니다. 지금 집을 이리로 옮겨 그대에게 의지하고 싶습니다." 하였다. 최척은 흔쾌히 "그렇게 하시지요." 하였다.

이때 옥영은 항주에 있으면서 요동 정벌이 실패했다는 소식을 듣고 최척이 결국 죽었으리라고 여겨 아무것도 먹지 않고 죽으려 하였다. 그런데 또 꿈에 장육불이 나타나 "부디 죽지 말라. 뒷날 반드시 기쁜 일이 생길 것이다." 하였다. 잠에서 깬 뒤에 갑자기 몽선에게 말하기를 "오랑캐 땅이 조선과 멀지 않으니, 네 아버지가 만일 살아있다면 분명히 조선으로 가셨을 게다. 어찌 이 먼 곳까지 처자를 찾으러 올 수 있겠느냐. 나는 네 부친을 찾기 위해 조선으로 갈 것이다. 만약 돌아가셨다면 초혼(招魂)하여 선영(先塋) 곁에 장사지내드려야 내 책임이 메워질 것이다. 또 나는 늙었으니 고국으로 돌아가 묻히고 싶다. 더군다나 왜란 때 시아버님과 홀어머니와 어린 자식과 모두 헤어졌으니 더 말할 필요가 있겠느냐. 지난번에 일본 상인이 조선 포로들 중에 살아서 돌아간 자가 많다고 했으니, 이 말이 사실이라면 어찌 살아 돌아온 사람이 한 사람도 없기야 하겠느냐. 나는 돌아가기로 결심했다." 하였고, 홍도 역시 그 말에 찬성하였다. 옥영은 전에 여러 섬나라를 돌며 장사를 한 적이 있었기에 거리를 헤아리고 조수(潮水)를 살피는 일을 잘 알고 있었다. 이에 즉시 조선과 왜국 두 나라의 옷을 만들고 아들 부부에게 두 나라의 말을 익히게 하였다.

경신년(1620) 2월 초하루에 배를 띄워 깃대에 깃발을 매달고 배 앞머리에는 자석(磁石)[193]을 놓았다. 항해에 필요한 갖가지 도구들을 정리한 뒤 바람을 타고 돛을 올려 파도를 가르며 바다로 나갔다. 등주와 내주(萊州) 지역을 지나다가 중국의 순라선(巡邏船)을 만났다. 순라병이 어디로 가는 배인가를 묻자 옥영이 즉시 "항주 사람인데, 차를 팔기 위해 산동(山東)으로 간다."고 대답하니, 곧장 통과시켜 주었다. 또 이틀을 더 가 왜선을 만나자 즉시 왜국의 옷으로 갈아입고 왜국의 말로 말하기를 "고기 잡으러 나왔다가 태풍을 만나 배를 버리고 항주의 배를 새내어 타고 왔다." 하니, 왜구가 "정말 고생했소. 이리로 가면 일본과 멀어지니 남쪽을 향해 곧장 가시오." 하고는 또한 떠나갔다.

이날 밤에 남풍이 대단히 심하게 불어 돛이 찢어지고 상앗대가 부러졌으며 몽선과 홍도가 뱃멀미로 고생했다. 한밤중이 되어서야 바람과 파도가 잠잠해졌고 떠밀려 가 작은 섬에 배를 대었다. 멀리 바다 가운데에서 어떤 배가 급히 다가오는 것을 보고 배 안의 물건들을 바위 구멍에 숨겼다. 얼마 뒤에 보니 뱃사람들이 시끄럽게 떠들며 배에서 내렸는데, 말투와 복장은 중국 사람과 조금 비슷했으며 흰 몽둥이를 들고 재물을 요구하였다. 옥영이 눈물을 흘리며 재물이 없다고 하니, 즉시 옥영이 타고 있던 배를 빼앗아 가버렸다. 옥영이 말하기를 "중국과 조선의 바다 사이에서 해랑적(海浪賊)이 약탈을 하는데 살인을 즐기지는 않는다고 하더니, 이들이 바로 그들이다." 하고는 둘러앉아 슬프게 소리쳤다.

밤에 섬 언덕 계곡에 엎드려 있었는데, 날이 밝으려 할 때쯤 옥영이 정신이 혼미했다가 한참 만에 홍도에게 이르기를 "꿈에 장육불이 다시 나타나 나에게 죽지 말라고 하였으니, 이상한 일이다. 잠시 기다려보

---

193 자석(磁石) : 여기서는 지남석(指南石)을 말한다.

자." 하였다. 세 사람이 마주보고 하늘에 기도하며 염불하다가, 멀리 콩알만 한 돛단배가 점점 해안으로 다가오는 것이 보였다. 옥영이 기뻐하며 "저것은 조선 사람의 배다." 하고는 조선 사람의 옷으로 갈아입고 몽선에게 옷을 휘두르며 물어보게 했는데, 과연 통제사(統制使)의 무역선이었다. 그 배를 타고 순천에 도착했다.

옥영과 몽선과 홍도는 대엿새를 힘겹게 걸어 남원부에 도착했다. 옥영은 가족들이 이미 다 죽었을 것으로 여겼지만 옛 집터라도 찾아보려는 마음에 곧장 만복사를 지나 금교에 이르러 멀리 바라보니, 성곽과 마을은 예전 모습 그대로였다.

몽선을 돌아보며 말하기를 "저기가 바로 내가 살던 집이다. 지금은 주인이 바뀌었을 터이지만, 하룻밤 묵어가자." 하였다. 문에 이르렀을 때 최척이 나그네들을 바라보며 큰 버드나무 아래에 앉아 있었는데, 옥영이 자세히 보니 바로 자기 남편이었다. 최척은 옥영을 데리고 들어가 급히 몽석을 부르며 "네 어머니가 왔다." 하니, 몽석이 급히 나와 부축하였다. 심씨는 너무 놀라 쓰러져 숨이 넘어갈 뻔하였다. 최척은 또 진위경을 불러 와 홍도로 하여금 겪은 일을 이야기하게 하였다. 온 집안사람들이 서로 부둥켜안고 슬프게 울었다. 옥영 등은 즉시 음식을 갖추어 만복사로 가 몸과 마음을 깨끗이 하고 제사를 올려 음즐(陰騭, 음덕(陰德))에 보답하였다. 이때는 만력 경신년(1620) 4월이었다.

노인 등 세 사람이 유랑하고 고생을 겪을 때 어찌 가족과 다시 만나리라고 생각했겠는가? 그러나 특별한 인연이 모여 세 사람 모두 험한 곳을 넘고 바다를 건너 결국 본국으로 돌아올 수 있었으니, 그 이유는 무엇일까? 그것은 바로 '참된 마음〔誠〕'이다. 그들은 확고히 뜻을 지키며 두 마음을 품지 않음으로써 신명(神明)을 감동시킬 수 있었으니, 참된 마음을 덮어 가릴 수 없음이 이와 같다. 어려움을 겪고 걱정을 헤쳐 나가는 사람이 힘쓰지 않을 수 있겠는가.

곽재우(郭再祐) / 제말(諸沫)

곽재우(郭再祐)의 자는 계수(季綏)이고 본관은 현풍(玄風)이다.

부친 곽월(郭越)은 관찰사를 지냈고 일찍이 조정사(朝正使)로 경사(京師)에 조회한 적이 있었다. 당시 곽재우가 부친을 수행했는데 천자가 붉은 비단을 하사하였다. 어떤 관상쟁이가 "그대는 마땅히 뛰어난 공으로 천하에 명성을 드날릴 것이다." 하였다.

곽재우는 글 읽기를 좋아했고 무예에 능통했다. 명경(明經)으로 누차 향시(鄕試)에 입격했으나 정대(庭對)[194]를 올릴 때마다 강직한 성품으로 시속(時俗)을 따르지 않아 급제하지 못하였다. 마침내 과거를 포기하고 기강(岐江) 가에 초가집을 엮어 낚시하며 즐겼다.

만력 임진년에 왜구가 깊숙이 쳐들어왔다. 당시 조야(朝野)가 태평을 누려 백성들이 전란을 몰랐으므로 왜구를 볼 때마다 달아나고 무너지니, 영남과 호남이 모두 왜적에게 함락되었다. 곽재우가 의령(宜寧)에서 농사짓고 있다가 크게 한탄하기를 "방곤(方閫)[195]들이 모두 용렬한 자들이라 제 목숨 지킬 생각만 하고 있으니, 재야(在野)의 사람들이 다 죽을 것이다." 하고, 즉시 가산(家産)을 털어 향리의 장사들을 모집하였다. 신번(新反)[196]의 곡식 창고를 확보하고 초계(草溪)의 병기를 모으자 영남의 흩어진 병사들이 대부분 곽재우를 따르니 무리가 수백 명이나 되었다. 곧 농사짓는 소를 잡아 병사들을 먹인 뒤, 천자에게 하사받은 비단으로

---

194 정대(庭對) : 대과(大科)의 최종 시험인 전시(殿試)에서 답해 올리는 책문(策文)을 말한다.

195 방곤(方閫) : 지방을 다스리는 병마절도사를 일컫는 말이다.

196 신번(新反) : 의령군(宜寧郡)에 속한 지명이다.

갑옷을 만들고 백마(白馬)를 타고 전투를 벌였다. 왜적이 그 위엄에 벌벌 떨며 '천강홍의장군(天降紅衣將軍)'이라 불렀다. 곽재우가 탄 말은 매우 빼어났는데 어디서 구했는지는 모른다.

왜장(倭將) 안국사(安國司)가 정진(鼎津)을 건너려 했는데, 진창 지대라서 건널 수가 없었다. 이에 부하를 시켜 건너갈 만한 마른 땅을 골라 나무를 세워 표시하게 하였다. 곽재우가 밤에 그 나무를 뽑아 진창에 옮겨 세우고 주변 나루터 골짜기에 병사를 숨겼다. 왜적이 와서 예상한 대로 진창에 빠졌고 숨겨둔 병사들이 나가 습격하여 많은 왜적을 죽이니, 왜적들이 두려워서 감히 건너지 못했다.

당시 왜적들이 낙동강 동쪽에 모여 있으면서 사방으로 나와 약탈하였다. 곽재우는 의령에서 기병하여 현풍현(玄風縣)에 있는 왜적을 공격하였는데, 밤에 부하들로 하여금 많은 횃불을 들고 고각(鼓角)을 불게 하여 공격할 것처럼 하였고, 얼마 뒤에 불을 껐다가 다시 밝히고 고각 소리를 멈췄다가 다시 불어 변화무쌍하게 왜적을 현혹시켰다. 왜적이 크게 놀라고 의심하여 현풍을 버리고 도망쳤고, 낙동강 동쪽의 왜구들이 모두 달아났다.

곽재우는 군법을 매우 엄히 적용하여 법을 어긴 자들을 용서하지 않았다. 거느린 병사들이 전부 오합지졸이라 전쟁을 감당하지 못하여 곽재우가 직접 왜적의 선봉을 공격하였는데 한 번도 해를 당하지 않았고, 작전을 펼칠 때마다 기이한 계책을 내어 왜적을 격파하였다. 정진을 방어할 때 홍의(紅衣)를 입고 백마를 타고 장사 십여 명을 뽑아 거느리고 왜적의 보루로 다가가 좌우로 말을 달리며 왜적을 유인하자, 왜적이 보루를 비워둔 채 추격하여 계곡으로 들어갔다가 곽재우를 놓쳤다. 그런데 좌우의 봉우리에서 깃발을 날리고 북을 울리는데 모두 홍의를 입고 백마를 탄 자들이라 왜적들은 누가 곽재우인지 분간할 수 없었다. 병사들이 숨어 있던 나무속에서 무더기로 활을 쏘아 왜적들을 대패시켰다. 곽재우의 위엄과 명성이 크게 떨쳐졌고, 이 전투로 인해 유곡 찰방(幽谷察訪)에 뽑혔다.

처음에 관찰사 김수(金睟)가 영남의 병사를 거느리고 용인(龍仁)에 도착했을 때 왜적 여섯 명을 보고 두려워서 군대가 무너졌다. 곽재우가 분통을 터트리며 "지난번에 절도사의 군대가 패했을 때 당연히 목을 베어야 했는데, 김수는 베지 않았다.[197] 그런데 지금 마침내 한 지역의 갑병(甲兵)을 거느리고서 적을 보지도 않고 달아났으니 우리의 적은 바로 김수이다." 하였다. 마침내 김수의 여덟 가지 죄를 적은 격문을 보내고, 또 김수를 베지 않으면 장군들을 호령할 수 없다고 조정에 요청하였다. 이에 김수가 크게 노하여 곽재우가 모반한다고 상주(上奏)하였다. 초유사(招諭使) 김성일(金誠一)이 곽재우와 김수에게 편지를 보내 두 사람을 만류하고, 또 소장을 올려 곽재우의 충의로운 행적을 자세히 아뢰었다. 조정에서는 곽재우를 형조 정랑(刑曹正郎)으로 승진시키고, 김수의 순찰사 직함을 빼앗았다.

곽재우는 왕명을 받은 뒤에 더욱 스스로 분격하여 상락군(上洛君) 김시민(金時敏)과 함께 진양(晉陽, 진주(晉州))에서 왜적을 격파하였다. 이때 권응수(權應銖)는 영천(永川)에서, 김면(金沔)은 거창(居昌)에서, 정기룡은 상주에서, 김덕령은 광주(光州)에서 각각 병사를 일으켜 수많은 왜적을 잡아 공을 세웠다. 하지만 외로운 군대를 거느리고 강력한 적군을

---

197 절도사(節度使)의 …… 않았다 : 절도사는 조대곤(曺大坤)으로 임진왜란 당시 경상우도 병마절도사로 있었다. 1592년 왜적이 의령에 침입했을 때 달아나버려 영남이 모두 무너졌다. 그런데 관찰사 김수는 조대곤의 족당(族黨)이었기에 조대곤의 죄를 감추고 그 사실을 보고하지 않았다. 『고대일록(孤臺日錄)』, 「임진년(壬辰年) 추구월(秋九月)」 참조.

맞아 싸운 크고 작은 수십 번의 전투에서 한 번도 패하지 않으며 성대하게 중흥(中興)의 공적을 세운 것으로는 곽재우만한 이가 없었다.

곽재우는 윤탁(尹鐸)을 부장(副將)으로 삼고 박사제(朴思齊)를 도총(都摠)으로 삼았으며, 정연(鄭演)에게 후군(後軍)을 맡기고 권란(權鸞)을 투장(鬪將, 돌격장)으로 삼았으며, 이운장(李雲長)에게 수병장(收兵將)을 맡기고 배맹신(裵孟伸)을 선봉장(先鋒將)으로 삼았으며, 장문장(張文章)과 박필(朴弼)에게 전사(戰士)를 갖추게 하고 허자대(許子大)에게 군기(軍器)를 주관하게 하였으며, 허언침(許彦琛)에게 군량을 맡기고 강언룡(姜彦龍)에게 계구(械具)를 다스리게 하였다. 이들은 모두 충의를 떨쳐 훌륭히 임무를 수행하고 전투를 벌였다.

갑오년(1594)에 군대를 해산하고 주군(州郡)을 다스렸는데, 성주와 진주를 다스리며 늘 청백리로 명성을 얻었다.

정유년(1597)에 왜적이 다시 침입해오자 곽재우를 기용하여 방어사로 삼아 창녕(昌寧)의 화왕산성(火旺山城)을 지키게 하였다. 왜적이 산성 아래로 공격해 왔다가 격파할 수 없음을 알고 스스로 물러나 가버렸다. 얼마 뒤에 모친상을 당하자 곧장 군대를 버리고 떠났고, 장사를 지낸 뒤에 울진현으로 옮겨가 손수 폐양립(蔽陽笠, 패랭이)을 엮으며 먹고 살았다. 상을 마친 뒤 경상좌도 절도사(慶尙左道節度使)가 되어 한산도(閑山島)를 대대적으로 정비할 것을 요청했다가 그 의견이 저지되자 즉시 관직을 버리고 떠났는데, 이 일로 인해 영암(靈巖)으로 유배되었다. 그 뒤에 한성부 좌윤(漢城府左尹), 전라좌우도와 경상좌우도의 병마절도사, 삼도 수군통제사, 함경도 관찰사 등에 제수되었는데, 나아가기도 하고 나아가지 않기도 하였다. 곽재우는 평소 병이 많아 벼슬하려 하지 않았다. 당시한창 선무훈(宣武勳)을 책록(策錄) 중이었는데, 곽재우는 전후로 왜적을 격파했을 때 한 번도 적의 수급(首級)과 포로를 올려 상을 요구하지 않앉으므로 홀로 공신에 책록되지 않았다.

왜란이 평정되자 곽재우는 높은 공을 스스로 편안하지 않다고 여겨 비파산(琵琶山)에 들어가 솔잎을 먹고 곡식을 먹지 않으며 도인법(道引法)[198]을 연마하였다. 일찍이 어떤 사람과 이야기를 나누며 연거푸 술 몇 잔을 마셨는데 얼마 뒤에 술잔을 잡고 귀를 기울여 쏟아내니 술이 모두 귀에서 흘러나왔다.

광해군이 영창대군(永昌大君)을 죽이려 하자 곽재우가 상소하기를 "여덟 살짜리 아이가 어찌 역모를 알겠습니까! 또 영창대군이 죽고 나면 자전(慈殿)께서 분명히 편안하지 못할 것인데, 혹시 자전께서 돌아가시기라도 한다면 전하께서 어떻게 천하 후세들에게 스스로 해명하시겠습니까?" 하였으나, 비답을 받지 못했다. 곽재우가 세상과의 관계를 끊고 스스로를 보전하려 하기는 했지만, 시대를 걱정하고 임금을 바로잡으려 함이 이와 같았다. 향년 67세로 세상을 떠났다. 세상을 떠나는 날 저녁에 크게 벼락이 치고 비가 내렸으며, 붉은 기운이 하늘을 뒤덮어 하루 종일 사라지지 않았다.

제말(諸沫)은 고성(固城)의 백성으로, 일찍이 수문장(守門將)을 지냈다. 임진년에 왜구가 쳐들어왔을 때 제말이 의병을 일으켜 공격하니 왜구들이 번번이 달아나고 무너졌다. 제말은 전투를 벌일 때마다 분노하여 수염이 다 뻗쳤다. 왜적들이 이를 보고 귀신을 보듯 두려워하여 제말이 가는 곳마다 앞으로 나서는 자가 없었으니, 위엄과 명성이 곽재우와 같았다. 이 때문에 성주 목사(星州牧使)로 발탁되었으나 얼마 지나지 않아

---

198 도인법(道引法): 몸을 굴신(屈伸)하고 신선한 공기를 몸속에 끌어넣는다는 도가(道家)의 양생법(養生法)을 말한다.

세상을 떠나니 공업(功業)이 크게 드러나지 않았다.

성주 사람 정석유(鄭錫儒)가 일찍이 성주부의 매죽당(梅竹堂)에 앉아 있었다. 달이 조금 밝아졌을 때 오사모(烏紗帽)에 붉은 단령포(團領袍) 차림의 장부 한 사람이 이마 위에 화염처럼 성대한 빛을 내며 후원(後園)의 황죽(篁竹) 사이에서 나와 말하기를 "나는 이 고을 목사 제말이다. 일찍이 웅해(熊海)의 왜적 진영을 공격하고 또 정진에서 왜적을 막아 싸우면서 격파하지 못한 적이 없었으니, 영남의 여러 장수들 중에 나와 공적을 겨룰 자가 없다. 그러나 격문이 전쟁 통에 없어져 지금 나를 아는 자가 없다. 정기룡 등 여러 사람들은 모두 나의 편비(褊裨)[199]였는데, 수립한 공이 마침내 나의 공을 덮어 가렸다. 내 무덤은 칠원군(漆原郡, 창원(昌原))에 있는데 이미 무너져 버렸으니 누가 가꾸어 주겠는가?" 하였다. 이어 차고 있던 칼을 뽑으며 "이 칼로 왜장 몇 놈의 목을 베었다." 하였다. 또 시를 읊기를 "높은 산에서 구름과 함께 가고, 먼 하늘에서 달과 함께 외롭네. 적막한 성산의 객관에, 혼백은 있는지 없는지.〔山長雲共去 天逈月同孤 寂寞星山館 幽魂有也無〕" 하였다. 곧이어 대나무 숲으로 들어가 사라져 버렸다.

관찰사 정익하(鄭益河)가 이 이야기를 듣고 칠원 군수에게 그의 무덤에 봉분을 쌓도록 하고 묘지기 두 호(戶)를 두어 지키도록 하였다. 칠원 군수 어사적(魚史迪)의 꿈에 제말이 나타나 "나의 무덤이 칠원부 동헌에서 몇 리 되는 언덕에 있다. 관찰사가 공문을 보내 무덤을 수리하도록 명할 것이니, 그대는 기억해 주시게." 하였다. 어사적이 꿈에서 깨어 기이하게 생각하였는데, 그날 저녁에 공문이 과연 도착하였다. 마침내 그

---

199 편비(褊裨) : 측근의 비장(裨將)을 말한다.

무덤을 크게 수리하였다.

　곽재우와 제말은 모두 장수들 가운데 걸출한 사람들이다. 왜구가 쳐
들어왔을 때 의병을 일으킨 자들은 대부분 군대를 지휘하는데 능하지
못했으니, 성(城) 하나를 수복하고 왜장 하나를 베면 그때마다 우뚝이
남다른 공적을 세운 것으로 지목되었다. 그러나 오직 곽재우 등처럼 산
야를 옮겨 다니며 전투를 벌여 왜적을 쓸어버려야 비로소 공적에 대해
이야기할 만하다. 하지만 그들이 공신에 들지 못했던 이유는 무엇일까.
공신에 책록되었다고 하더라도 곽재우는 달갑게 여기지 않았을 것이니,
마침내 스스로 신선술을 배움으로써 공명을 온전히 하였다. 제말 또한
세상에 드러나지 않았지만 귀신에 의탁해 말하며 혼백이 오래도록 흩어
지지 않았으니, 평범한 사람은 아니다.

승려 휴정(休靜)의 자는 현응(玄應)이고 호는 청허당(淸虛堂)이다. 묘향
산(妙香山)에 오래 거처했으므로 '서산(西山)'이라 불렸는데, 묘향산이 조
선의 서쪽에 있기 때문이었다. 속성(俗姓)은 최씨(崔氏)이고 이름은 여신
(汝信)이며 집은 안주(安州)에 있었다. 부친 최세창(崔世昌)은 고을에서
추천을 받아 기자전 참봉(箕子殿參奉)에 제수되었으나 나아가지 않았다.

휴정이 세 살이었을 때 부친의 꿈에 어떤 노인이 나타나 "어린 사문
(沙門)을 찾아왔다."고 말하며 아이를 안고 주문을 외웠고, 다시 정수리
를 어루만지며 "운학(雲鶴)이라 이름 지으라." 하였다. 그래서 어릴 때의
이름은 운학이었다.

열 살이 되기 전에 부모를 잃고 의지할 곳이 없었다. 일찍이 서울에
이르러 반궁(泮宮)에서 공부하였는데, 늘 우울해하며 불만스런 생각이
있었다. 남쪽으로 내려가 지리산을 유람하다가 불서(佛書)를 배우고 감
동하여, 마침내 영관 대사(靈觀大師)에게 불법을 들었고 숭인 장로(崇仁
長老)를 통해 머리를 깎고 출가하였다. 서른 살에 선과(禪科)에 급제하
여 교양경판사(敎兩京判事)에 올랐으나 즐겁게 여기지 않았기에, 즉시
벼슬을 버리고 떠나 금강산에 들어가 종적을 감추었다.

기축년(1589)에 정여립(鄭汝立)이 모반을 꾀하다 처형될 때, 정여립의
일당인 승려 무업(無業)이 휴정을 무함(誣陷)하여 끌어들이니, 휴정이 붙
잡혔다. 그러나 선조(宣祖)는 무함임을 알아 즉시 풀어준 뒤 시를 짓게
해 읽어보았다. 또 어제(御製) 묵죽화(墨竹畫)를 하사하며 시를 지어 올
리도록 하니, 휴정이 즉시 절구(絶句) 한 수를 지어 올렸고 선조 역시
화답시를 지었다.

임진년에 왜구가 도성까지 쳐들어와 선조가 의주(義州)로 피란하자,

휴정은 칼을 잡고 행조(行朝)에 이르렀다. 선조가 "왜구의 난리가 이러한데 그대가 널리 구제할 수 있겠느냐?" 하니, 휴정이 "신이 삼가 나라의 승려들을 이끌겠습니다. 늙고 병든 자들은 향을 사르며 신(神)의 도움을 기원하게 하고, 건장한 자들은 다 전쟁터에 나가게 하겠습니다." 하였다. 선조가 가상히 여기고 팔도십육종도총섭(八道十六宗都摠攝)으로 삼았다. 이에 휴정의 문도인 유정(惟政)은 승려 700여 명을 거느리고 관동(關東)에서 의병을 일으켰고, 처영(處英)은 승려 1천여 명을 거느리고 호남에서 의병을 일으켰다. 휴정이 자신의 문도를 이끄는 한편 승병(僧兵)을 모집하니, 모두 5천 명의 승병이 순안(順安)의 법흥사(法興寺)에 주둔하여 명나라 군대의 원군(援軍)이 되었다. 마침내 모란봉(牧丹峯)에서 전투를 벌여 매우 많은 왜적을 베고 사로잡았다.

명나라 군대가 평양(平壤)을 수복하여 선조가 한양으로 돌아올 때 휴정이 용사(勇士) 100명을 거느리고 호위하였다. 명나라 제독 이여송(李如松)이 서찰을 보내 칭찬하니 이로 인해 휴정의 명성이 더욱 높아져 명나라에까지 알려졌다.

왜구가 물러가자 휴정이 선조에게 청하기를 "신은 나이가 많아 임무를 감당하지 못합니다. 군대의 일을 유정과 처영에게 맡기고 묘향산의 옛 거처로 물러나겠습니다." 하였다. 선조가 허락하고 '국일도대선사 교도총섭 부종수교보제등계존자(國一都大禪師教都摠攝扶宗樹教普濟登階尊者)'라는 호를 내렸다.

갑진년(1604) 정월에 묘향산의 원적암(圓寂菴)에 제자들을 모아 향을 사르고 설법(說法)한 뒤 자신의 영정(影幀)에 시를 쓰기를 "팔십 년 전에는 저 사람이 나이더니, 팔십 년 뒤에는 내가 저 사람이로구나.[八十年前渠是我 八十年後我是渠]" 하고, 가부좌를 틀고 세상을 떠났다. 향년은 85세요, 승랍은 67세였다. 방안에 가득한 기이한 향기가 오랫동안 가시지 않았다. 제자는 천여 명에 이르렀다.

예전 원(元)나라 말에 석옥 화상(石屋和尙)이 고려의 태고 선사(太古禪師)에게 불법을 전하였는데, 태고 선사는 유암(幼菴)에게 전하였고, 유암은 귀곡(龜谷)에게 전하였으며, 귀곡은 정심(正心)에게 전하였고, 정심은 지엄(智嚴)에게 전하였으며, 지엄은 영관(靈觀)에게 전하였고, 영관은 휴정에게 전하였고, 휴정은 유정에게 전하였다.

유정(惟政)은 송운(松雲)이라 자호하였고, 속성은 임씨(任氏)이다. 왜장 가등청정의 군중(軍中)을 왕래할 때는 다시 장계인(蔣啓仁)으로 불렸다.

만력 임진년에 금강산의 유점사(楡店寺)[200]에 기거하였는데, 왜구가 이르러 유점사의 승려 10여 명을 붙잡아 재화를 요구하다가 얻지 못하자 죽이려고 하였다. 유정은 난리를 피해 깊은 계곡에 숨어 있다가 그 소식을 듣고 즉시 유점사로 돌아오니, 왜구들은 칼과 창을 세워 둔 채 앉거나 서거나 누워 있었다. 유정은 의연한 모습으로 두려워하는 기색을 보이지 않으며 왜구의 앞을 지나 산영루(山影樓)를 거쳐 법당(法堂)에 이르렀다. 승려들이 모두 묶여 있다가 유정을 보고 눈물을 흘렸다. 왜구 하나가 법당 밖에 앉아 문서를 작성하고 있었는데, 유정이 일부러 오랫동안 서서 주시하였지만 알아차리지 못했다. 이에 곧장 법당 위로 올라가 석장(錫杖)을 끌고 팔을 흔들며 편안하게 거닐었다. 여러 왜추(倭酋)가 물끄러미 쳐다보았고 한 왜추가 글을 써서 묻기를 "너는 칠조(七祖)[201]를 신봉하는가?" 하니, 유정이 "나는 육조(六祖)를 들었는데, 어

---

200 유점사(楡店寺) : 대개 '유점사(楡岾寺)'로 쓴다.
201 칠조(七祖) : 중국 선종(禪宗)의 초조(初祖)인 달마(達磨)로부터 혜가(慧可), 승찬(僧璨),

찌 칠조라고 하느냐?" 하였다. 왜추가 "육조에 대해 듣고 싶다." 하니,
유정이 즉시 육조의 이름을 써서 보여주었다.

왜추가 말하기를 "절에 있는 금과 은을 다 내놓아라. 그렇지 않으면
죽을 것이다." 하니, 유정이 즉시 글을 써서 "우리나라는 금과 은을 보배
로 여기지 않는다. 하물며 산승들은 오직 부처를 섬기며 배고프면 솔잎
을 먹고 때로는 마을에서 걸식할 뿐이니, 어찌 금과 은을 가지고 있겠느
냐. 또 너는 육조의 부처를 알고 있다. 부처는 자비를 베풀어 살생하지
않는 것을 중요시하는데, 왜 어리석은 중들을 묶어놓고 없는 것을 내놓
으라 하는 것이냐? 아무리 살점을 베고 뼈를 깎아낸들 얻지 못할 것이
니, 이들을 살려주어야 할 것이다." 하였다. 왜추들이 이 글을 돌려 읽다
가 얼굴빛이 변해 졸개를 불러 결박한 승려들을 다 풀어주도록 하였다.
유정이 또 천천히 걸어 절을 나가니, 왜추가 곧장 유점사의 문에 '이 절
에 도를 아는 고승(高僧)이 있으니 병사들은 다시 들어가지 말라.'고 써
붙이고, 즉시 떠나갔다. 이 일로 인해 왜구들이 다시는 유점사에 들어가
지 않았다.

문충공(文忠公) 유성룡(柳成龍)이 안릉(安陵, 재령(載寧))에 있을 때 격
문을 보내 사방의 승병을 불러 모았다. 유정은 승려들을 불러 격문을 읽
고 강개하여 눈물을 뿌리며 즉시 승병을 일으켜 평양성에 이르니 무리
는 천여 명이었다. 이에 순안의 군대와 서로 호응하였고, 마침내 팔도의
승군(僧軍)을 거느리게 되었다. 유정은 수시로 왜적의 진중(陣中)으로
들어가 유세하는 것을 일로 삼았는데, 가등청정이 묻기를 "너희 나라에
는 무슨 보물이 있느냐?" 하니, 유정이 "우리나라에는 보물이 없다. 오직

도신(道信), 홍인(弘忍), 혜능(慧能)까지를 육조라고 한다. 칠조에 대해서는 이설이 많으
나 보통은 혜능의 제자인 신회(神會)를 꼽는다.

장군의 머리만을 보배로 여길 뿐이다." 하였다. 가등청정이 웃으면서도 마음속으로 유정을 두려워하였다.

계사년(1593) 7월에 유정은 영남에서 남원으로 들어가 방어하였다. 갑오년(1594) 4월에 전라도 관찰사 권율의 명으로 울산의 서생포(西生浦)에서 가등청정을 만나 화의(和議)를 논하였는데, 모두 세 차례 왜적의 진영에 들어갔고 두 왕자를 돌아오게 하였다.[202] 병신년(1596)에 공산산성(公山山城, 팔공산성(八公山城))·용기산성(龍起山城)·금오산성(金烏山城)을 쌓았다. 정유년(1597)에 제독 마귀를 따라 울산 전투에 참여하였고, 또 총병 유정을 따라 순천에 진을 쳤다. 무술년(1598)에 300여 명을 거느리고 다시 남원의 주포(周浦)에 진을 쳤고, 기해년(1599)에 곡식 3천석을 군량미로 보냈으며, 신축년(1601)에 부산성(斧山城)을 쌓았으니, 전후로 국가를 위해 바친 노력이 대단히 많았다.

왜란이 평정된 뒤에는 가야산 해인사에 은거하였다. 갑진년(1604) 정월에 선조가 역마(驛馬)를 보내 유정을 불러 명하기를 "아, 너 유정아! 저들 왜구는 실로 우리의 원수이다. 하지만 백성을 생각하고 나의 마음을 측은히 여기라. 너는 가서 왜적의 실정을 정탐하고 이어 서로 우호하게 하도록 하라." 하였다.

3월 4일 드디어 출발하여 몇 달 만에 왜적의 도읍에 도착하였다. 왜인들이 휘장을 성대히 갖추어 기다렸는데, 비단 장막이 30리나 이어졌고 좌우에는 금은으로 장식한 병풍을 늘어놓았다. 병풍에는 모두 왜인

---

202 두 …… 하였다 : 어떤 일을 말하는지 정확하지 않다. 1592년 9월 임해군(臨海君)과 순화군(順和君)이 회령(會寧)에서 반적(叛賊) 국경인(鞠景仁)에게 사로잡힌 뒤 가등청정에게 넘겨졌다가 1593년 8월 풀려난 일이 있었는데, 『초사담헌』의 이 기록과는 시기가 맞지 않는다.

의 시(詩)가 적혀 있었는데, 유정은 한 번 보고 곧장 기억하였다. 관사(館舍)에 이르러 왜인들과 왜국의 시를 논하였는데, 번번이 병풍에 적힌 시를 암송하며 한 자도 틀리지 않으니 왜구가 크게 놀랐다.

왜왕이 유정을 시험해보려고 10여 길 되는 구덩이를 파 유리(琉璃)를 깔고 그 속에 뱀 형상의 괴물들을 풀어놓았는데, 모두 어금니를 드러내고 입을 벌린 채 꿈틀거리며 기어올라 오니 마치 물 위에서 놀고 있는 듯하였다. 유정을 불러 그 위에 앉게 하였다. 유정은 염주(念珠)를 던져보아 유리가 깔려 있음을 알고 즉시 들어가 앉았다.

왜왕이 또 큰 길에 철마(鐵馬)를 세워두고 바닥에 숯을 태워 사방을 에워싸게 한 뒤 유정으로 하여금 철마를 타고 들어가게 하였다. 유정이 즉시 서쪽을 향해 말없이 기도하자 한 조각 구름이 동래 쪽에서 날아와 큰 비를 퍼부어 불이 다 꺼졌다. 이를 본 왜구들이 모두 놀라며 "신령스런 스님이다." 하고, 수레에 모시고 내정(內庭)까지 이르게 한 뒤 스승으로 섬겼다.

을사년(1605) 4월 귀국할 때 왜왕 이하 모든 사람이 각자 노자로 쓸 재화를 내놓았으나 유정은 모두 물리쳤다. 그리고 화친하여 두 나라가 편안해졌음을 말하고, 다음으로 가등청정의 목을 요구하였으며, 다음으로 포로로 잡혀간 우리나라 사람을 돌려보내 줄 것을 요구하였다. 왜왕이 두려워하며 즉시 포로로 잡아간 남녀 3천 명을 내주고 배와 식량을 갖추어 함께 돌아가도록 하였다. 또 왜왕이 풀솜[雪綿] 2만 근을 내놓았는데, 아무리 거절해도 되지 않자 대마도주(對馬島主) 귤지정(橘智正)에게 전부 주고 돌아왔다. 선조가 그 공을 가상히 여겨 가선대부(嘉善大夫)를 더해주고 원종(原從) 일등공신에 책록하였으며, 부친 임수성(任守城)을 형조 판서로 추증하였다.

정미년(1607) 가을에 원주의 치악산(雉岳山)으로 돌아가 은거하였다.

무신년(1608)에 선조가 승하하자, 유정은 통곡하다가 병에 걸려 가야산에 들어가 병을 조리하였다. 경술년(1610)에 입적하니, 향년 67세였다.

어우(於于) 유몽인(柳夢寅)이 일찍이 묘향산 보현사(普賢寺)에서 유정을 만난 적이 있었는데, 체구가 아주 컸고 머리는 깎았지만 무성한 수염이 띠를 이루었다고 하였다.[203]

불도(佛道)를 닦는 무리들은 모두 인간의 큰 윤리를 버리고 암혈(巖穴)이나 깊은 숲속에 자신을 의탁했으니, 본래 군자(君子)에게 버림받은 자들이다. 그러나 그 마음이 영달에 빠지지 않고, 국가의 어려운 일을 보고 즉시 군진(軍陣)에서 스스로 용맹을 떨치며 왕왕 사대부보다 앞장서 목숨을 바친 자들이 있으니, 인간의 떳떳한 본성은 진실로 속일 수가 없는 것이다.

휴정과 유정은 충성과 의리로 이름이 났을 뿐만 아니라 또 병권(兵權)을 내던지며 공명(功名)의 사이에서 잘 처신할 줄 알았으니, 이 두 사람은 진정한 호걸이다.

---

203 어우(於于) …… 하였다 : 유몽인의 『어우야담(於于野談)』에 보인다.

진주(晉州) 기생은 이름이 전하지 않는다.

만력 임진년에 왜구가 진주를 침략하자 김시민이 맞서 싸워 물리쳤다. 김시민이 진주성을 지키고 있을 때, 병사(兵使) 유숭문(柳崇文)은 자신의 군대가 궤멸되자 단기(單騎)로 성 아래에 이른 뒤, 성에 들어가 함께 지키게 해달라고 청하였다. 김시민이 받아주지 않으며 "그대가 성에 들어오면 이것은 주장(主將)을 바꾸는 것이니, 통제가 어그러질까 두렵소." 하였다. 유숭문은 성에 들어가지 못하고 전사하였다. 곽재우가 김시민이 유숭문을 성에 들이지 않았다는 말을 듣고 감탄하기를 "이 계책으로 진주성을 보전할 수 있었으니, 진주 백성의 복이다." 하였다. 한창 전투를 벌일 적에 김시민과 그의 아내가 몸소 술과 음식을 들고 병사들을 먹이니, 병사들이 감격해 떨쳐 일어나 목숨을 바치고자 하였다.

계사년에 왜장 가등청정이 다시 진주를 포위하자 창의사(倡義使) 김천일(金千鎰)·경상우도 병마절도사 최경회(崔慶會)·충청 병마절도사 황진(黃進) 등이 여러 의병을 합쳤는데, 6, 7만 명이나 되어 그 위세가 대단하였다. 사람들은 모두 왜구를 두려워할 필요가 없다고 했으나 늙은 기생이 홀로 걱정하였다. 김천일이 그 이유를 묻자, 기생은 "임진년 전투 때에는 성을 지키는 병사들이 적고 약했지만, 장수와 병졸들이 서로 사랑하였고 호령(號令)이 한결같았으므로 공을 이룰 수 있었습니다. 그런데 지금은 비록 병사가 많기는 하지만 장군이 병사들을 제대로 알지 못하고 기율(紀律)이 조금 문란하니, 저는 이 점이 실로 걱정스럽습니다." 하였다. 김천일은 요망한 말로 사람들을 현혹시킨다고 여겨 기생의 목을 베었다. 그 뒤 며칠 만에 성이 함락되었다.

계월향(桂月香)은 평양의 기생이다.

임진년에 왜구가 평양성을 점거했을 때 별장(別將) 김응서(金應瑞)가 용강(龍岡)·삼화(三和)·증산(甑山)·강서(江西) 네 고을의 군대를 거느리고 평양의 서쪽에 20여 개의 둔진(屯陣)을 펼쳤다. 왜추는 소서행장의 부장(副將)인 자로 용맹스러워 먼저 성에 올라 적진을 함락시키는데 뛰어났으니, 평양성을 함락시키고는 계월향을 차지하여 매우 사랑하였다. 왜추가 머무는 막사는 깊숙한 곳에 있었고 방비를 매우 튼튼히 하여 사람들을 다니지 못하게 막았으며, 오직 계월향만 드나들 수 있었다.

당시 심유경(沈惟敬)이 왜적의 진영에 들어가 소서행장과 약조하여 평양 서쪽 10리 되는 곳에 푯말을 세우고 조선의 경계를 침범하지 못하도록 하였다. 이 때문에 왜적이 병사를 거두어 물러나 지켰고, 우리나라 사람들은 평양성을 왕래할 수 있었다. 계월향은 왜추에게 사랑을 받았지만 탈출해 돌아가려고 생각하였다. 이에 부모를 찾고 싶다고 왜추에게 청하여 허락을 받자, 즉시 평양성 위로 올라가 "오빠! 어디 계신가요?"라고 소리쳤다. 때마침 김응서가 왜적의 상황을 정탐하기 위해 성 아래에 와 있다가 이 소리를 듣고 "나 여기 있다." 하였다. 계월향이 맞아들여 몰래 말하기를 "공께서 만약 저를 탈출시켜 주시면 목숨을 걸고 보답하겠습니다." 하였다. 그리고 마침내 김응서를 왜추의 막사로 데리고 가 인사시키니, 왜추는 김응서를 계월향의 오빠라고 여겨 가까이하고 믿었다.

계월향은 왜추가 잠든 틈을 타 몰래 김응서를 왜추의 막사로 인도하였다. 왜추는 의자에 기대앉아 있었는데, 붉은 얼굴에 눈을 부릅뜬 채 왼손에는 방울끈[204]을 잡고 오른손으로 칼을 잡아 마치 사람을 찌르려는

---

204 방울끈 : 경보가 생겼을 때 끈을 당겨 방울 소리를 내 알리기 위한 장치이다.

듯 보였다. 김응서가 곧장 앞으로 나가 왜추의 목을 베었다. 왜추는 목이 잘리면서도 방울끈을 흔들었고 칼을 땅에 던지니 칼날이 땅 속에 몇 자나 박혔다. 졸개들이 방울 소리를 듣고 시끄럽게 달려오자 계월향이 그들을 맞이해 "장군이 취하셨을 뿐 다른 일은 없소." 하니, 졸개들이 물러갔다. 김응서가 왜추의 목을 허리춤에 차고 나오려 할 때 계월향이 김응서의 옷을 끌며 따라왔다. 김응서는 발각되면 둘 다 살 수 없다고 여겨 즉시 계월향의 목을 벤 뒤 성을 넘어 군중에 도착해, 왜추의 목을 내걸어 왜적에게 보였다. 왜적은 이로 인해 기세가 더욱 위축되어 감히 나오지 못하였다.

"옛날 성현의 말씀에, 나무꾼의 말이라도 들어 보라 하셨네.〔先民有言 詢于芻蕘〕"라고 하였으니,[205] 진주 기생은 전쟁의 상황을 가늠하는 데 뛰어났다고 하겠다. 그런데 김천일이 갑자기 죽인 것은 무엇 때문인가?

선견지명(先見之明)을 요망하다고 여기고 훌륭한 계책을 선동과 현혹이라고 여기는 것은 패망을 앞둔 군대에서 공통적으로 드러나는 병폐이다. 옛날 신립(申砬)이 달천(㺚川)에 진을 쳤을 때 군관(軍官)이 "왜적이 이르렀다."고 보고하자 신립이 그를 죽였고,[206] 김자점(金自點)이 황주(黃州)에 주둔했을 때 군관이 "청나라 군대가 이르렀다."고 했다가 또한 거의 죽을 뻔했으니,[207] 누가 용렬한 장수에게 진언하려 할 것인가. 한

---

205 옛날 …… 하였으니 : 『시경』, 대아(大雅) 「판(板)」에 나오는 말이다.
206 옛날 …… 죽였고 : 『선조수정실록(宣祖修訂實錄)』, 25년 4월 14일자 기사에 "신립과 친한 군관이 '적이 벌써 조령(鳥嶺)을 넘었다.'고 몰래 보고하자, 신립은 망령된 말이라고 하여 참하였다."라는 기록이 보인다. 또 유성룡의 『징비록(懲毖錄)』 권1에도 그 내용이 보인다.
207 김자점(金自點)이 …… 뻔했으니 : 김자점(1588~1651)은 인조반정의 일등공신으로 후일

나라 유방(劉邦)이 여러 계책을 다 받아들인 것[屈羣策]²⁰⁸이 천하를 얻은 방법이었으니, 하물며 유방만 못한 자야 무슨 말이 필요하겠는가.

　계월향은 비록 죽었지만 왜추의 목을 베었으니, 계월향에게는 영예로움이 있을 것이다.

<hr />

영의정에까지 올랐다. 병자호란이 발발하기 직전 김자점은 도원수(都元帥)로서 황주(黃州)의 토산(兔山)에 주둔하고 있다가 군관 신용(申榕)을 의주(義州)로 파견하여 적정을 살피게 하였다. 신용이 돌아와 청나라 군대가 조만간 이를 것이라고 하자, 김자점은 군심(軍心)을 어지럽힌다는 이유로 목을 베려 했는데 뒤이어 도착한 다른 군관 역시 같은 소식을 전했으므로 죽이지 않고 조정에 장계를 올렸다. 『연려실기술』 권25, 「인조조고사본말(仁祖朝故事本末)」 참조.

208　한(漢)나라 …… 것 : 양웅(揚雄)의 『법언(法言)』, 「중려(重黎)」에, "한나라 유방은 여러 계책을 다 받아들여 여러 계책으로 여러 힘을 굴복시켰고, 초나라 항우(項羽)는 여러 계책을 폐기하여 스스로 제 힘을 굴복시켰다.(漢屈羣策, 羣策屈羣力, 楚憞羣策, 而自屈其力.)"라고 하였다.

17 유성룡(柳成龍)의 형 / 유림(柳琳)의 숙부

서애(西厓) 유성룡(柳成龍)의 형이 누구인지 그 이름을 아는 사람이 없
으며, 유성룡이라고 해도 형의 이름을 모를 것이다.

당시 왜적의 관백(關白) 풍신수길(豊臣秀吉)이 명나라를 침범하려 하
면서 우리나라에 길을 빌리고자 패만(悖慢)한 편지를 보내왔다. 우리 조
정은 허락하지 않고 그 편지를 명나라 조정에 아뢰었다.

백사(白沙) 이항복(李恒福)이 조정에서 퇴근해 돌아왔을 때 문지기가
추하게 생긴 사내가 뵙기를 청한다고 아뢴 적이 있었다. 이항복이 즉시
의관을 정제하고 맞아들였다. 그 사람은 너덜너덜한 옷과 갓 차림에 얼
굴은 소반 같았고 키는 한 길 반 정도 되었는데, 악취가 나서 가까이
할 수 없을 정도였다. 그가 곧장 들어와 꿇어앉더니 붉은 입을 벌려 낮
은 소리로 말을 한 뒤 한참만에 일어났다. 이항복의 조카 이탁남(李擢
男)이 옆방에 있다가 깜짝 놀라 그가 찾아온 연유를 물으니, 이항복이
말하기를 "그는 백악산(白岳山)의 귀신이다. '내년에 큰 난리가 일어날
것인데 아무도 걱정하는 자가 없소. 그대만은 이 일을 일러줄 만한 사람
이기에 와서 말하는 것이오.'라고 하더구나." 하였다. 당시 왜사(倭使)
현소(玄蘇) 등이 우리나라 승려들 틈에 섞여 마을과 사찰에 출몰하며 지
형을 자세히 살피고 나라의 일을 정탐하였는데, 우리나라 사람들은 까
맣게 모르고 있었다.

유성룡의 형이 유성룡에게 말하기를 "오늘 밤에 어떤 중이 찾아와 하
룻밤 묵기를 청할 것이니, 허락하지 말고 내 처소로 보내게나." 하기에,
유성룡이 "알겠습니다."라고 대수롭지 않게 대답하였다. 그런데 그날 밤
에 과연 어떤 걸식승(乞食僧)이 찾아왔기에 곧장 형의 처소를 권해 주었
다. 한밤중이 되자 유성룡의 형이 칼을 뽑아 그 중을 겨누며 "나는 네놈

이 왜국에서 온 걸 알고 있다. 네놈이 왜군을 막아 우리나라를 침범하지 못하도록 할 수 있겠느냐? 그리 못하면 너를 죽이겠다." 하였다. 그 중이 말하기를 "풍신수길이 이미 전쟁 날짜를 정했고 명령과 위세가 엄하고 사나우니, 내가 죽는다고 하더라도 전쟁을 막을 수는 없습니다." 하였다. 유성룡의 형은 중을 죽여도 이로울 게 없다고 여겨 다시 말하기를 "네놈이 왜병을 막아 우리나라 안동 땅을 침범하지 못하게 할 수 있겠느냐?" 하니, 그 중이 "알겠습니다." 하였다. 왜구가 우리나라를 침범한 뒤에 끝내 안동 땅에는 들어오지 않았다.

왜구가 항상 전쟁의 운세를 점칠 때마다 '송(松)자를 만나면 전쟁에서 패한다.'는 점괘가 나왔다. 이 때문에 청송부(靑松府)와 양주(楊州)의 송산촌(松山村)에는 감히 들어가지 못하였다. 지명에 '송'자가 들어간 곳은 모두 피했지만, 결국 이여송(李如松)에게 패하였다.

유림(柳琳)의 숙부 역시 그 이름이 전하지 않는다. 평소 우활하다는 평판이 있었기에 유림이 항상 숙부를 경시하였다.

숭정(崇禎) 정축년(1637)에 오랑캐가 광주(廣州)를 포위하자 유림은 평안도 병마절도사가 되어 관찰사 홍명구(洪命耈)와 함께 왕을 뵙기 위해 김화(金化)에 이르렀다. 유림이 한창 진영을 갖추고 오랑캐를 기다리는데 그의 숙부가 갑자기 찾아오니, 유림은 숙부를 매우 우활하다고 여겼지만 어쩔 수 없이 문을 열고 맞이하였다.

유림의 숙부는 유림을 위해 계책을 세워주었는데, 관찰사의 진영을 떠나 산 위에 주둔하여 숲에 의지해 군사를 덮어 가리도록 하였다. 오랑캐가 관찰사의 진영을 습격하여 병사들을 죽이자, 유림을 만류해 구원하지 말게 하였다. 패한 병졸들이 유림의 진영으로 다가와 들어오려 하자, 유림에게 그들을 막아 들여보내지 말게 하였다.

오랑캐가 닥쳐오자 나무 틈 사이에서 힘겹게 싸우다가 화살과 탄환이 떨어지려 하니, 유림에게 "명령을 내려 오랑캐가 우리 진영 십여 보까지 근접해 왔을 때 내가 깃발을 흔드는 것을 보고 발사하게 하라." 하였다. 오랑캐가 연이어 앞으로 다가올 때마다 활을 쏘아 죽이니 그 시체가 성책(城柵) 높이만큼 쌓였다. 총을 너무 오래 쏘아 뜨거워져 터지려 하자, 유림에게 "병사들에게 명하여 눈〔雪〕으로 총의 허리를 감싸도록 하라." 하니, 총이 터지지 않았다. 하루 종일 이어진 전투에 병사들의 기운이 빠지자, 유림에게 "호드기를 불어 격려하라." 하였다.

날이 저물고 오랑캐가 더 많이 몰려오자, 유림에게 "부서진 총을 거두어 화약을 장전하여 나무 사이에 연결한 뒤 길이가 다른 끈을 묶고 그 끝에 불을 붙이게 하라.[209]" 하니, 총소리가 밤새도록 끊이지 않았다. 마침내 군사를 거느리고 춘천(春川)에 이르렀고, 그제야 유림은 숙부를 비상하게 여기며 자신이 미칠 수 없다고 생각했다.[210]

남다른 재능을 간직한 선비들은 모두 진실하고 순박하여 남에게 자신의 재능을 쉽게 드러내 보이지 않는다. 이 때문에 사람들은 대부분 그를 경시한다. 유씨 두 공(公)의 일은 속언(俗諺)으로 전해지는데, 내가 그들의 이름을 기억하지는 못하지만 진실로 남다른 선비들이다. 국가가 어려움을 당했을 때 왜 공명을 세움으로써 자신을 떨치지 않고 초야에 숨는 것을 달가워했던 것일까?

---

209 길이가 …… 하라 : 길이가 다른 끈으로 각각 화약의 심지 역할을 하게 해 총성이 시차를 두고 울리도록 한 것이다.

210 유림의 숙부에 대한 이야기는, 남구만(南九萬)의 『약천집(藥泉集)』 권17, 「통제사유공신도비명(統制使柳公神道碑銘)」에는 유림의 일화로 기록되어 있다.

내가 일찍이 진동보(陳同甫)가 지은 『중흥전(中興傳)』을 읽었는데, 조생(趙生)과 용생(龍生) 두 사람의 행적을 기록한 부분을 읽을 때마다 감개(感慨)함을 느꼈으니, 유씨 두 공은 조생과 용생의 부류에 가까운 사람이다.[211]

---

211 진동보(陳同甫)가 …… 사람이다 : 진동보는 남송(南宋)의 학자 진량(陳亮, 1143~1194)으로, 동보는 그의 자이다. 호는 용천(龍川), 시호는 문의(文毅)이다. 효종(孝宗) 2년(1164)에 금나라와 화의를 맺을 때 홀로 반대하면서 「중흥오론(中興五論)」을 지어 바쳤으나 받아들여지지 않았다. 『중흥전(中興傳)』은 『중흥유전(中興遺傳)』을 말한다. 송나라가 남으로 천도한 시기의 인물들을 입전한 책으로, 인물들의 행적을 12개의 부분으로 나누어 서술하였다. 조생과 용생은 조구령(趙九齡)과 용가(龍可)를 가리키는데, 『중흥유전』에 이들은 입전되어 있지 않다. 진량의 문집 『용천집(龍川集)』 권13, 「중흥유전서(中興遺傳序)」에서 진량은 『중흥유전』을 편찬하게 된 동기가 조구령과 용가의 행적이 세상에 전혀 알려져 있지 않음을 안타깝게 여겼기 때문이라 하였고, 이어 「중흥유전서」 앞부분에 이들의 행적을 간략히 기록하였다. 그 기록에 의하면, 용가의 자는 백강(伯康)이고 조구령의 자는 차장(次張)인데, 진량이 우연히 경사에서 만나 술을 마시며 즐겼다. 용가는 미래를 내다보는 능력이 있어 3년 뒤 나라에 큰 변란이 생길 것이라고 예언한 뒤 사라졌는데, 실제로 후금이 남송을 침략했으므로 그의 말이 증명되었다. 한편 조구령은 후금과의 전투 때 한세충(韓世忠)과 악비(岳飛)에게 여러 가지 훌륭한 계책을 조언하였으나, 결국 등용되지 못했다고 한다. 미래를 내다본 용가의 능력은 유성룡의 형에 비견되고, 전투에서 기이한 계책을 조언한 것은 유림의 숙부에 비견된다고 하겠다.

『연경재전집(研經齋全集)』 권55

『초사담헌(草榭談獻)』 2

草榭談獻二

金蟾愛香論介今玉龍岡妓

金蟾咸興人爲宋象賢妾萬曆壬辰隨象賢在東萊
府中四月十五日倭迫城象賢穿甲上加紅團領花
戴爲紗帽上南門擁椅拱手坐城陷倭烽遝而至猶
不動群倭殺人於庭以懼之而不視倭平調而隨
平調信往来東萊府象賢厚遇之調益感而欲爲報
及是指城南隙地目象賢便避象賢不應調益意象
賢不之覺又帝其衣象賢即下床北向四拜拜已致

〈고려대 대학원 도서관 소장 『草榭談獻』 2, 金蟾・愛香…〉

김섬(金蟾) / 애향(愛香) / 논개(論介) / 금옥(今玉) / 용강(龍岡) 기생

김섬(金蟾)의 본관은 함흥(咸興)으로, 송상현(宋象賢)의 첩이 되었다.

만력 임진년에 송상현을 따라 동래부(東萊府)의 관아에 있었다. 이해 4월 15일에 왜적이 동래성으로 쳐들어오자 송상현은 갑옷을 입은 채 그 위에 붉은 단령포(團領袍)를 덧입고 오사모(烏紗帽)를 쓴 뒤 남문(南門)에 올라가 의자에 기대 손을 맞잡고 앉았다. 성이 함락되어 왜적이 벌떼처럼 사납게 이르렀지만 조금도 움직이지 않았고, 왜적 떼가 뜰에서 사람을 죽이며 위협했지만 쳐다보지 않았다.

평조익(平調益)이라는 왜구는 평조신(平調信)을 수행해 동래부를 왕래하던 자로 송상현의 후대를 받고 감격하여 보답하려는 마음을 지니고 있었는데, 이런 상황이 되자 성 남쪽의 빈 곳을 가리키며 송상현에게 달아나도록 눈짓을 보냈다. 송상현이 꿈쩍도 하지 않자 평조익은 자신의 뜻을 눈치채지 못한 것이라고 여겨 또 송상현의 옷을 당겼다. 그런데 송상현은 즉시 의자에서 내려와 북쪽을 향해 네 번 절하였다. 절이 끝나자 부친에게 편지를 썼는데, 그 편지에 "외로운 성에 달무리 졌는데, 여러 진은 태평하구나. 군신의 의리는 무겁고, 부자의 사랑은 가볍다네.〔孤城月暈 列鎭高枕 君臣義重 父子恩輕〕"[1]라는 시가 있었다. 그리고 곧장 돌아와 의자에 걸터앉으니, 왜졸이 앞으로 나와 송상현을 죽였다. 김섬 역시 왜적을 꾸짖다가 죽었다.

왜장이 송상현과 김섬의 시신을 거두어 동문(東門) 밖에 묻어주고 나

---

1 외로운 …… 가볍다네 : 『국조보감(國朝寶鑑)』에는 이 시의 둘째 구절이 '큰 군진은 구원해주지 않네.(大鎭不救.)'로 되어 있다. 여러 진이 편안히 누웠다는 것은 외로운 동래성을 아무도 구원해주지 않는다는 말이다.

무를 세워 표시한 뒤, 송상현을 죽인 왜졸을 끌고 가 죽였다. 이때부터 남문 위에는 밤만 되면 자색(紫色) 기운이 하늘을 비추었고 몇 해 동안 사라지지 않았다. 영남 사람들이 송상현을 위해 사당을 만들어 제사지내고 김섬을 배향하였다.

송상현의 첩 이씨(李氏)도 왜적에게 붙잡혀 갔는데, 역시 굴복하지 않으니 왜적이 존경하였다. 과부로 수절하던 관백(關白)의 누이가 이씨와 함께 살았는데, 하늘에서 사나운 비바람이 불어 담장과 집이 모두 무너졌고 이씨가 거처하는 곳만 무너지지 않으니, 왜적이 기이하게 생각하였다. 뒤에 송환되는 포로를 따라 조선으로 돌아와 비로소 뒤늦게 송상현을 위해 삼년상을 치렀다.

애향(愛鄕)은 정발(鄭撥)의 첩이다.

정발은 부산 첨사(釜山僉使)가 되자 당시 이미 왜적이 난리를 일으킬 조짐이 있었으므로 어머니와 영결하고 길을 떠났으며, 아내를 돌아보고 말하기를 "내가 있을 때처럼 어머니를 섬겨 주시오." 하였다. 정발의 아들 정흔(鄭昕)이 정발의 임소에 따라갔다.

임진년 4월 4일에 망해루(望海樓)에서 잔치를 베풀었고 술이 거나해지자 아들 정흔에게 이르기를 "오늘 잔치를 베푼 것은 너와의 영결을 위해서였다. 급히 떠나거라. 늦으면 필시 화를 당하게 될 것이다." 하였다. 정흔이 울면서 떠나려 하지 않으니, 정발은 하인을 꾸짖어 정흔을 부축해 말에 태우게 해서 보냈다. 애향만이 정발과 함께 남았다.

13일에 척후병(斥候兵)이 경보(警報)를 보고하기에 멀리 바라보니 왜선이 바다를 뒤덮고 있었다. 정발은 고작 세 척의 전선으로 바다에 나가 싸우다가 이기지 못하고 성으로 돌아오니, 왜적이 백 겹으로 성을 포위하였다. 이날 밤 하늘에는 구름이 없어 달이 대낮처럼 밝았다. 정발이

맹인 악사에게 통소를 불게 하니 군중(軍中)은 평소처럼 편안하고 한가로웠다.

다음날 왜적이 바짝 다가와 성을 기어오르자 정발이 노기를 띠고 성을 돌며 화살을 쏘아 수많은 왜적을 죽었다. 군중에 명하기를 "떠나고 싶은 자는 떠나라." 하니, 병사들은 모두 눈물을 흘리며 감히 군중을 떠나는 자가 없었다. 얼마 뒤에 정발이 적탄에 맞아 전사하였고 성이 마침내 함락되었다. 애향이 달려와 통곡하고 시신 곁에서 자결하니 나이는 18세였다. 노비 용월(龍月)도 적진에 뛰어들어 죽었다.

왜구가 말하기를 "조선의 장수 가운데 오직 부산(斧山 부산(釜山))의 흑의(黑衣) 장군만이 두려워할 만하다." 하였고, 또 애향의 매서운 절개를 칭찬하였다. 정발이 입은 옷이 흑의였다.

동래의 사당에서 정발을 제사지냈고, 사방 문 밖에 위패를 만들어 애향을 제사지냈다.

논개(論介)는 장수(長水)의 기생으로, 최경회(崔慶會)의 첩이 되었다.

계사년(1593)에 최경회가 경상 우병사(慶尙右兵使)가 되어 진주로 들어왔다. 왜구가 맹렬히 진주성을 공격하는데다 또 큰 비가 내려 성이 무너졌다. 왜구가 성을 기어 올라오니, 최경회는 촉석루(矗石樓)의 강물로 몸을 던졌다.

논개는 최경회의 죽음을 듣고 슬퍼하지 않았다. 즉시 곱게 단장하고 패물을 몸에 차고 강가의 바위로 나가 너울너울 춤추며 왜추를 현혹하였다. 왜추가 오자 논개는 일부러 비단으로 함께 허리를 묶고 춤추자고 했고, 함께 물속에 빠져 죽었다. 지금도 그 바위를 '의암(義巖)'이라고 부른다.

금옥(金玉)은 성천(成川)의 기생이다. 김언(金琂)이 성천 부사가 되었을 때 금옥으로 하여금 자신을 모시게 하였다.

숭정 병자년(1636)에 오랑캐가 광주(廣州)를 포위한 뒤 군대를 나누어 관서(關西)의 주현(州縣)을 침략하였다. 김언의 병사들은 모두 관찰사 홍명구(洪命耇)의 군대에 소속되어 자모산성(慈母山城)에 주둔하니, 성천부는 비어 있었다. 오랑캐가 대거 침입해 오자 김언은 가솔들에게 어린 자식들을 보호해 피란을 떠나게 하였다. 그의 사위인 광남군(光南君) 김익훈(金益勳)이 억지로 김언을 끌며 함께 가자고 하였으나, 김언은 일어나지 않았고 마침내 오랑캐에게 죽임을 당했다.

성천부에 있던 사람들은 금옥이 김언과 함께 있다가 오랑캐와 맞닥뜨린 것을 멀리서 보고 모두 좌우로 흩어져 달아났다. 김언은 홀로 남아 직접 돌을 던지며 오랑캐를 공격하였고, 금옥은 얼굴을 가린 채 언덕에서 몸을 던져 죽었다.

문충공(文忠公) 민정중(閔鼎重)이 금옥을 포상할 만하다고 상주(上奏)하니, 마침내 정려문을 세워주었다.[2]

용강(龍岡) 기생은 그 이름이 전하지 않는다.

숭정 정축년(1637)에 우리 조정이 오랑캐와 강화를 맺으니, 은산(殷山)의 관노(官奴)였던 정명수(鄭命壽)[3]가 오랑캐의 통사(通事, 통역관)가

---

2 문충공(文忠公) …… 세워주었다 : 『숙종실록(肅宗實錄)』, 6년 6월 30일 기사에 민정중(閔鼎重)이 금옥의 행적을 조사해 포상을 건의한 내용이 보인다.

3 정명수(鄭命壽) : ?~1653. 평안도 은산에서 태어난 천민 출신으로 1619년(광해군11) 강홍립의 군대를 따라 청나라에 갔다가 포로가 되었으나, 청나라 말을 배워 그곳에 살면서 우리나라 사정을 자세히 밀고하여 청나라 황제의 신임을 얻었다. 1636년(인조14) 병자호란 때 청나라 장수 용골대(龍骨大)와 마부대(馬夫大)의 통역으로 입국하여 청나라 힘을

되어 일부러 우리 백성들을 괴롭혔다. 오랑캐의 사신들이 끝없이 길에 이어졌고 관사(館舍)에 이를 때마다 번번이 기생을 요구해 즐기니, 기생이 부족하여 무당과 사창(私娼)까지 데려가 그 수를 채웠다. 용강 기생은 오랑캐의 관사에 가서 자야 한다는 말을 듣자 즉시 자살하니, 많은 사대부들이 자신을 부끄럽게 여겼다.

창기(娼妓)는 관중(管仲)에 의해 시작되었다.[4] 제나라의 풍속이 음란함을 좋아하여 관중이 창기를 두고 세금을 징수하였으니, 이것이 바로 제나라가 부강해진 방법이었다. 월왕(越王) 구천(句踐)이 오(吳)나라에 복수하기 위해 백성의 숫자와 물자를 늘리려고 하여, 처녀가 스무 살이 되도록 시집가지 않으면 그 부모에게 죄를 물었고, 과부가 된 자들에게도 또한 죄를 물었다. 이 때문에 월나라의 풍속 역시 음란함을 좋아하게 되었다. 진시황(秦始皇)이 그 풍속을 바꾸려고 많은 사람들을 처형했지만, 그치게 하지 못하였다.

우리나라 풍속에서 관기(官妓)를 둔 것은 고려 때부터 이미 그러하였다. 그러나 금수와 같은 행동으로 사람을 인도한 것이니, 이것은 무슨 이치인가. 세종(世宗) 때에 관기를 없애려고 했지만 허조(許稠)에 의해 저지당했으니,[5] 그가 대도(大道)를 알지 못했음이 안타깝다. 그렇기는

배경으로 조정에 압력을 가해 영중추부사(領中樞府事)에까지 올랐다. 1639년 처족(妻族)인 정주(定州)의 관노(官奴) 봉영운(奉永雲)을 정주 군수로 임명하도록 강요하고, 이어 병조의 관리들을 구타하는 등 갖은 행패를 부리며 조정을 좌우하다가 청나라로 건너가 살았다. 그곳에서도 왕을 모독하고 행패를 부렸으며 청나라로 보내는 세폐(歲幣)를 노략질하였다. 1653년 심양에서 강효원(姜孝元)·이사용(李士用)·정뇌경(鄭雷卿) 등에게 피살되었다.

4 창기(娼妓)는 …… 시작되었다 : 『오주연문장전산고(五洲衍文長箋散稿)』, 「성행(性行)」에 이런 내용이 보인다.

하지만 기생으로서 열행(烈行)을 행한 경우가 많으니, 하늘이 부여한 품성은 귀천에 상관없이 똑같다.

---

5 세종(世宗) …… 저지당했으니 : 세종 때 주읍(州邑)의 창기를 폐지하자는 논의가 있었으나, 허조(1369~1439)는 남녀 관계는 인간의 큰 욕망이고 주읍의 창기는 공가(公家)의 소속이므로 취해도 아무런 문제가 없으며, 이를 법으로 금할 경우 외직을 맡은 조정의 젊은 선비들이 모두 죄를 얻게 될 것이라는 논리를 내세우며 반대하였다. 결국 허조의 의논을 좇아서 창기를 폐지하지 않았다고 한다. 『용재총화(慵齋叢話)』권9 및 『연려실기술(燃藜室記述)』 별집 권13, 「정교전고(政敎典故) 창기」 등 참조.

2 강서(姜緖) / 조충남(趙忠男)

강서(姜緖)의 자는 원경(遠卿)이고 본관은 진양(晉陽)이니, 정간공(貞簡公) 강사상(姜士尙)의 장남이다.

타고난 본성이 명민하고 사리에 밝았으며 강직하여 큰 절개를 숭상하였다. 선조 2년에 병과(丙科)로 과거에 급제하였으나, 병이 많아 7년 동안 직책을 맡지 못했다. 국자감 전적(國子監典籍)에 선발되고 항상 삼사(三司)의 직책을 맡았으며, 동부승지(同副承旨)에 제수되었다.

강서의 집안은 대대로 본래 귀하였고 형제[6]가 모두 높은 벼슬에 올랐으나 겸손과 검소함으로 자신을 지키기를 매우 좋아하였다. 근신(近臣)으로 있으면서 숨김없이 직언하여 임금의 지우(知遇)를 입었다. 한 번은 만취해서 옥당(玉堂)에 누워 인사불성이었는데 임금이 소대(召對)를 명하였다. 소리(小吏)가 그의 얼굴을 씻기고 부축해 일으켜 임금 앞에 이르니 강서의 말투가 엄숙하게 변해있었다.

강서는 술을 좋아했고 해학으로 자신의 능력을 숨겼다. 동료와 승정원(承政院)에 모여 술을 마시다가 술이 떨어지자 즉시 "내가 직접 술이 있는 곳을 찾아보겠다." 하고, 조복(朝服)을 정돈한 뒤 합문(閤門, 편전(便殿)) 밖에 나아가 아뢰기를 "신이 동료들과 술을 마시다가 술이 떨어졌으니, 청컨대 내온(內醞)을 내려 주십시오." 하였다. 임금이 술을 마련해 강서에게 하사토록 하니 모두들 한껏 취하였다. 임금의 은혜와 지우가 이와 같았다.

당시에 동인(東人)과 서인(西人)의 붕당이 생기자 강서는 교유를 사절

---

6 형제 : 강서와 그의 아우 강신(姜紳, 1543~1615)을 말한다. 강신의 자는 면경(勉卿), 호는 동고(東皐)이며, 문과에 장원급제한 뒤 대사간·좌참찬·우참찬 등을 역임하였다.

하였다. 한 번은 책을 읽고 거문고를 연주하며 홀로 술잔을 기울이다가 취하자 갑자기 크게 노래를 부르고 미친 사람처럼 방자하게 행동하였다. 그리고 탄식하기를 "천시(天時)와 인사(人事)를 살펴보니, 4, 5년 내에 큰 난리가 일어나겠구나." 하였다. 그 뒤에 임금을 모시고 있다가 줄줄 눈물을 흘리니, 임금이 괴이하게 여겨 이유를 물었다. 대답하기를 "신이 부여받은 목숨이 다해가기에 오랫동안 전하를 모실 수가 없습니다. 그래서 우는 것입니다." 하였다. 밖으로 나와서 동료에게 말하기를 "전하의 사기(辭氣)에 큰 난리의 조짐이 이미 드러났네." 하였다. 그해 10월에 정여립이 모반하여 옥사가 크게 일어났고, 임진년에 왜구가 과연 큰 난리를 일으켰다. 향년 52세로 세상을 떠났는데, 죽음을 앞두고 자식에게 유언하기를 "슬퍼하지 말라. 화란(禍亂)이 닥칠 것이니 병들어 죽는 것을 어찌 슬퍼하겠느냐!" 하였다.

강서는 사람을 알아보는 눈이 있었다. 인의(引儀) 조충남(趙忠男)·문충공 이원익과 서로 마음이 맞았는데, 강서가 문충공에게 말하기를 "그대는 귀하게 되고 장수를 누릴 것이니, 내 어린 자식을 부탁하오. 하지만 위태롭고 어지러운 시대를 만나 눈물을 흘릴 때가 많을 것이오." 하였다. 문충공은 40년 동안 재상을 지냈는데, 임진년에 나라가 파괴된 이래 광해군에게 간언하다가 쫓겨난 것이 거의 10년이었고, 광해군이 폐위되고 인조(仁祖) 시대가 되어서도 연이어 병란이 일어나 파천(播遷)한 것이 두 번이었으며, 향년 84세에 세상을 떠났다.[7]

강서가 일찍이 길을 가다가 아이들이 노는 것을 보고 한 아이를 불러 "움직임 속에 고요함이 있으니 훗날 필시 귀하게 될 것이다." 하였는데,

---

7 향년 …… 떠났다 : 이원익은 1547년에 태어나 1634년에 세상을 떠났으므로, 향년 88세이다.

그 아이가 바로 상국(相國) 신흠(申欽)이었다. 상국이 과거에 급제하고 교서관 정자(校書館正字)가 되어 강서를 뵙자, 강서는 다른 말없이 가족을 부탁한 뒤 "훗날 이유를 절로 알게 될 것이니, 부디 이 늙은이의 말을 잊지 말게." 하였다. 또 종제(從弟) 강신(姜紳)[8]에게 이르기를 "우리 가족이 응당 자네 덕에 화를 면하게 될 것이다." 하였다. 임진년 난리 때 관동백(關東伯)을 맡을 적임자를 찾기 어려웠는데, 강신이 때마침 원주에서 거상(居喪)하고 있다가 기복되어 관동백을 맡았고, 강씨 일족은 모두 관동의 산골짜기로 피란하여 죽음에서 벗어났다.

강홍립은 강서의 종손(從孫)이다. 언젠가 임금이 주강(晝講)을 열었는데, 현달한 강씨들이 대부분 경연(經筵)에 재직하고 있었으므로 강홍립이 주강에 나가 그 성대함을 자랑하였다. 강서가 꾸짖으며 말하기를 "우리 집안이 너로 인해 멸망할 것이다." 하였다. 그 뒤에 강홍립이 오랑캐에게 항복하였고,[9] 인조가 반정(反正)한 뒤 조정의 논의에서 강홍립 집안을 멸족하려고 하였다. 당시 이조 판서로 있던 상국 신흠만이 가족을 부탁한다는 강서의 말을 생각했지만, 구해줄 도리가 없었다. 당시 문충공 이원익이 영의정이었는데, 상국이 급히 문충공을 찾아가 뵈니 문충공은 근심스런 기색으로 무언가 생각하는 듯하였다. 상국이 말하기를 "공께서는 강승지(姜承旨)를 아십니까?" 하니, 문충공이 "그대는 어이 묻는 것인가?" 하였다. 상국이 강서가 자신에게 가족을 부탁한 일을 자세히 말하자, 문충공이 놀라며 "강공(姜公)은 신인(神人)이다. 일찍이 나에

---

8 종제(從弟) 강신(姜紳) : 강신은 원래 강서의 친아우였으나, 숙부인 강사상(姜士尙)의 후사가 되었다.
9 강홍립이 오랑캐에게 항복하였고 : 1618년 명나라가 요동을 정벌한 후금을 공격하기 위해 조선에 출정을 요청하자 광해군은 강홍립을 오도 도원수(五道都元帥)로 삼아 군대를 출동시켰다. 이 전투에서 패한 뒤 강홍립은 남은 군사들을 이끌고 후금에 투항하였다.

게 '몇 년 뒤에 우리 종족이 반드시 도륙 날 처지가 되어 그대가 구해주고 싶어도 힘이 약함을 근심할 것이네. 마땅히 재신(宰臣) 한 사람과 힘을 합쳐야 구해줄 수 있을 것이네.' 하였는데, 그 재신이 바로 자네로구면."이라 하고 마침내 힘을 합해 화를 구원해 주니, 강씨 일족이 죽음을 면하게 되었다.

조충남(趙忠男)의 본관은 한양(漢陽)이며, 정암(靜菴) 조광조(趙光祖) 선생 형제의 후손이다.

깨끗한 행실로 몸을 더럽히지 않고 세상에서 숨어 지내니, 사람들이 알지 못하였다. 오직 강서만이 마음으로 인정하며 칭찬하기를 "고상한 행실로 세상에서 숨어 지내는 사람이다." 하였다.

조충남은 벙어리라는 핑계를 대고 남들과 말을 나누려 하지 않았으며, 인물의 선악(善惡)과 사정(邪正)과 잘잘못에 대해 눈살을 찌푸리거나 웃는 것으로 표시하였다. 그가 눈살을 찌푸린 사람들은 나중에 모두 패망하였으며, 그가 웃은 사람들은 모두 훌륭한 명성을 남기고 세상을 떠났다. 일찍이 벼슬하여 인의가 된 적이 있었으나 관직을 버리고 떠났다. 「강 승지가 거문고 타는 것을 읊다〔咏姜承旨彈琴〕」라는 절구 한 수가 세상에 전한다.

고요히 사는 사람이 선견지명을 지닌 것은 다른 방법이 있는 것이 아니라 마음이 밝기 때문이다. 강서는 현달한 집안에서 태어났지만 유독 마음을 비우고 담박했기 때문에 벼슬을 해도 현달할 수 없었다. 그러나 거문고를 타고 술을 좋아하며 영험함을 길렀기에, 뒷날의 일을 환히 알아 결국 종족을 죽음에서 벗어나게 할 수 있었다.

조충남은 전해지는 사적이 없다. 하지만 문충공이 좋아한 사람이었으니 담박한 사람임에 틀림없다. 일찍이 듣건대 문충공이 금강산(金剛山)을 보고 모두 금은(金銀)이 쌓여 이루어졌다고 했다하니, 탐욕 없는 사람만이 그렇게 볼 수 있다. 문충공은 40여 년을 재상으로 지냈는데, 비바람을 가리지도 못하는 초가집에 살았다고 한다. 이 당시 정북창(鄭北窓)과 정고옥(鄭古玉)[10] 같은 현인들이 모두 권세 있고 부귀한 집안에서 나왔다. 옛 사람들은 어쩌면 그렇게도 담담하고 질박하여 권세와 부귀에 물들지 않는 자가 많았던 것인가.

---

10 정북창(鄭北窓)과 정고옥(鄭古玉) : 정북창은 정렴(鄭磏, 1506~1549)으로 자는 사결(士潔), 본관은 온양(溫陽)이며, 북창은 그의 호이다. 1530년(중종25) 사마시에 합격하였고, 음악에 정통하여 장악원 주부(掌樂院主簿)를 지냈으며, 천문과 의술에도 밝았다. 정고옥은 정렴의 아우 정작(鄭碏, 1533~1603)으로, 자는 군경(君敬)이며 고옥은 그의 호이다. 선조 때 이조 좌랑을 지냈고 글씨에 뛰어났다.

　바닷가의 어부〔海上漁父〕/ 예천(醴泉)의 은자(隱者) /
　　　성처사(成處士)

어부(漁父)의 이름은 전하지 않는다.

　호남의 바닷가에 살며 배를 집으로 삼았고, 아내 하나와 딸 하나가
있었다. 고기를 잡아 생계를 꾸렸고 한가한 날에 사람들의 곡식을 옮겨
주어 먹고 살았다. 그의 배는 3백 섬을 실을 수 있었는데, 2백 섬이 차
면 더 싣지 않고 말하기를 "가볍게 실으면 배가 탈이 날 걱정이 없다."
하였다.

　일찍이 토정 이지함과 함께 바다에 나간 적이 있었는데 노를 젓는 것
이 매우 빨라 다른 어부들이 따라올 수 없었다. 그의 아내가 이웃집에
갔을 때 사람들이 찾아와 딸에게 생선을 샀는데 값이 조금 비쌌다. 아내
가 돌아오자 딸이 제 수완을 자랑하였다. 아내가 놀라며 "생선값은 약간
인데 네가 그 값을 몇 닢이나 많이 받았다. 네 아버지가 들으시면 반드
시 노할 것이니, 급히 쫓아가서 돌려 주거라." 하니, 딸이 달려가 값의
반을 돌려주고 돌아왔다. 이지함이 그 훌륭함에 감탄하였다.

　예천(醴泉)의 은자(隱者)는 그 성명을 모른다.

　울산(蔚山)의 아전 천시원(千時遠)은 성품이 맑고 깨끗하고 욕심이 적
었으며 아름다운 산수 유람을 좋아하였는데, 일찍이 예천에 갔다가 풀
사이의 작은 길을 따라 계곡으로 들어가니 나무가 무성하고 시냇물이
바위 위를 흐르고 있었기에 발을 씻으며 즐겼다. 시내를 따라 몇 리를
가자 골짜기가 더 평평하고 툭 트이며 쓸쓸히 이어진 몇 집 마을이 나타
났다. 그 위에 초당(草堂)이 하나 있었고 시렁에 책이 가득했다. 어떤
사람이 문에 기대앉아 있었는데, 헤진 도포를 입고 얼굴이 푸르스름하

여 마치 노송(老松) 껍질 같았다. 천시원이 이상히 여겨 포시(晡時, 오후 3시에서 5시 사이)부터 해가 질 때까지 마주보고 묵묵히 있다가 마지막에 하룻밤 묵어가기를 청하였다. 주인이 천천히 대답하기를 "이곳에는 묵을 곳이 없소." 하고는 아무 말도 하지 않았다.

천시원이 물러나와 마을 사람에게 "저 사람은 반나절동안 아무 것도 먹지 않았고, 아내가 있는 듯한데 밥 짓는 기미가 보이지 않았소. 저 사람은 뭐하는 사람이오?" 하니, 백성이 "누구도 그 사람이 밥 먹는 것을 보지 못했소. 그저 대추 두 알을 삼키고 엿새쯤 지나 씨가 없어지면 그만입니다." 하였다. 천시원이 더욱 기이하게 여겨 "저 사람은 욕심이 없는 사람이라고 할 만하군요." 하니, 마을 사람이 "저 사람도 욕심이 있습니다. 해마다 바늘을 사서 마을 사람들에게 주고 미리 송지(松芝, 송이버섯)을 얻어 두었다가 대추가 떨어지면 송지를 구워 먹지요. 이것이 그의 욕심입니다." 하였다. 문 밖을 나설 때가 없냐고 묻자, 마을 사람이 "1년에 한 번 경치 좋은 날을 골라 계곡 가에 나아가 산보할 뿐이지요." 하였다. 천시원이 하룻밤을 묵고 돌아와 다시 찾아가고 싶었지만 어머니가 연로하여 그렇게 하지 못했다.[11]

성처사(成處士)는 원주 사람으로 손곡(蓀谷)에 살았다. 손곡은 시인 이달(李達)[12]이 은거하며 자호로 삼은 곳이다.

---

11 예천의 은자이야기는 『삼연집(三淵集)』 권26, 「기문(奇聞)」에도 보인다.
12 이달(李達) : 1539~1612. 자는 익지(益之), 본관은 신평(新平)이며, 손곡은 그의 호이다. 쌍매당(雙梅堂) 이첨(李瞻)의 후손이지만 서얼이므로 가계가 확실하지 않다. 시에 뛰어났고 특히 당시(唐詩)에 뛰어나 최경창(崔慶昌)·백광훈(白光勳)과 함께 삼당시인(三唐詩人)이라 불린다. 그의 제자인 허균(許筠)이 「손곡산인전(蓀谷山人傳)」을 지었다. 문집으로 『손곡집』이 있다.

고(故) 참판(參判) 홍검(洪檢)이 젊은 시절에 충주(忠州)의 과거에 응시했다가 급제하지 못하고 돌아오는 길에 탄금대(彈琴臺) 아래에서 소나기를 만났다. 잠시 뒤에 비가 그치고 달이 뜨니 하늘과 강물이 맑고 모래톱이 대낮과 같았다. 갑자기 어떤 사람이 갈대 숲 사이에서 뱃전을 두드리며 퇴도(退陶, 이황) 선생이 지은 청량산 백구(淸凉山白鷗)의 노래[13]를 불렀다. 홍검이 매우 이상하게 여겨 즉시 소리를 따라 그 배를 찾아서 물으니 바로 성처사였다.

성처사가 막걸리를 꺼내 권하였다. 홍검이 어떻게 생활하는지 물었더니, 이렇게 답하였다.

"봄이 되어 얼음이 녹으면 작은 배 한 척을 마련해 강을 따라 백 리쯤을 오르내리며 물고기를 잡아서 살지요. 강 언덕에 사는 어부들을 모두 잘 알아서 생선을 잡으면 번번이 그들에게 술을 삽니다. 생선 한 꾸러미를 술 한 사발과 바꾸고 나머지 생선은 안주로 먹지요. 가을이 깊어 강물이 얼면 강 언덕에 배를 매어두고 비로소 돌아옵니다. 매년 이렇게 삽니다."

송(宋)나라 소성(紹聖)[14] 연간에 어떤 어옹(漁翁)이 작은 배를 저어 송강(松江)에 노닐었다. 물결 위를 오가면서 뱃전을 두드리며 술을 마셨고, 술이 거나해지면 노래를 부르며 흡족해하였다. 민(閩) 땅 사람 반유(潘裕)가 보고 기이하게 여겨 어옹에게 인사하며 말하기를 "선생은 고기 잡

---

13 청량산 백구(淸凉山白鷗)의 노래 : 퇴계 이황(李滉)의 시조로 알려진 「청량산가」를 말한다. 원문을 소개하면 다음과 같다. "淸凉山 六六峯을 아ᄂᆞ니 나와 白鷗 / 白鷗야 獻辭ᄒᆞ랴 못미들손 桃花로다 / 桃花야 떠나지 마로렴 漁舟子 알가 ᄒᆞ노라."
14 소성(紹聖) : 송나라 철종(哲宗)의 연호로, 1094년부터 1097년까지 사용되었다.

는 부류의 사람이 아닙니다. 훌륭한 말씀으로 저의 어리석음을 깨우쳐 주십시오." 하였다. 어옹이 "나의 작은 배로 넘어와 이야기할 수 있겠소?" 하니, 반유가 흔쾌히 그 배로 넘어갔다.

어옹이 말하기를 "내가 이곳에 은둔한 지 30년 동안 오직 배불리 먹고 놀았는데, 무슨 일삼는 바가 있겠소." 하니, 반유가 "지금은 성명(聖明)이 재위하고 계신데 왜 조정에 나가 벼슬하지 않으십니까?" 하였다. 어옹이 웃으며 "군자의 도는 출사하기도 하고 은둔하기도 하는 것이지요. 내 들으니 '뜻을 기르는 자는 자신의 형체를 잊고 도를 이룬 자는 자신의 마음까지 잊는다.'[15] 하더이다. 마음과 형체를 다 잊으면 높은 벼슬이 썩은 흙처럼 보이지요." 하였다. 반유가 "어디 사시는지 여쭈어도 되겠습니까?" 하니, 어옹은 "내 이름도 남이 알기를 바라지 않는데, 하물며 사는 곳이겠소." 하고, 마침내 인사하고 반유로 하여금 원래 있던 곳으로 돌아가게 한 뒤 노를 두드리며 떠나버렸다.[16]

저 세 사람의 맑은 덕과 높은 절개를 소성 연간의 어옹과 비교한다면 어떨지 모르겠다. 그러나 세상을 피해 고고하게 행동하며 조수(鳥獸)·어별(魚鼈)과 무리가 되어 자신을 숨긴 점에서는 비슷하다. 이런 사람들은 은일자(隱逸者)의 무리라고 하지 않을 수 있겠는가.

---

15 뜻을 …… 잊는다 : 『장자(莊子)』, 「양왕(讓王)」에 "뜻을 기르는 자는 자신의 형체를 잊고, 형체를 기르는 자는 자신의 이익을 잊고, 도를 이룬 자는 자신의 마음까지도 잊는 법이다. (養志者忘形, 養形者忘利, 致道者忘心矣.)"라고 하였다.

16 노를 두드리며 떠나버렸다 : 어옹과 반유의 일화는 『송사(宋史)』 권458, 「송강어옹전(松江漁翁傳)」에 보인다.

정지승(鄭之升) / 이지번(李之蕃)

정지승(鄭之升)의 자는 자신(子愼)이고 호는 총계당(叢桂堂)이며 다른 호는 회계산인(會稽山人)이다. 본관은 온양(溫陽)이다. 부친은 정담(鄭磏)이다. 백부(伯父) 정렴(鄭磏)은 호가 북창(北窓)으로, 성품이 맑고 진실하고 마음은 담백하고 고요하였으며 삼교(三敎)에 밝고 한가로운 생활을 좋아하였으니, 세상에서 말하는 이인(異人)이었다.

정지승의 모습은 맑게 빛났고 시를 잘 지었다. 오봉(五峯) 이호민(李好閔)·백호(白湖) 임제(林悌)와 교유하였는데, 명성은 그들보다 뛰어났다. 용담현(龍潭縣)에 살며 항상 큰 거북을 타고 다녔는데, 걸음을 멈추면 거북이 스스로 암석 사이로 몸을 숨겼다. 그런데 거북의 등이 운기(雲氣)로 뒤덮였기에, 정지승의 하인이 늘 쫓아가 끌고 왔다. 정지승이 세상을 떠나려 할 때 거북이 뜨락을 배회하며 우니 그 소리가 천둥 같았다.

정지승은 집 주변에 대(臺)를 만들어 하늘에 제사지냈는데, 그 대가매우 높고 꼭대기에 한 그루 소나무가 있다. 지금까지 총계자(叢桂子)가제사지내던 곳이라고 전해진다.

우계(牛溪) 성선생(成先生, 성혼(成渾))이 말하기를 "정공(鄭公)이 어찌시인일 뿐이겠는가. 그의 학문은 정밀하고 역량은 위대하였으니, 제갈공명(諸葛孔明)이나 왕경략(王景略)[17]과 같은 부류의 사람이다." 하였다.

그의 손자는 정두경(鄭斗卿)으로 호는 동명(東溟)인데, 역시 시로 명성을 떨쳤다.

---

17 왕경략(王景略) : 동진(東晉) 때의 지략가 왕맹(王猛)으로 경략은 그의 자이다. 전진(前秦)의 부견(苻堅)을 도와 부국강병을 이룩한 명재상이다.

이지번(李之蕃)의 자는 형백(馨佰)[18]이고 본관은 한산(韓山)이다.

그의 아우 이지함은 진정한 은자로 일컬어졌는데, 이지번 역시 고상한 운치가 있었다. 단양 군수(丹陽郡守)가 되었을 때 백성에게 칡을 거두어 끈을 만들고 구담(龜潭)을 가로질러 좌우 양쪽 산꼭대기에 묶었다. 그리고 나무로 학을 조각해 끈에 매달아 타고 그 사이를 왕래하니, 백성들이 '목학거사(木鶴居士)'라고 불렀다. 사평(司評)으로 있다가 도담(島潭) 가에 거처를 정하였는데, 그 땅이 청대(青黛)를 가꾸기에 알맞았으므로 청대를 팔아서 먹고 살았다. 세상을 떠난 뒤 구담의 동쪽 가은촌(可隱村)에 묻혔다.

선비가 치세(治世)를 만났는데도 은둔에 뜻을 둔다면 이것은 천성이 그런 것이다. 물고기와 새를 바라보고 영지(靈芝)와 백출(白朮)[19]을 캐는 사람들이 어찌 종정(鍾鼎)[20]으로 자신의 즐거움과 바꾸겠는가. 겸가(蒹葭)의 군자[21]는 그 이름이 드러나지 않지만 백세의 뒤에 그 풍상(風尚, 기절(氣節))만 듣고도 흥기하기에 충분하다.

정자진(鄭子眞)은 곡구(谷口)에서 농사를 지었고 오직 자운(子雲)에

---

18 형백(馨佰) : 『초사담헌』의 원문에는 공란으로 되어 있으나, 『국조인물지(國朝人物誌)』의 기록에 의거하여 보충하였다.
19 영지(靈芝)와 백출(白朮) : 모두 신선들이 먹고 산다는 약초이다.
20 종정(鍾鼎) : '종명정식(鍾鳴鼎食)'의 준말이다. 종을 쳐서 여러 사람들에게 식사 시간을 알린 뒤 솥을 벌여 놓고 회식한다는 말로, 부유하고 호화스러운 삶을 의미한다. 당나라 왕발(王勃)의 「등왕각서(滕王閣序)」에 "마을에 들어찬 집들은 종을 치고 솥을 늘어놓고 먹는 집들이다.(閭閻撲地, 鍾鳴鼎食之家.)"라고 하였다.
21 겸가(蒹葭)의 군자 : 은둔해 사는 군자를 의미한다. 겸가는 갈대이다. 『시경』, 「진풍(秦風) 겸가(蒹葭)」에 "갈대 푸르디 푸르고, 흰 이슬은 서리가 되었네. 바로 그 분이, 강 저편에 있네.(蒹葭蒼蒼, 白露爲霜. 所謂伊人, 在水之湄. 遡游從之, 宛在水中坻.)"라고 한 데서 온 말로, 이 시는 원래 만날 수 없는 벗을 그리워하는 내용이다.

힘입어서 세상에 이름이 전해졌다.[22] 서경(西京)의 훈귀(勳貴)와 대신들은 아무도 전해지지 않고 정자진의 이름만 인멸되지 않았다. 선비는 본래 명성을 떨치는 데 뜻을 두지 않지만 이처럼 그 명성은 저절로 드러난다.

---

22 정자진(鄭子眞)은 …… 전해졌다 : 서한(西漢) 말엽의 고사(高士) 정자진은 지조를 굽히지 않고 곡구란 곳에서 농사짓고 살았다. 자운은 한(漢)나라 양웅(揚雄)의 자인데, 양웅은 『법언(法言)』, 「문신(問神)」에서 정자진의 이야기를 전하였다.

김만수(金萬壽)의 자는 덕로(德老)이다. 본관은 광산(光山)인데 봉산(鳳山)으로 분적(分籍)하였다.

9척 남짓한 키에 담력이 있었다. 모제(母弟) 세 명이 있었으니 천수(千壽)와 백수(百壽)와 구수(九壽)인데, 모두 용맹하고 건장하여 마을 사람들에게 신임을 받았다.

만력 임진년에 왜구가 서울을 침범하니, 임금이 평양으로 피란하여 팔도(八道)의 사민(士民)들에게 의병을 일으켜 왜적을 토벌할 것을 명하였다. 김만수가 이 소식을 듣고 목이 쉬도록 통곡한 뒤 세 아우와 고을에서 의병을 일으키니, 따르는 장사가 900여 명이나 되었다. 즉시 임진(臨津)으로 달려가 진을 쳤고, 김만수는 대장이 되고 백수와 구수는 전군(前軍)이 되고 천수는 후군(後軍)이 되었으며, 진사(進士) 최섭(崔涉)과 이옹(李蓊)은 중군(中軍)의 참모가 되었다. 관군(官軍)과 합세한 뒤 전투에서 패하고 백수가 전사하자, 김만수는 두 아우와 고향으로 달려가 마을의 용사(勇士)들을 더 모집하였다.

이때 왜적이 평양에 근접해 와서 임금이 의주로 피란하니, 해서(海西, 황해도)의 주현(州縣) 백성들이 무너지고 찢어져 이리저리 흩어졌다. 봉산 백성들이 순찰사 이일(李鎰)에게 달려가 고하자, 이일이 김만수에게 봉산 군수를 대행하게 하니 민심이 조금 안정되었다. 김만수의 아들 김광협(金光鋏)이 행조(行朝)에서 오자 군사들의 사기가 더욱 진작되어 마침내 주변 군의 병사를 모아 왜적을 격파하고 행조에 승전을 보고하였다. 임금이 매우 기뻐하며 김만수를 선전관(宣傳官)으로 삼고 하유(下諭)하기를 "서늘한 가을 기운이 느껴지는 듯싶더니 변방이라 일찍 추워지는구나. 모든 강물이 동쪽으로 흘러가듯 나도 동쪽 서울로 돌아가고픈 생각뿐이다. 속히 길가의 왜적을 소탕하고 와서 나의 수레를 인도하라."
하였다. 김만수는 그 명을 듣고 많은 눈물을 흘리며 목숨 걸고 왜적을
죽이겠다고 맹세하였다.

왜적 수만 명이 동선령(洞仙嶺)[23]에 머무르자, 김만수는 율진(栗津)에
진을 친 채 대치하며 전투를 벌이지 않았다. 왜적이 부거원(富車原)으로
주둔지를 옮기자 김만수가 몰래 강을 건너 습격해 격파하였고, 또 남산
의 왜적을 습격해 격파하였다. 의병장 윤담(尹聃)·임중량(林仲梁)[24] 등
과 왜적을 견제하니 왜적이 두려워하였다.

이듬해에 명나라 군대가 평양을 수복하여 왜적이 달아나자 김만수는
지현(砥峴)에서 왜적을 맞아 공격해 수십 백 명의 목을 베었고, 마침내
진도 군수(珍島郡守)에 임명되었다. 통제사 이순신은 한산도에 주둔했
고, 의병장 김덕령은 광주에 주둔했는데, 김만수가 무기를 수선하고 병
사를 모으며 군량을 공급하니, 두 군대가 이에 힘입었다.

얼마 뒤에 권귀(權貴)의 눈 밖에 나서 벼슬을 버리고 떠났다. 전공(戰
功)을 논할 때에는 시기하는 자의 배척을 받아 원종공신의 책록에서 배
제되었다. 뒤에 풍천 부사(豊川府使)에 임명되었다가 연로한 모친 때문
에 벼슬을 버리고 고향으로 돌아와 10년 동안 모친을 봉양하였다. 모친
이 세상을 떠난 지 얼마 안 되어 세상을 떠났으니, 향년 55세였다. 공조
판서로 추증되었다. 군민들이 강가에 사당을 세워 제향하고 아우들과
아들 김광협을 배향하였다.

김구수는 무오년 전투[25] 때 벼슬에 등용되어 종군하다가 화살에 맞아

---

23 동선령(洞仙嶺): 황해도 황주(黃州)와 봉산(鳳山)의 경계에 있는 고개이다.
24 임중량(林仲梁): 『선조실록』, 25년 10월 21일 자 기사에는 '임중량(林仲樑)'으로 기록되
  어 있다.
25 무오년 전투: 심하(深河) 전투를 말한다. 무오년인 1618년 명나라가 요동을 정벌한 후금

180 ● 연경재 성해응의 초사담헌

중상을 입고 돌아왔으며, 이듬해 9월에 세상을 떠났다. 공조 참의에 추증되었다.

김광협(金光鋏)의 자는 자장(子長)이다.

날래고 용감했으며 말타기와 활쏘기에 뛰어나 16세에 무과에 장원급제하고 도총부 도사(都摠府都事)에 뽑혔다. 이듬해에 왜란이 일어나 임금이 평양으로 피란하니, 김광협이 수행하다가 머리를 조아리고 자청하기를 "신은 부(符) 한 쪽을 얻어[26] 해서로 돌아가 병사를 수습하여 왜구를 소탕한 뒤 어가(御駕)를 맞이하고 싶습니다." 하니, 임금이 장하게 여겨 허락하였다.

김광협이 이곳저곳 진보(鎭堡)의 수졸(守卒)들을 수습해 봉산에 이르렀는데, 김만수의 부대가 패전하여 임진에서 돌아오다가 김광협을 만나 매우 기뻐하였다. 이에 함께 진군하다가 풍덕현(豊德峴)에서 왜적과 만났는데, 왜적의 세력이 대단했으므로 장수들이 모두 두려운 기색을 보였다. 이에 김광협이 용맹을 떨치며 곧장 앞으로 나가 적장 하나를 베자 여러 장수들이 뒤따르며 돌격하여 왜적을 격파하였다. 이때부터 왜적들

을 공격하기 위해 조선에 출정을 요청하자 광해군이 강홍립을 오도 도원수(五道都元帥)로 삼아 군대를 출정시켰다. 조선 군대는 요동(遼東) 무령현(撫寧縣) 동쪽 산해관(山海關) 근처의 심하에서 전투를 벌이다 패배하였고, 강홍립은 남은 군사들을 이끌고 후금에 투항하였다.

26 부(符) …… 얻어 : 장군으로 삼아 달라는 말이다. 부는 '발병부(發兵符)'로, 군사를 동원할 때 사용하던 신표이다. 그 한 면에 '발병(發兵)'이라는 두 글자를 쓰고 또 다른 한 면에 관찰사·절도사·진호(鎭號) 등을 기록한 뒤 한가운데를 쪼개 오른쪽은 책임자에게 주고, 왼쪽은 임금이 가지고 있다가 군대를 동원할 필요가 있을 때 임금이 교서와 함께 그 한쪽을 내리면, 지방관은 두 쪽을 맞추어 보고 틀림없다고 인정될 때 군대를 동원하였다.

이 김광협을 두려워하여 번번이 피하였다.

김광협은 왜적을 만나면 선봉에 서서 승리를 취하기를 좋아하였고 또한 이 때문에 패전하였다. 왜적이 가좌촌(可佐村)에 주둔한 채 벼를 베고 있자 김광협이 기병(騎兵) 몇 명을 거느리고 앞으로 나갔다. 한창 깃발을 잡고 벼 베기를 지휘하던 왜적이 김광협을 보고 깜짝 놀라 일어났는데, 김광협이 즉시 쳐서 죽여 버렸다. 벼를 베던 왜적들이 달려와 김광협을 에워쌌다가 잠시 뒤 김광협이라는 것을 알고는 모두 흩어져 달아났다. 왜적이 남산으로 들어가 동선령을 막고 방비를 견고히 하자, 김만수가 말하기를 "왜적이 험준한 곳을 차지해 지키니 단번에 함락시킬 수 없다. 만약 용사를 구해 그들의 우두머리를 찔러 죽인 뒤 급습한다면 뜻을 이룰 수 있을 것이다." 하였다. 김광협이 밤에 용사 10여 명과 많은 눈이 내리는 틈을 이용해 언덕을 타고 올라가 적의 후방으로 나와 곧장 적진으로 들어가 우두머리 하나를 베었다. 그 머리를 들고 "나는 김광협이다."라고 크게 소리치자 왜적이 크게 놀랐다. 때맞추어 김만수의 군대가 도착해 양쪽에서 공격하여 왜적을 크게 격파하였다. 김광협이 패잔병들을 직접 추격하여 고정촌(古井村)에 이르러 또 격파하였다. 부거교(富車橋)에 이르렀을 때 "다리를 건너지 말라."는 외침이 들리는 듯하였는데, 말이 너무 빨리 달려 멈추지 못하고 마침내 다리를 건너다가 적의 탄환에 맞아 다리 아래에서 전사하였다.

처음에 김광협이 자신의 머리털을 잘라 왼손 무명지(無名指)에 묶고 어머니에게 보이며 말하기를 "제가 죽으면 이것으로 저의 시신을 확인하십시오." 하였다. 김광협이 전사하여 장수들이 김만수를 위로하니, 김만수가 말하기를 "어찌 위로하는 것이오? 내 자식은 죽어서 제 뜻을 이루었소." 하였다. 이 일이 조정에 알려지자 경상 좌수사(慶尙左水使)를 추증하였고, 뒷날 공조 참판으로 높여 추증하였다.

임진년 왜란 때 호남과 영남에서 많은 의병이 일어나 주와 현에 분산되어 많은 왜적을 죽였다. 해서에서는 봉산의 김만수, 황주(黃州)의 황하수(黃河水)와 윤담(尹聃), 중화(中和)의 김진수(金進壽)가 모두 벌떼처럼 일어나 굳건히 싸워 왜구를 제압할 수 있었으니, 영남과 호남의 의병에 뒤지지 않는다.

그런데 지금 사람들은 권응수와 정기룡 등 영남과 호남의 의병장만 알 뿐 김만수 등은 전혀 들어보지 못했다. 이는 해서가 궁벽한 곳이라 문헌(文獻)이 없기 때문이다. 또한 김만수는 권응수 등과 마찬가지로 전쟁터에서 스스로 빠져나와 공명을 세우는 일에 자신을 힘써 드러낼 수 없었기 때문이다. 애석하다. 하지만 그들의 충성과 의리에 대해 어찌 세상에 드러났는지의 여부로 논할 수 있겠는가.

유희경(劉希慶)의 자는 응길(應吉)이고, 위항인(委巷人, 평민)이다.

어려서부터 훌륭한 품성을 지녔다. 서른 살에 부친을 여의자 흙을 져 날라 봉분을 만들어 장사지내고 그 곁을 지키며 떠나지 않았다. 인근 절 의 중이 가련하게 여겨 봉분 곁에 흙집을 만들어 주고 손수 죽을 끓여 유희경에게 먹으라고 권하였다. 유희경의 모친은 오랫동안 병을 앓았는 데, 매일 모친이 깔고 앉은 방석을 들고 혜화문(惠化門) 밖으로 나가 손 수 씻어 바위 위에 말리면서 그 곁에 앉아 책을 읽으니, 보는 사람들이 기이하게 여겼다.

유희경은 동강(東岡) 남언경(南彦經)에게 『주자가례(朱子家禮)』를 배 웠고 특히 상례(喪禮)에 밝았으므로, 공경대부(公卿大夫)들은 상을 당하 면 반드시 유희경을 불러서 물었다. 국상(國喪)이 나 질쇄(質殺)[27]를 사 용하는 법을 논의하였는데, 그 제도를 아는 사람이 없자 곧 유희경을 불 러 물어보고 결정하였다.

임진년 왜란 때 선조가 평양으로 피란하자 유희경이 눈물을 흘리고 의병(義兵)을 규합해 명나라 병사를 도와 왜적을 토벌하니, 선조가 가상 히 여겼다. 광해군 무오년(1618)에 적신(賊臣) 이이첨(李爾瞻)이 모후(母 后, 인목왕후(仁穆王后))를 폐위하고자 하여 도성의 백성들을 위협해 모후 의 폐위를 상소하게 만들고 말을 듣지 않는 자는 처벌하였는데, 유희경 만은 상소하지 않았다. 유희경은 평소 이이첨과 잘 알고 지내는 사이였 다가 즉시 절교하였다. 한번은 길에서 마주치자 이이첨이 꾸짖으며 "네

---

27 질쇄(質殺) : 시신을 싸는 주머니로, 시신의 머리에서부터 씌워 내리는 것을 질(質)이라 하고, 발끝에서부터 씌워 올리는 것을 쇄(殺)라 한다.

가 나를 찾아오지 않는 이유가 무엇이냐?" 하였다. 유희경이 대답하기를 "소인의 어미가 살아 계셔 봉양하기에 바빠 어르신 댁을 찾아뵐 겨를이 없습니다." 하였다. 인조가 반정한 뒤 대신들이 유희경의 절조를 아뢰니, 상(上)이 특명을 내려 작질을 올려주었다.[28]

유희경의 성품은 편안하고 조용하였다. 집은 정업원(淨業院)[29] 하류에 있었는데, 그 물가에 바위를 쌓아 대를 만들어 '침류대(枕流臺)'[30]라는 이름을 붙였다. 그 곁에 복숭아나무와 버드나무 몇 그루를 심어놓고 봄에 꽃이 필 때마다 그 사이에서 시를 읊었고, '촌은(村隱)'이라고 자호하였다. 그의 시는 고요하고 담박함이 그 성품과 같아 문충공(文忠公) 박순(朴淳)이 자주 칭찬하였고, 공경대부들이 다 그를 찾아가 시를 주고받았으니, 세상에서 말하는 '침류대시첩(枕流臺詩帖)'이 바로 주고받은 시이다. 영안위(永安尉) 홍주원(洪柱元)이 가장 친한 벗으로 날마다 소나무 아래로 찾아갔는데, 인목왕후가 그 말을 들으면 번번이 어찬(御饌)을 말에 실어 보내주었다. 뒤에 침류대 땅이 궁궐로 편입되어 이문원(摛文院)[31]이 되었는데, 그 소나무는 여전히 남아 있다.

유희경은 평소 정암(靜菴, 조광조) 선생의 풍모를 사모하였고 또 도봉

---

28 상(上)이 …… 올려주었다 : 광해군 원년에 조사(詔使)가 잇따라 나와 호조의 비용이 고갈되자, 유희경은 오부(五部)의 부녀자의 반지를 거둬 충당하도록 청하였고, 이 공로로 통정대부(通政大夫)에 올랐다. 그리고 이 때 이르러 가선대부(嘉善大夫)로 올랐다. 『삼연집』 권30, 「유촌은묘표(劉村隱墓表)」 참조.

29 정업원(淨業院) : 고려와 조선 시대 도성(都城) 내에 있었던 여승방(女僧房)으로, 조선 시대에는 응봉(鷹峰) 아래 창경궁(昌慶宮) 서쪽에 있었다.

30 침류대(枕流臺) : 현재의 위치는 정확히 알 수 없지만, 창덕궁 안의 경추문(景秋門)과 요금문(曜金門) 사이의 도랑 서쪽에 위치했을 것으로 추정된다.

31 이문원(摛文院) : 오위도총부(五衛都摠府)를 말한다. 오위도총부 자리는 현재의 창덕궁 내 규장각(奎章閣)이 있는 자리이다.

산(道峰山)의 산수를 사랑하여 노년을 거기에서 보내려고 하였다. 도봉
산은 정암 선생이 일찍이 은거한 곳이자 정암 선생을 제향하는 곳이다.
화사(畵師) 이징(李澄)이 유희경을 위해 「임장도(林藏圖)」를 그리고 유희
경과 교유한 인사들에게 시문을 지어 그의 뜻을 말해줄 것을 부탁하였
다.[32] 뒤에 도봉산에 묻혔다.

백대붕(白大鵬)은 노비이다.
노비는 감히 과거에 응시할 수 없는 것이 국법(國法)이었기에, 백대
붕은 시를 잘 지었지만 자신을 드러낼 방법이 없었다. 이에 시를 지어
슬퍼하기를 "백발로 풍진 겪은 전함사의 노비라네.〔白首風塵典艦奴〕" 하
였다.[33]
백대붕은 유희경과 친하게 지냈기에 공경대부들에게 재능을 인정받
았으며, 허성(許筬)이 통신사(通信使)로 일본에 갈 때[34] 데리고 갔다. 그
뒤에 이일(李鎰)이 순변사(巡邊使)로서 출정할 때 백대붕이 왜적의 실정

----

32 화사(畵師) …… 부탁하였다 : 이징(1581~?)은 대개 이징(李澄)으로 쓴다. 자는 자함(子
涵), 호는 허주(虛舟), 본관은 전주(全州)이다. 문인화가 이경윤(李慶胤)의 서자로, 도화서
(圖畵署) 화원을 지냈으며, 1609년(광해군1)에 원접사의 수행 화원으로 연행하기도 하였
다. 「임장도」는 유희경의 『촌은집(村隱集)』 권2, 부록에 수록된 「행록(行錄)」에 '임장도
(林莊圖)'로 되어 있다. 「임장도」에 붙인 교유인물들의 제영(題詠)은 『촌은집』 권3에 「영
국동임장도제영(寧國洞林莊圖題詠)」으로 수록되어 있어 참고가 된다.
33 이에 …… 하였다 : 『청장관전서(靑莊館全書)』 권53, 「이목구심서 육(耳目口心書六)」에 수
록된 그 시의 전문을 소개하면 다음과 같다. "술 취해 수유꽃 꽂고 홀로 즐기다가, 배에
가득한 명월 속에 빈 술병 베게 삼았네. 옆 사람아 내가 무엇하는 자인지 묻지 마소,
백발로 풍진 겪은 전함사의 노비라네.(醉揷茱萸獨自娛, 滿船明月枕空壺. 旁人莫問何爲
者, 白首風塵典艦奴.)"
34 허성(許筬)이 …… 때 : 허성은 1590년에 성균관 전적(成均館典籍)으로서 통신사의 종사관
(從事官)이 되어 일본에 다녀왔다.

에 밝다고 여겨 불러서 수행하게 하였고, 이일이 패하여 전사하자 그도 죽었다. 신분이 낮았기 때문에 세상에 알려지지 않았다.

유희경과 백대붕은 모두 절개가 있었지만 유희경은 이름이 알려지고 백대붕은 알려지지 않았으니, 그 이유는 무엇일까? 유희경은 당시에 경상(卿相)들의 칭찬과 인정을 받았지만 백대붕은 그렇지 못했던 것이다. 이것이 바로 태사공(太史公)이 천리마 꼬리에 붙는 것을 감탄했던[35] 이유이다.

백대붕의 절개는 세 명의 종사관(從事官)과 비교할 때 그 경중을 가릴 수가 없는데, 세 명의 종사관만 제단을 만들어 제향하고 있다.[36] 또 유몽인(柳夢寅)이 "서기(徐起)·박인수(朴仁壽)·권천동(權千同)·허억건(許億健)은 학행(學行)으로 칭찬을 받았다." 했는데, 오직 고청(孤靑) 서기(徐起)만 알려지고 나머지는 누군지 모르니, 이런 부류의 인물들이 인멸된 것을 또 어찌 한스럽게 여기겠는가.[37]

---

35 태사공(太史公)이 …… 감탄했던 : 태사공은 사마천(司馬遷)을 가리킨다. 사마천은 『사기(史記)』 권61, 「백이열전(伯夷列傳)」에서, 파리가 천리마 꼬리에 붙어서 멀리 갈 수 있는 것처럼 안회(顏回)가 학문에 독실하였다 하더라도 결국 천리마 같은 공자 때문에 후세에 더욱 이름을 전할 수 있게 되었다고 하였다.

36 백대붕의 …… 있다 : 세 명의 종사관은 임진왜란 당시 순변사 이일의 종사관으로 상주 전투에서 전사한 윤섬(尹暹)·박호(朴箎)·이경류(李慶流)를 가리킨다. 이들은 1794년(정조18)에 상주의 충의단(忠義壇)에 봉향되었다.

37 유몽인(柳夢寅)이 …… 여기겠는가 : 이 부분의 평어는 『성호사설(星湖僿說)』 권7, 인사문(人事門)의 「백대붕」 항목에 나오는 내용을 옮겨놓은 것이다. 다만 『성호사설』에는 마지막 부분에 "이런 부류의 인물들이 인멸된 것이 어찌 한정이 있겠는가."라고 되어 있다. 또 유몽인의 말은 『어우집(於于集)』 권6, 「유희경전(劉希慶傳)」에 보인다.

조덕건(曺德健)은 서리(書吏)이다.

창의동(彰義洞)에 살았고 훌륭한 행실이 있었다. 조덕건은 재종조(再從祖) 형제의 친척 수십 명과 모두 한 집에 살았는데, 당(堂) 아래에 작은 항아리를 묻고 약속하기를 "옳지 않은 일을 당해 충고하고 싶은 일이 있다면 말로 하지 말고 종이에 적어 항아리 속에 던져 넣자." 하였다. 그리고 한 해가 끝나는 날 여러 형제들이 모두 모여 항아리를 열어 각자 말없이 마음속으로 자신을 경계하고 그 내용을 남에게 말하지 않은 채 즉시 종이를 태워버렸으며, 또한 누가 쓴 글인지 모르도록 하였다. 마을 사람들이 그의 행동을 사모하였고, 무뢰배들조차 그의 이름을 함부로 부르지 않았다.

백윤구(白胤耉)의 자는 이맹(頤孟)이고 본관은 평산(平山)이니, 고려 때 시중(侍中)을 지낸 백경신(白景臣)의 후손이다.

가난하여 부모를 봉양하기 위해 조리(曹吏)[38]로 일했다. 일찍이 말하기를 "후대에 좋은 풍속이 없는 것은 일을 할 때 옛 법도를 본받지 않기 때문이다."[39] 하고, 마침내 자신의 호를 '학고당(學古堂)'이라 하였다. 정성을 다해 부모를 섬겼고, 자식들이 하루 종일 부모를 모시고 앉아 있을

---

38 조리(曹吏) : 각 조(曹)의 서리를 말하는데, 백윤구는 병조의 서리였다. 『영조실록』, 34년 4월 27일자 기사에, 병조의 서리 백윤구를 특명으로 정려하게 한 기록이 있다.

39 후대에 …… 때문이다 : 『서경(書經)』, 「열명 하(說命下)」에, 부열(傅說)이 은(殷)나라 고종(高宗)에게 아뢰며 "옛날의 가르침을 배워야 얻음이 있을 것이니, 일을 할 때 옛 법도를 본받지 않고 장구하게 할 수 있다는 것은 제가 듣지 못했습니다.(學于古訓乃有獲, 事不師古, 以克永世, 匪說攸聞.)"라는 구절이 있다.

때는 부자(父子)와 아내와 누이가 각각 정해진 자리가 있어 질서가 정연하였다.

영조 대왕(英祖大王)이 신하들에게 『상례보편(喪禮補編)』[40]을 편찬하도록 명하니, 신하들이 백윤구가 예법에 밝다는 이유로 좌우에서 일을 거들며 보좌하도록 하였다. 백윤구가 세 가지 큰 예법을 논하여 상에게 아뢰어 주기를 청하면서 "소목(昭穆)을 올리는 제도, 피발(被髮)하는 예(禮)의 잘못, 사왕(嗣王)이 면복(冕服)을 입는가라는 의문 등의 조목을 아뢰어 주십시오." 하였는데, 신하들이 그 일을 어려워하며 받아들이지 않았다.

어떤 사람이 백윤구가 양반임에도 서리의 일에 종사하는 것을 비난하자, 즉시 말하기를 "이는 고인이 말한 녹양(祿養)[41]이다. 또 맡은 일에 따라 힘을 다하는 것이니, 나라에 보답하는 일에 어찌 귀천이 있겠는가." 하였다.

『상례보편』이 완성되기 전에 세상을 떠나니, 향년 49세였다. 예조 판서 신회(申晦) 등이 상에게 아뢰기를 "백윤구는 생모의 상을 당해 거상하면서 소금과 채소 외에는 아무 것도 먹지 않았고, 매일 일을 마치고 물러나면 상복을 입고 거적에 앉아 슬프게 곡읍(哭泣)하여 주위 사람들을 감동시켰습니다." 하니, 상이 감탄하고 칭찬하며 정려문을 내리도록 하였다.

---

40 『상례보편(喪禮補編)』: 정식 명칭은 『국조상례보편(國朝喪禮補編)』이다. 『국조오례의(國朝五禮儀)』의 상장례(喪葬禮)에 관한 부분을 보충하고 개편한 책으로, 홍계희(洪啓禧, 1703~1771) 등이 1758년에 완성하여 간행하였다.

41 녹양(祿養): 부모를 봉양하기 위해 벼슬하여 녹봉을 받는 것을 말한다.

조덕건은 시대가 너무 멀어 행적을 징험할 수 없지만, 백윤구는 시대가 가까워 많은 사람들이 그의 이야기를 한다. 백윤구가 말하기를 "성인의 마음을 따르고 성인의 일을 실천하면 삼대(三代)를 회복할 수 있고 왕도(王道)를 일으킬 수 있다. 또 인(仁)을 행하되 예(禮)에 밝지 못하면 인을 편안히 여길 수 없다. 학교는 옛날의 제도이니 회복해야 하고, 과거(科擧)는 말세의 제도이니 폐지해야 한다. 정전법(井田法)이 시행되어야 백성들의 생산이 균등해지며, 소목(昭穆)이 분별되어야 귀신과 사람이 안정된다. 중이 되는 것을 금지하고 노비법을 개혁하면 군대에 편입할 장정들이 충분해 질 것이며, 절수(折受)를 혁파하고 면세(免稅)를 없앤다면 국가의 재정이 넉넉해질 것이다." 하였다.[42] 그의 말이 시대의 폐단을 반드시 구제할 수 있는 것은 아닐지라도 요컨대 식자(識者)의 말이니, 후대에 왕도 정치를 행하는 왕이 나타난다면 또한 반드시 받아들일 것이다.

---

42 백윤구가 …… 하였다 : 백윤구의 이 말은 『청장관전서』 권20, 간본 『아정유고(雅亭遺稿)』 권3, 「백윤구전(白胤耈傳)」에 그대로 보인다. 절수는 국가로부터 전지(田地)나 결세(結稅) 등을 자기 몫으로 떼어 받는 것을 말한다.

8

왕일녕(王一寧) / 김명붕(金溟鵬)

왕일녕(王一寧)은 요양(遼陽)의 수재(秀才)로 평소 기이한 계책을 잘 내었다.

요양이 오랑캐에게 함락되자 왕일녕은 조선 조정으로 찾아와 구원병을 요청해 요양을 회복하려 하였다. 당시는 광해군 재위 시절로, 이이첨 등이 정권을 농락하는데다 나라의 군대가 패전하여 김응하 등이 전사한 상황이었기에[43], 구원병을 내줄 뜻이 전혀 없었다. 그런데 마침 급사중(給事中) 양도인(楊道寅)과 한림(翰林) 유홍훈(劉鴻訓)이 그보다 먼저 우리 조정에 사신으로 와 있었다.[44] 왕일녕이 이들에게 게첩(揭帖)을 올려 자신의 뜻을 이야기하니, 양도인은 꾸짖어 내쫓았지만 유홍훈은 후하게 노자를 주고 서해(西海)의 여러 섬을 두루 돌며 요동 사람들을 위무(慰撫)하게 하였다.

한편 당시에 큰소리치기 좋아하는 항주 사람 모문룡(毛文龍)[45]이라는 자가 있었다. 요동 순무(遼東巡撫) 왕화정(王化貞)이 바다에 나가 섬을 정탐할 부하를 찾자 모문룡은 자신이 가겠다고 청하였고, 왕화정은 즉

---

43 나라의 …… 상황이었기에: 1618년 명나라가 요동을 정벌한 후금을 공격하기 위해 조선에 출정을 요청하자, 광해군은 강홍립을 오도 도원수로 삼아 군대를 출동시켰다. 이 전투에서 김응하는 전사하였고 강홍립은 남은 군사들을 이끌고 후금에 항복하였다.

44 급사중(給事中) …… 있었다: 1621년(광해군13) 4월에 양도인과 유홍훈이 등극조사(登極詔使)로 조선에 와 있었다. 『광해군일기』, 13년 4월 12일 참조.

45 모문룡(毛文龍): 1576~1629. 자는 진남(振南)이다. 절강성(浙江省) 항주 출신으로, 관직은 좌도독평요총병관(左都督平遼摠兵官)까지 올랐다. 1621년에 조선에 들어와 이듬해 평안도 철산(鐵山) 앞바다의 가도(椵島)를 점거하고 동강진(東江鎭)을 구축한 뒤 후금에 대항하였다. 그러나 후금이 점점 강해짐에 따라 명나라를 배반하고 후금에 투항하려 1629년 명나라에서 파견한 요동 경략(遼東經略) 원숭환(袁崇煥)에 의해 죽임을 당하였다.

시 병사 200명과 두 달간의 양식을 주었다. 모문룡은 변방에 있기는 했지만 실제로는 섬의 사정을 알지 못하였기에 바다 입구에 병사를 주둔시킨 채 감히 곧장 섬으로 들어가지 못했다.

진강(鎭江)을 지키던 장수 동양진(佟養眞)이 청나라에 투항한 뒤[46] 장산(長山)의 여러 섬을 습격할 때 중군(中軍) 진양책(陳良策)을 선봉에 서게 하였다. 진양책은 평소 명나라로 귀순하려던 자로, 왕일녕을 만나자 함께 바다 입구로 나갔고 멀리서 모문룡의 깃발을 보고 즉시 왕일녕을 보내 자신의 뜻을 전하였다. 모문룡이 대답하지 않자 진양책은 직접 모문룡의 배에 올라 군대를 합하자고 요청했으나 모문룡은 속임수에 빠질까 걱정하여 또 응하려 하지 않았다. 이에 왕일녕이 말하기를 "장군의 깃발을 달고 밤을 틈타 진강을 격파한 뒤 장군을 맞이하러 오면 어떻겠습니까?" 하니, 모문룡이 허락하였다. 진양책이 심복인 소만의(蘇萬義)와 함께 과연 밤에 동양진을 포박하고 모문룡을 맞이해 가도(椵島)의 장군으로 삼으니, 이경선(李景先) 등 여러 섬에 있던 장수들이 함께 와서 귀순하였다. 모문룡은 이를 모두 자신의 공으로 만들고 왕화정과 함께 주본(奏本)을 올려 '진강의 기첩(奇捷)'이라고 하였다. 위충현(魏忠賢)[47]이 변방의 공을 세우고 싶어 하던 차였기에, 즉시 모문룡을 참장(參將)으로 임명하고 마침내 진강을 진무(鎭撫)하게 하였다. 왕일녕은 찬획(贊畫)에

---

46 진강(鎭江)을 …… 뒤 : 진강은 신의주 건너편 중국의 안동현(安東縣)에 있던 구련성(九連城)을 가리킨다. 안동현은 지금의 요녕성 단동(丹東)이다. 동양진은 원래 한족(漢族)의 장군으로 요동에서 부총병(副摠兵)을 지내다가 누르하치의 군대에 항복하였다. 『청사고(淸史稿)』에서는 청나라 세조(世祖)의 이름을 피휘(避諱)하여 '동양정(佟養正)'으로 기록하였다.

47 위충현(魏忠賢) : 명말(明末)의 환관으로, 왕의 유모 봉성부인(奉聖夫人) 객씨(客氏)와 사통(私通)하고 정권을 농락하다가 의종(毅宗) 때 탄핵을 받아 자결하였다.

올랐다.

모문룡이 권세 있는 환관에게 뇌물을 먹여 내통하며 미친 듯이 방자하게 굴자 왕일녕은 늘 면전에서 모문룡을 배척하였다. 이에 모문룡은 외국과 몰래 내통했다는 죄로 왕일녕을 무고하였다. 왕일녕이 포박당해 경사(京師)로 압송되니, 모문룡은 허현순(許顯純)[48]을 사주하여 왕일녕을 죽이게 하였다.

김명붕(金溟鵬)은 영남의 현풍(玄風) 사람이다.

아홉 살에 중이 되었고 법명은 묘원(妙圓)이다. 열여섯 살에 스승 휘원(徽遠)을 따라 비슬산(毗瑟山) 석굴 속에서 선(禪)을 익히며 몇 달 동안 잠을 자지 않다가 갑자기 광질(狂疾)이 발작하였다. 이에 머리를 기르고 호남의 늙은 악공(樂工)에게 비파를 배웠는데, 1년이 되지 않아 나라에서 일인자가 되었다. 멀리 유람하며 관서(關西)에 이르렀다가 모문룡 휘하의 병사 번후지(樊後遲)를 만났는데, 평소 음악에 조예가 있던 번후지는 김명붕의 연주를 듣고 손뼉을 치고 발을 구르며 신묘하다고 여기고 가도(椵島)로 데려갔다.

모문룡이 한번은 진해루(鎭海樓)에서 큰 연회를 벌여 미희(美姬) 화아(花兒)에게 거문고를 타게 하고 의자(義子) 이견(李堅)에게 비파를 연주하게 하니, 여러 악기가 모두 펼쳐졌고 빈우(賓佐, 막료)들이 뒤섞여 둘러앉았다. 김명붕이 비파를 안고 천천히 나아가 조용히 서너 장단을 연주하니, 모문룡은 대단히 기이하게 여겨 무릎을 치며 맞이해 상석(上席)에 앉혔다. 드디어 김명붕을 매우 아껴 광녕(廣寧)의 기생 후자운(後紫

雲)을 내려주고 운주당(運籌堂) 앞에 집을 엮어 주었다.

　바다가 싸늘해져 가을 하늘이 높고 달이 밝을 때면 김명붕은 늘 모문룡을 위해 비파를 연주하였고, 모문룡은 강개하여 눈물을 흘리지 않은 적이 없었다. 얼마 뒤에 모문룡이 원숭환에게 주살되고 가도 역시 오랑캐에게 함락되었다.

　김명붕은 후자운을 잃고 영동의 강릉(江陵)에서 떠돌며 어부 집에 의탁해 살았다. 한양으로 돌아왔다가 송도(松都)로 들어갔는데, 송도 사람들이 술자리를 가질 때마다 김명붕을 불러 비파를 타게 하고 즐겼으며, 비파 소리를 들은 사람들은 모두 한참 동안 크게 탄식하였다. 송도를 떠나 장연(長淵)의 금사사(金沙寺)에 이르러 노승(老僧) 해청상인(海淸上人)에게 의탁하였다. 뒤에 어디에서 죽었는지 모른다.

　가도는 심양의 뒤쪽에 있고 관서의 북쪽과 맞닿아 있으니, 만약 만주를 견제하고자 한다면 이곳을 버리고 어디로 가겠는가.

　모문룡은 처음에 왕일녕의 공을 빼앗아 해상에 웅거(雄據)한 뒤 금은보화를 실어 보내 권세 있는 환관에게 뇌물로 주었고, 관서의 여러 고을을 침략하여 백성을 해치고 죽이는 것을 공으로 삼았다. 요동을 수복하는 데에는 전혀 마음이 없고 미녀를 끼고 음악을 들으며 즐기기만 하였으니, 원숭환이 그를 주살한 것은 당연한 일이다. 가도는 운종도(雲從島)이니 철산(鐵山)에 있다.

9

이성량(李成梁)의 딸 / 이성룡(李成龍)

이성량(李成梁)[49]의 딸은 이름이 전하지 않는다.

　이성량이 일찍이 소장(小將)이 되어 촉(蜀)을 정벌할 때 촉 땅의 관기(官妓)를 사랑하다가 돌아왔다. 대장(大將)이 되어 영원(寧遠)을 진무할 때 푸른 나귀를 타고 찾아온 소년을 만났는데 얼굴이 아리따웠다. 바로 촉을 정벌할 때 낳은 딸이었다.

　이성량이 동북 지역의 오랑캐들을 진무하고 평정할 때 규장(叫場)과 타실(他失)[50]을 죽이고, 타실의 아들 누르하치〔努爾哈赤〕를 포로로 잡아 돌아와 곁에 두고 일을 시켰다. 한번은 이성량이 낮잠을 자는데 누르하치가 시렁에 있던 매〔鷹〕를 다 풀어주고 한참 동안 탄식하였다. 그리고 다시 이성량의 침대 곁으로 가서 보도(寶刀)를 뽑아 세 번 이성량의 배를 찌르는 시늉을 하였다. 이성량은 이 사실을 처음부터 알고 있었다. 누르하치가 칼을 원래 자리로 되돌려 놓자 이성량이 "매를 왜 날려준 것이냐?" 하고 물으니, 대답하기를 "저 놈은 하늘을 날고 싶을 터인데 사람에게 붙잡힌 것이 불쌍해서입니다." 하였다. 이성량이 "칼로 나를 찌르려다가 하지 않은 이유는 무엇이더냐?" 하니, 대답하기를 "찌르려 한 것은 아버지의 원수이기 때문이고, 칼을 거둔 것은 저를 살려준 은혜를 생

49　이성량(李成梁) : 1526~1615. 명나라 신종(神宗) 때의 장군으로, 자는 여계(汝契), 봉호는 영원백(寧遠伯)이다. 광녕 총병(廣寧總兵)과 요동 자사(遼東刺史) 등을 지냈으며 요동의 방어에 큰 공을 세웠다. 그의 고조는 본래 조선 사람으로 명나라에 귀화하였다. 임진왜란 때 조선에 출병한 이여송(李如松)의 부친이다.

50　규장(叫場)과 타실(他失) : 청나라 태조 누르하치의 조부와 부친이다. 타실은 탑실(塔失)의 오기(誤記)인데, 탑(塔)과 타(他)가 중국 발음에 있어 서로 비슷하기 때문에 우리나라에서 타실로 쓰기도 했던 것으로 보인다. 『성호사설』에도 타실로 되어 있다.

각해서입니다." 하였다. 이성량은 누르하치를 잡아둘 수 없음을 알았다.

이성량의 아들 이여송(李如松)이 어느 날 갑자기 "누르하치가 촉 땅에서 온 딸을 훔쳐서 달아났습니다. 제가 추격하겠습니다." 하니, 이성량이 "잡을 수 있다면 잡아 오너라. 아마 네가 잡지 못할 것이다." 하였다. 이여송이 재빠른 기병(騎兵)에게 누르하치를 뒤쫓게 하였고, 과연 중도에서 맞닥뜨렸다. 누르하치가 묻기를 "지금 나를 쫓게 한 것은 누구의 명령이냐? 노야(老爺)이시냐? 아니면 소야(少爺)가 너를 보낸 것이냐?" 하니, 기병이 "소야의 명이다." 하였다. 누르하치가 "그러면 그렇지. 노야께서는 결코 나를 쫓지 않을 것이다. 내가 이미 여기까지 왔으니 어찌 너에게 잡히겠느냐. 너는 백 걸음 밖에 화살 통을 세워라. 내가 활을 쏘아 맞히고 연이어 쏘아 반드시 처음 맞힌 곳을 맞힐 것이다. 하나의 화살이라도 어긋난다면 내가 너에게 사로잡혀 주마." 하니, 쫓아온 기병이 "알았다." 하였다. 누르하치가 활을 쏘았는데 처음 맞힌 곳에서 한 치도 어긋나지 않았다.

이성량의 딸이 말하기를 "내가 도망친 이유는 그가 영웅이기 때문이다. 이미 그와 함께 도망쳤는데 어찌 갑자기 돌아가겠느냐. 네가 백 걸음 밖에 서 있으면 내가 활을 쏘아 네 모자 위의 깃털을 맞히겠다. 한발이라도 적중하지 않는다면 네 뜻대로 잡아가거라." 하니, 쫓아온 기병이 "알겠습니다." 하였다. 이성량의 딸이 활을 쏘니 모두 모자 위의 깃털에 적중하였다. 그 기병은 감히 쫓아가지 못하고 돌아와 이미 멀리 떠나버렸다고 보고하였다.

누르하치가 건주위(建州衛)로 돌아가자 이성량은 누르하치를 용호장군(龍虎將軍)에 봉해 줄 것을 조정에 청하였다. 누르하치는 마침내 강성해져서 중국의 주인이 되었다.

이성룡(李成龍)은 이여매(李如梅)의 손자이다. 이여매는 총병관(總兵官)으로서 자신의 형 이여송을 따라 조선에 와서 왜구를 정벌하는 데 공을 세웠다.

이성룡은 검술을 좋아했고 심하 전투 때 유정(劉綎)을 따랐다가 유정이 패하자 조선으로 도망쳐 왔다. 옥성부원군(玉城府院君) 장만(張晩)이 자신의 막부에 두었다가 오랑캐가 이성룡을 찾아 압박해오자 장만은 마침내 호서(湖西)에 숨겨주었는데, 오랑캐가 자객을 시켜 이성룡을 죽이게 하였다. 그 자객 역시 검술에 뛰어나 이성룡의 검기(劍技)를 다 헤아린 자였기에, 이성룡은 마침내 방으로 들어가 벽에 기대 맞서다가 자객이 문으로 들어오자 찔러 죽였다.

이여송이 조선에 왔을 때 통진 금씨(通津琴氏)의 딸을 취해 첩으로 삼았는데, 임신을 하자 칼을 주고 떠나며 "아들을 낳으면 이름을 천근(天根)으로 하라." 하였고, 과연 아들 천근을 낳았다. 천근의 후손은 대부분 거제(巨濟)에 살고 있으며, 이희장(李熙章)은 이여송의 후손으로 이효승(李孝承)의 후사가 되었다.[51] 이여송이 주고 간 칼은 길이가 석 자 네 치이고, 칼 표면에 세로로 틈이 있어 용이 구불거리듯 조금 갈라졌으며, 지금까지도 녹이 슬지 않았다.[52]

---

51 이희장(李熙章)은 …… 되었다 : 이희장의 자는 사헌(士憲)이다. 1800년(정조24)에 별시 무과에 급제하였는데, 급제한 날 정조가 이여송의 후손이라는 점을 거론해 특명을 내려 도총부(都摠府)의 관직을 제수하게 하였다. 『정조실록』, 24년 4월 8일자 기사 참조. 또 『무과방목(武科榜目)』에, 이희장의 생부는 이세번(李世蕃)이며 이효승의 후사가 된 것으로 기록되어 있다.

52 이여송이 …… 않았다 : 이 일화는 『무예도보통지(武藝圖譜通志)』 권3, 「제독검(提督劍)」에 이여송의 5세손인 이원(李源)이 전한 말로 실려 있다. 또 『연경재전집』 권15, 「이제독검명(李提督劍銘)」에도 보이는데, 그 서문에서 성해응은 이 일화를 이원에게 직접 들었으며 칼도 보았다고 하였다.

이성량과 이성룡은 본래 조선 사람이다. 이성량의 증조 이영(李英)이 살인을 저지르고 중국으로 도망쳤다고 한다. 이성량의 딸을 누르하치가 훔쳐갔다는 것은 우리나라 사람들이 하는 말이지만, 금씨의 일은 믿을 수 있다. 가야산(伽倻山)에 이여송이 쓴 사립이 있었고,[53] 묘향산(妙香山) 내원암(內院庵)에는 이여송이 승려 휴정에게 보낸 편지가 있다.[54]

옛날 이여송이 조선으로 출병하려 할 때 이성량이 경계하기를 "조선은 고향의 나라이니 힘쓰라." 하니, 이여송이 전투에 매우 힘을 쏟아 백발이 되었다. 그 후손 중에 조정에서 벼슬한 자가 많고 대대로 받은 녹봉도 매우 풍족하였으니, 조정에서 이씨를 대우한 것 역시 지극하였다.

---

53 가야산(伽倻山)에 …… 있었고 : 『연경재전집』 권51, 산수기 하(山水記下) 「기영남산수(記嶺南山水)」의 가야산 조에 의하면, 이여송이 합천 가야산의 해인사에 삿갓 하나를 주었는데 뒤에 궁현당(窮玄堂)에서 불타버렸다고 한다.

54 묘향산(妙香山) …… 있다 : 박제가(朴齊家)의 「묘향산소기(妙香山小記)」에 그 기록이 보인다. 「묘향산소기」는 박제가의 문집인 『정유각집(貞蕤閣集)』에 실려 있지 않으며, 북한에서 간행된 『기행문선집』, 조선문학예술총동맹출판사, 1964, 131쪽에 소개되어 있다.

10

선우협(鮮于浹) / 이재형(李載亨)

선우협(鮮于浹)은 기자(箕子)의 후손이다. 기자가 조선에 봉해졌고 그 후손이 우(于) 땅을 식읍(食邑)으로 받았기에 선우씨(鮮于氏)가 되었다. 홍무(洪武)[55] 연간에 선우경(鮮于景)이라는 자가 중령별장(中領別將)을 지냈다. 그의 7세손 선우식(鮮于寔)이 태천(泰川)에서 평양의 숭인전(崇仁殿)[56] 곁으로 거처를 옮기고 기자의 제사를 받들게 해 달라고 청하니 상이 허락하였다. 그 자손들이 대대로 전감(殿監)이 되었다. 선우식의 아들이 선우협이다.

선우협이 열두 살 때 재실(齋室)에서 책을 읽다가 잠깐 졸았는데 꿈에 기자가 나타나 시를 주며 "한 자 무덤 성 밖에 남아 있고, 외로운 사당은 쓸쓸한 창을 대했네.〔尺墳殘城外 孤祠對虛牖〕"라고 하였다. 월사(月沙) 이정귀(李廷龜)가 감탄하고 기이하게 여기며 "신어(神語)다." 하였다. 관례(冠禮)를 한 뒤에 고을의 선생인 김태좌(金台佐)를 찾아가 학업을 익혔는데, 『맹자(孟子)』를 배우며 '태산에 올라 천하를 작게 여겼다.〔登泰山 小天下〕'라는 장(章)[57]에 이르러 북받치는 감정으로 맹자의 경지를 사모하게 되었다. 걸어서 영남을 유람하며 퇴계 이선생의 사당을 배알하고 몇 달 간 머물렀다. 사당에 소장된 책을 다 읽은 뒤에 인동(仁同)으로 가서 여헌(旅軒) 장현광(張顯光)과 학문을 강론하고 돌아오니, 학문이 더욱 진보하여 따르는 자들이 매우 많아졌다.

---

55 홍무(洪武) : 명나라 태조(太祖)의 연호로, 1368년부터 1398년까지 사용되었다.
56 숭인전(崇仁殿) : 기자를 배향하는 사당으로 현재 평양에서 가장 오래된 건축물로 남아 있다. 1325년(충숙왕12)에 처음 세웠고, 1430년(세종12)에 기자전(箕子殿)이라 하였다가 1612년(광해군4)에 숭인전으로 개칭하였다.
57 태산(泰山)에 …… 장(章) : 『맹자』, 「진심 상(盡心上)」에 나온다.

관서의 풍속은 활쏘기와 말타기를 좋아하고 흔쾌히 승낙함을 즐겼다. 평양은 고도(故都)이고 산수도 아름다워 사람들은 술과 음식을 마련해 서로 불러 가무를 즐기고 어울렸으며, 그들이 말하는 호걸지사(豪傑之士)란 과거 공부에 매진하여 급제한 뒤 조정에서 벼슬하는 사람들이었다. 그러다가 경학(經學)을 숭상하고 선(善)으로 남을 가르치는 것은 선우협에서부터 시작되었다.

조정에서 선우협의 행실을 듣고 사직단 참봉(社稷壇參奉)·희릉 참봉(禧陵參奉)·성균관 사업(成均館司業) 등의 직책을 내리며 여러 차례 불렀으나 나아가지 않았다. 인조가 승하하자, 선우협은 대궐로 달려가 통곡하였다. 『삼강행실도(三綱行實圖)』를 하사하며 다시 성균관 사업으로 부르자 마침내 나아가 벼슬하였다. 도성의 사대부 중에 경전을 들고 찾아와 질문하는 자가 많았다.

66세 때 친척과 문생들을 불러 영결(永訣)을 고하더니 편안하게 세상을 떠났다. 관서 사람들이 용산(龍山) 아래에 사당을 세워 제사지냈고, 조정에서는 특별히 사헌부 집의(司憲府執義)로 추증하였다. 저서로 『심학지요(心學至要)』·『역학도설(易學圖說)』·『태극변해(太極辨解)』·『대역리의(大易理義)』 등이 있다.

이재형(李載亨)의 자는 가회(嘉會)이고 호는 송암(松巖)이다. 덕천군(德泉君) 이후생(李厚生)의 후손이다.

젊어서부터 중후하고 법도에 맞게 행동하니 사람들이 우활하다고 비웃었으나 행동을 바꾸지 않았다. 조금 장성하여 『맹자』를 읽다가 호연장(浩然章)[58]에 이르러 마음속으로 희열을 느꼈다.

---

58 호연장(浩然章) : 「공손추 상(公孫丑上)」에 나온다.

농암(農巖) 김창협(金昌協) 선생이 북도 병마평사(北道兵馬評事)로 경성(鏡城)에 오자 즉시 찾아가 학문을 익혔다. 농암 선생이 『근사록(近思錄)』을 가르치며 강론할 때마다 그의 명민한 재주를 누차 칭찬하니, 북도 사람들이 비로소 존중하였다. 이재형은 더욱 힘을 내어 학문에 매진하여 사서(四書)와 경전들을 널리 보고 전례(典禮)까지 통달하였다. 일찍이 동학에게 말하기를 "학문을 할 때 가장 중요한 것은 뜻을 독실하게 가지는 데 있다." 하였다.

삼연(三淵) 김창흡(金昌翕) 선생이 언젠가 북쪽을 노닐다가 그의 집을 방문하고 감탄하기를 "고인들이 말한 지행(知行)이 나란히 진보한 사람이 바로 이 사람일 것이다. 우리 중씨(仲氏)의 도가 북쪽에까지 전해졌다." 하였다. 그리고 서울로 돌아와 몽와공(夢窩公, 김창집(金昌集))에게 이야기해 주었다. 남부 참봉(南部參奉)이 되었다가[59] 내시 교관(內侍敎官)과 익위사 부솔(翊衛司副率)을 지냈다.

상이 그의 현명함을 익히 듣고서 어사(御史)가 북으로 갈 때마다, 이재형을 직접 만나 성지(聖旨)를 전하고 벼슬하러 나오게 하라고 명하였다. 특별히 사헌부 지평(司憲府持平)에 임명하고 역마를 내려 불렀는데, 늙고 병들어 사은(謝恩)하지 못한 채 세상을 떠났다. 향년은 77세였다.

임인년(1722, 경종2)에 죽취(竹醉) 김제겸(金濟謙)이 부령(富寧)에서 화를 당하자,[60] 이재형의 유자(遺子)가 그의 상을 치르고 또 제사를 지내

---

59 남부 참봉(南部參奉)이 되었다가 : 김창집이 이재형을 천거하였다. 『송암집(松巖集)』권6, 부록 「행장(行狀)」 참조.

60 죽취(竹醉) …… 당하자 : 김제겸(1680~1722)은 노론사대신(老論四大臣)의 한 사람인 김창집(金昌集)의 아들로, 자는 필형(必亨)이고 죽취는 그의 호이다. 김창집이 1722년 김일경(金一鏡)과 목호룡(睦虎龍) 등의 고변으로 사사되자, 김제겸이 부령으로 유배되었다가 사사되었다. 이것이 이른바 신임사화(辛壬士禍)이다.

주었다. 어떤 사람이 화를 당할지도 모른다고 걱정했지만 돌아보지 않았으니, 사람들이 이 때문에 더욱 의롭게 여겼다.

국가에서 유교의 교화를 숭상하고 정암과 퇴계 등 여러 선생들이 이를 더욱 진작시키니, 현송(絃誦) 소리[61]가 들리게 되었다. 유독 관서와 관북만은 변방에 가까워 궁벽하고 촌스러워서 경학의 중요성을 몰랐다. 그런데 선우협 등이 그 사이에서 스스로 떨쳐 일어나 독실한 공부에 침잠하며 스승을 찾을 줄 알아 이 지역의 학문을 성대히 창도하였다. 남쪽 지역의 학자들 중 누구도 그보다 낫다고 할 수 없으니, 이들이 어찌 호걸지사가 아니겠는가.

---

61 현송(絃誦) 소리 : 공부하며 글 읽는 소리를 말한다. 옛날 『시경』을 배울 때 거문고나 비파 등 현악기에 맞추어 노래로 불렀는데 이를 현가(絃歌)라고 한다. 그리고 악기의 반주 없이 낭독하는 것을 송(誦)이라고 하는데, 이 둘을 합하여 현송이라고 칭한다.

정대임(鄭大任)의 자는 중경(重卿)이고 본관은 연일(延日)이다. 부친 정용(鄭容)은 향리에 은둔하여 벼슬하지 않았다.

정대임은 태어나면서부터 함부로 말하거나 웃지 않았고, 장성하자 기개가 높아 큰 절개를 지녔다.

선조 임진년에 왜구가 동래를 함락시키고 한 달 만에 곧장 서울을 침범하자, 정대임은 종제(從弟) 정대인(鄭大仁)과 함께 용산(龍山) 아래에서 의병을 일으켰다. 당시 영천 군수(永川郡守) 김윤국(金潤國)이 성을 버리고 달아나 묘각사(妙覺寺)에 깊이 숨으니, 온 고을의 병사와 백성을 이끌 사람이 없었다. 정대임이 사람을 보내 목숨 걸고 성을 지키라고 하자, 김윤국이 부끄러워하며 돌아왔다. 마침내 장사(壯士) 정천리(鄭千里)를 보내 성황산(城隍山)에 주둔하게 하고, 이번(李蕃)을 봉천원(蓬川院)에 주둔하게 하여 적의 상황을 정탐하고 많은 적을 죽이니, 왜적이 감히 영천 지역을 노략질하지 못하였다.

왜구 300여 명이 서산(西山)과 시천(匙川) 사이에 몰래 웅거하자, 정대임은 이들이 분명 당산(唐山)을 경유할 것이라고 생각해 복병을 만들어 기다렸는데, 왜구들이 과연 당산에 이르렀다가 패하였다. 왜구들이 어사(御史)를 사칭하며 몰래 박연(朴淵)을 건너자 정대임이 추격하여 권응수 등과 함께 그 무리를 공격하여 또 격파하니, 우리 군사들의 위세가 더욱 떨쳐졌다.

7월에 왜구가 영천성(永川城)을 차지하자 정대임은 신녕 현감(新寧縣監) 한척(韓倜)·하양 현감(河陽縣監) 조구신(曺久伸)·경주 판관(慶州判官) 박의장(朴毅長)·의흥(義興)의 홍천뢰(洪天賚) 및 권응수와 함께 각자 병사를 거느리고 영천성 서북쪽을 포위하였다. 그리고 정대임과 김윤국 등이 영천성 동남쪽을 공격하니, 왜구들은 개미떼처럼 모여 감히 움직이지 못하고 띠풀을 엮어 만든 가리개에 몸을 숨기고 있었다. 정대임은 따로 병사를 보내 마현(馬峴)에 주둔하게 하고 바람에 실어 재를 날려 보내니 왜구들이 서로 분간하지 못했다. 또 감사군(敢死軍)을 풀어 곧장 앞으로 나아가 띠풀을 엮어 만든 가리개를 태우게 하니 연기와 화염이 자욱하였다. 왜구가 동남쪽 문으로 달아나 앞다투어 나오다가 우리 군대에게 살해되었다. 영남 좌도의 왜구들이 여러 고을에 나뉘어 웅거하였고 영천의 왜구들이 특히 많았는데, 이때에 다 섬멸되었다. 김윤국은 성을 버렸다는 이유로 잡혀갔지만 공을 세워 스스로 속죄할 수 있었고 한척 등은 모두 품계가 승진하였지만, 정대임만은 포상을 받지 못했다.

이에 왜구가 물러나 상주에 주둔하였고, 나머지 무리들은 비안(比安)과 용궁(龍宮) 등지에 흩어져 있었다. 정대임이 날랜 병사들을 뽑아 공격하여 또 많은 왜구를 살상하였다. 8월에 경주의 왜구를 공격하다가 전세가 불리해져 의병에 많은 사상자가 생겼는데, 정대임이 진천포(震天砲)로 왜구를 위협하니 왜구들이 밤에 서생포(西生浦)로 달아났다. 관찰사가 청하여 정대임에게 비안 현감(比安縣監)을 맡도록 하였다.

계사년에 선봉이 되어 울산(蔚山)의 왜구를 맞아 태화(太和) 나루에서 힘을 다해 싸웠다. 왜구가 물러가자 절도사 박진(朴晉)이 조정에 알리기를 "정대임은 영양(永陽, 영천(永川))에서 승전하였고, 용궁과 비안 전투에서 사살한 왜구는 그 수를 헤아리지 못합니다. 지금 태화 나루 전투에서 왜적의 화살과 탄환에 맞아 갑옷이 뚫렸는데도 오히려 물러나지 않았으니, 그 충의와 노고는 실로 짝을 찾기 어렵습니다. 청컨대 후한 상을 내려 장군과 병사들을 격려해 주십시오." 하였다.

이해 가을에 중훈대부(中訓大夫)로 오르고 예천 군수가 되었다. 영남이 여러 차례 전쟁을 겪고 또 역병(疫病)이 대단히 창궐하여 사방의 굶주린 백성들이 예천으로 모여들었다. 정대임은 군량을 조달하고 굶주린 백성을 구휼하는 일을 모두 빈틈없이 처리하였다. 겨울에 경상좌도 병마우후(慶尙左道兵馬虞候)에 임명되었다. 갑오년에 왜구를 추격해 조령에 이르러 요해처에 웅거하니, 왜구들이 버티지 못하고 물러났다.

정대임은 오랫동안 전장에 있었던 탓에 그 고생으로 병이 심해져 고향으로 돌아와 세상을 떠났다. 여러 차례 추증되어 가선대부(嘉善大夫)와 호조 참판(戶曹參判)에 올랐다. 권응수와 정대임은 동시에 의병을 일으켰는데, 정대임이 세상을 떠나자 권응수 홀로 공을 세워 대장이 되고 선무훈(宣武勳)에 책록되었으며 화산군(花山君) 겸 오위도총관(五衛都摠管)에 봉해졌다.

박의장(朴毅長)의 자는 사강(士剛)이고, 본관은 무안(務安)인데 영해(寧海)로 분적하였다. 약관(弱冠)에 무과에 급제하였고 여러 차례 벼슬을 옮겨 경주 판관이 되었다.

임진년에 왜구가 침입하여 노략질하자 박의장은 병사를 이끌고 동래에서 절도사 이각(李珏)을 따랐다. 이각이 달아나려 하여 박의장이 불가함을 극력으로 말하니, 이각이 노하여 박의장을 죽이려 하다가 그만두었다. 부산이 함락된 뒤 박의장이 경주로 돌아와 보니 군민이 다 흩어지고 없었다. 이에 부윤(府尹) 윤인함(尹仁涵)을 따라 기계(杞溪)에 주둔했다가, 마침내 죽장현(竹長縣)에 웅거하며 정예병을 모집하여 밤에는 산꼭대기에 횃불을 밝히고 낮에는 성 밖에서 병력을 과시하였다. 왜적이 조금 움츠러들자 마침내 밤에 성에 접근하여 진천포를 발사하니 왜적이 두려워하여 밤에 달아났다. 박의장이 추격하여 많은 왜적을 베었고 마침내 경주를 수복하였다.

계사년 2월에 병사를 거느리고 대구로 들어가 파잠(巴岑)에서 왜적을 격파하였다. 그 공으로 통정대부에 오르고 경주 부윤(慶州府尹)이 되었으며, 또 조정에서 표리(表裏) 한 벌을 하사해 포상하였다. 12월에 부친상을 당했는데, 조정에서 즉시 기복을 명하였다. 갑오년 2월에 양산(梁山)에서 왜적을 격파하였고, 5월에 또 묵장촌(墨長村)에서 왜적을 격파하였으며, 7월에 또 경주 동쪽에서 왜적을 격파하니, 이때부터 왜적이 감히 더 이상 경주 지역을 침범하지 못하였다. 9월에 장수들을 거느리고 영천에서 큰 전투를 벌이고 10월에 또 안강(安康)에서 전투를 벌여 두 번 모두 왜적을 크게 격파하였다. 이에 왜적은 물러나 울산에 주둔한 채 방어하였다. 무술년(1598)에 평수길(平秀吉)이 죽자 왜적은 마침내 병사를 거두어 돌아갔다.

박의장은 여러 차례 벼슬을 옮겨 절도사가 되었는데, 그를 좋아하지 않는 사람들에게 많은 모함을 당했다. 을묘년(1615)에 세상을 떠났고, 호조 판서로 추증되었다.

임진년 난리 때 영남에는 의병을 일으킨 자가 많았는데, 정대임은 남의 도움을 전혀 받지 않고 충의의 의병을 불러 모을 수 있었으니, 위대하지 않겠는가.

지금 권유(權愈)가 지은 권응수의 시장(謚狀)을 살펴보니, "정대임이 산속으로 들어가 왜적을 두려워하며 감히 나오지 못하다가, 권응수가 대의(大義)로 이끌고 격려하고서야 나왔다." 하였다.[62] 정대임이 진실로

---

62 권유(權愈)가 …… 하였다 : 권유(1633~1704)의 자는 퇴보(退甫), 호는 하곡(霞谷), 본관은
    안동이며, 권응수의 후손인 듯하다. 문집이 남아 있지 않아 그가 지은 권응수 시장의
    내용을 확인할 수 없다. 다만 이광정(李光庭, 1674~1756)이 권응수의 행장을 지으면서,

왜적을 두려워하였다면 왜 의병을 일으켰겠는가. 공명을 얻으려는 즈음에 서로 시기하고 질투하여 실제의 공적까지 무너뜨리고 어지럽혀 아무리 큰 공로가 있더라도 후세에 드러날 수 없으니, 어찌 탄식을 금할 수 있겠는가.

권유가 지은 시장의 내용을 근거로 삼았다고 하였다. 그런데 이광정이 지은 행장에는 권응수가 정대임을 대의로 격려했다는 말은 있지만 정대임이 왜적을 두려워했다는 내용은 없다. 『눌은집(訥隱集)』 권17, 「효충장의협력선무공신 …… 권공행장(效忠仗義協力宣武功臣 …… 權公行狀)」 참조.

권정길(權井吉)의 본관은 안동이고, 안산(安山)에 살았다.

숭정 병자년에 변방의 우려가 매우 심해지자 원주 영장(原州營將)으로 발탁되었다. 남한산성(南漢山城)이 오랑캐에게 포위되자 관동의 병사를 이끌고 왕을 뵈러 가다가 광주(廣州)의 검단산(黔丹山)에 이르러 횃불을 올려 남한산성과 서로 호응하였는데, 병사들의 기세가 대단히 용맹스러우니 오랑캐가 멀리서 바라보고 두려워하였다. 전투를 벌여 여러 차례 오랑캐의 예봉을 꺾어 국난에 나아간 장수 가운데 그와 능력을 겨룰 자가 없었으나, 결국 구원병을 얻지 못해 무너지고 말았다. 세상을 떠나자 공조 판서로 추증되었으며, 현종(顯宗) 정미년(1667)에 제사를 하사하였다.

박의(朴義)의 본관은 고창(高敞)이다. 무과에 급제하였다.

정축년(1637)에 김준룡(金俊龍)을 따르며 광교산(光郊山)에서 오랑캐와 전투를 벌였다. 오랑캐 장군 양고리(楊古利)가 금으로 만든 가면을 쓰고 다탁(多鐸)과 함께 정예 기병을 거느리고 몰래 광교산 뒤편 고개를 넘어 꼭대기 봉우리를 차지하고 전쟁을 독려하였는데, 큰 깃발을 세우고 군사들을 호령하니 군사들이 모두 모여들었다. 김준룡이 휘하의 병사들에게 지시하기를 "저 놈을 죽이지 않으면 물러나지 않을 것이다." 하였다. 박의가 언덕과 계곡 사이에 숨어서 포를 쏘아 깃발을 잡은 자를 죽였는데, 과연 양고리였다.

양고리는 오랑캐의 지위 높은 장수이자 오랑캐 임금 누르하치의 사위이다. 동북쪽의 여러 부족을 병탄하고 관내(關內)[63]의 대진(大鎭)을 침범하여 싸우면 이기고 공격하면 빼앗았다. 그런데 이때 박의에게 죽임을 당하니, 청의 임금이 그 시신을 보고 매우 슬프게 통곡하였다. 강화가 이루어진 뒤에 양고리를 죽인 자를 찾았으나, 박의는 깊이 숨어 나가지 않았다. 뒤에 직동 만호(直洞萬戶)가 되었다.

병자년에 오랑캐 임금이 군대를 거느리고 침범하니, 우리 군대에는 대항할 수 있는 자가 없었다. 오랑캐 장수 노살(勞薩)은 오백 명의 기병을 거느리고 곧장 왕성(王城) 아래에 이르렀으며, 악탁(岳託)은 33명을 거느리고 영남의 병사 4만을 격파하였다. 그러나 장수 양고리가 죽고 색이격극(色爾格克)이 부상을 당했으며 동정원(董廷元)이 갑자기 죽었으니, 오랑캐 역시 패하지 않은 적이 없었다. 당시 우리의 여러 장수들은 주눅이 들어 시간만 보내는 것을 상책으로 여기며 감히 전투를 벌이지 못했다. 그러나 오랑캐가 죽은 것도 오히려 이와 같았으니, 만약 권정길 같은 자에게 그들을 막게 했더라면 필시 기록할 만한 위대한 공적을 세웠을 것이다.

---

63 관내(關內) : 산해관(山海關) 서쪽 일대를 말한다.

박진귀(朴震龜) / 마신선(馬神仙)

박진귀(朴震龜)는 무인(武人)이다.

노협(盧協)이 헌릉 랑(獻陵郎)이 되어 이지무(李枝茂)와 재전(齋殿)에서 과거 공부를 하였는데, 박진귀가 그들과 교유하였다. 박진귀가 일찍이 노협에게 다음과 같이 말했다.

"시운(時運)이 좋지 않아 장차 전란이 일어날 것이오. 내가 도성에 한번 가보았더니 가득한 살기가 멀리까지 퍼져 있었소. 나라에서 강도(江都)에 성을 수축하여 반드시 외적을 막아낼 것으로 믿고 있기에 내가 또 쫓아가 보았는데, 살기가 도성이나 마찬가지였으니 염려와 탄식을 금할수 없었소. 도성으로 돌아와 수구문(水口門)에서 멀리 바라보니 생기가 은은히 비치기에 그 기운을 따라 갔다가 남한산성에 이르렀소. 성에 들어가 보니 성 안에 생기가 가득하였고 서문(西門) 쪽이 특히 성대하였소. 우리나라의 운수가 아마 면면히 이어질 것이오. 아마 나는 그것을 못 볼 것이니, 그대는 내 말을 기억하시오."

숭정 병자년에 오랑캐가 도성과 강도를 함락시키자 상이 수구문을 따라 남한산성으로 들어갔고, 남한산성의 서문을 통해 성을 내려왔으니, 그의 말이 모두 증명되었다.[64]

마신선(馬神仙)은 이름이 전하지 않는다.

중국 사람인데, 일찍이 조선으로 피해오다가 가도에 이르러 석굴 속에 숨어 살며 아무것도 먹지 않았다. 어느 날 등주(登州)와 내주(萊州)를

---

[64] 박진귀의 이야기는 『국포집(菊圃集)』 권12, 「총명쇄록(聰明瑣錄)」에도 보인다.

바라보며 탄식하기를 "오늘 밤에 필시 대장 한 명이 죽겠구나." 하였는데, 장가대(張可大)가 과연 공경(孔耿)의 변란 때 죽었다.[65]

그 뒤에 한번은 "이상하다. 섬 안 사람들이 모두 귀신이구나." 하고 탄식하였고 어디로 갔는지 알 수 없었다. 얼마 뒤 가도 안에서 병사 몇몇이 난리를 일으켰고[66] 병자년과 정묘년 사이에 끝내 청나라 사람에게 잡혀서 죽으니, 섬 안이 마침내 무덤이 되어버렸다. 『철산부지(鐵山府志)』에 "가도에 마선굴(馬仙窟)이 있다." 하였으니, 바로 이곳을 말한다. 마신선은 또 『우초신지(虞初新志)』에 보인다.[67]

황명(皇明)의 운수가 다해가자 오랑캐가 곁에서 지켜보다가 우리가 자신들의 후방을 습격할까 걱정하여 먼저 우리를 복종시키려고 하였다. 우리는 힘이 미미하고 기세가 막혀 어리석은 자건 지혜로운 자건 모두 다 위태롭게 여겼다. 박진귀 같은 뛰어난 선견(先見)을 지니는 것이 어려운 일이기는 하나, 이 사람이 이술(異術)을 터득해 선견을 지녔던 것은 아니다.[68] 마신선 역시 기이한 사람이다. 판탕(板蕩)한 시대[69]에 본래

---

65 장가대(張可大)가 …… 죽었다 : 장가대(?~1632)는 명나라 말의 장군으로, 자는 관보(觀甫)이다. 1628년 총병관좌도독(摠兵官左都督)이 되어 산동(山東)을 다스렸다. 공경은 가도에 진을 친 모문룡의 심복 공유덕(孔有德)과 경중명(耿仲明)을 가리킨다. 1629년 모문룡이 원숭환에게 복주된 뒤 등주로 돌아갔다가, 1631년 등주에서 반란을 일으켰다. 장가대는 이 반군을 막다가 패하자 자결하였다.

66 얼마 …… 일으켰고 : 유흥치(劉興治)의 변란을 말한다.

67 마신선은 …… 보인다 : 『우초신지』는 명말청초의 문학가인 장조(張潮)가 편찬한 전기소설집(傳奇小說集)이다. 『우초신지』에서 마신선과 관련된 이야기는 찾지 못했다.

68 박진귀 …… 아니다 : 박진귀가 선견이 있었던 것은 이술을 터득한 결과가 아니라 지성(至誠)이 있었기에 가능했던 말이다. 『중용(中庸)』, 24장에 "지성의 도는 미래의 일을 미리 알 수 있다. 국가가 흥하려면 반드시 상서로운 조짐이 있고 국가가 망하려면 반드시 요상한 일이 있어서, 시초점과 거북점에 나타나며 사체에 움직인다. 그래서 화와 복이 이름에

기사(奇士)가 많은데 사람들이 알아볼 수 없으니, 애석하다.

좋을 것을 반드시 먼저 알고, 좋지 못할 것을 반드시 먼저 안다. 그러므로 지성은 신(神)과 같은 것이다.(至誠之道, 可以前知. 國家將興, 必有禎祥, 國家將亡, 必有妖孽, 見乎蓍龜, 動乎四體. 禍福將至, 善必先知之, 不善必先知之, 故至誠如神.)"라는 구절이 있다.

69 판탕(板蕩)한 시대 : 국정이 혼란한 시대를 말한다. 판(板)과 탕(蕩)은 모두 『시경』, 대아(大雅)의 편명(篇名)으로, 주(周)나라 여왕(厲王)의 학정(虐政)을 노래한 데서 나온 말이다.

경운궁(慶運宮)의 궁녀는 그 성씨가 전하지 않는다.

인목대비(仁穆大妃)가 광해군에 의해 폐위되어 서궁(西宮)에 유폐(幽閉)되었는데, 서궁이 바로 경운궁이다. 광해군은 공봉(供奉)을 줄이고 분사(分司)를 설치하여 경운궁을 지키게 했다.

광해군 임술년(1622) 12월에 역적 백대형(白大珩)과 이위경(李偉卿) 등이 모의하기를 "서궁이 만약 살아 있다면 우리들은 끝내 묻힐 곳도 없을 것이다." 하였다. 이에 무리를 모아 나희(儺戲)[70]를 벌인다는 명분을 내세워 섣달그믐에 금고(金鼓)를 벌려 놓고 시끄럽게 떠들며 서궁으로 들어갔다.

이날 밤 초저녁 인목대비의 꿈에 선조가 암담한 표정으로 나타나 "역적이 이를 것이니 피하지 않으면 죽을 것이오." 하였다. 대비가 꿈에서 깨어 눈물을 흘리자 모시고 있던 궁녀가 이유를 물었고 대비가 자세히 이야기해 주었다. 궁녀가 말하기를 "성인께서 알려주신 것이니 잠시 자리를 피하십시오. 제가 대신 기다리고 있겠습니다." 하였고, 대비가 그 말을 따랐다. 역적이 들어와 침상에서 궁녀를 죽였는데, 당시는 깜깜하여 사람을 분간하지 못했던 것이다. 영의정 박승종(朴承宗)이 급박한 사태를 듣고 말을 달려 서궁으로 들어가 역적 무리를 쫓았기에, 백대형 등은 여러 후원(後苑)을 수색하지 못했다.

이듬해 3월 19일에 인조가 반정하자 광해군은 대비가 어디에 있는지를 물었으니, 이는 대비가 죽었다고 생각했기 때문이었다. 궁녀가 죽은

---

70 나희(儺戲) : 섣달그믐날 밤에 민가와 궁중에서 마귀와 사신(邪神)을 쫓기 위해 행하던 놀이이다.

뒤에 대비는 다른 궁녀에게 명해 몰래 후원에 묻어 주게 하였고, 뒷날 드디어 예를 갖추어 장례를 치러 주었다.

한보향(韓保香)은 광해군 때의 궁녀이다.

인조가 반정하자 광해군의 비 유씨(柳氏)가 궁녀 몇 사람을 따라 후원의 어수당(魚水堂)으로 피신하니 병사들이 며칠 동안 포위하였다. 유씨가 말하기를 "내 어찌 이 모욕을 참고 살겠느냐. 내 뜻을 전해 줄 사람 누구 없느냐?" 하였다. 궁녀들이 모두 두려워 감히 나서지 못하였다.

한보향이 홀로 앞으로 나가 소리치기를 "중궁전(中宮殿)께서 여기 계시니, 대장은 의자에서 내려와 서시오." 하였다. 이어 한보향은 유씨의 뜻을 전하며 "주상께서 나라를 잃으셨는데, 누가 대위(大位)에 올랐느냐?" 하니, 대장이 대답하기를 "선조 대왕의 손자이신 능양군(綾陽君)입니다." 하였다. 한보향이 "오늘의 거사는 종사(宗祀)를 위한 것이냐? 아니면 부귀를 위한 것이냐?" 하니, 대장이 대답하기를 "종묘사직이 망하려하여 의(義)로써 일어나 나라를 구한 것이지, 어찌 부귀를 위한 것이겠습니까?" 하였다. 한보향이 "의리라는 명분을 내세우면서 이전 왕비를 굶어 죽게 해서야 되겠느냐." 하니, 대장이 즉시 상에게 아뢰고 음식을 올렸다.

상이 광해군 때의 늙은 궁녀에게 궁중의 일을 맡아보도록 하였다. 한보향은 인열왕후(仁烈王后)를 섬기게 되었는데, 옛 임금을 그리워하며 수시로 눈물을 흘렸다. 이에 어떤 이가 인열왕후에게 고자질하기를 "한보향은 마음속으로 광해군 때를 잊지 못하고 있으니, 가까이 하시면 변고가 생길까 두렵습니다." 하였다. 인열왕후가 한보향을 불러 위로하기를 "나라의 흥망이 어찌 꼭 그렇게 되라는 법이 있더냐! 너는 진정한 의인(義人)이니, 내 자손을 보육시키게 할 만하다." 하고, 즉시 보모상궁(保

母尙宮)에 임명한 뒤 후한 상을 내렸으며, 고자질한 자를 매질하였다. 한 보향은 머리를 조아리며 감격하여 눈물을 흘리니 옛 궁녀들이 모두 복종하였다.

수칙(守則) 이씨(李氏)는 이름이 전하지 않는다.

부모를 여의고 이모에게 의탁해 바느질을 하며 먹고살았다. 이모는 일찍 과부가 되어 대궐에서 일하였다. 궁중의 법도에 시집간 사람은 궁인직(宮人職)을 맡을 수 없었으니 바로 중국어로 '협적(挾的)'이라는 것이다.

이씨 역시 나이 십여 세에 이모를 따라 궁중으로 들어갔다. 장헌세자(莊獻世子)⁷¹가 후원의 정자에서 노닐 때 이씨가 때마침 시중을 들고 있다가 하룻밤을 모셨다. 얼마 뒤 대궐을 나와 마을에서 걸식하며 살았는데, 장헌세자가 미행하여 그 거처를 알아내고 다시 은택을 내렸다.

임오년(1762)에 장헌세자가 세상을 떠나자 이씨는 마침내 죽어도 시집가지 않겠다고 맹세하였다. 기어이 궁벽한 곳에 집을 산 뒤 많은 개를 키워 무뢰한들의 겁탈에 대비하였고, 『주역』에서 괘획(卦畫)을 뽑아 운명을 일러주면서 먹고살았다. 이웃 사람들이 무당이라 하여 쫓아내자 성 밖 월암촌(月巖村)⁷²으로 옮겨 살았는데, 머리를 빗지 않고 목욕도 하지 않으며 천으로 머리를 덮어 30년 동안 하늘을 보지 않았다. 이웃집

---

71 장헌세자(莊獻世子) : 영조의 둘째 아들이자 정조의 부친이다. 영조에 의해 폐세자(廢世子)가 되고 뒤주에 갇혀 죽자 영조가 사도(思悼)라는 시호를 내렸다. 그 뒤 정조가 왕위에 올라 장헌이라는 시호를 내렸으며, 1899년에 다시 장조(莊祖)로 추존하였다.

72 월암촌(月巖村) : 현재의 서울 서대문구 홍파동과 송월동에 걸쳐 있던 마을이다. '위령바위골'을 한자 표기로 월암동이라고 하였다. 이유원의 『임하필기(林下筆記)』 권26, 「월암(月巖)」에 "돈의문(敦義門) 밖의 서성(西城) 아래에 있는 바위이다."라고 하였다.

에서 난 불이 옮겨 붙었으나 밖으로 나오지 않다가 이웃 사람이 달려와 구해준 덕분에 살아날 수 있었다.

신해년(1791)에 정조대왕(正祖大王)이 그 사실을 듣고 늙은 궁녀를 보내 살펴보게 했더니, 그 늙은 이모가 이씨를 가리키며 "저 방 안에 있는 여인이 바로 그 분입니다. 그러나 상께서 얼굴을 보이라고 명하지 않으신다면 그 얼굴을 볼 수 없을 것입니다." 하였다.

상이 대신과 예조 당상(禮曹堂上)과 경조윤(京兆尹)과 이야기하며 정려문을 내리는 문제를 의논하였다. 판윤(判尹) 홍억(洪檍)이 말하기를 "이씨의 정렬(貞烈)은 진실로 상을 내려야 합니다. 하지만 이 일은 지극히 중대한 문제와 관계되어 있으니, 정려문을 내리는 것은 합당하지 않을 듯합니다." 하니, 상이 "옳은 말이다." 하였다. 그리고 홍억에게 명하여 '수칙이씨지가(守則李氏之家)'라고만 쓰게 하였다. 수칙은 이씨가 하사받은 여관(女官)의 칭호로, 작질은 종2품에 해당된다.[73]

사람을 논할 때 늘 '지금 사람들은 옛 사람을 따라가지 못한다.'고 하는데,[74] 매서운 절개를 보여 그 행동이 후세까지 성대히 빛나는 것이, 어찌 옛 사람은 달절(達節)이고 지금 사람들은 수절(守節)이라서 그런 것이겠는가.[75] 경운궁의 궁녀가 자전(慈殿)을 대신해 몸을 바친 것은 기신

---

73 수칙 이씨에 관련된 내용은 『정조실록』, 15년 7월 16일자 기사, 또 같은 날짜의 『일성록(日省錄)』 기사에 보인다. 『명미당집(明美堂集)』 권16에 「이수칙전(李守則傳)」이 있는데, 『초사담헌』과는 내용이 조금 다르다.

74 사람을 …… 하는데 : 한유(韓愈)의 「송양소윤서(送楊少尹序)」에 "세상 사람들은 항상 '지금 사람들은 옛 사람을 따라가지 못한다.'고 한다.(世常說古今人不相及.)"라는 구절이 있다. 『한창려집(韓昌黎集)』 권21 참조.

75 매서운 …… 것이겠는가 : 매서운 절개를 보인 행동이 옛 사람은 저절로 된 것이고 지금 사람들은 억지로 지켜서 그렇게 된 것이겠냐는 말로, 근본적으로 그 행동의 우열을 가릴

(紀信)의 충성[76]이요, 한보향이 죽은 임금을 위해 마음을 바꾸지 않은 것은 하후 영녀(夏侯令女)의 마음[77]이요, 수칙 이씨가 불을 피하지 않은 것은 송백희(宋伯姬)의 행동[78]이다. 그 누가 '지금 사람들은 옛 사람을 따라가지 못한다.'고 하겠는가.

수 없다는 말이다. 달절은 성인(聖人)의 경지로 행동에 구애받지 않더라도 절의에 들어맞는 것이며, 수절은 현인(賢人)의 경지로 의도적인 노력을 통해 절의를 지키는 것이다. 『춘추좌씨전(春秋左氏傳)』, 성공(成公) 15년 조에 "'성인은 달절하고 현인은 수절하며 그 이하 사람은 실절한다.'라고 하였다.(聖達節, 次守節, 下失節.)"라는 구절이 있다.

76 기신(紀信)의 충성 : 기신은 한(漢)나라 초기의 장군이다. 유방이 형양(滎陽)에서 항우에게 포위당했을 때, 유방 행세를 하며 항우에게 항복하고 그 틈에 유방을 탈출하게 하였다. 항우가 그 사실을 알고는 불태워 죽였다. 『한서』 권1, 「고제본기 상(高帝本紀上)」 참조.

77 하후 영녀(夏侯令女)의 마음 : 하후 영녀는 삼국 시대 위(魏)나라의 열녀(烈女)로, 하후는 성이고 영녀는 이름이다. 남편 조문숙(曹文叔)이 일찍 죽고 남편의 일족도 멸문의 화를 당하자 머리를 깎아 자신의 지조를 보였고, 친정인 하후씨(夏侯氏) 집안에서 파혼시키고 본가로 데려와 재혼을 시키려고 하자 자신의 코를 베어 절개를 지켰다. 『가범(家範)』 권8, 「처상(妻上)」 참조

78 송백희(宋伯姬)의 행동 : 송백희는 노(魯)나라 선공(宣公)의 딸로, 송(宋)나라 공공(恭公)에게 출가하였으며, 공공이 죽자 과부로 살았다. 경공(景公) 때 백희의 집에 한밤중에 불이 났는데 좌우 사람들이 백희에게 빨리 피하라고 말하자, 백희가 "부인은 밤에 보모(保姆) 없이는 당(堂)을 내려가지 않는다." 하고, 보모를 기다리다가 마침내 불에 타 죽었다. 『춘추좌씨전』・『춘추공양전(春秋公羊傳)』, 양공(襄公) 30년 참조.

『초사담헌(草榭談戲)』3

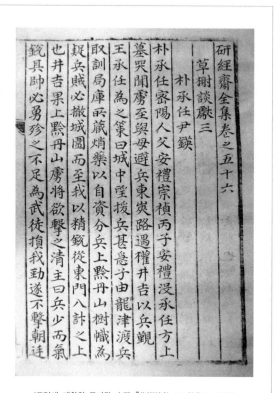

研經齋全集卷之五十六

草榭談獻三

朴承任尹鏌

朴承任密陽人父安禮崇禎丙子安禮浸承任方上
墓哭聞虜至與母避兵東歲路遇權井吉以兵覘
王承任為之策曰城中堅援兵甚急子由龍津渡兵
取訓局庫所藏焇藥以自資分兵上黔丹山樹幟為
疑兵賊必撤城圍而至我以精銳從東門八計之上
也井吉果上黔丹山虜將欲擊之清主曰兵少而氣
銃其帥必勇殄之不足為武徒損我勁遂不擊朝廷

〈고려대 대학원 도서관 소장 『草榭談獻』 3, 朴承任 · 尹鏌〉

　박승임(朴承任) / 윤영(尹鍈)

박승임(朴承任)의 본관은 밀양(密陽)이고 아버지는 박안례(朴安禮)이다.

숭정(崇禎) 병자년(1636)에 박안례가 세상을 떠나자, 박승임이 묘에 올라 곡을 하다가 오랑캐가 이르렀다는 소식을 듣고 어머니와 함께 동협(東峽, 강원도 회양부(淮陽府))으로 피란하는 길에 권정길(權井吉)을 만나 군사를 거느리고 근왕(勤王)하였다. 박승임이 계책을 내어 말하기를 "성 안에서 구원병을 바라는 것이 매우 급하오. 그대가 용진(龍津)으로 군사를 건너게 하여 훈국(訓局, 훈련도감) 창고에 보관된 화약을 가져다 자급(自給)하고, 군사를 나누어 검단산(黔丹山)으로 올라가 깃발을 세워 군사들이 지키는 것처럼 해 놓으면, 적은 반드시 성의 포위를 풀고 이를 것이니, 그때 제가 정예병을 데리고 동쪽 문으로 들어간다면 좋은 계책이 될 것입니다." 하였다. 권정길이 검단산으로 올라가자 오랑캐 장수가 치려고 하였다. 그러나 청주(淸主, 청나라 임금)가 "군사는 적지만 기세가 날카로우니 장수가 필시 용맹할 것이며, 저들을 다 죽이더라도 무공(武功)이 될 만하지 않고 다만 우리의 힘만 손상시킬 것이다." 하고, 끝내 치지 않았다.

조정에서 오랑캐와 강화하자 박승임은 서쪽을 향해 통곡하였고, 상을 마친 뒤에는 마침내 과거 공부를 그만두면서 말하기를 "내 비록 바다에 빠져 죽을 수는 없지만 어찌 차마 의기양양하게 벼슬할 생각을 하겠는가." 하였다. 은둔한 자와 어울리기를 좋아하였는데, 허격(許格)[1]과

---

1 허격(許格) : 1607~1691. 자는 춘장(春長), 호는 창해(滄海)・대명처사(大明處士), 본관은 양천(陽川)이다. 정묘호란 때 후금(後金)과 강화를 맺은 일에 비분강개하여 은거하였으며, 한때 과거에 응시하여 급제하였으나 관직에 오르지는 못하였다. 병자호란이 일어나자

가장 친하였다.

윤영(尹鍈)[2]의 본관은 남원(南原)이다. 아버지는 윤효전(尹孝全)이고
어머니는 충무공(忠武公) 이순신(李舜臣)의 딸이다. 어려서 경국제세(經
國濟世)의 학문을 좋아하니, 장인인 문충공(文忠公) 이원익(李元翼)이 항
상 "내 사위는 재상감이다." 하였다.

정축년(1637)에 오랑캐와 화친이 이루어지자, 윤영은 통탄하며 과거
에 응시하지 않고 북벌(北伐)에 대한 계책을 강구하였다. 압록강 서쪽에
대한 도로의 형세, 병마(兵馬)와 전곡(錢穀)의 숫자까지 모두 자세히 파
악하고 『항부동기(恒符同奇)』[3]라는 책을 지었으니, 이는 손오(孫吳)[4]의
학술이었다.

의병을 모집하여 항전하려 하였으나 이미 조정에서 청나라에 굴욕적인 항복을 한 뒤였다.
이후 단양(丹陽)의 둔산(遯山)에 은거하며 스스로 창해처사(滄海處士)라고 칭하였다. 또
명나라 신종황제(神宗皇帝)의 어필(御筆)로 쓴 '만절필동(萬折必東)'이라는 네 글자를 구
해서 가평(加平)에 있는 조종암(朝宗巖)에다 본떠 새겨놓고, 매년 3월 19일에 명나라 의종
황제(毅宗皇帝)에게 분향하고 통곡하였다. 사후 이조 참의(吏曹參議)에 추증되었다.

2 윤영(尹鍈) : 1611~1691. 아버지는 대사헌을 지낸 윤효전(尹孝全)이고, 어머니는 덕수(德
水) 이씨(李氏)로 이순신의 서녀였다. 윤효전은 첫 부인 파평 윤씨에게는 자식이 없었고,
첩인 덕수 이씨에게서 윤영을 얻었으며, 본부인 사후 얻은 둘째 부인인 김덕민(金德民)의
딸 경주 김씨에게서 아들 윤휴(尹鑴)를 얻었다. 남인 재상 이원익(李元翼)의 서녀와 혼인
하였다. 1639년 청나라와의 강화조약이 이루어지자 이를 치욕으로 여겨 과거 시험에 응하
지 않고 직접 북벌을 할 목적으로 전국을 답사하고 북방을 탐험하여 『여지도(輿地圖)』와
같은 지도를 만들었다.
3 『항부동기(恒符同奇)』 : 윤영이 제작했다고 알려진 지도책으로, 『성호사설(星湖僿說)』에
는 『항부도기(恒符睹奇)』라는 제목으로 언급되어 있다. 이익(李瀷)은 『항부도기』로 추정
되는 지도책을 열람한 적이 있는데, 조선의 서북 지방의 지형과 압록강 이서(以西)의
지형이 상세하게 기록되어 있었다고 한다. 『성호사설』 권56, 「동국지도(東國地圖)」 참조.
4 손오(孫吳) : 춘추 시대 제(齊)나라 손무(孫武)와 전국 시대 위(衛)나라 오기(吳起)를 병칭
하는 것으로, 이들은 대표적인 병법가(兵法家)이다.

동생 윤휴(尹鑴)가 형의 학설을 이어받아 유혁연(柳赫然)[5] 등과 상국(相國) 허적(許積)[6]의 집 옆에 체부청(體府廳)[7]을 설치하여 널리 장사를 모집하고 무뢰배까지 불러들여서 명나라 왕실을 회복할 것을 주장하였다. 그러나 윤휴는 실로 헛된 명예만 추구하였으니, 윤영의 경계에도 따르지 않다가 마침내 사사되었다.

윤영은 집이 매우 가난하였다. 여종 한 명과 논 몇 이랑이 있었으나 비용이 넉넉지 못하자 이마저 팔아서 먹고살았다. 여름이면 집에 물이 많이 새니 윤영은 굴뚝을 뚫어 그곳으로 물이 흐르도록 하면서도 장황(章潢)의 『도서편(圖書編)』[8]을 열람하였으니, 부지런히 노력함이 이와 같았다. 담장 밖이 등나무와 칡으로 덮여 있었는데, 길 가는 사람이 불

5　유혁연(柳赫然) : 1616~1680. 자는 회이(晦爾), 호는 야당(野堂), 본관은 진주(晉州)다. 대대로 무신 집안에서 자랐으며, 1644년(인조22) 무과에 급제해 공조 참판 · 형조 참판 · 우포도 대장 · 공조 판서 등을 역임하였다. 1680년(숙종6) 경신대출척으로 남인이 숙청될 때 연루되어 경상도 영해로 유배되었으며, 1689년 기사환국으로 남인이 집권하자 신원되어 영의정에 추증되었다. 시호는 무민(武愍)이다.

6　허적(許積) : 1610~1680. 자는 여차(汝車), 호는 묵재(默齋) · 휴옹(休翁), 본관은 양천(陽川)이다. 1637년(인조15) 정시문과에 급제한 뒤 3정승을 모두 역임하였다. 1659년 자의대비(慈懿大妃)의 복상(服喪) 문제가 일어나자, 서인의 기년설(朞年說)에 맞서 3년설을 주장했으나 채택되지 않았다. 1674년(숙종 즉위년) 인선대비(仁宣大妃)가 죽어 자의대비의 복상 문제가 다시 일어나자, 서인의 대공설(大功說)에 맞서 기년설을 주장하여 받아들여지면서 영의정에 복직하고 남인이 집권하였다. 서자 견(堅)의 모역사건에 연루되어 사사되었다가, 1689년(숙종15) 관작이 추복되었다.

7　체부청(體府廳) : 조선 시대에 비상시 군대를 지휘하거나 기타 군사업무를 맡았던 관청이다.

8　장황(章潢)의 『도서편(圖書編)』 : 명나라 장황(1527~1608)이 1577년에 완성한 유서(類書)이다. 처음에는 『논세편(論世篇)』이라고 하였다가 나중에 『도서편』이라고 고쳤다. 총 127권이며, 『황명조제(皇明詔制)』 등 211종의 책에서 자료를 취하고 그림을 많이 넣어 내용을 알기 쉽게 하였으며, 천지 · 자연 · 인사(人事)의 전반에 걸쳐 계통적으로 요령 있게 기술하였다. 명나라 때의 기사가 가장 많으므로, 명나라 역사 연구의 중요한 사료가 된다.

을 빌리러 들어가려 하자 동행하는 자가 만류하기를 "불을 빌리려 숲
속으로 들어가면 어쩌자는 것이오?" 할 정도였다. 판서 윤심(尹深)[9]이
윤영을 방문하니, 윤영은 헤진 두건과 짧은 갈옷을 입고 맞이하였는데
초연히 곤궁한 기색이 없었다. 윤심은 탄식하기를 "신선 세계 속의 사
람과 교유하였구나." 하였다. 판서 이무(李𡊤)[10]가 인재로 추천하고자
하였으나 성사되지 못하였고, 마침내 가난과 굶주림으로 죽으니 향년
80세였다.

박승임 등은 모두 뛰어난 선비이다. 효종(孝宗)이 북벌을 준비할 때
창을 들고 말을 달려 선봉이 될 수 있었던 사람은 오직 이들이며, 장막
안에서 계책을 세워 승리를 결정지을 수 있는 사람도 오직 이들이었다.
저들은 이런 기회를 얻지 못하자 흔적 없이 세상에서 자신을 숨기고 높
은 절개를 이루었으니, 어찌 참으로 장부가 아니겠는가.

---

9 윤심(尹深) : 1633~1692. 자는 현통(玄通), 호는 징암(徵庵), 본관은 파평(坡平)이다. 1660
년(현종1) 증광 문과에 급제하여 강화 유수 · 개성 유수 · 공조 판서 · 병조 판서 등을 역임
하였다. 허적 · 권대운(權大運) 등과 함께 송시열의 죄과를 규찰할 것을 청하였다. 1680년
파직되었다가 1689년(숙종15) 기사환국으로 서인이 추방당하자 다시 기용되어 벼슬이
지돈녕부사(知敦寧府事)에 이르렀다.

10 이무(李𡊤) : 1600~1684. 자는 연지(延之), 호는 과암(果菴), 본관은 한산(韓山)이다. 할아
버지는 영의정 이산해(李山海)이고, 아버지는 한평군(韓平君) 이경전(李慶全)이다. 1629
년(인조7) 별시 문과에 급제하여 사헌부 지평 · 대사헌 · 대사간 · 예조 판서 등을 역임하였
다. 지론(持論)이 올바르고 귀감이 되어 당시 명류(名流)로서의 명성이 있었다.

정시응(鄭時凝)[11]의 자는 여적(汝績)이고 본관은 초계(草谿)이다. 아버지 정문익(鄭文翼)[12]은 관찰사를 지냈으며, 정시응은 재주와 용기가 빼어나 무과에 합격하였다.

효종이 북벌을 하고자 하여 재능 있고 무예에 뛰어난 자를 널리 구하였는데, 일찍이 정시응이 말 타고 활 쏘는 것을 보고는 기특하게 여겨 대궐에서 활쏘기를 익힐 때마다 소시(召試)[13]하고는 매우 성대하게 포상하였다. 정시응도 은우(恩遇)에 감격하여 조만간 군대를 지휘하여 압록강을 건널 것이라고 생각하며 철창을 갈면서 기다렸다.

효종이 승하하니, 정시응은 쓰일 곳이 없게 되었다. 그런데 문곡(文谷) 김수항(金壽恒)[14]이 그의 재주를 아껴 조정에 말하여 여러 차례 변방

---

11 정시응(鄭時凝) : 1628~1704. 호는 지지와(知止窩)이다. 1651년(효종2) 무과에 급제하여 충장장(忠壯將)·동지중추부사(同知中樞府事)·훈련도감국별장(訓鍊都監局別將) 등을 역임하였다. 성해응은 정시응에 대하여 「용천부사 정공시응행장(龍川府使鄭公時凝行狀)」(『연경재전집(研經齋全集)』권10)을 쓰기도 하였다.

12 정문익(鄭文翼) : 1571~1639. 자는 위도(衛道), 호는 송죽당(松竹堂), 본관은 초계이다. 1611년(광해군3) 별시 문과에 장원급제하여 사간원 정언·이조 좌랑을 거쳐 홍문관 교리가 되었다. 1616년 이이첨(李爾瞻)의 사주를 받은 한찬남(韓纘男)의 상변사건(上變事件)에 연루되어 진도로 유배되었다. 1623년 인조반정으로 풀려나와 이괄(李适)의 난 평정에 공이 컸으며, 이후 1628년(인조6) 회답사(回答使)로 심양(瀋陽)에 다녀와 충청 감사를 지냈다. 저서로 『송죽당집(松竹堂集)』이 있다.

13 소시(召試) : 임금이 앞에 불러다 놓고 물어서 시험하는 것으로 선비를 채용하는 특별 방법이다.

14 문곡(文谷) 김수항(金壽恒) : 1629~1689. 자는 구지(久之), 본관은 안동이며, 문곡은 그의 호이다. 1651년(효종2) 알성 문과에 장원으로 급제하여 이조 정랑·좌의정·영의정 등을 역임하였다. 김상헌(金尙憲)의 손자이며, 송시열·송준길(宋浚吉)과 교유하였다. 숙종 즉위 후 허적·윤휴를 배척하고, 종실 복창군 정(福昌君楨)·복선군 남(福善君枏) 형제의

의 주군(州郡)을 맡기니, 이르는 곳마다 청렴결백함으로 칭찬받았다.

늙어서 노량강(露梁江) 가에 거처하였는데 가난하여 술을 마련하지 못하자 큰 눈이 내리는 가운데 새와 사슴 등을 잡아 촌 노인에게 술을 얻는 것을 즐거움으로 삼았다. 술에 취하면 곧 분개하여 효종 때의 일을 말하고 갈던 철창을 어루만지며 말하기를 "이 창은 이미 파랗게 녹슬었다. 부디 죽기 전에 한 번 오랑캐의 우두머리와 맞닥트려 싸우게 된다면 비록 죽더라도 여한이 없을 것이다." 하니, 듣는 자들도 감탄을 그치지 않았다.

한번은 이산(理山, 평안도에 있는 지명)에서 사나운 호랑이를 쏘아 죽인 일이 있었다. 그림으로 유명한 패상(浿上, 평양(平壤))의 조세걸(曺世傑)[15]이 「정장군사호도(鄭將軍射虎圖)」를 그렸는데, 그림 속의 혼백이 사람들을 두려워하게 할 만하였다. 자손이 끊어지자 공의 무덤 앞에 그림을 묻었다고 한다.

송장군(宋將軍)은 이름을 알 수 없는데 광주(光州)의 품팔이꾼이다.

효종이 명을 내려 나라 안에서 역사(力士)를 구하되 천근을 드는 자만을 합격시키게 하였다. 좌수(座首)[16]가 관아에서 나와 이 명을 전하자,

---

처벌을 주장하다가 남인의 미움을 받아 영암에 유배되었다. 1680년 경신대출척이 일어나 남인들이 실각하자 영의정이 되어 남인의 죄를 다스렸으며, 1689년 기사환국이 일어나 남인이 재집권하자 사사되었다. 시호는 문충(文忠)이다.

15 조세걸(曺世傑) : 1636~1705년 이후. 호는 패천(浿川), 본관은 창녕(昌寧)이다. 부친 조흥종(曺興宗)은 시서(詩書)에 능하여 조세걸의 그림(畵)과 함께 시서화 삼절(詩書畵三絶)을 이루어 부자가 '조씨삼절(曺氏三絶)'로 불릴 만큼 유명하였다. 두 차례의 어진 제작에 참여하여 충익장(忠翊將)과 동지중추부사(同知中樞府事) 등의 관직을 역임하였다.

16 좌수(座首) : 조선 시대에 지방의 행정 단위인 주(州)·부(府)·군(郡)·현(縣)에 두었던 향청(鄕廳)의 우두머리를 말한다.

송장군은 뜰 모퉁이의 돌을 가리키며 "저것이 천근쯤 되오?" 하고는, 곧장 매우 쉽게 들었다. 좌수가 크게 기뻐하며 관아에 고하여 그를 시험하게 하니 과연 합격하였고, 마침내 조정에 알려졌다.

송장군이 서울에 도착하자, 상이 불러들이라 재촉하고 시위무사(侍衛武士)들과 힘을 겨루게 하니 모두 송장군에게 미치지 못하였다. 또 음식을 넉넉하게 내려 주었는데 송장군이 그 자리에서 다 먹어치웠다. 상이 더욱 기특하게 여겨 어전(御前)에서 관(冠)을 씌워주고 궁녀를 하사하여 혼인시켰으며 금호문(金虎門, 창덕궁(昌德宮)의 서쪽 문) 밖에 집을 하사하였다. 칼과 신발, 도포 등을 모두 궁에서 내어 주며 몹시 아끼고 사랑하였다. 얼마 뒤에는 변방의 작은 진(鎭)을 맡겨 변방 일을 익히도록 하였다. 상은 항상 그를 생각하여 하사품을 내리니 이를 전달하는 역말이 계속 이어졌다.

상이 승하하자, 송장군은 갑작스럽게 부고를 듣고는 슬프고 원통하여 인장(印章)과 병부(兵符)를 버리고 말을 달려 대궐 아래에 이르러서 통곡을 하였다. 집으로 돌아가니, 상의 은혜에 감복했던 그의 아내는 이미 스스로 목을 매어 죽어 있었다. 절도사가 또 송장군이 진을 버렸다는 이유로 효수(梟首)할 것을 청하였으나, 현종(顯宗)이 가련히 여겨 사면하였다.

송장군은 의지할 곳이 없어 용인(龍仁)현에 객(客)으로 있었다. 마을 사람들은 그의 체구가 표범처럼 장대한 것을 보고 "송장군!"이라 불렀으며, 술과 음식을 마련하고 송장군을 초대하여 함께 먹으면서 그가 먹는 것을 보고는 웃고 즐거워하였다.

송장군은 효종의 휘일(諱日)이 되면 하루 종일 통곡을 하였다. 늘 효종이 하사한 비단옷을 입고 있으니 팔뚝의 반이 다 해졌고, 하나만 남은 은단추[銀鈕]에는 항상 눈물자국이 있었다. 사람들이 팔아서 먹고살라고 권하였지만 그렇게 하려고 하지 않았다.

　정시응 등은 모두 효종이 찾아낸 재주 있고 용감한 무사들이다. 옛
날 효종이 심양(瀋陽)에 있을 때 회계(會稽) 사람 맹영광(孟永光)을 만
나 「회계도(會稽圖)」를 그리게 했으며[17], 즉위하자 국력을 기르고 백성
을 가르치는 것에 전념하였다. 문신(文臣)으로는 송문정(宋文正, 송시열
(宋時烈)) 등 여러 선생을 부르고, 무신(武臣)으로는 이정익(李貞翼, 이완
(李浣)) 등 여러 공을 불러서 북벌의 일을 맡겼다. 하지만 성조(聖祖, 효
종)가 직접 군대를 거느리고자 하였으니, 정시응 등이 항오(行伍)를 잘
갖추고 용맹을 떨쳐 오랑캐를 위협했더라면 다이곤(多爾袞)과 호격(豪
格)[18]의 무리를 죽이는 것은 필시 썩은 나무를 꺾는 것처럼 쉬웠을 것
이다.

---

17 효종이 …… 했으며 : 맹영광은 청대 초기의 궁중화가로 자는 월심(月心), 호는 낙치생(樂
　痴生)이며, 소흥(紹興) 사람이다. 병자호란 때 심양에 볼모로 끌려간 소현세자와 봉림대군,
　김상헌과 가까웠으며, 이후 1645년(인조23) 2월 소현세자 일행을 따라 조선에 들어와
　3년 반을 머문 뒤 1648년 가을에 중국으로 돌아갔다. 효종은 심양에 체류할 때 맹영광에게
　오(吳)왕 부차(夫差)가 회계산(會稽山)에서 월(越)왕 구천(句踐)에게 복수한 일을 그림으
　로 그리도록 하여 차후 조선이 청에게 당한 굴욕의 복수를 다짐하였다.
18 다이곤(多爾袞)과 호격(豪格) : 다이곤은 청(淸) 태조(太祖)의 열두 번째 아들로 병자호란
　때 강화도를 함락시킨 인물이며, 호격은 청 태종(太宗)의 장자(長子)로 역시 병자호란
　때 조선에 출정하였다.

박연(朴淵)은 남만인(南蠻人)[19]으로, 숭정 무진년(1628)에 표류하여 탐라
(耽羅)에 이르렀다. 박연은 글자를 몰랐고 남만어로 이름을 '박연'이라고
하였다. 박연이 자기 나라에 있을 때, 점을 잘 보는 자가 모일(某日)에
바람이 불고 모일에 비가 내릴 것이라고 말하면 몹시 신기하게 들어맞
았다. 그러므로 항해하는 자들이 그의 말을 기준으로 삼았으나, 박연이
이 말을 따르지 않다가 풍랑을 만나 표류하게 되었다고 한다.

생김새가 우뚝하였고 선악(善惡)과 화복(禍福)을 말할 때마다 "급급해
하지 말라, 하늘이 보답할 것이다." 했으니, 그 말이 도를 깨우친 사람
같았다. 자기 나라의 풍토를 말하며 "따뜻한 곳이라 서리와 눈이 없지만
늘 날씨가 흐려 이슬이 많이 맺힌다." 하였다. 노인들은 말하기를 "이는
중국에서 눈 내리는 날의 날씨이다." 하였다. 그 국법(國法)에 도둑질을
한 자는 경중(輕重)에 상관없이 전부 죽이므로 이로 인해 나라에 도적이
없다고 하였다. 일본(日本)·유구(琉球)·안남(安南)은 모두 박연이 교역
을 행한 나라이다.

또 소인국(小人國)도 가본 적이 있는데 그 사람들은 비단옷을 잘 만든
다고 하였다. 섬사람들에게 "고려의 풍속은 인육을 구워 먹는다."라는
말을 들었는데, 탐라에 도착했을 때 마침 날이 저물어 태수가 횃불을 밝
혀 살피니, 배 안에 있던 사람들이 모두 통곡하며 "이것이 우리를 굽는

---

19 박연(朴淵)은 남만인(南蠻人) : 네덜란드 사람으로, 원명은 얀 야너스 벨테브레이(*Jan Jansz Weltevree*)이다. 정약용(丁若鏞)의 『다산시문집(茶山詩文集)』 권22, 「이아정비왜논평(李雅亭備倭論評)」과 이규경(李圭景)의 『오주연문장전산고(五洲衍文長箋散稿)』 경사편(經史篇) 5, 「서양통중국변증설(西洋通中國辨證說)」에는 모두 '박연(朴延)'으로 되어 있다.

도구이구나." 하였다가 한참 뒤에야 그 말이 거짓이라는 것을 알게 되었다고 하였다. 박연은 아무리 추워도 솜옷을 입지 않았고 몸이 장대하였으며 파란 눈에 흰 얼굴로 누런 수염이 배까지 드리워져, 보는 자들이 신기하게 여겼다. 우리나라 여자에게 장가들어 아들과 딸을 한 명씩 낳았다.

박연이 우리나라에 온 지 26년이 되는 계사년(1653)에 서양인이 또 표류하여 탐라에 이르렀다.[20] 조정에서 박연을 보내어 살피게 하니, 박연은 옆 사람에게 먼저 말하지 말고 그들의 행동을 살피도록 경계시켰다. 서양인이 박연을 한참 동안 살펴보더니 "이 사람은 나와 형제 같구나." 하고서 서로 마주 보며 울었다. 서양인이 말하기를 "우리나라 상인이 일본에 많이 가니, 우리를 일본으로 보내주면 돌아갈 수 있을 것이오." 하였다. 박연이 말하기를 "일본의 풍속은 비록 자기 나라 사람이 표류하다가 다른 나라에서 돌아오더라도 즉시 죽여 버립니다. 야라(耶羅, 예수)를 믿는 사람이 몇 해 전 표류하다가 여기에 이르자 바로 대마도(對馬島)로 보냈지만, 대마도주가 다 죽이고 재물을 빼앗았습니다. 당신들이 일본에 간다면 반드시 죽을 것입니다. 나는 이 나라에 와서 훈련도감(訓鍊都監)에 소속되었는데 몸이 편안하고 먹을 것은 풍족합니다. 당신들은 나를 따라 서울로 가는 것이 어떻겠습니까?" 하니, 서양인들이 좋다고 하였다. 서울에 도착하자, 중외(中外)의 여러 군영에 나누어 소속시켰다.

서양인은 기술이 많고 역법(曆法)과 의술에 가장 뛰어났는데, 솜씨 좋은 장인과 훌륭한 대장장이들은 거의 바다에 빠져 죽었다. 다만 역법을

---

20 서양인이 …… 이르렀다 : 1653년(효종4) 제주도에 표류한 하멜 일행을 말한다. 네덜란드인 하멜은 일본 나가사키로 가던 도중 표류해 1666년까지 제주도에서 지냈다.

아는 자 1명과 권법(拳法)을 아는 자 1명, 조총을 잘 쏘는 자 1명과 큰 돌쇠뇌를 잘 쓰는 자 10여 명이 남아 있다가 후에 대부분 일본으로 도망갔다.

어계복(魚繼卜)은 훈국(訓局)의 고지기다.

현종 신해년(1671)에 북관인(北關人)이 한 아이를 인적 없는 바닷가에서 발견했는데, 나이는 8~9세 쯤 되었고 의복이 다르며 말이 통하지 않아 도무지 어디에서 왔는지 알 수 없어 비변사(備邊司)로 송치(送致)하였다. 비변사에서 역관(譯官) 서효남(徐孝男)을 시켜 물어보게 하였지만 그 말을 알아듣지 못하였다. 한참 뒤에야 조금씩 의사를 소통할 수 있어 그 나라의 풍속을 물어보니 팔뚝을 아래위로 흔들어 사냥하는 시늉을 하였고, 어떻게 왔는지를 물어보니 흔들며 갸우뚱대는 것이 마치 배를 젓는 것 같았다. 훈련대장 유혁연이 군졸에게 기르도록 하고 이름을 계복(繼卜), 성을 어(魚)라고 하였다. 그가 어피달자(魚皮㺚子)[21]의 종족이었기 때문이다.

우리나라는 삼면이 바다에 막혀 도적은 적지만, 동해와 남해 가에는 늘 홍모이(紅毛夷)와 아란타(阿蘭陀)[22] 인들이 표류하여 이르렀으니, 왜구는 더 말할 것도 없다. 바다 가운데 여러 나라들은 모두 난장이가 조잘대는 듯 하여 그 풍속을 알 수 없다. 그러나 성질이 사납고 표독하여 쉽게 화를 내며 가지고 있는 병기가 모두 정교하니, 만일 변방에서 흉악한 짓을 한다면 어떻게 제어할 수 있을 것인가? 해외의 풍속이 다른 나

---

21 어피달자(魚皮㺚子) : 물고기 가죽으로 옷을 만들어 입은 달자라는 뜻으로 보인다. 달자는 중국 서북 지방의 종족인 달단족(㺚狚族)을 일컫는 말이다.
22 홍모이(紅毛夷)와 아란타(阿蘭陀) : 네덜란드를 가리킨다.

라라고 하여 선비가 공부하지 않아서야 되겠는가. 신숙주(申叔舟)의『해중제국기(海中諸國記)』[23]와 같은 것은 참으로 나라를 운영할 방책을 안 것이다.

---

23 신숙주(申叔舟)의『해중제국기(海中諸國記)』:『해중제국기』는『해동제국기(海東諸國記)』를 말한다.『해동제국기』는 1443년(세종25) 서장관(書狀官)으로 일본에 다녀온 신숙주(1417~1475)가 1471년(성종2) 왕명을 받아 그가 직접 관찰한 일본의 정치·사회·풍속·지리 등을 종합적으로 기록한 책이다.

황공(黃功)은 항주인(杭州人)으로 무진사(武進士)[24]에 급제하여 직분을 맡았다.

숭정 말에 유구(流寇)[25]가 황성(皇城)을 침범하여 천자(天子)가 죽자, 청인(淸人)이 유구를 부수어 쫓아낸 뒤 마침내 스스로 연경(燕京)을 점거하였고, 황공은 청인에게 사로잡혔다. 당시 효종 대왕이 청나라 군대를 따라 연경에 들어갔는데, 황공은 그 무리인 왕봉강(王鳳岡) 등과 함께 효종 대왕을 따라서 우리나라에 왔다. 이들을 '용을 따라온 13성〔從龍十三姓〕'이라고 한다. 상은 이때 봉림저(鳳林邸)에 있으며 조양루(朝陽樓)에 거처하였는데, 조양루 아래로 보이는 마을에 황공 등의 집을 마련해 주고 명절에는 하사품을 넉넉히 내려주니, 황공 등은 편안히 지냈다. 상이 즉위하자 황공에게 가선대부(嘉善大夫)를 제수하였다.

현종 정미년(1667)에 복건인(福建人) 임인관(林寅觀) 등 95명이 표류하여 탐라에 이르렀다. 이들은 정성공(鄭成功)[26]이 대만(臺灣)에 있으면서 영력(永曆)의 연호(年號)를 받들어 만든 '영력21년대통력(永曆二十一年大統歷)'을 지니고 있었는데, 영력황제는 재위 17년 만에 오삼계(吳三桂)[27]에게 시해되었으니 정성공은 이 사실을 몰랐던 것이다. 임인관 등

---

24 무진사(武進士) : 무거(武擧) 전시(殿試)에 합격한 자를 이른다.
25 유구(流寇) : 일정한 거처 없이 떠돌아다니며 도적질을 하는 무리로, 여기에서는 명나라 말기에 봉기했던 이자성(李自成)과 장헌충(張獻忠) 등을 가리킨다.
26 정성공(鄭成功) : 1624~1662. 자는 명엄(明儼), 호는 대목(大木)으로 명나라의 유신(遺臣)이다. 명나라가 망한 후 중국 남부로 이동하여 청나라에 대항하였고, 1661년에 대만으로 건너가 네덜란드군을 축출하고 대만에 웅거하다가 이듬해 병으로 죽었다.
27 오삼계(吳三桂) : 1612~1678. 자는 장백(長白) · 월소(月所)이며 요동 출생이다. 숭정 연

은 상인(商人)으로 정성공을 위해 바다 가운데에서 장사하다가 그 대통
력을 지니고 표류해 왔다. 초야의 사대부들은 명나라 왕실을 섬멸한 만
주족(滿洲族)에게 원한을 품고 밤낮으로 복수할 것을 생각하였다. 그러
다가 황통(皇統)이 아직 남아 있다는 소식을 듣자 다투어 길에 모여들어
임인관 등을 보고자 하였으며 손을 잡고 눈물을 흘리며 슬픔을 가누지
못하였다. 어떤 이는 필담을 주고받으며 강개한 마음을 펼쳐내기도 하
였다. 그러나 국권을 잡은 자들은 이 일이 누설될까 두려워 그들을 잡아
서 청으로 보내고자 하니, 임인관 등은 국문(國門) 밖에 이르러 굳게 버
티며 가지 않았다.

　조정에서는 그들의 마음을 돌리지 못해 고민하다가 황공을 시켜 잘
회유하도록 하였다.[28] 임인관 등은 황공의 남쪽 지방 목소리[29]를 듣고서
떠돌며 겪은 갖은 고생을 이야기하였다. 또 "국왕이 의리로 살려준 것에
감복하여 여기까지 왔는데 어찌 청인에게 압송하려는 것이오. 차라리

간에 무인(武人)으로 등용되어 총병(總兵)을 거쳐 평서백(平西伯)에 봉해지고 산해관(山
海關)을 진수했다. 이자성이 명경(明京)을 함락시키고 그의 애첩 진원원(陳圓圓)을 잡아
가자, 오삼계도 청병(清兵)을 거느리고 산해관으로 들어가 이자성을 격파하여 평서왕(平
西王)을 봉받고 운남(雲南)을 진수했다. 강희제가 번병(藩屛)을 철폐하려 하자 반기를
들어 운남·귀주(貴州)·사천(四川)·호남(湖南)·광서(廣西) 등을 차지하고 주(周)의 황
제를 자칭하며 청실에 대항하였다. 그가 죽은 후 손자 오세번(吳世璠)에 이르러 청나라에
멸망되었다.

28　조정에서는 …… 하였다 : 이 과정에 대한 이야기는 『연경재전집』 외집 권34, 「황진문답(黃
陳問答)」에 자세히 기록되어 있다.

29　남쪽 지방 목소리 : 원문은 '남음(南音)'인데 남방의 음악이라는 뜻으로, 고향 생각에 젖는
것을 비유한 말이다. 춘추 시대 초(楚)나라 악관(樂官) 종의(鍾儀)가 포로가 되어 진(晉)나라
에 갇혔을 때, 진나라 임금이 "그에게 거문고를 주게 했더니 남방의 초나라 음악을 연주했
다.(使與之琴, 操南音.)"는 고사에서 유래한 것이다. 『춘추좌씨전』, 「성공(成公) 9년」 참조.
여기서는 복건성 출신인 임인관 등이 인근 절강성 항주 출신인 황공의 목소리를 듣고
고향 생각에 잠겼다는 의미이다.

굶어죽을지언정 갈 수 없소." 하며 서로 마주보고 통곡하였다. 황공이
극구 말하기를 "청인은 너그럽고 후덕하여 죄인을 잡더라도 함부로 죽
이지 않아 조정과 재야(在野)가 안락하니 당신들이 가더라도 죽지 않을
것이며, 고향으로 돌아가는 길도 얻을 수 있을 것입니다." 하였다. 임인
관 등은 마음이 조금 풀어져서 황공에게 조선으로 오게 된 경위를 물었
다. 황공은 북경이 잔파(殘破)되어 조선에서 옷과 음식을 얻은 지 20년
이 되어가며 고향의 존몰(存沒)에 대해서는 듣지 못했다고 자세히 말해
주었다. 또 남방의 상황을 묻자, 임인관 등이 대답하기를 "우리는 섬에
살아 두 나라의 흥망을 모릅니다만, 듣자니 황제가 바다로 들어온 지 4
년이 되었고 뇌주(雷州)와 창화(昌化), 영주(寧州)를 경계로 삼았다고 합
니다." 하였다.

　황공은 비록 조정의 강요에 못 이겨 임인관 등을 보내려고 효유하였
지만 마음이 답답하고 편하지 않았다. 임인관 등이 민월(閩越, 현재 중국
의 복건성 지역)의 노래를 부르니, 황공도 목란화사(木蘭花詞)[30]를 불렀고
스스로 황조(皇朝)에 있을 때의 일을 노래하기를 "문신으로 남색 관복
입고 무신으로 금빛 갑옷 걸쳤으니, 어전에서 명령 받아 그 뜻을 전하였
고 후원에서 문 지키며 군사 훈련 맡았네. 변성(邊城)을 수축(修築)하고
삼산(三山)[31]을 정벌했으며, 봉사(鳳泗)[32]에서 유수(留守)를 지냈고 서양

30　목란화사(木蘭花詞) : 옛 악부(樂府) 이름. 목란(木蘭)이라는 여인이 늙은 아버지 대신
　남장(男裝)을 하고 그 아버지 이름으로 12년을 종군(從軍)한 사실을 기록한 내용의 가사이
　다. 『고악부(古樂府)』, 「목란사(木蘭辭)」 참조.
31　삼산(三山) : 중국 복건성(福建省) 복주(福州)의 별칭. 복주성 안 서쪽에 민산(閩山)이
　있고 동쪽에 구선산(九仙山)이 있으며 북쪽에 월왕산(越王山)이 있기 때문에 삼산이라고
　도 일컫는다. 자세한 것은 송(宋)나라 증공(曾鞏)의 「도산정기(道山亭記)」 참조.
32　봉사(鳳泗) : 중국 하남성(河南省)에 있는 지명이다.

(西洋)으로 칙명을 받들었지. 제사(制使)³³가 되어서는 태호(太湖)에 매복했고 수비(守備)³⁴가 되어서는 지하(池河)³⁵에 이름 드날렸네." 하니, 또한 민월의 소리였다.

임인관 등은 떠날 때가 되자 조금 더 머물다가 봄이 된 뒤에 떠나게 해달라고 요청했으나, 황공은 허락하지 않았다. 임인관 등이 음식을 먹지 않으니, 황공은 음식을 권하였고 또 그들이 자결할까 두려워 수색하여 칼을 빼앗았다. 두 사람이 스스로 목을 매 죽으려고 하니 곧장 강제로 그들을 보냈으며, 연경에 들어간 뒤에는 생사를 알지 못하였다. 비변사 아전 석희박(石希璞)이 말하기를 "청인이 영고탑(寧古塔)으로 추방하여 다 죽였다." 하였으나, 이 또한 자세하지 않다. 황공이 죽자 장지(葬地)를 하사하였고, 자손들은 모두 위항인(委巷人)이 되었다.

강세작(康世爵)의 자는 자영(子榮)으로 형문인(荊門人)이다. 옛 집은 통주(通州)인데 당주부(撞州府) 북쪽 석탑촌(石塔村)으로 이주하였다. 증조 강우(康祐)는 용맹하고 건강하여 금주 참장(金州參將)에 뽑혀 여러 차례 몽고와의 전투에 참전하였다가 전사하였으며, 지휘(指揮)로 추증되었다. 조부 강림(康霖)은 경략(經畧) 양호(楊鎬)³⁶를 따라 조선에서 왜적을

---

33 제사(制使) : 송(宋)나라 때 전전사(前殿司)에 소속된 하급 군직이다.

34 수비(守備) : 명청(明淸) 시대 무관(武官)의 명칭. 명대에는 남경(南京)에 수비를 설치하여 해당구역의 각 위소를 다스리게 하면서 중요한 군직(軍職)이 되었다.

35 지하(池河) : 회하(淮河)의 지류인 지수(池水)를 가리키는 것으로 보인다.

36 양호(楊鎬) : ?~1629. 자는 경보(京甫), 호는 풍균(風筠), 하남성 출신의 명나라 장수이다. 1597년(선조30) 정유재란 때 경략조선군무사(經略朝鮮軍務使)가 되어 군사를 거느리고 우리나라로 들어와 울산에서 벌어진 도산성(島山城) 전투에 참여하였다가 크게 패하였다. 중국으로 돌아간 뒤 1619년(광해군11)에 청나라가 명나라를 침략하자 다시 기용되어 요동 등을 경략하였으나, 청나라에 패해 처형당하였다.

치다가 평산(平山)에서 죽었으며, 도지휘(都指揮)로 추증되고 공신록(功臣錄)이 주어졌다.

부친 강국태(康國泰)도 무관으로 현달하여 청주 통판(青州通判)이 되었는데, 포정사(布政使) 왕상건(王象乾)이 강국태가 청주에서 불법을 저질렀다고 탄핵하여 옥에 갇혔다. 이때 건주(建州)에서 반란이 일어나 경략 양호가 토벌에 나섰다. 광녕 총병(廣寧總兵) 이광영(李光榮)은 강국태와 같은 해에 급제하여 서로 친하였기에 즉시 강국태의 무예가 적을 제압할 수 있다고 말해주어 사면되었고 곧이어 중군(中軍)에 발탁되었다. 이광영이 떠나자 이여백(李如柏)에게 소속되었다. 양호가 네 길로 나누어 만주에 들어가면서 강국태에게 광녕(廣寧)의 기병 1천 5백 명을 거느리고 가 유정(劉綎)을 따르라고 명하였다. 우모령(牛毛嶺) 골짜기에 이르자 유정이 명을 받은 길이 유독 멀고 험한데다 산길이 교차하여 군대를 제대로 지휘할 수 없었다.

이때 강세작이 부친을 따라 깊숙이 들어가니 부친이 빨리 돌아가라고 꾸짖었으나 강세작은 차마 떠나지 못해 장막 밖에 숨어서 뒤따라갔다. 강국태가 장막으로 불러들여 등을 어루만지면서 "여기가 어떤 곳인데 네가 아직 나를 따른단 말이냐." 하였다. 우모령을 지나 30리를 가다가 적장을 만나 싸우게 되었다. 적의 복병이 산골짜기 좌우에서 협공을 하니, 유정이 패하여 전사하였다. 강국태도 화살에 맞아 전사하였고 종들은 모두 흩어졌다. 날이 저물자 강세작은 부친의 시신을 산 북쪽 바위 아래로 옮기고 돌을 쌓아 감추고는 조선군으로 달려들어갔다.

당시 유격(遊擊) 교일기(喬一琦)가 조선군을 감독했는데 오랑캐에게 포위당하여 급박해지자 벼랑에서 몸을 던져 죽었다. 죽음에 임박하여 아들에게 전하는 편지를 조선군에게 맡겼으니, 그 내용은 이러했다.

"문신과 무장이 사직(社稷)을 희롱하며 사리사욕을 좇다가 나라를 잃고 군대도 잃고 말았다. 식량은 끊어지고 물이 떨어져 아침저녁도 보전할 수 없었지만 나는 감히 군대를 떠나지 않았다. 삼가 가합령(家哈嶺) 위에서 자결하니, 너는 성상(聖上)께 아뢰어 아시도록 하라. 그리고 적성현(赤城縣)의 설도존(薛道尊)을 찾아가서 가족들을 데리고 고향으로 돌아가라. 내가 마음 편히 죽는 것은 네가 어제 가정(家丁)을 재촉하러 떠났기 때문이니,[37] 만약 다시 오더라도 내 시신을 수습하여 관문을 나갈 필요는 없다."

강세작은 교일기의 아들을 만나 울면서, 동쪽에 있는 군대가 만약 전투에서 이긴다면 부친의 시신을 거두어 돌아올 수 있을 것이라고 하였다. 이윽고 조선군도 전복되어 원수(元帥)가 항복하니 좌영(左營)이 장차 죽게 될 상황이었다. 만주의 부대에서 기병(騎兵)을 파견해 항복한 조선군에 숨어 있는 명군(明軍)을 수색해 잡아가면서 마침 강세작을 버려두니, 강세작은 돌부리에 등을 비벼 포승줄을 끊고 밤에 요양(遼陽)으로 달아났다. 강세작의 숙부 강국윤(康國亂)과 아우 강세록(康世祿)은 신경략(新經略) 웅정필(熊廷弼)과 친하였다. 웅정필도 양주인(楊州人)인데 강국윤과 강세록의 부탁으로 요양에 이르러 강세작을 잘 보살펴 주었다. 웅정필이 강세작을 불러 "네가 건장하니 기복하여 부친의 원수를 갚아야 할 것이다." 하고, 즉시 군교(軍校)로 임명하였다.

3년이 지나 적이 심양을 격파하고 또 요양을 공격했는데, 요양 사람들이 적을 이끌고 성으로 올라가니 성이 함락되었다. 강세작은 쌓여 있는 시신 가운데 엎드려서 죽음을 면했다가 몰래 봉황성(鳳凰城)으로 달

---

37 내가 …… 때문이니 : 교일기의 아들이 가정을 재촉하러 가 죽음을 면할 수 있었으므로 마음 편히 죽을 수 있다는 말이다. 가정은 장군이 정규군 이외에 개인적으로 조직한 사병 정예부대를 말한다.

아나 이인후(李仁厚)에게 의지하며 산속에서 적을 피하였다. 이인후는 적을 만나 죽고 집안이 전복되었다. 강세작은 홀로 탈출하여 광녕인(廣寧人) 유광한(劉光漢)을 만나 요양에 흩어진 군졸 3백 명을 규합하여 봉황산으로 들어갔다가 적을 만나 크게 패하자 바로 달아나 죽음을 면하였지만, 유광한이 전사하였다. 강세작은 창에 찔리고 굶주림이 심하여 초목의 열매를 먹고 양 갖옷을 구워 먹어 죽지 않을 수 있었다. 만포(滿浦) 경내에 이르러 떠돌다가 관서(關西) 북쪽의 여러 현(縣)에 우거(寓居)하였으며 마지막에는 회령(會寧) 땅에 거주하였다. 강세작은 조선에 와서 장가들어 자식을 많이 낳았지만 늘 중원(中原)을 그리워하였다. 또 토착인에게 천대받으니 「자술편(自述篇)」을 지어[38] 혼자서 가슴아파했다고 한다.

중원이 전복되자, 피란하여 조선에 이른 자들은 대부분 황탄하고 망령되어 진실됨이 없었지만, 유독 강세작은 우뚝 뛰어나고 강개하여 중원의 학사대부에게 사랑을 받은 자였다. 그러나 강세작은 또한 일부러 해학을 즐기고 얽매이지 않는 성품을 보이며 조선에서 살아가기를 구하였고, 집 이름을 초관(楚冠)[39]이라 하고 늘 그 곳에 거주하였다. 압록강 북쪽에 띠풀이 많아 회령 백성들이 이를 가져다 집의 지붕을 덮었는데, 강세작은 홀로 짚으로 지붕을 덮으면서 말하기를 "사람들이 내가 오랑캐 땅으로 건너갔다고 의심하게 하지 않을 것이다." 하였다.[40] 자식들을

---

38 「자술편(自述篇)」을 지어 : 『연경재전집』 외집 권40에 수록된 「강세작피병기(康世爵避兵記)」에서 성해응은 강세작의 「자술편」을 직접 읽었다고 하였다.

39 초관(楚冠) : 초(楚)나라 사람의 관이다. 초나라의 굴원이 조정에서 쫓겨나 변방에서 귀양살이했다는 데서 나온 말로, 변방에서 쓸쓸하게 지내는 자신의 행색을 뜻한다.

40 압록강 …… 하였다 : 압록강 북쪽은 청나라 땅이므로, 강세작은 이방인으로서 조선 사람의 의심을 살 만한 행동을 전혀 하지 않았다는 말이다.

경계시켜 함께 살도록 하니, 두 아들은 모두 건장하고 활을 잘 쏘아 초나라 무사의 풍모가 있었다.

심하 전투에서 패하게 되면서 조선인들은 교일기의 편지를 그 아들에게 전해주지 못했는데, 몇 년이 지난 후 종사(從事) 이민환(李民寏)이 편지를 가지고 와 우리나라에 전해지게 되었다.

황공 등은 모두 황조 말엽에 살 곳을 잃고 떠돌았지만 어지러운 세상에서 자신을 온전히 지키며 늠름히 예모를 갖추어 오랑캐의 신하가 되지 않았으니 다행이다. 중국인은 변발을 하고 옷깃을 왼쪽으로 여미며[41] 만주의 모자를 써 금수와 다름이 없으니, 이들과 비교한다면 과연 어떠하겠는가? 오랑캐가 천하를 차지한 지 이미 백년이 지나 중국인은 편안히 여기고 그들의 녹을 실컷 먹으며 벼슬하지 못할까 애를 태운다. 황공 등의 후예는 비록 곤궁하고 실의에 빠져 있다 하더라도 선조의 마음을 자신의 마음으로 삼을 수 있을까?

옛날 황공의 무리는 훈련도감에서 녹을 먹으면서 가왜(假倭) 노릇[42]을 하며 군대를 조련할 때마다 곧 알록달록한 옷을 입고 소리치며 뛰어다녔다. 정조(正祖)대에 이르러 그 일이 면제되고 한려(漢旅)[43]로 승진하

---

41 옷깃을 왼쪽으로 여미며 : 원문은 '좌임(左衽)'인데, 오랑캐의 복식을 의미하는 말이다. 공자(孔子)가 관중(管仲)의 공을 찬양하면서 "만약 관중이 없었더라면 우리들은 머리를 풀고 옷깃을 왼쪽으로 여미는 오랑캐의 신세가 되고 말았을 것이다.(微管仲, 吾其被髮左衽矣.)" 하였다. 『논어(論語)』, 「헌문(憲問)」 참조.
42 가왜(假倭) 노릇 : 가왜군(假倭軍)을 말하는데, 군사 훈련 때 왜구의 역할을 맡은 군사를 말한다.
43 한려(漢旅) : 조선 시대 훈련도감에 소속되었던 군대의 하나이다. 효종이 심양에서 돌아올 때 따라온 한인(漢人)들의 자손으로 군대를 편성하여 한인아병(漢人牙兵)이라 하였다가 1790년(정조14)에 한려로 이름을 고쳤다.

여 황단(皇壇)⁴⁴을 수호할 수 있게 되었다. 황조의 남은 백성들은 마땅히 스스로 힘쓸 바를 알아야 할 것이다.

---

44 황단(皇壇) : 대보단(大報壇)을 말한다. 창덕궁 내에 설치하였으며, 명나라 태조(太祖)·
신종(神宗)·의종(毅宗)에게 제사지내는 곳이다.

5 **김충선(金忠善) / 귀영가(貴盈哥)**

김충선(金忠善)은 왜인(倭人)으로 본래 이름은 사야가(沙也可)였다.

만력(萬曆) 임진년(1592)에 일본의 풍신수길(豊臣秀吉)이 명나라를 치기 위해 길을 빌려 달라는 것으로 명분을 삼고 먼저 우리나라에 침범하여 팔도(八道)의 군사를 동원하고 가등청정(加藤淸正)을 선발로 삼았다.

사야가는 가등청정의 부대에 소속되어 군사 3천을 거느리고 좌선봉(左先鋒)이 되었다. 우리나라 경계에 들어온 뒤 의관과 문물이 중국과 같은 것을 보고 개연히 사모하여 자기 부하로 하여금 죽이거나 노략질하지 못하도록 막았으며, 스스로 호를 모하당(慕夏堂)이라 하고 마침내 우리나라에 항복하였다. 박진(朴晉)[45]과 김응서(金應瑞)[46]의 전투에 참가하여 여러 차례 높은 공을 세우자, 조정에서 김충선이라는 이름을 하사하고 김해를 본관으로 삼아주었다. 김충선이 감동하여 해방(海防)을 10년 동안 게을리하지 않으니 진급하여 정헌대부(正憲大夫)에 이르렀다.

인조(仁祖) 초에 이괄(李适)이 반란을 일으켰는데,[47] 이에 앞서 항복한 왜군 3백 명이 이괄에게 귀속되어 영변(寧邊)에 주둔하다가 이괄과 함께

---

45 박진(朴晉) : 1560~1597. 자는 명부(明夫), 본관은 밀양(密陽)이다. 밀양 부사로 있던 중 임진왜란이 일어나자 경상좌도 병마절도사가 되어 각지의 의병들과 연합해 경주성(慶州城)을 탈환하는 등 영남 지역에서 뛰어난 전공을 세웠다. 시호는 의열(毅烈)이다

46 김응서(金應瑞) : 1564~1624. 임진왜란 때 별장으로 명나라 장수 이여송과 합류하여 평양성을 탈환했고, 이어 경상 좌병사가 되어 부산을 탈환했다. 1618년 명나라가 건주위(建州衛)를 치려고 원병을 요청하자 원수 강홍립과 함께 출전하여 전공을 세웠으나, 강홍립의 항복으로 포로가 되어 처형되었다.

47 이괄(李适)이 반란을 일으켰는데 : 이괄(1587~1624)은 인조반정(仁祖反正)에 가담했던 무장이다. 1624년(인조2) 일부 공신의 횡포에 반항하여 반란을 일으켜 서울을 무혈점령했으나 안현(鞍峴) 싸움에서 패하여 부하에게 죽임을 당했다.

죽었다. 서아지(徐牙之)가 가장 용맹하여 날아다니는 왜군이라 일컬어졌
는데 도망치다가 밀양(密陽)에 이르러서 김충선에게 목을 베였다. 이 공
으로 전답과 소작인을 하사하였으나, 김충선은 사양하고 받지 않았다.

병자년(1636)에 오랑캐가 광주(廣州)를 포위하니 김충선은 당시 노령
임에도 종군하여 쌍령(雙嶺)에 이르렀으며, 우리 군대가 패하여 화친이
성사되자 통곡한 뒤 돌아와 죽었다. 김충선은 인동 장씨(仁同張氏)가에
장가갔는데 또한 명문가이다.

귀영가(貴盈哥)는 만주(滿州)의 누르하치의 둘째 아들로 강포하며 전
투를 잘 하였다. 누르하치가 죽자 귀영가가 마땅히 즉위해야 하지만 홍
태시(弘歹始, 청 태종)에게 양보하니, 홍태시는 사양하지 않고 즉위하였
다. 귀영가는 왕위를 잃은 뒤 침울하여 견딜 수 없어 자녀를 데리고 우
리나라로 망명하였다. 우리가 그들을 매우 박하게 대우하니 빈궁하여
음식조차 얻지 못하였다. 이에 딸을 무인 박륵(朴玏)에게 첩으로 주었고,
딸이 아들 둘을 낳자 그들에게 의지하였다.

병자년 겨울 홍태시가 광주에 쳐들어왔을 때, 귀영가가 밤에 남양부
(南陽府)로 들어가 부사 윤계(尹棨)를 죽이고 다시 홍태시에게 귀의하니,
처음처럼 대우해 주어 딸과 함께 북으로 돌아갔다.

명나라 제도에 훈척(勳戚)의 자제는 경영(京營, 북경의 군영)의 수비를
담당하였고, 용맹한 무사는 출신을 묻지 않고 변방의 무직을 맡기기를
꺼려하지 않았다. 만계(滿桂)와 주우길(周遇吉)[48] 같은 이는 모두 명나라

---

48 만계(滿桂)와 주우길(周遇吉) : 만계는 후금(後金)에 저항한 무장으로 1624년(천계4) 영원
(寧遠)·영금(寧錦)의 전투에서 명나라 군대를 통솔하여 큰 공을 세웠으며, 1630년(숭정2)

에 항복한 장수들로 마침내 공을 세워, 그 충의가 또렷이 사람들의 눈과 귀에 빛나고 있다. 하지만 갑신년(1644)의 난리(명나라 멸망)에 순절한 훈척은 많지 않으니, 오직 장공(張鞏) 등 몇 집안 뿐이다.

김충선 등은 모두 사납고 호방하며 굳센 인물로 우리나라에 귀의하였다. 번곤(藩閫)[49]의 임무를 그들에게 맡겼다면 저들은 반드시 목숨을 바쳐 보답했을 것이다. 그러나 관직을 아껴 주려고 하지 않았으니 어쩌겠는가.

북경을 호위하는 전투에서 전사하였다. 1644년(숭정17) 초 이자성의 반란군이 섬서에서 동진하자 영무관(寧武關)을 지키던 주우길만이 이를 저지하려다 전사하였다.
49 번곤(藩閫) : 병마절도사(兵馬節度使)와 같은 변방 군영의 장수이다.

김종립(金宗立) / 조모(趙某)

김종립(金宗立)은 진천(鎭川) 사람이다. 부친 김귀현(金貴賢)은 무과에 합격하였고, 만력 정유년(1597)에 울산(蔚山)에서 왜전에 참가하여 공을 세웠다. 김종립은 천계(天啓) 갑자년(1624)에 무과에 합격하였지만 향리에서 고생하며 지냈다.

병자년(1636)에 오랑캐 기병이 남한산성을 포위했을 때, 순찰사(巡察使) 정세규(鄭世規)가 군사 8천 명을 선발하여 근왕하였다. 김종립은 진천의 초관(哨官)[50]으로 따랐다. 광주(廣州)의 험천(險川)에 이르러 해가 정오[51]인데도 군사들이 먹지를 못해 밥을 나르라는 명이 내렸으나, 오랑캐 장수 석탁니감(碩託尼堪)·박화탁(博和託)·낙탁(洛託) 등이 막았다. 정세규의 군대가 줄지어 앉아서 밥을 먹고 있을 때 한 오랑캐 기병이 숲 속에서 나와 물을 길어 갔다. 얼마 뒤 불화살이 날아오며 오랑캐 기병이 대거 쳐들어와 에워싸고 칼을 휘두르니, 정세규의 군대가 크게 무너졌다.

김종립이 책문(柵門) 밖으로 달아나 초군 손영립(孫永立)에게 "순찰사는 어디 계시느냐?"고 물으니, "모릅니다. 저와 함께 빨리 달아나시지요." 하였다. 김종립이 말하기를 "장수를 잃어버리고 어디로 간단 말이냐." 하고, 즉시 칼날을 무릅쓴 채 순찰사를 구하려다가 적에게 죽임을

---

50 초관(哨官) : 군대의 편제인 초(哨)의 우두머리로 종 9품 벼슬이다.
51 정오 : 원문은 '탁오(卓午)'이다. 당(唐)나라 이백(李白)의 「희증두보(戲贈杜甫)」시에 "반과산 꼭대기에서 두보를 만났는데, 머리엔 대삿갓 썼고 해는 마침 정오로다. 묻노니 작별한 뒤로 어찌 그리 수척해졌나, 모두가 전부터 괴로이 시 읊조린 탓이로세.(飯顆山頭逢杜甫, 頭戴笠子日卓午. 借問別來太瘦生, 總爲從前作詩苦.)"라고 한 데서 온 말이다. 『이태백집(李太白集)』 권25 참조.

당하였으며, 시신은 불에 타 수습하지 못하였다.

손영립이 돌아가 김종립의 부친에게 이 사실을 알렸다. 부친이 말하기를 "내 아들이 떳떳하게 죽었으니 무엇이 한스러울 것인가." 하였다. 사람들이 모두 말하기를 "김종립이 절개를 지킨 것은 그 아버지의 가르침이었다." 하였다.

조모(趙某)는 진천 사람으로 백곡(柏谷)에 거주하였는데, 생김새가 훤칠하고 베푸는 것을 좋아하였다.

광해(光海) 때 모후(母后)를 서궁(西宮, 경운궁)에 유폐시키자,[52] 조모는 40여 명의 무리를 데리고 항소(抗疏)하여 불가함을 말하려 했다. 그런데 죽산(竹山)에 이르니 달아난 자가 반을 넘었고 한강(漢江)을 건넜을 때는 네댓 명만 남았다. 조모는 끝내 두려워하지 않고 소장을 올렸으며 비답(批答)을 받지 못한 채 돌아왔다.

병자년에 오랑캐가 남한산성을 포위하고 기호(畿湖) 지역에서 마음껏 노략질을 하였다. 조모는 진천현의 심정사(深淨寺)에 웅거하였는데, 목천(木川) · 천안(天安) · 직산(稷山) · 안성(安城) · 진위(振威)의 백성들 중 그에게 의지한 자가 거의 천여 명이나 되었다. 조모는 이들을 여기저기 적절하게 배치하였다.

오랑캐 기병 4, 5명이 창을 잡고 말을 타고서 절 문 앞에 이르니, 의병들이 어수선해지며 흩어지려 하였다. 조모가 칼을 뽑아 꾸짖기를 "우리가 한 발짝만 움직여도 오랑캐가 기세를 몰아 쫓아올 것이니, 이것은 저들에게 포로를 보내주는 꼴이다.[53]" 하고, 사람들에게 명하여 빙 둘러

---

52 광해(光海) …… 유폐시키자 : 광해군이 1617년(광해9)에 인목대비(仁穆大妃)를 서궁에 유폐시킨 일을 말한다.

서서 활을 쏘려는 모습을 취하도록 하였다. 오랑캐가 멀리서 이르기를 "우리는 음식을 구할 뿐입니다. 부디 그대들께서는 잠시 자리를 피하여 우리가 식량을 찾아가도록 해 주십시오." 하였다. 그러나 조모가 듣지 않고 더욱 스스로 위엄을 보이니, 오랑캐가 물러났다. 조모가 말하기를 "다행히도 오랑캐의 숫자가 적어 우리를 대적할 수 없었지만 내일이면 필시 무리를 데리고 우리를 공격할 것이니, 만노성(萬弩城)으로 올라가 험준한 곳에 웅거하여 기다리는 것이 좋겠다." 하고, 마침내 무리를 데리고 성 위에 엎드려 초목에 숨어 기다렸다.

다음날 오랑캐가 과연 백여 기병을 이끌고 절을 포위하여 수색했는데 찾지 못하자 크게 화를 내다가 성 위에 사람이 있는 것을 보고 군사를 이끌고 매우 급하게 성을 공격하였다. 조모는 미리 돌을 모아 전쟁에 쓸 도구를 만들어 두었으며 활을 당기고 대포를 정비하여 결사적으로 싸울 계획을 세웠다. 오랑캐는 세 사람씩 나누어 하나의 대열을 이루고, 널을 쪼개 부채 모양으로 방패를 만들어 잡고는 개미떼처럼 기어 올라가는데, 한 걸음 나아가면 반드시 화살 하나를 쏘았다. 조모는 마치 못 본 듯이 하고 있다가 오랑캐가 이미 가까이 오자 포졸에게는 방패를 쏘아 맞히게 하고 활을 잡은 자는 활을 쏘며 활이 없는 자는 돌을 던지도록 하여 많은 오랑캐를 죽였다. 오랑캐는 종일토록 싸워도 올라갈 수 없자 시신을 가져다 태우고 물러났다. 오랑캐가 떠난 뒤 조모는 부친상을 당해 성의 서쪽에 있는 절에서 빈소를 지키고 있었다. 두 오랑캐 기병이 백마를 타고 오자 조모는 몰래 벽 뒤에 숨어 활을 잡고 기다렸다. 그런데 오랑캐가 탄 말이 갑자기 머뭇거리며 나아가지 않으니, 오랑캐는 괴이하게

---

53 포로를 보내주는 꼴이다 : 원문은 '유지금(遺之禽)'인데, 『춘추좌씨전』소공(昭公) 5년 조에 나오는 말로 적국(敵國)에 신하를 보내 포로가 되게 한다는 의미이다.

여겨 돌아갔다.

난이 끝나자 여섯 고을의 선비들이 조모의 공을 들어 소장을 올리려고 하였다. 조모가 만류하면서 "내가 목숨을 보전할 수 있었던 것은 여러분의 힘 덕분이오. 내 어찌 거짓으로 꾸며 하늘을 속일 수 있겠소?" 하니, 사람들이 그 진실함에 감복하여 그만두었다. 조모는 80세가 넘어 죽었으니, 장수한 것으로 계급이 올라 첨지중추부사(僉知中樞府事)가 되었다.

나는 여러 차례 진천현을 지나가면서 김종립의 유허비(遺墟碑)를 보았고, 또 험천을 지나면서 여러 공이 순절한 곳을 보았는데 지금까지 생기가 있다. 병자년과 정묘년의 난리 때 가령 모든 사람들이 김종립처럼 할 수 있었다면 오랑캐가 어찌 압록강을 건널 수 있었겠는가. 비록 건넜다 하더라도 어찌 텅 빈 고을을 뛰어다니듯 유린할 수 있었겠는가. 쌍령(雙嶺) 전투에서 적군은 겨우 33명뿐이었는데 영남의 군사 4만을 패배시키기에 충분하였다. 사졸들은 평소 훈련을 받지 않아 적진에 임하면 먼저 달아날 생각만 하고 있었다. 그렇지 않다면 어떻게 이처럼 꺾여서 패배했겠는가. 험천의 군졸은 무너지긴 했지만 앞장서서 각 도의 군사보다 먼저 칼을 뽑아 적을 죽이다가 온 군영에 목숨을 보전한 이가 거의 없었으니 매우 굳세도다!

조모도 의병을 일으켜 여섯 고을의 백성이 적의 칼날에 걸리지 않도록 했으니, 그 공을 또한 칭찬할 만하다.

굴씨(屈氏)는 중국의 소주(蘇州) 양가(良家)의 딸로, 궁궐에 뽑혀 들어가 주황후(周皇后)[54]를 모셨다.

숭정 갑신년(1634)에 이자성(李自成)이 북경을 함락시키자 열황제(烈皇帝, 명나라 의종)가 붕어(崩御)하고 주황후도 붕어하였다. 굴씨는 민간으로 달아나 숨었는데, 청인(淸人)이 이자성을 격파하고 굴씨를 사로잡았다. 당시 소현세자(昭顯世子)는 청인을 따라 북경에 들어가 전성문(前星門) 밖 문연각(文淵閣) 동쪽 집에 묵고 있다가 또 다시 광인가(廣仁街) 서쪽에 있는 부마(駙馬) 만씨(萬氏)의 집에 묵었다. 청인이 굴씨에게 소현세자를 모시도록 하였다. 소현세자가 귀국하게 되자 굴씨가 따라와 만수전(萬壽殿)[55]에 소속되어 장렬왕후(莊烈王后)[56]를 섬기면서 늘 북쪽 중국을 바라보며 눈물을 주루룩 흘렸다. 이때 효종 대왕은 한두 명의 신하와 북벌의 일을 의논했는데, 굴씨는 혼자 이 사실을 알고 마음속으로 항시 죽어서라도 황조가 부흥하는 것을 보고 싶어 했다고 한다.

임종할 무렵 우리나라 서쪽 교외에 장사지내주기를 원했으니, 혼백이나마 의로운 군대가 나가는 것을 보기 위해서였다. 그녀의 말대로 고양(高陽)의 대자동(大慈洞)에 장사지내 주었다.

매환(梅環)은 임경업(林慶業)의 첩이다.

---

54 주황후(周皇后) : 명나라 의종(毅宗)의 황후인 효절황후(孝節皇后)를 말한다.
55 만수전(萬壽殿) : 창덕궁(昌德宮)에 있었던 건물로, 1655년(효종6)에 인정전(仁政殿) 북쪽의 제정당(齊政堂)과 흠경각(欽敬閣) 터에 건립하였다. 대왕대비가 거처하는 전(殿)인데, 1687년(숙종13)에 소실되었다.
56 장렬왕후(莊烈王后) : 인조의 계비 조씨(趙氏)를 말한다.

임경업이 금주(錦州)의 전투에서 명나라 군대와 내통하였다.[57] 한참 지나 그 일이 누설되자 청인이 우리에게 임경업을 포박해 보내도록 하였다. 임경업은 장차 심양으로 떠나면서 매환을 돌아보고 말하기를 "나는 오랑캐에게 죽을 수 없으니, 너는 달아나 허도(許道)의 집에 숨어라." 하였다. 허도 역시 장사(壯士)로 집이 양주(楊州)에 있었다. 임경업은 금교역(金郊驛)에 이르자 도망쳐 천보산(天寶山)으로 들어가 머리를 깎고 중이 되었다. 나라에서 크게 수색하고 임경업의 아내 이씨(李氏)를 묶어 심양의 감옥에 가두니, 이씨는 스스로 목을 찔러 죽었다. 허도는 끝내 매환을 죽음에서 벗어나게 해주었다.

효종 대왕은 북벌을 위해 재주 있고 용감한 무사를 구하였으니, 임경업의 죽음을 안타까워하여 매환을 불러 임경업의 용맹한 모습을 묻고는 탄식하기를 "어디에서 임경업 같은 자를 얻어 장수로 삼을 수 있을 것인가?" 하였다. 매환이 여쭙기를 "상께서 임경업을 생각하심은 북벌에 쓰고자 해서입니까?" 하니, 상이 "그렇다." 하였다. 매환이 "저는 실로 상께서 북벌을 할 수 없다는 것을 알고 있습니다." 하였다. 상이 웃으며 "네가 무슨 이유로 내가 북벌을 할 수 없다는 것을 안단 말이냐?" 하였다. 매환이 "상께서는 강화도에 계실 때 여러 장군들이 일을 그르치려는 것을 보시고도 어찌 그들을 베어 군사를 다스리고 오랑캐를 막지 않으셨습니까? 상께서는 이 기회를 놓치셨습니다. 저는 이것으로 상께서 북벌을 할 수 없다는 것을 알았습니다." 하니, 상이 한참 동안 멍하게 있었다.

---

57 임경업이 …… 내통하였다 : 1640년(인조18) 청나라가 명나라의 금주를 치게 되어 조선에 원병을 청해오자, 조정에서는 임경업을 출정하게 했다. 그러나 임경업은 몰래 사람을 보내어 조선의 형세를 알리고 명나라 군대와 협력하여 청나라를 치려고 계획한 일을 말한다.

효종의 북벌 논의는 참으로 천하의 대의(大義)이다. 이때 온 나라가 다 발분하여 북쪽을 향해 목숨을 걸고 싸우려는 의지[58]가 있었고, 아녀자들까지도 모두 의리에 동참하였다. 일은 비록 성사되지 못했지만 또한 천하에 드러내기에 충분하니, 성인(聖人)의 뜻이 깊도다.

---

58 북쪽을 …… 의지 : 한(漢)나라 무제(武帝) 때의 장군인 이릉(李陵)이 5천 명도 안 되는 보병을 이끌고 흉노(匈奴) 땅 깊이 들어가서 천 리를 행군하며 싸웠는데, 화살이 떨어지고 도로가 막혔는데도 군사들은 빈주먹을 휘두르고 칼날을 무릅쓰며 북쪽을 향해 목숨을 걸고 적과 싸웠다는 고사가 전한다. 『한서(漢書)』 권54, 「이광소건전(李廣蘇建傳)」 참조. 여기서는 조선이 청나라에 복수하겠다는 굳은 의지의 표명을 말하는 것이다.

8

신류(申瀏) / 경하창(慶河昌)

신류(申瀏)는 영남 사람으로 효종 무술년(1658)에 북도 병마우후(北道兵馬虞候)가 되었다.

당시 청인이 우리 군사를 징집하여 차한(車漢)을 공격하였다. 차한은 나선(羅禪)으로 북쪽 끝 악라사(鄂羅斯, 러시아) 땅에 있었다. 한(漢)나라 때는 견곤족(堅昆族)과 정령족(丁零族)이었고, 당(唐)나라 때는 힐알사족(黠戛斯族)이었다. 이 사람들은 모두 몸집이 장대하며 붉은 털이 난 얼굴은 하얗고 푸른 눈에 검은 눈동자를 가졌는데 이릉(李陵)[59]의 후예라고 하였다. 몰래 흑룡강(黑龍江) 주변을 점거하여 인근의 여러 종족을 침범하고 어지럽혀 청인에게 조회하지 못하도록 하였다. 청인이 군사를 보내 공격했으나 대부분 이기지 못하자, 신류에게 북변(北邊)의 총수(銃手) 2백 명과 표하(票下)의 기고수(旗鼓手)와 화정(火丁) 60명을 선발하게 하고 석 달분의 식량을 주어 그들을 막도록 하였다.

신류는 3월 1일에 두만강(豆滿江)을 건너고, 13일에 어제강(漁濟江)을 건넜으며, 16일에 모단강(毛緞江)을 건너고, 19일에 영고탑(寧古塔)에 도착하였다. 지나는 곳마다 수목(樹木)이 하늘을 가리고 고라니와 사슴은 무리를 이루며 노니는 물고기는 사람을 피하지 않아 큰 것은 10여 척에 이르니, 군사들이 잡아서 배부르게 먹고 걸어서 후통강(厚通江)에 이르

---

59 이릉(李陵) : ?~BC 74. 자는 소경(少卿). 전한(前漢) 농서(隴西) 성기인(成紀人)으로, 한나라 장군 이광(李廣)의 손자이다. 무제 때 기도위(騎都尉)의 신분으로 흉노를 정벌하기 위해 5천 명의 병력을 이끌고 출전했다가, 8만 기병에게 포위된 상태에서 8일 동안이나 밤낮으로 계속 싸워 승리했으나, 고립무원의 상태에서 화살과 식량도 다 떨어진 끝에 흉노의 선우(單于)에게 투항한 뒤, 그곳에서 20여 년 동안 살다가 병사(病死)하였다. 『한서』 권54, 「이광소건전」 참조.

렀다. 또 10여 일만에 몽고국(蒙古國)을 지났다. 4월 19일에 가리강(加里江)을 건너 금천강(金泉江)에 이르고 마침내 퍅개국(愎介國)을 지나게 되었다. 그들의 풍속은 남녀가 같은 옷을 입기 때문에 수염으로 구별한다. 5월 5일에 왈개국(曰介國)에 도착하였으니, 왈개는 청(淸)의 또 다른 종족이다. 15일에 송가라강(宋加羅江)에 도착했다. 이 강은 흑룡강과 합류하는데 바로 차한이 왕래하는 요충이다. 차한은 배를 집으로 삼아 농사와 길쌈을 하지 않고 약탈을 일삼아 수전(水戰)이 아니고서는 제압할 수 없다.

이에 청인이 전선(戰船)을 만드니 큰 것은 길이가 50장(丈)이나 되고 작은 것도 길이가 13장은 되며 높이는 3, 4장은 되었다. 내부는 판자로 칸막이를 하고 3층을 만들어, 하층에는 군량을 저장했고 중층에는 무기를 보관했으며 상층은 5백 명을 수용할 수 있었다. 전선마다 작은 배 5척을 거느렸다.

청나라 원수는 왈개·개부락(介夫落)·퍅개·몽고의 군사를 거느리고, 6월 5일에 닻줄을 풀고 출발하여 10일에 흑룡강에 도착하였다. 흑룡강은 너비가 20여 리나 되고 빛이 칠흑 같아 깊이를 알 수 없으며 물속의 고기와 강가의 짐승도 모두 검다.

차한은 흑룡강 하류에서 청나라 군사가 오는 것을 바라보고 깜짝 놀라 전선을 모아 가로로 잇대어 진(陣)을 만들고, 반을 나누어 섬으로 올려 보내 기각(掎角)의 형세[60]를 이루었다. 청나라 원수가 군사를 보내 두

---

60 기각(掎角)의 형세 : 서로 협력하여 상대방을 견제하고 공격하는 것을 말한다. 『춘추좌씨전』 양공(襄公) 14년에 "그 일을 사슴 잡는 일에 비유한다면, 진나라 사람은 사슴의 뿔을 잡고, 모든 융족은 다리를 잡아끌어, 진나라 사람과 함께 사슴을 거꾸러뜨린 격이라고 할 것이다.(譬如捕鹿, 晉人角之, 諸戎掎之, 與晉踣之.)"라고 한 데서 유래하였다.

번 공격했지만 죽고 다친 이가 많았다. 우리의 부장(副將) 배시황(裵是煌)의 계책을 사용하여 큰 배를 늘어세워 철간(鐵干)으로 성(城)을 만들어 강과 섬 사이를 가로막았다. 그리고 먼저 섬 위에 있는 적을 쳐서 섬멸한 뒤 다시 강으로 내려왔으나 전세가 불리하여 5일 동안 서로 대치하니 사기가 더욱 저하되었다.

우리는 화공(火攻)을 요청하였으나, 청나라 원수는 처음에 차한의 재물을 탐하여 듣지 않다가 궁지에 몰린 뒤에야 허락하였다. 이에 배시황과 유응천(劉應天)은 갑옷을 입고 배로 올라가 화전(火箭, 불을 붙여 쏘는 화살)을 숨기고 물길을 따라 내려가면서 서로 이르기를 "차한의 배에 화약이 많으니 화전을 쏜 뒤 빨리 피하지 않으면 필시 죽게 될 것이다." 하였다. 차한은 배시황의 배가 심하게 고립된 것을 보고 의심하여 곧바로 치지 않았기에, 적선에 가까이 가서 화전을 쏘아 차한의 배를 태우니 바람과 우레가 또 크게 일어나 천지를 진동시켰다. 두 사람은 배를 돌려 10리쯤 달아났는데 파도가 여전히 높이 일고 대낮에도 어두컴컴하다가 반나절 만에 비로소 잠잠해졌다. 며칠 후 대군(大軍)이 있는 곳에 도착하니, 청나라 원수가 맞이하여 이르기를 "바야흐로 전시(戰時)에 풍랑이 매우 사나워 나는 너희들이 죽은 줄 알았다." 하고, 서로 적과 싸운 곳을 바라보았다. 차한은 모두 불에 타 뒤엉켜 누워 있으며 살이 타는 냄새가 하수(河水)를 가득 덮으니, 모두들 "이것은 조선의 힘이다." 하였다.

저들의 병기를 획득했는데, 총은 만호석(瑪瑚石)으로 화문(火門)[61]을 단단히 감쌌고, 용두(龍頭) 위에 금수(金燧)[62]를 달아 놓아 용두가 떨어

---

61 화문(火門) : 화승(火繩)의 불로 화약에 점화하는 곳을 말한다.
62 금수(金燧) : 고대에 불을 피우던 도구이다. 날씨가 맑은 날 불을 피우는 데 쓰던 동(銅)으

져 금수와 만호석이 서로 부딪히면 불이 일어나 탄환이 발사된다. 배는 서까래를 설치하고 판자로 덮었으며 위에는 자작나무 껍질로 매우 두껍게 덮고, 좌우에 구멍을 많이 뚫어놓았으니 총을 쏘기 위한 용도였다.

7월 10일에 영고탑으로 군대를 돌렸다. 철정(鐵錠, 쇠로 만든 닻)은 열 사람이 들어도 감당하기 어려운 것인데, 포로로 잡은 차한은 아주 쉽게 들어올렸으니, 그 강한 힘이 이와 같았다. 9월 27일에 영고탑에 도착하였다. 청나라는 조선 장수에게 용골대(龍骨大)·부골대(副骨大)의 벼슬을 주고 또 상을 약간 내렸다.

청나라 원수는 배시황을 데리고 집으로 가서 자기의 세 아내를 보여주니, 모두 한 팔은 올리고 한 팔은 내려 예를 하고서 앞으로 나와 제 얼굴을 배시황의 얼굴에 대었으며, 술과 음식을 매우 성대하게 마련하였다. 이듬해 청인은 우리 진(陣)에서 죽은 8명에게 각각 은 30냥을 주고 부상한 25명에게는 5등급으로 나누어 은을 차등 있게 주었다.[63]

경하창(慶河昌)은 동해 가 사람으로 경흥부(慶興府) 무이보(撫夷堡)를 왕래하며 장사를 해서 먹고살았다.

천계(天啓, 명나라 희종(熹宗)의 연호) 중에 만주가 강성하여 동해 가까지 침략하니, 동해의 여러 부락이 모두 복속(服屬)되고 담비 등의 공물을 만주에 바쳤다. 경하창은 홀로 자식인 나라지(囉囉只)와 아(阿) 등을 이끌고 웅도(熊島)[64]로 들어갔다.

로 만든 것인데, 모양이 거울처럼 생겼다.

63 이 이야기는 이익의 『성호사설』 권8, 「차한일기(車漢日記)」에 구체적인 내용이 수록되어 있어 참고할 만하다.

64 웅도(熊島) : 일명 곰섬으로, 황해도 은율현(殷栗縣) 고을 서쪽 30리에 있다.

숭정 병자년에 조선이 만주와 화친하니, 경하창은 이를 더욱 부끄러워하여 장도(獐島)로 이주하고 몰래 사람을 시켜 만주 경계를 넘어 중국과 통하도록 하였다. 만주인이 두려워하여 조선에게 수군(水軍) 천 명을 내어 경하창을 잡도록 하였다. 조선은 북도 병마우후 유찬선(劉纘先)을 파견하니, 유찬선이 만주 사신과 함께 정예병 5백 명을 거느리고 서수라(西水羅)[65]를 따라 북을 울리며 진군하다가 경원부(慶源府)에서 장도의 망한 상인을 잡아 그를 앞장세워 장도에 도착할 예정이었다.

경하창은 아들 길라(吉羅)와 조카 아두(牙豆), 족속 매개(梅介), 종자(從者) 고랑아(古郎阿)에게 명하여 몰래 배 3척을 수리하고 독화살을 가지고 숲속에 숨어있게 하였다. 유찬선의 비장(裨將) 한희룡(韓希龍)이 이들을 공격하여 잡았는데, 경하창이 장도에 있다는 사실을 자세히 고하였다. 유찬선은 밤에 장도를 포위하여 포졸 180명을 데리고 산 뒤에 숨어 있었다. 경하창이 급히 부하를 이끌고 병기를 가지고 숲으로 달아나니, 대포를 일제히 쏘아 경하창과 그 무리 남녀 15명을 사로잡았고 아울러 장도에서 남녀 5백 명을 찾아내었다. 그러나 만주는 이들을 죽이지 않고 야춘(也春) 지역에 거처하게 하였으며 또 곡식을 운반하여 먹여주었다.

만주는 동호(東胡)[66] 중 미약한 종족이었는데 요양과 심양에서 웅강(雄强)해지더니 마침내 중국을 병탄하였다. 중국의 사대부들이 바람에

---

65 서수라(西水羅) : 김창협(金昌協)의 『농암집(農巖集)』 권2, 「서수라」시의 원주에 '경흥(慶興) 남쪽 60리 지점에 있는데 지세가 외지고 바다 속으로 곧장 뻗어 있다. 육진(六鎭)의 막다른 곳이다.'라고 되어 있다. 즉 함경북도 경흥군에 있는 우리나라 가장 동북쪽의 항구이다.
66 동호(東胡) : 중국의 서북쪽 오랑캐 종족의 이름이다.

휩쓸리듯 복속하였으니 하물며 동북의 여러 부족들이야 말할 것이 있겠는가. 오직 나선과 경하창이 만주의 신하가 되려 하지 않아 바닷가에서 굳세게 항거하였으니, 공을 비록 이루지 못했지만 그 뜻은 진실로 또한 기특하다.

9

박성석(朴星錫) / 박신원(朴新源)

박성석(朴星錫)의 자는 여정(汝晶)이고 본관은 밀양이다.

어려서부터 빼어나고 기이한 절조가 있었으며 우암(尤菴) 송선생(宋先生)[67]의 문하에서 유학하였다. 효종이 대의를 밝힌다는 소식을 듣고 공명(功名)을 떨치기 위해 하루아침에 제생(諸生)들에게 인사하고 활쏘기를 배워 무과에 합격하였다. 송선생이 그에게 『춘추(春秋)』를 읽을 것을 권하였고, 얼마 후 문곡(文谷) 김공(金公, 김수항)과 노봉(老峰) 민공(閔公)[68]에게 지우(知遇)를 입었다.

임술년(1682)에 조정에서 서쪽 변방의 도적을 근심하여 창성(昌城)을 승격시켜 방어영(防禦營)으로 만들고 박성석을 발탁하였다. 박성석이 변방에서 군(軍)에 관한 일을 완비하니 도적이 자취를 감추었다.

일찍이 사신 남구만(南九萬)[69]을 따라 연경에 간 적이 있다. 시로 명

---

67 우암(尤菴) 송선생(宋先生) : 송시열(宋時烈, 1607~1689)로, 자는 영보(英甫), 본관은 은진(恩津)이며, 우암은 그의 호이다. 8세 때부터 친척인 송준길(宋浚吉)의 집에서 함께 공부하였으며, 김장생(金長生)에게 나아가 성리학(性理學)과 예학(禮學)을 배웠고, 김장생이 죽은 뒤에는 그의 아들 김집(金集)의 문하에서 학업을 마쳤다. 효종조 이후 주요 관직을 두루 거치면서 정국을 주도적으로 이끌다가 기사환국(己巳換局)이 일어나 서인이 축출되고 남인이 재집권할 때 세자 책봉에 반대하는 상소를 올렸다가 제주도로 유배되었으며, 다시 서울로 압송되어 오던 중 정읍(井邑)에서 사약을 받고 죽었다. 저서로 『송자대전(宋子大全)』 등이 있다.

68 노봉(老峰) 민공(閔公) : 민정중(閔鼎重, 1628~1692)으로, 자는 대수(大受), 본관은 여흥(驪興)이며, 노봉은 그의 호이다. 좌의정을 지냈으며, 기사환국 때 실각되어 벽동(碧童)으로 유배되어 그곳에서 죽었다.

69 남구만(南九萬) : 1629~1711. 자는 운로(雲老), 호는 약천(藥泉), 본관은 의령(宜寧)이다. 송준길의 문인이다. 1684년(숙종10) 봄에 우리나라 사람들이 북쪽 국경을 넘어 청나라 영내로 들어가 도적질을 자행했다는 이유로 청나라가 우리나라에 불만을 품고 문책을 가해 오자, 남구만이 그 불만을 해소하는 내용을 담은 국서(國書)를 가지고 동지겸사은사

성이 있던 서장관(書狀官) 오도일(吳道一)[70]이 '남아는 뜻이 무한하여 눈
을 부릅뜨고 모두(旄頭)[71]를 보네.〔男兒無限意, 瞋目視旄頭.〕'라는 박성석
의 시를 보고 깜짝 놀라며 "공은 내가 따라갈 수 있는 분이 아닙니다."
하였다.

기사년(1680)에 우암과 문곡이 사사되고 노봉은 위리안치[72]되었다가
죽었다. 박성석은 이보다 앞서 모친상을 당하여 고향에 돌아와 은거하
고 있었다. 후에 전라도 병마절도사(全羅道兵馬節度使)에 제수되었으나
부임하지 않고 죽었다.

박성석은 식견이 해박하여 천문(天文)·복서(卜筮)·병법(兵法)·수
리(數理)에 정밀하지 않은 것이 없어 말을 하면 여러 번 적중하였으며
밝고 넓음이 무궁하였지만 가볍게 꺼내지 않았다. 만년에는 황산(黃山)
에 살았는데 문을 닫고 『주역』을 읽으며 스스로 즐겼다. 서자(庶子)는
박신원(朴新源)이다.

박신원(朴新源)의 자는 경명(景明)으로 풍채와 기골이 맑고 눈썹과 눈
은 그림 같았다. 어려서 『주역』을 좋아하고 수리와 계산을 잘 하였으니
부친의 법도를 전수받은 것이다. 늘 공산(公山)에 있는 부인의 집을 왕

(冬至兼謝恩使)에 차임되어 연경으로 떠났다.

70 오도일(吳道一) : 1645~1703. 자는 관지(貫之), 호는 서파(西坡), 본관은 해주(海州)이다.
1673년(현종14) 춘당대문과에 급제하여 강원도 관찰사·부제학·이조참판·병조판서 등
을 역임하였다. 1694년 개성부 유수를 거쳐 주청부사(奏請副使)로 청나라에 다녀왔으며,
1702년 민언량(閔彦良)의 옥사에 연루되어 장성에 유배되었다. 문장에 뛰어나 동인삼학사
(東人三學士)라 불렸다. 죽은 뒤 복관되고, 저서로 『서파집(西坡集)』이 있다.

71 모두(旄頭) : 황제의 의장대(儀仗隊) 중 선두 기병(旗兵)을 가리킨다.

72 위리안치 : 원문은 '천극(栫棘)'인데, 유배된 죄인에게 가해지는 형벌로 배소(配所) 주위에
가시 울타리를 설치하여 외부와 격리하는 것이다.

래했는데, 집 앞의 한봉산(寒峯山)을 바라보니 몇 리쯤 되었다. 처가에서 거리를 계산해 줄 것을 청하자, 즉시 집 모퉁이에 새끼를 달고 거울을 꺼내어 산봉우리 그림자를 비추어보며 계산하더니 대답하기를 "거리가 몇 자 몇 촌이군요." 하였다. 새끼로 재어보니 과연 그러하였다.

젊어서 속리산(俗離山)에 올라가 『주역』을 읽으니 마음이 탁 트이고 맑아져 산 밖의 일을 미리 알았는데, 얼마 뒤 산에서 내려와 티끌먼지 시끄러운 곳에 살게 되면서는 곧 알 수 없게 되었다. 집이 강경(江鏡)에 있으니, 강경 사람들은 그의 점이 매우 신이하다고 전하였다. 거처하는 마을 이름이 채운리(彩雲里)였는데, 백제 의자왕(義慈王)의 별궁이 있던 곳이다. 오래된 뿌리에서 기이한 꽃이 피어 붉고 흰 꽃이 향기로움을 이루 형언할 수 없었으니, 그의 집 앞에 이 꽃이 많았다.

박신원은 기이한 것을 좋아하여 매양 서양의 이마두(利瑪竇, 마테오리치)와 황명(皇明)의 담양대사(曇陽大師)[73] 일을 말하였다. 또 말하기를 "내 아우는 신통한 용맹이 있어 칼을 잘 썼다. 큰 곰이 들판을 달아나니 사람들이 숲처럼 빼곡히 둘러서 칼을 던졌는데 곰은 칼을 물어 파처럼 무르게 만들었다. 오직 내 아우만이 그 곰을 쳐 죽일 수 있었는데 불행히도 요절하였다." 하였다.

홍계희(洪啓禧)[74]가 그에게 수리를 배워서, 추천받아 예빈시 참봉(禮

---

73 담양대사(曇陽大師): 명나라 대학사(大學士) 왕석작(王錫爵)의 딸로 이름은 도정(燾貞)이다. 가정(嘉靖) 무오년(1558)에 태어나 17세에 천진(天眞)이 내려준 『도덕경(德道經)』을 만나게 되어 형체를 단련하여 음식을 먹지 않았다고 전한다. 명나라 문인 왕세정(王世貞)이 이를 신기하게 여겨 「담양대사전(曇陽大師傳)」을 지은 바 있다.

74 홍계희(洪啓禧): 1703~1771. 자는 순보(純甫), 호는 담와(淡窩), 본관은 남양(南陽)이다. 1737년(영조13) 별시 문과에 장원 급제한 뒤 여러 관직을 거쳤으며, 병조 판서에 발탁되어 영의정 조현명(趙顯命)을 도와 균역법을 제정하여 시행하였다. 1777년(정조1) 손자 홍상범(洪相範)과 홍상간(洪相簡)의 정조 시해 미수 사건으로 그의 아들 홍술해(洪述海)와

賓寺參奉)에 임명되었다. 그러나 홍계희가 균역법(均役法)을 시행할 것을 논의하자 박신원은 편지를 보내 그와 절교하였다.

박성석은 평소 '건방진 무인'으로 일컬어졌다. 나라 풍속이 무인을 천시하고 문인을 숭상하여 무인이 된 자는 비록 지벌이 고르고 품계가 같더라도 또한 문인에게 굴욕을 당했으니, 조금만 고집이 세고 꼿꼿하면 '건방지다'고 일컬어졌던 것이다. 저 박성석은 대로(大老, 송시열)를 종유(從遊)하여 평소에 의리를 강론하여 밝혔으니, 문재(文宰, 문신)들이 아첨하고 구차하게 영합하여 공명을 취하는 것을 보고서 실로 마음에 들지 않았을 것이다. 그러니 어떻게 그들을 경시하지 않을 수 있었겠는가? 가령 문곡과 노봉의 곁에 있었다면 어찌 그가 교만했겠는가? 박신원이 기이한 것을 좋아하고 세속에 굴복하지 않은 것도 이유가 있어서이다.

홍지해(洪趾海) 및 일가가 처형당하자, 그도 관작이 추탈되고 역안(逆案)에 이름이 올랐다. 저서로 『삼운성휘(三韻聲彙)』가 있다.

성규헌(成揆憲)의 자는 중일(仲一)이고 본관은 창녕(昌寧)이다.

명나라가 망한 숭정 갑신년(1644) 보다 3년 후에 태어나 명나라 왕실
이 무너지고 청인이 중원의 주인이 된 것을 분해하며 늘 강개하여 복수
하고자 하였다. 자기 등에 문신을 새기기를 "공경하는 마음을 가지고 내
면을 곧게 하고 의로운 마음을 가지고 외면을 방정하게 하면[75] 국가의
수치를 설욕하고 임금의 은혜에 보답할 수 있을 것이다." 하였다. 처음
에는 뜸을 떠서 획을 만들어 문장을 이루었다가 오래되자 흐릿해져 분
별할 수 없게 되니 마침내 문신을 새겨 넣은 것이었다. 노년에 춘천(春
川)의 대명탄(大明灘)에 살다가 이윽고 곡운산(谷雲山) 속으로 들어가 춘
수정(春睡亭)을 지었으니, 제갈량(諸葛亮)이 한(漢)나라를 다시 일으키고
자 한 의지를 취한 것이었다.[76]

성규헌은 비록 궁한 늙은이라 무료했지만 마음으로 늘 왕실을 그리워
하여 국가에 일이 있을 때마다 곧바로 달려갔다. 숙종 기사년(1689)에
인현왕후(仁顯王后)가 출궁할 때, 성규헌은 유생들을 창도하고 상소하여
간쟁하니 모인 자가 1천 8백 명이었다. 이날 밤 충정공(忠貞公) 오두인

---

75 공경하는 …… 하면 : 『주역』곤괘(坤卦) 문언(文言) 육이효(六二爻)에 "군자는 공경하는
마음을 가지고 내면을 곧게 하고, 의로운 마음을 가지고 외면을 방정하게 한다.(君子,
敬以直內, 義以方外.)"는 말이 있다.

76 춘수정(春睡亭)을 …… 것이었다 : 제갈량이 유비(劉備)를 도와 한나라를 부흥시키려 했던
의지를 본받아 춘수정이라는 정자 이름을 지었다는 말이다. 유비가 처음 제갈량을 찾아갔
을 때 제갈량이 홀연 잠에서 깨더니 "큰 꿈에서 누가 먼저 깨어날 것인가, 평소에 나
자신은 알고 있노라. 초당에서 봄날에 낮잠 실컷 잤는데, 창밖의 해는 더디고 더디네.(大夢
誰先覺, 平生我自知. 草堂春睡足, 窓外日遲遲.)"라는 시를 읊었다고 한다. 『삼국지연의
(三國志演義)』, 「정삼분량출모려(定三分亮出茅廬)」참조.

(吳斗寅)·충숙공(忠肅公) 이세화(李世華)·문열공(文烈公) 박태보(朴泰輔)가 국문을 당했고, 다시 감히 말하는 자는 죽이겠다는 명이 내렸다. 모인 사람들이 점차 스스로 몸을 이끌어 일어났지만, 성규헌과 신오상(申五相)은 떠나지 않고 누차 소를 올렸으나 승정원(承政院)에서 번번히 기각하였다. 갑술년(1694)에 인현왕비가 복위하자 성규헌에게 선공감 감역(繕工監監役)을 제수하였다. 한번은 다른 사람을 대신해서 소를 지었다가 왕의 뜻을 거슬러 진도(珍島)에 유배되어 2년 만에야 돌아왔다.

영조 병오년(1726)에 수직(壽職)으로 오위장(五衛將)에 제수되었다. 때마침 백관(百官)에게 가슴속에 품은 생각을 진술하라는 명이 내리니, 성규헌은 '성학(聖學)에 힘쓸 것' '붕당을 타파할 것' 등 7조목의 일을 장황할 정도로 간절히 진술하기를 그치지 않았다. 상이 가상하게 여겨 모두 받아들이자, 승지가 말하기를 "말단 관원의 진술이 외잡(猥雜)하고 번설(煩屑)하니 추고(推考)[77]를 청합니다." 하였다. 성규헌이 즉시 일어나 아뢰기를 "신(臣)이 아뢴 것은 모두 시무(時務)에 관한 일인데, 승지가 추고를 청하니 이는 언로(言路)를 막는 폐습입니다. 주운(朱雲)은 이 때문에 검을 청하였습니다.[78]" 하니, 듣는 자들이 얼굴빛이 변치 않는 이가 없었다.

무신년(1728)에 역적 이인좌(李麟佐) 등이 반란을 일으키자, 성규헌은

---

77 추고(推考) : 벼슬아치의 죄과(罪過)를 자세히 따져서 고찰하는 것을 말한다.
78 주운(朱雲)은 …… 청하였습니다 : 주운은 한나라 성제(成帝) 때 사람으로 임금의 총애를 믿고 간교한 행위를 하는 장우(張禹)를 미워하여 임금에게 "상방검(尙方劍)을 빌려 주시면 영신(佞臣)의 목을 베어 올리겠습니다." 하였다. 임금이 "누구를 베겠다는 말인가?" 하자, "장우입니다."라고 대답하니, 임금이 노하여 "낮은 지위에 있는 자가 높은 지위에 있는 사람을 비평하는 것은 용서할 수 없다." 하고, 어사(御使)에게 주운을 끌어내리게 했는데, 주운이 전함(殿檻)에 매달려 그 전함이 부러졌다. 그 후 임금은 그 흔적을 그대로 두게 하여 강직한 신하의 징표로 삼았다고 한다. 『한서(漢書)』 권67, 「주운전(朱雲傳)」 참조.

의병을 창도하여 근왕하였고, 난이 평정되자 백성을 안집(安集)시킬 계책을 조목조목 올렸으나 승정원에서 막아 임금에게 전달되지 않았다. 순천(順天)의 김백련(金百鍊)은 세상에 드문 영웅호걸로 그를 지목하였으며, 그가 죽자 곡하기를 "우리나라에 충의가 다했구나." 하였다.

김백련(金百鍊)의 자는 여세(礪世), 호는 오출(五黜), 본관은 순천으로, 승평부원군(昇平府院君) 김류(金瑬)[79]의 후손이다.

승평부원군은 계해정난(癸亥靖亂, 인조반정) 때 큰 공을 세워 집이 매우 부유하였는데, 죄인들의 집에서 나온 재화가 많았다. 김백련은 집안의 물건을 볼 때마다 이마를 찌푸리며 "나의 선조가 의롭지 않은 물건을 많이 쌓아 두었지만 내 어찌 이것 때문에 얽매이겠는가? 삼(蔘)과 은(銀) 등은 사람들이 가져가게 하고 거두지 말라." 하였다. 조정에서 공신의 후손이란 이유로 군현(郡縣)에 녹용(錄用)하였다. 그러나 비록 청렴결백하고 고결하긴 했지만 고을의 일을 다스리지 않아 이르는 곳마다 대부분 어지럽고 산만하여 매양 관찰사에게 전(殿)의 평가를 받았다.[80]

일찍이 처자식을 이끌고 동음(洞陰)의 골짜기로 들어갔고 한참이 지난 뒤에 다시 충주(忠州)의 탄금대(彈琴臺)로 갔다. 처는 양진(楊津)의 사당 안에 있다가 강가로 나와 나뭇잎을 주워 글씨를 쓴 것이 많았는데 모두 황탄하고 괴이하여 이해할 수 없었다. 얼마 후 청산(青山) 골짜기

---

79 김류(金瑬) : 1571~1648. 자는 관옥(冠玉), 호는 북저(北渚), 본관은 순천이다. 인조반정 때 주도적인 역할을 하였으며 영의정을 역임하였다.

80 전(殿)의 평가를 받았다 : 인사 고과에서 가장 낮은 평가를 받았다는 말이다. 관원들의 근무 성적을 심사하여 우열을 매기던 것을 전최(殿最)라고 하는데, 상(上)을 최(最), 하(下)를 전(殿)이라고 하였다. 감사(監司)가 고을 수령의 치적(治積)을 심사하여 1년에 두 번 중앙에 보고하였다.

로 들어갔으며, 임진년(1772)에 죽으니 향년 □□세였다.

김백련의 사위는 세마(洗馬)[81] 이송(李淞)[82]으로 집이 몹시 가난하였다. 이송의 부인은 부친이 영천 군수(榮川郡守)가 되었다는 소식을 듣고 자신들을 구제해 주기를 간절히 바랬다. 한 해가 지나 비로소 기강(紀綱)[83]이 큰 보따리 하나를 짊어지고 이르니, 종들과 이웃 마을에서 모여들어 감동하지 않는 이가 없었다. 봉함을 뜯자 『삼강행실도』 한 부였다. 그 여백에 '아버지가 몇째 딸 아무개에게 준다.'고 쓰고 다시 관인(官印)을 찍어 두었다. 또 큰 파초 뿌리 3개를 함께 보냈다. 편지 속에 다른 말은 없고 다만 "내 관아에 있는 『삼강행실도』의 목판이 매우 훌륭하기에 너를 위해 인쇄하였다. 관사의 파초가 참 넓고 커서 베어 보내니, 심어서 감상할 만할 것이다." 하였으니, 그 고결함이 이와 같았다.

게다가 김백련은 영이(靈異)함이 많았다. 어떤 사람이 그가 기록한 일력(日曆)을 보고 이르기를 "꿈에 염라전(閻羅殿)에 들어가니, 염라대왕이 한 죄인에게 형틀을 채우고 양 궁(宮) 사이를 이간질했다는 이유로[84] 꾸

---

81 세마(洗馬) : 세자 익위사(世子翊衛司)의 정9품 잡직이다.

82 이송(李淞) : 자는 무백(茂伯)·고청(孤靑), 호는 노초(老樵)·서림(西林), 본관은 전주(全州)이다. 일찍이 사마시에 합격하여 문명을 떨쳤다. 1756년(영조32) 아버지가 북도(北道)에 유배 중 금성(金城)의 역사(驛舍)에서 불에 타 죽는 참상을 보고, 벼슬에의 뜻을 단념하고 서산(西山)에 은거하여 오로지 학문 연마에 전념하였다. 특히 성리학에 조예가 깊었으며, 홍대용(洪大容)·박지원(朴趾源)·박제가(朴齊家)·이덕무(李德懋)·유득공(柳得恭) 등과 교유하면서 실학을 깊이 연구하여 실사구시(實事求是)의 현실적 측면에 관심을 쏟기도 하였다. 세마·참봉 등에 임명되었으나 나아가지 않고 저술에만 힘썼다. 저서로 『노초집(老樵集)』 12권6책이 있다.

83 기강(紀綱) : 주군(州郡)의 아전 등을 이른다.

84 양 궁(宮) …… 이유로 : 양 궁은 영조와 사도세자를 지칭한다. 이간질하다로 번역한 부분의 원문은 '교구(交構)'인데, 거짓으로 꾸며서 두 사람 사이에 틈이 생기도록 만드는 것을

짓으며 몹시 혹독하게 매질하였다. 살펴보니 곧 김상로(金尙魯)[85]였다."
하였는데, 병신년(1776)에 과연 법대로 재산이 적몰되었다.

김백련이 또 한번은 사위집에 갔다가 갑자기 주인에게 비를 피해야
할 물건들을 빨리 덮어두도록 권하였다. 당시 하늘은 조금의 가림도 없
어 햇빛이 맑고 쾌청했는데도 누차 재촉하였다. 주인의 아우 이백(李湉)
이 괴이하게 여겨 물어보니, "산 귀신이 처마에 들었소." 하였다. 잠시
뒤 조각구름이 남방에서 오더니 소나기가 쏟아져 순식간에 시내가 불어
나 사람들은 건너지 못하였다.

초야에는 예부터 우뚝 뛰어난 선비가 많다. 남한산성에서의 화친은
진실로 백세(百世)의 치욕이었다. 선비들이 당시 모두 비분강개하며 자
득하지 못하여 작록(爵祿)을 가벼이 여기고 산림에 들어가 스스로 자취
를 감춘 자들이 바로 이 부류였다. 시대가 바뀌고 세월이 오래되니 또
염연(恬然)히 즐기며 『춘추』의 의리를 강론하지 않았는데, 오직 성규헌
만이 대의(大義)를 잡고 설욕(雪辱)을 일로 삼아 오래도록 해이해지지
않았으니, 어찌 우뚝 뛰어난 선비가 아니겠는가?

<hr>

말한다.

85 김상로(金尙魯) : 1702~?. 자는 경일(景一), 호는 하계(霞溪)·만하(晩霞), 본관은 청풍(淸
風)이다. 1734년(영조10) 정시 문과에 급제한 뒤 3정승을 두루 역임하였다. 1762년(영조
38) 사도 세자의 처벌에 적극 참여해 영조의 동조를 얻었으나 왕이 이를 후회하자 청주로
귀양갔으며 특명으로 풀려난 뒤 봉조하(奉朝賀)가 되었다. 죽은 뒤에 정조가 즉위하자
관작이 삭탈되었으나 고종 때 신원되었다. 시호는 익헌(翼獻)이다.

이부인(李夫人) / 곽부인(郭夫人) / 임부인(任夫人)

이부인(李夫人)의 호는 설봉(雪峯)이고 본관은 연안(延安)이다. 연성부원군(延城府院君) 이석형(李石亨)의 5세손이며 군수(郡守) 이정현(李廷顯)의 딸이다. 평산(平山) 신순일(申純一)에게 시집갔는데, 신순일은 벼슬하여 연안 도호부사(延安都護府使)가 되었다.

부인은 얌전하고 소탈하면서 조용하며 시문에 재능이 있는데다 서법(書法)도 뛰어났다. 책상 위에는 늘 『주역』과 『이백시집(李白詩集)』이 놓여 있었다. 자제들이 과장(科場)에서 돌아오면 그들의 초고(草藁)를 열람하고 고하(高下)와 득실(得失)을 예측했는데 적중하지 않은 적이 없었다. 자제들이 과시(科試)에 합격할 때마다 탄식하기를 "세상에 글 잘하는 이가 없어 이 아이들도 급제하였구나." 하였다. 남편을 대신해서 수창하는 편지를 썼는데, 보는 이들은 그것이 부인의 글씨라는 것을 알지 못했다. 명성이 상에게까지 알려져, 상이 일찍이 흑초(黑綃)[86] 8폭을 내리고 부인의 글씨를 구하니, 글씨가 세상에서 더욱 중하게 여겨졌다. 시집(詩集)이 병란에 일실되어 전하는 것은 20여 수이다.

부인은 영이함이 많았다. 한번은 목욕재계하고 의복을 단정히 하여 병풍 속에 깊숙이 누워 집안사람들에게 놀라지 말도록 당부하고는 잠시 뒤 숨쉬기를 멈추었다. 한참 지나 곁에 있던 사람이 불러서 깨우니, 곧 하품을 하며 "어찌 나를 놀라게 하는가?" 하였는데, 정신과 기운이 태연하여 평소와 다름없었으니 마치 도인(導引)하고 내시(內視)[87]하는 사람

---

86 흑초(黑綃) : 초(綃)는 생사(生絲)로 짠 얇은 비단인데, 조선 시대 문무백관의 조복, 제복의 옷감으로 사용된다.
87 내시(內視) : 도가의 양생법으로, 눈을 감고 사물을 보지 않은 채 정신을 집중하고 기운을

같았다. 병이 날 때마다 허공을 향해 수답하듯이 하고 손을 들면 번번이 어떤 물건이 생겼고 삼키면 병이 곧 나았다. 곁에 있던 사람이 괴이하게 여겨 엿보니 마치 봉선화자(鳳仙花子, 봉숭아씨)와 같아 진한 향기가 코에 닿아 오래도록 사라지지 않았다. 이름을 묻자, '석중탄(石中彈)'이라 하였고, 어떻게 얻은 것인지 묻자, "하늘이 주었다."고 하였다. 손자가 실수로 그 중 하나를 가져다 삼키니 맛이 매우면서도 달아 훌륭하였다. 부인이 이 일을 알고 한탄하기를 "이것은 사람들이 먹을 수 있는 것이 아니다. 네 수명이 필시 길지는 않겠구나." 하였다. 후에 과연 그 말과 같았다.

병중(病中)에 눈을 감고 읊조리니 마치 잠꼬대처럼 보였는데 실은 『주역』을 외는 것으로 잠꼬대가 아니었다. 길흉사(吉凶事)가 있을 때에는 반드시 꿈에 징조가 나타났고, 이를 이야기하면 모두 증명되었다. 자질(子侄)과 친척이 안부를 묻기 위해 밖에 이르면, 부인은 반드시 먼저 알고 빨리 오도록 재촉하였다. 부인이 죽은 후 제사를 지낼 때, 자손과 비복(婢僕)이 간혹 공손하거나 정결하지 않으면 그때마다 갑작스럽게 병을 얻었다.

곽부인(郭夫人)의 호는 청창(晴窓)이고 본관은 서원(西原)이다. 왕자 사부(王子師傅) 곽시징(郭始徵)[88]의 딸이며 진사(進士) 김철근(金鐵根)에게 시집갔다.

단전(丹田)에 모으는 것이다.
88 곽시징(郭始徵) : 1644~1713. 자는 지숙(智叔)·경숙(敬叔), 호는 경한재(景寒齋), 본관은 서원이다. 세자 사부를 역임하였다. 송준길과 송시열의 문인으로, 1689년(숙종15) 송시열이 사사되자 벼슬을 그만두고 상소하여 억울함을 쟁변하였다.

어려서 시문(詩文)을 좋아하여, 김철근이 죽자 직접 묘문(墓文)을 지어 도암(陶菴) 이재(李縡)[89] 선생에게 가서 질정을 받으려고 하였다. 김철근은 선생의 인척이었다. 선생은 수숙(嫂叔)간에는 서로 문안하지 않는다〔嫂叔不通問〕[90]는 이유로 가부(可否)를 말하지 않았지만 부인이 지은 묘문을 몹시 공경하였다. 글이 매우 전아하여 규방의 문체 같지 않다. 문집 6권이 있다.

임부인(任夫人)의 호는 윤지당(允摯堂)이고 본관은 풍천(豊川)이다.

형제가 모두 학문을 좋아하였으니, 임성주(任聖周)는 경행(經行)[91]으로 알려졌고, 임상주(任相周)는 문학으로 일컬어졌다. 부인은 사학(史學)에 뛰어났고, 지은 글이 다 전실(典實)하여 사법(師法, 법도)이 될 만하였다. 자질들과 함께 옛날의 현성(賢聖)과 호걸(豪傑)에 대해 이야기하면 끊임없이 이어졌으니, 듣는 자들이 감탄하지 않는 이가 없었다. 시집가 신광유(申光裕)의 부인이 되었으며, 문집이 세상에 전한다.

시는 관저(關雎)와 권이(卷耳)[92] 이래로 부인들의 작품이 많은데, 대개

---

89 도암(陶菴) 이재(李縡) : 1680~1746. 자는 희경(熙卿), 본관은 우봉(牛峯), 도암은 그의 호이다. 김창협의 문인으로, 1702년(숙종28) 알성 문과, 1707년 문과 중시(重試)에 급제하였다. 18세기 호락논쟁(湖洛論爭)에서 인물성동론(人物性同論)을 주장한 낙론(洛論) 계열의 대표적 인물이다. 저서로는 『도암집(陶庵集)』 등이 있으며, 시호는 문정(文正)이다.
90 수숙(嫂叔)간에는 …… 않는다 : 『예기(禮記)』, 「곡례(曲禮)」 상(上)에 나오는 말이다. 수숙은 형제의 아내와 남편의 형제를 말한다.
91 경행(經行) : 경명행수(經明行修)의 약칭으로 경서에 밝고 행실이 바르다는 뜻이다.
92 관저(關雎)와 권이(卷耳) : 관저는 『시경(詩經)』, 「주남(周南)」의 처음에 나오는 편명으로 문왕(文王)의 후비(后妃)의 덕을 노래한 시이며, 권이 역시 『시경』, 「주남」에 나오는 편명으로 주(周)나라 후비가 이별한 남편을 그리워하여 지은 시다.

정(情)에서 나와 의(義)의 경지에 이른 것이었다. 그러나 후세 부인들의 시는 대부분 수려(秀麗)하고 섬박(纖薄)하여 옥대연지(玉臺臙脂)[93]의 관습을 벗어나지 못하니, 관저와 권이의 풍모를 볼 수 없다.

우리나라 부인 중 조금 시에 뛰어난 이로는 유독 난설헌(蘭雪軒) 허씨(許氏)[94]의 시를 추대한다. 그런데 아우 허균(許筠)이 그 시를 거의 윤색하였고, 「백옥루상량문(白玉樓上梁文)」의 경우 혹자는 이재영(李再榮)이 지은 것이라 하였다.[95] 허균과 이재영 두 사람 다 경박하고 진실하지 못한 사람이기 때문에 허씨의 시는 전아(典雅)한 소리가 부족하며, 사람들 중에 이 점을 헐뜯는 자도 있다.

그러나 이부인의 시는 유한(幽閒)하고 청일(淸逸)하며 곽부인의 시는 돈후(敦厚)하여 법도로 삼을 만하며 관저와 권이의 풍모가 있으니, 어찌 허씨와 견줄 수 있겠는가? 윤지당은 또 사학으로 알려지고 그 담론이

---

93 옥대연지(玉臺臙脂): 옥대는 옥으로 장식한 경대(鏡臺)이며, 연지는 여자들이 화장할 때 쓰는 물품으로, 여기서는 여성들이 주로 구사한 아름답고 섬미(纖微)한 문체를 가리킨다.

94 난설헌(蘭雪軒) 허씨(許氏): 1563~1589. 본명은 초희(楚姬)이고, 자는 경번(景樊), 본관은 양천(陽川)이며, 난설헌은 그의 호이다. 허엽(許曄)의 딸로, 허봉(許篈)의 동생이며 허균(許筠)의 누이이다. 8세에 이미 「광한전백옥루상량문(廣寒殿白玉樓上梁文)」을 지어 신동으로 불렸다. 이달(李達)에게 시를 배웠으며, 불행한 시집 생활과 친정의 옥사 등으로 불행하게 살다가 27세의 나이로 죽었다. 명나라 사신 주지번(朱之蕃)을 통해 중국에서 『난설헌집(蘭雪軒集)』이 간행되어 격찬을 받았다.

95 그런데 …… 하였다: 이수광(李睟光)의 『지봉유설(芝峯類說)』에 "허난설헌의 시는 근대 규수(閨秀)들 가운데 제일위이다. 그러나 참의(參議) 홍경신(洪慶臣)은 정랑(正郎) 허적(許𥛚)과 한집안 사람처럼 지내는 사이였는데 평소에 '난설헌의 시는 2~3편을 제외하고는 다 위작(僞作)이고, 「백옥루상량문」도 그 아우 균이 사인(詞人) 이재영(李再榮)과 합작한 것이다.'고 했다."라는 기록이 전한다. 이규경(李圭景)도 『오주연문장전산고(五洲衍文長箋散稿)』, 「경번당변증설(景樊堂辨證說)」에서 「백옥루상량문」을 비롯하여 『허난설헌집』에 수록된 대부분의 시를 허균이 지은 것이라 변증한 바 있다.

사람들에게 선을 권장하기에 충분하니 옛날의 조대가(曺大家)[96]와 같은 자가 그러한 사람일 것이다.

---

96 조대가(曺大家): 후한(後漢) 반소(班昭)의 호로, 자는 혜희(惠姬)·혜반(惠班)이다. 반표(班彪)의 딸이며 반고(班固)와 반초(班超)의 누이이다. 반고가 『한서』를 저술하다가 완성시키지 못하고 죽자 임금의 명에 따라 뒤를 이어 완성하였다. 조수(曺壽)에게 시집갔으나 일찍 과부가 되었고, 여러 차례 궁에 들어가 황후와 귀인(貴人)들을 가르쳐서 대가(大家)라는 칭호를 받았다.

강상열효녀(江上烈孝女)는 누구의 자식인지 모른다.

고(故) 판서(判書) 정재희(鄭載禧)의 집이 동작강(銅雀江) 가에 있었다. 추운 겨울날 한 동자가 걸식하여 그 집에 이르렀는데 나이는 열 두셋쯤 되었고 외모가 매우 예뻤다. 한 아이가 따라왔으니 나이는 한두 살 많았고 역시 예쁘장하였다. 정재희가 가족에 대해 물으니, 동자가 말하기를 "아버지는 남쪽 지방으로 달아난 노비를 잡아 장사꾼과 돌아오는 길에 그 장사꾼이 아버지의 짐을 탐내어 길에서 죽였습니다. 저는 마침내 의지할 곳이 없어 걸식하다가 여기에 이르게 된 것입니다." 하니, 그 말이 몹시 슬펐다. 정재희는 그들을 불쌍히 여겨 집의 문간방에 묵게 해 주었다.

벽을 사이에 두고 한 노파가 병이 들어 잠 못 이루고 있다가 두 아이가 소곤거리는 소리가 들리자 숨죽여 몰래 들으니, 나지막히 말하면서 오열하는데 말소리가 분명하지 않았다. 이윽고 한 아이가 몰래 나가는 듯하더니 잠시 후 돌아와서 말하기를 "어디에 있는지 알아냈다. 놈은 승방점(僧房店)의 몇 번째 방에 묵고 있다." 하였다. 한 아이가 크게 목이 메어 말하기를 "절치부심(切齒腐心)한 것이 3년인데, 이제야 비로소 만나게 되었구나." 하였다. 한 아이가 말하기를 "언니는 울고만 있을 것이오? 날이 새려하니 조금만 늦어도 다시 놓치게 될 것이오." 하였다. 곧 사각사각 묶는 소리가 나더니 문이 열리고 재빨리 나갔다. 이때 달이 대낮처럼 밝았다. 노파는 머리털이 곤두섰으나 나이가 들어 노둔하였고 두려워서 감히 쫓아가지 못하였다.

날이 밝은 뒤 노파는 승방점에서 어떤 사람이 보부상을 죽이고 달아났는데 가슴에는 칼이 꽂혀 뽑히지 않았으며 사지(四肢)를 난도질하고 머리를 큰길에 매달아 놓았다는 이야기를 들었다. 이에 정재희에게 고하니, 정재희가 깜짝 놀랐고 한참 뒤 큰 한숨을 쉬며 "바로 섬약한 예쁜 여자아이가 그랬을 것이다." 하였다. 사람을 만날 때마다 이야기하였으나, 끝내 간 곳을 알지 못하였다.

김은애(金銀愛)는 강진(康津)의 양가녀(良家女)이다.

그 마을에 사는 안씨(安氏) 노파는 본래 창기(娼妓)였는데 외모가 추하고 말이 많았으며 음란한 짓을 하도록 남을 꼬드기는 재주가 있었다. 김은애의 어머니는 재산이 넉넉했지만 인색하였으니, 노파는 돈을 빌리고자 했으나 뜻대로 되지 않자 서운하여 해코지하고자 하였다.

마을의 동자(童子) 최정련(崔正連)은 노파와 인척으로 어리고 예쁘장하였다. 노파가 곧 남녀 간의 정으로 그를 꼬드기고 또 김은애의 미모를 이야기하며 "너는 은애를 원하느냐? 말만 하면 너는 은애와 사통할 수 있으니, 내가 너를 위해 그 일을 성사시켜 주겠다. 그런데 내가 개병(疥病, 옴)이 있어 걱정이니 약값을 넉넉히 주는 것이 어떠하냐?" 하였다. 최정련은 "걱정하지 마소. 일이 성사되면 내 필시 할멈께 후히 보답할 것이니 약값이 뭐 어렵겠소?" 하였다.

노파가 마침내 소문을 내기를 "은애가 정련에게 빠졌는데 사실 내가 중매해주었다." 하였으나, 마을에서는 믿지 않았다. 어떤 이가 최정련에게 물어보니, 최정련이 말하기를 "그렇소. 은애가 안씨 할멈의 집에서 나와 기약하였는데, 내 큰어머니에게 발각되자 담을 넘어 달아났소." 하였다. 이에 김은애의 추문을 온 마을 사람들이 듣게 되어 시집을 가려해도 갈 곳이 없었는데, 같은 마을 사람 김양준(金養俊) 만이 그녀의 무고함을 알고 장가들었다.

기유년(1789) 윤 5월 25일에 노파가 또 떠들고 다니기를 "은애가 정련을 배신하고 시집가서 정련이 내게 약값을 주겠다고 한 말을 어겼으니, 내 병이 심해진 것은 은애 때문이다." 하였다. 김은애는 본래 강인하여 2년이 다 되도록 모멸을 견뎌내었지만, 이 지경에 이르자 억울하고 분하며 부끄럽고 한스러워 더는 스스로 견딜 수 없어 마침내 노파를 없애기로 결심하였다.

다음날 밤, 집에 사람이 없는 틈을 엿보아 몰래 부엌칼을 치마에 숨기고 나가 재빨리 안씨 노파의 방으로 달려갔다. 노파는 옷을 반쯤 벗고 막 자려고 하였다. 김은애는 등불 아래 서서 칼을 잡고 꾸짖기를 "음탕한 네가 도리어 남을 무고하느냐? 어제의 무고는 또 어찌 그리 심하단 말이냐? 내 너를 죽이고자 한 지 오래이다." 하였다. 노파는 섬약한 그녀를 무시하며 대뜸 말하기를 "찌를 수 있으면 나를 찔러 봐." 하였다. 은애는 큰 소리로 "찌를 수 있지." 하며, 바로 노파의 목을 찔렀다. 노파가 여전히 숨이 붙은 채로 급히 칼을 잡은 그녀의 팔뚝을 잡자, 김은애는 더욱 기운이 넘쳐 오른쪽 목을 또 찔렀다. 노파가 비로소 쓰러지자, 마침내 그 옆에 걸터앉아 찌를 때마다 욕을 하니 무려 18번이나 찔렀다. 노파가 죽은 것을 보고는 피 묻은 칼을 뽑아 곧장 최정련의 집으로 달려가다가 길에서 어머니를 만났는데, 어머니가 울면서 만류하기에 돌아왔다.

현감 박재순(朴載淳)이 낭자하게 칼에 찔린 노파의 시신을 검안하고 법대로 신문하니, 김은애는 의연하게 대답하기를 "제가 노파를 찌른 것이 오히려 늦었습니다. 노파의 무고를 거듭 당하여 더럽지 않은데도 오히려 더럽혀졌습니다. 제가 처녀 적에 계속해서 분통을 참았는데 시집간 뒤 무고가 더 심해지니, 제가 이 때문에 직접 찌른 것입니다. 다른 사람은 참여하지 않았습니다. 살인한 자는 죽인다고 들었으니, 저는 마땅히 죽게 되리라는 것을 알고 있습니다. 그러나 최정련이 아직까지 살아있으니 저는 죽어도 눈을 감지 못할 것입니다. 원컨대 관(官)에서 매질해 그를 죽여 제 원통함을 풀어주시옵소서." 하였다. 김은애의 나이 겨우 18살인데 몸에 삼목(三木)[97]을 차고도 조금도 두려운 기색이 없었으니, 보는 사람들마다 장하게 여기지 않는 이가 없었다. 9번을 조사해도 똑같이 진술하니, 현감과 관찰사는 그녀를 살리고 싶었지만 다만 정해진 법이 있었으니 진술을 완곡하게 하여 조정에 올렸다.

경술년(1790) 여름에 원자(元子)가 탄생하여 대사면이 시행되었다. 상(上, 정조)께서 사형수를 심리하다가 김은애의 옥사에 이르자 하교(下敎)하기를 "김은애는 열부이다. 열국(列國, 춘추전국) 시대에 태어났더라면 섭영(聶嫈)[98]과 이름을 나란히 하였을 것이다. 그러나 살인은 무거운 형벌로 다스려야 한다. 어떻게 처결할 것인지 대신들에게 물어보고 이를 아뢰도록 하라." 하였다. 좌의정 채제공(蔡濟恭)이 법에 따라 처벌해야 한다고 하였다. 상이 말씀하시기를 "옛날 해서(海西)에 살인한 처녀가 있었으니 이 옥사와 비슷하였다. 선왕(先王, 영조)께서는 속히 풀어주라 명하셨다. 그 처녀가 옥에서 나오자 중매인들이 다투어 모여들어 천금(千金)을 주고 데려가려 하였고 마침내 선비의 처가 되었으니, 지금까지 미담(美談)으로 전한다. 그런데 지금 김은애를 사면하지 않는다면 선왕의 뜻을 이어 풍교(風敎)를 수립했다고 말할 수 있겠는가?" 하였다. 드디

---

97 삼목(三木) : 세 가지 형구(刑具). 곧 머리·손·발에 끼우는 칼·차꼬·족쇄 따위이다.
98 섭영(聶嫈) : 전국(戰國) 시대의 자객 섭정(聶政)이 자기에게 은덕을 베푼 엄중자(嚴仲子)를 위해 그의 원수인 한(韓)나라 정승 협루(俠累)를 죽인 뒤에 스스로 자신의 낯가죽을 벗기고 배를 갈라 죽으니, 한나라에서는 현상금을 걸고 범인을 아는 사람을 찾았다. 섭정의 누이 섭영이 이 소식을 듣고 가서 "이는 나의 동생 섭정이다. 나를 위해 얼굴을 훼손해 알아볼 수 없게 하고 죽었는데, 내 어찌 죽음을 겁내어 훌륭한 동생의 이름을 묻히게 할 수 있겠는가." 하고는 슬피 울며 섭정의 시체 곁에서 자살하였다고 한다. 『사기(史記)』권86, 「자객열전(刺客列傳)」 참조.

어 김은애를 석방하고 호남에 옥안(獄案)을 반포하여 절의를 지킨 자들을 권장하도록 하였다.

여인은 연약하여 병기를 잡고 사람들과 다툴 수 없다. 전기(傳記)를 살펴보면, 여모(呂母)와 방아(龐娥)⁹⁹ 같은 무리는 많지 않으니, 부인이 병기를 가까이 하지 않는 것은 옛 가르침이다. 비사(裨史)에 전하는 홍선(紅線)과 운랑(雲娘)¹⁰⁰은 그 일이 실로 갑작스럽고 신이하니 아마 우언(寓言)을 지은 사람이 가탁한 것인 듯하다. 설령 이러한 일이 있었다 한들 검협(劍俠)의 무리가 남을 위해 원수를 갚아주고 어려운 일을 해결해준 것일 뿐이니, 어찌 두 여인이 용감하게 소매를 떨쳐 일어나 직접

---

99 여모(呂母)와 방아(龐娥) : 왕망(王莽)이 세운 신(新)이 안팎으로 어지러울 때, 지방 관리로 있던 여모의 아들이 고을 현령에게 억울한 죽음을 당하였다. 술을 팔던 여모는 젊은이가 오면 돈을 받지 않고 술을 주었으며, 이후 전 재산을 털어 무기를 구입해 복수를 외치자 많은 젊은이들이 모여 들었다. 여모 일당은 현령의 목을 잘라 아들의 무덤 앞에 바쳤으며, 목적을 달성한 뒤에도 해산하지 않고 적미(赤眉)의 난을 일으켜 왕망 정권을 뒤흔들었다. 『한서』 권99, 「왕망전(王莽傳)」 참조. 한편 방아의 이름은 조아(趙娥)인데 방씨 집안에 시집갔기 때문에 방아라 하였으며 조군안(趙君安)이라고도 불린다. 그녀의 아버지가 같은 고을 사람인 이수(李壽)에게 죽임을 당하자, 방아는 소매에 칼을 숨겨 대낮에 도정(都亭)에서 이수를 찔러 죽여 복수하였다. 『삼국지(三國志)』 권18, 「위서(魏書) · 조아전(趙娥傳)」 참조.

100 홍선(紅線)과 운랑(雲娘) : 홍선은 당(唐)나라 소종(昭宗) 때 한림학사(翰林學士)와 괵주자사(虢州刺史)를 지낸 원교(袁郊)가 지은 소설 『감택요(甘澤謠)』, 「홍선」편의 여주인공이다. 그녀는 노주 절도사(潞州節度使) 설숭(薛嵩)의 여종으로, 위박 절도사(魏博節度使) 전승사(田承嗣)가 몰래 군사를 길러 노주를 치려고 하자 설숭의 근심이 깊어만 갔다. 이에 홍선은 칼을 차고 신력을 발휘하여 갑사(甲士) 300인이 호위하는 전승사의 막사를 뚫고 침실에 있는 금합자(金盒子)를 훔쳐 새벽에 돌아왔다. 이튿날 설숭이 사신을 시켜 금합자를 돌려보내니, 전승사는 자신의 음모가 이미 탄로난 것을 알고 두려워 편지를 보내 사과하고 평화를 찾았다고 전한다. 운랑 역시 여성 협객으로 추정되는데 자세한 사적은 미상이다.

원수를 없애고 음란하고 추악한 자를 죽여 속도 후련해지고 의리도 만족시킨 행위와 같겠는가. 아! 기이하다.

13　분 파는 할멈〔賣粉嫗〕/ 옥랑(玉娘) / 유씨(柳氏)의 첩(妾) / 유분(有分)

분 파는 할멈〔賣粉嫗〕은 도성 인가(人家)의 종이다.

　젊어서 자태가 아름다워 이웃 사내가 좋아해 유혹하였다. 할멈이 응하지 않아 사내가 쫓아와 협박하니, 할멈은 거절하며 "제가 본디 천하지만 담을 넘어 따라가는 짓은 이 자리에서 바로 죽더라도 하지 않을 것입니다. 만약 저를 놓치고 싶지 않으시다면 제 부모께 허락을 받아오십시오." 하였다. 이웃 사내가 물러나 폐백을 갖춰 할멈의 부모에게 가서 말을 했으나, 할멈의 부모가 듣지 않았다. 이에 사모하여 근심하다가 마침내 병이 들어 죽었다.

　할멈이 듣고서 울며 말하기를 "내 비록 그에게 더럽혀지지는 않았지만 본래 마음으로 허락했으니, 그가 죽었다고 마음을 바꾸는 것은 의리가 아니다. 또 그는 나를 사모하다 죽고 말았는데, 내가 어찌 다른 사람을 따르며 기쁘고 즐겁게 살려 하겠는가." 하고, 시집가지 않으리라 스스로 맹세하여 분을 파는 것으로 업을 삼다가 마침내 병들어 죽었다.[101]

　옥랑(玉娘)은 종성(鍾城) 여자로 내시의 종이다.

　용모가 빼어나고 서사(書史)를 좋아하였으며 집이 부유하여 책을 아주 많이 쌓아두고 늘 그 속에 묻혀 지냈다. 고을에 소년 유생(儒生)이 좋아하여 가사(歌詞)를 지어 옥랑에게 보내 보았다. 옥랑도 그의 재주를 사모하여 정답게 화답하여 사례하고 인해서 그와 수창하였다. 유생이

---

101 분 파는 할멈 이야기는 조귀명(趙龜命)의 『동계집(東谿集)』 권5, 「매분구옥랑전(賣粉嫗玉娘傳)」에도 수록되어 있다.

은근하게 마음을 드러내니, 옥랑은 감격하며 말하기를 "재주 있는 유생을 만나 제 몸을 맡기기에 충분하니 무엇을 더 바라겠습니까." 하고, 즉시 부모에게 고한 뒤 혼인하기로 약속했는데 유생이 갑작스럽게 죽었다. 옥랑은 통탄해하며 유생의 부모를 모시어 며느리의 도리를 다하였고 죽을 때까지 수절하였다.[102]

금천인(金川人) 유항진(柳恒鎭)의 첩 모(某)는 유항진의 친척의 여종이었다.

그 친척이 마침 출타하면서 유항진에게 집 밖을 지키고 여종에게 집안을 지키도록 하였다. 유항진이 밤에 음식을 요구하니 여종이 미음을 받들어 올렸는데, 유항진이 그녀의 자태를 좋아하여 손을 잡고 집적거렸다. 여종은 크게 성을 내며 작두를 들고 제 팔을 베려 하면서 말하기를 "제가 들으니, 옛날의 열녀 중에 팔을 잘라 더럽혀진 곳을 없앤 이가 있다고 합니다." 하니, 유항진은 두려워 사과하고서 곧 그만두었다.

이어 유혹하기를 "네가 남의 종으로 살 바에야 차라리 내 첩이 되어 천한 신분에서 벗어나는 것이 좋지 않겠느냐." 하니, 여종은 더욱 노여워 응대하지 않다가 잠시 후 말하기를 "당신이 말한 것이 이롭긴 하지만 저는 따를 수 없습니다. 그러나 이미 당신에게 몸을 더럽혀 다른 곳에 시집갈 수 없으니, 당신은 죽을 때까지 저와 함께 할 수 있는지요?" 하니, 유항진이 "그렇게 하마." 하였다. 여종은 "제 부모님이 계시니 만일 부모님이 허락하지 않으시면 죽음으로 당신께 보답하겠습니다." 하였다. 다음날 과연 그녀의 부모에게 고하니, 부모는 꺾을 수 없음을 알고 허락하였다. 여종은 유항진의 처가 용납하지 않을 것을 걱정하여, 그녀에게

---

102 옥랑 이야기는 조귀명의 『동계집』 권5, 「매분구옥랑전」에도 수록되어 있다.

가서 몇 달 동안 일을 하고 마침내 사정을 말하였다. 처가 그 정성에 감동하여 또한 허락을 하니, 여종은 이에 유항진을 친정으로 데려가 예를 갖추어 합방하였다.

그러나 여종의 주인이 이롭지 않다 여겨 여종을 빼앗아 다른 사람에게 주고자 유항진의 부모와 모의하여 유항진을 산사에 머물게 하니, 오랫동안 돌아올 수 없었다. 밤에 다급히 문을 두드리는 소리가 나서 살펴보니 곧 첩이었다. 유항진이 놀라서 말하기를 "너는 맹수가 두렵지도 않더냐? 어이하여 이 밤에 온 것이냐?" 하였다. 첩이 말하기를 "불행히도 저의 주인이 딴 뜻이 있어 지금 일이 급하게 되었습니다. 달아나면 부모에게 누를 끼치게 되니 당신을 한번이라도 보고 죽으려 한 것입니다. 게다가 맹수에게 죽는다면 몸은 깨끗이 할 수 있겠지요." 하였다. 유항진은 첩을 달래어 보내고 장차 자신이 가서 해결하려 하였다. 유항진이 아직 집에 도착하지 않았는데, 그 주인이 과연 어두운 방에 가두고 사람을 시켜 그녀를 어지럽히고자 하니, 첩은 끝내 스스로 목을 매어 죽었다. 그녀는 죽기 전에 남편의 옷으로 염을 하고 길가에 묻어 유항진이 오고 가는 것을 볼 수 있도록 해달라고 부모에게 부탁하였다. 금천 사람들이 지금까지 이 일을 가슴 아파한다.

파주(坡州)의 역노(驛奴) 김돌몽(金乭夢)의 처는 유분(有分)인데, 역시 천인(賤人)이다.

어렸을 때 이웃 할멈을 따라 마을에 들어와 문설주 아래에서 쉬다가 할멈에게 묻기를 "이것은 무슨 문인가요?" 하니, 할멈이 "정려문이다." 하였다. 또 묻기를 "정려문은 왜 세우나요?" 하니, 할멈은 "효자와 충신과 열녀에게 관에서 정려하는 것이지." 하였다. 또 묻기를 "어찌하면 열녀가 되오?" 하니, 할멈은 말하기를 "두 남편을 섬기지 않으면 열녀가 된다.” 하였다. 유분은 송연(竦然)해져 한참 동안 있었다. 시집가서는 남편을 공경으로 섬기고 시부모를 효로 섬기니, 온 마을이 칭찬하였다.

한번은 친정으로 어머니를 뵈러 갔다가 들에서 혼자 벼를 베고 있는데, 마을의 나쁜 남자가 그녀를 범하기 위해 앞으로 와서 낫을 요구하였다. 유분이 성내며 주지 않고 남자에게 욕을 하자, 남자가 억지로 빼앗고 위협하였다. 유분은 더욱 화가 나 욕을 하고 주먹으로 남자를 때려 이빨 두 개를 부러트렸다. 남자가 노하여 그녀를 쳐 얼굴을 상하게 하니, 유분은 옷을 걷어 배를 보이며 말하기를 “나를 죽여라.” 하였다. 남자가 즉시 그녀의 배를 찌르자 유분은 곧 고꾸라졌다. 남자는 풀을 베어 그녀를 덮고 살아날까 염려하여 다시 발로 차고 떠났다.

유분은 과연 소생하여 손으로 창자를 집어넣고 배를 움켜쥐며 기어서 집으로 왔다. 그녀의 어머니가 너무 놀라 이유를 묻고는 울면서 말하기를 “너는 죽음이 두렵지 않더냐? 어찌 잠깐 굴복하여 살기를 바라지 않았느냐?” 하였다. 유분은 몹시 성을 내며 “어머니는 어찌 저를 욕보이십니까? 제가 어찌 죽음을 두려워하겠습니까?” 하고, 움켜잡았던 손을 풀자 창자가 나와서 마침내 죽었다. 관에서 그 소식을 듣고 남자를 죽이고 정려문을 내렸다.

선왕(先王)께서 혼인하는 예법을 만들어 남녀 간의 큰 윤리를 정하였으니, 치백(純帛)을 잡고 맞이하여 합근(合졸)하고 종묘에 고하며 매씨(媒氏)가 혼인을 담당하는데, 이와 같이하지 않는 것을 ‘달아난다〔奔〕’고 한다. 그런데 중춘(中春)의 달에 청춘남녀를 모이게 하여 이때에는 달아나는 자도 금하지 않는다.[103] 달아나는 것은 비록 악덕(惡德)이긴 하지

---

103 치백(純帛)을 …… 않는다 : 『주례(周禮)』, 「지관(地官) · 매씨(媒氏)」에 “매씨는 모든 백

만 또한 선왕께서 때로 허락하신 것이다. 무릇 예를 익혀 자신을 다스리는 자라도 만약 이유가 있으면 자신의 뜻을 지키지 못하는 경우도 있기 때문이다.

네 여인은 모두 천한 자들로 평소에 보고 배운 것이 없었지만, 마음을 허락하고는 그 맹세를 바꾸려 하지 않기도 했고 몸을 허락하고는 절개를 꺾으려 하지 않기도 하였다. 남녀의 정과 생사(生死)의 갈림은 진실로 중대한 일인데도 이를 생각지 않은 것은 어째서인가? 옛날에 기자(箕子)가 우리나라에 가르침을 베풀어[104] 나라의 풍속이 교화되어 부녀자들도 다 정숙하며 신의가 있었으니, 지금까지 이에 힘입은 것이다. 목강(穆姜)의 절개와 영녀(令女)의 아름다움[105]이 진실로 거의 집집마다 있

성의 혼례를 담당한다. …… 중춘의 달에 남녀를 모이게 하는데 이때에는 달아나는 것〔奔〕을 금하지 않는다. …… 아들을 장가보내고 아내를 맞이할 적에 보내는 납폐는 치백(純帛)으로 하되 5냥을 넘지 못한다.(媒氏, 掌萬民之判. …… 中春之月, 令會男女, 於是時也, 奔者不禁. …… 凡嫁子娶妻, 入幣純帛無過五兩.)"라고 한 문장을 조합한 표현이다. 치백은 폐백으로 사용하는 검은 비단을 말한다. '순(純)'은 '치(緇)'로 읽으며 검다는 뜻이다. 매씨는 중매를 맡은 벼슬아치이다. 합근은 혼례식을 올릴 때 신랑과 신부가 술잔을 서로 주고받는 일을 말한다. '달아난다'는 것은 혼례 절차를 갖추지 않고 남녀 두 사람이 다른 이의 눈을 피해 달아나 동거하는 것을 의미한다.

104 기자(箕子)가 …… 베풀어 : 기자는 은(殷)나라 주왕(紂王)의 숙부로서, 은나라가 망한 뒤 주(周)나라 무왕(武王)으로부터 조선에 봉함을 받고 들어와 예의(禮儀)·전잠(田蠶)·방직(紡織)을 가르치고 팔조(八條)의 법금(法禁)을 행하였다고 한다. 『연려실기술(燃藜室記述)』 별집 권19, 「역대전고 기자조선(歷代典故 箕子朝鮮)」 참조.

105 목강(穆姜)의 …… 아름다움 : 목강은 한(漢)나라 진문구(陳文矩)의 처인 이목강(李穆姜)을 말하는데, 목강은 그의 자이다. 목강은 진문구와의 사이에서 아들 둘을 낳았으며, 또 진문구의 전처 소생의 네 아들을 함께 양육하였다. 진문구가 안중령(安衆令)으로 나가 세상을 떠나자, 전처의 아들들이 생모가 아니라는 이유로 목강을 구박하였으나, 끝까지 잘 보살펴 전처의 자식들을 개과천선하게 했다고 한다. 『후한서』 권84, 「열녀전·진문구처」 참조. 진문구가 정문구(程文矩)로 기록된 곳도 보인다. 영녀는 조위(曹魏)시대 하후문녕(夏侯文寧)의 딸로 조상(曹爽)의 종제인 문숙(文叔)에게 시집갔었는데, 문숙

을 것인데, 내가 보고 들은 것이 넓지 못해 단지 이 네 사람만 기록하였다. 어떻게 하면 널리 얻어 숨어 있는 이들을 드러낼 수 있을 것인가?

이 자식을 두지 못하고 일찍 죽자 머리를 깎고 정절을 지켰다. 친정에서 딸을 개가시키려 하자, 칼로 두 귀를 잘라 버리고 종시숙인 조상에게 의지하여 살았다. 그 후 조상이 복주(伏誅)되어 일가가 멸문의 화를 당하니, 영녀의 친정 숙부는 조씨 집안과의 혼사를 파하고 다시 개가시키려 하였다. 영녀는 이번에는 스스로 코를 자르고 수절하다가 국가의 특명으로 양자를 들여 조씨의 대를 이었다고 한다. 『삼국지(三國志)』 권9, 「위서(魏書)·조상전(曹爽傳)」 참조.

14 산남열부(山南烈婦) / 김시우(金時雨)

산남열부(山南烈婦)는 영남 모군(某郡)의 사족(士族)이다.

시아버지가 후처에게 빠져 전처의 아들을 학대하니, 전처의 아들은 장가든 뒤 도망쳐 돌아오지 않았다. 후처는 아들 둘을 낳아 다 장가보냈는데, 열부는 그 막내의 부인으로 시댁에 들어서자마자 시부모가 모두 죽었다. 한참 뒤에 어떤 중이 와서 "나는 전처의 아들이다." 하며 혼인할 때의 일을 말하는데, 증거로 삼을 만한 사적인 일까지도 매우 자세히 알고 있었다. 그가 도망친 지 거의 30여 년이나 되었지만 전처의 며느리는 곧 그 말을 믿어 처음처럼 부부가 되었다. 후처 소생인 두 아우는 비록 막지 못했지만 마음으로 늘 의심하였다.

전처의 며느리가 원망하기를 "내 남편이 집을 나간 것은 네 어머니 때문이었다. 이제야 내 남편이 돌아왔는데, 너희 형제가 또 모함하여 죽이려 드느냐?" 하며, 즉시 정상을 갖추어 관아에 고소하였다. 관아에서 이웃 마을의 친족들에게 물으니, 모두 말하기를 "저 중이 형인 것이 분명하니, 두 아우가 의심해서는 안 됩니다." 하였다. 이에 관아에서 두 아우의 악행을 엄히 다스려 장살(杖殺)하였다. 중 부부가 집안일을 마음대로 하니, 두 아우를 장례 치른 뒤 첫째 아우의 부인은 스스로 목을 찔러 죽었다.

열부는 당시 나이가 18, 9세였는데 칼을 품고 남편의 무덤에 맹세하기를 "저 중이 진짜인지 가짜인지 알 수 없으니 제가 사실을 알아보겠습니다. 만약 알아내지 못한다면 그때 죽더라도 또한 늦지 않을 것입니다." 하였다. 머리털을 잘라 중 행색을 하고 무덤에서 내려와 나라 안의 산과 골짜기, 도회지와 시골, 사찰 등 물색할 만한 곳을 두루 찾아다닌 것이 거의 6, 7년이었으나 아무것도 알아내지 못했다.

안변(安邊)의 황룡사(黃龍寺)에 이르니, 때는 초겨울이라 소슬하고 파도가 용솟음쳤으며 회랑(回廊)은 고요하여 인적이 없었다. 열부는 마음이 절로 슬프고 시름겨워 소리 내어 오열하며 마음을 가누지 못했다. 절의 노승(老僧)이 촛불을 밝히고 새벽까지 승도(僧徒)들을 가르치다가 나와서 묻기를 "객은 어이하여 이처럼 슬퍼하십니까?" 하였다. 열부는 노승의 흰 수염과 눈썹을 보고 진실되어 사람을 속이지 않으리라고 여겨 마침내 자세히 사정을 하소연하고 말하기를 "저 사람은 가짜가 분명한데 가짜임을 밝힐 수 없습니다. 혹시 제가 사용한 방법이 잘못된 것일까요? 아니면 진짜가 이미 죽은 것일까요? 날이 밝으면 돌아가 남편의 무덤에서 죽겠습니다." 하였다. 노승은 걱정되는 표정으로 그녀를 말리며 "낭자는 지나치게 스스로 슬퍼하지 마시오. 하늘이 필시 그 정성을 굽어 살필 것입니다. 노승이 낭자를 위하여 돌아가는 길을 전송하겠습니다." 하였다.

다음날 열부가 떠나자 노승은 즉시 승도를 모아 뒷일을 부탁하고 출발하니, 승도들은 이유를 알지 못하였다. 노승은 그 고을에 도착하자 관아에 가서 직접 말하기를 "내가 전처의 아들입니다. 처음에 왔던 자를 불러 판결해 주시오." 하였다. 처음에 왔던 자는 노승을 보고 얼굴이 하얘져서 감히 한 마디도 꺼내지 못하였다. 노승이 꾸짖기를 "너는 나의 도제(徒弟)로서 30여 년 동안 나를 따라 돌아다녀 우리 집안일을 자세히 알고 있었지. 갑자기 인사도 없이 떠나더니 지금 이러한 짓을 하였구나." 하였다. 처음에 왔던 자가 죄를 모두 자복하니, 마침내 그 처와 함께 죽임을 당했다.

노승은 부친의 묘에 가서 곡하기를 "제가 불효를 저질렀고 두 동생이 저 때문에 죽었으니 제가 어찌 살 수 있겠습니까?" 하고 스스로 목을 찔러 죽었다. 이에 열부는 "내 일이 끝났구나. 죽은 남편의 원수를 갚았다." 하고, 또한 스스로 목을 찔러 죽었다.

김시우(金時雨)는 본관이 서천(舒川)이다.

3세 때 아버지가 집안 난리를 피하여 가족을 버리고 떠났다. 김시우는 자라자 밤낮으로 어머니에게 아버지의 얼굴 모습을 묻고는 홀로 나가서 찾았다. 남으로 바닷가에 이르러 찾지 못하자 돌아오고 또 장차 북으로 가서 찾으려 하였다. 어머니가 붙잡고 울면서 "네 아버지가 나간 지 이미 오래되어 찾을 수 없을 것이다. 나는 너만 믿고 살았는데 네가 또 북으로 가 돌아올 날을 점칠 수 없으니 내가 어떻게 살겠느냐?" 하였다.

김시우는 마침내 이웃의 처녀에게 장가들고 물화(物貨)를 다스리니 재산이 넉넉해졌으며 더우기 아내가 어질어 어머니가 몹시 마음에 들어 하였다. 이에 김시우가 울면서 "저는 아버지를 잃고 항상 비통하여 원망이 쌓여 있는데 어떻게 감히 집에서 편할 수 있겠습니까? 아내에게 장가든 것은 어머니를 봉양하기 위해서입니다. 저는 이제부터 가서 아버지를 찾을 것입니다. 아버지를 만나지 못하면 돌아오지 않을 것이니, 어머니는 저를 염려치 마세요." 하였다.

드디어 길을 떠나 마천령(磨天嶺)에 이르러 한 늙은 남자를 만났는데, 김시우가 마음이 움직여 물어보니 곧 아버지였다. 부자가 서로 부둥켜안고 통곡하니 그 모습이 너무나 슬퍼 길가는 사람들을 감동시켰다. 마침내 함께 돌아오니 마을 사람들이 모두 감탄하였으며 일이 알려져 정려문이 내렸다.

성인(聖人)이 가르침을 베풀되 먼저 인가(人家)의 도리를 바르게 한 것은 환란(患亂)을 미연(未然)에 없애기 위해서이니, 집안의 도를 잃어버리고 환란이 없는 자는 있지 않다.

　산남(山南)의 부자(富者)가 한 번 집안을 거느리는 법도를 잃어버리자 세 아들과 세 며느리가 다 죽고 집안은 망해 버렸다. 그러나 열부의 명성은 드날려졌다. 열부는 섬약한 몸으로 어렵고 험난한 곳을 떠돌면서도 오래도록 변치 않고 끝내 바라던 것을 이루었으니 참으로 뜻이 있는 자이다.

　김시우와 같은 자 또한 기이하다.

김계(金垍)의 자는 여언(汝彦)이고 본관은 광산(光山)이며, 합천(陜川)에 대대로 거주하였다.

김계는 사람됨이 너그럽고 온후하며 의(義)를 좋아하였다. 영조 무신년(1728) 봄에 영남의 도적 정희량(鄭希亮) 등이 일어나니,[106] 합천 군수 이정필(李廷弼)은 김계의 명성을 듣고 등용하여 부(府)의 천총(千摠)으로 삼고 매우 신임하였다.

합천 사람 조정좌(曹鼎佐)는 극악한 도적인데, 밤에 이정필을 알현하여 "도적이 청주(淸州)를 함락시키고 절도사를 죽였으며, 정희량 등은 안음(安陰)에 주둔하여 청주의 도적과 서로 호응합니다." 하고서는, 그들이 두려운 존재라고 떠벌이며 이정필을 협박하고자 하였다. 이정필이 곧 그를 묶고 신문하니 자취가 드러났으며 아울러 그의 족형(族兄) 조성좌(曹聖佐)도 가두고 즉시 군사를 일으켜 스스로 지켰다. 또 해인사(海印寺)의 중을 징발하여 요충지에서 적을 지키게 하고 인근 고을에 구원병을 재촉하였다. 인근 고을의 군사가 다 도착하지 않았는데, 안음의 적군이 다시 거창(居昌)을 함락시키고 진격하였다. 이정필은 고립되고 약한 군대로는 전투를 벌일 수 없다고 생각하여 직접 진주(晉州)에 가서 절도사 이시번(李時蕃)에게 원병(援兵)을 요청하였다.

합천 아전 정상림(鄭商霖)이 감옥에서 조정좌와 조성좌를 꺼내고 그

---

[106] 무신년 …… 일어나니 : 1728년(영조4) 3월, 소론(少論)의 이인좌(李麟佐) · 정희량 · 박필현(朴弼顯) 등 과격파들이 경종(景宗)의 죽음에 영조와 노론(老論)이 관계되었다고 주장하며 밀풍군(密豐君) 이탄(李坦)을 왕으로 추대하고자 청주와 영남 등지에서 거병한 것을 말한다. 결국 이들은 관군에 토벌되었고 이 사건으로 소론은 재기 불능 상태가 되었다.

들이 찬 형구를 부순 뒤 옹립하여 장수로 삼고, 객사에 머물면서 고을의 군사를 데리고 반란을 일으켜 적에게 붙었다. 또 삼가(三嘉)의 군사에게 자신을 따르도록 협박하니, 삼가의 군사도 배반하였다. 조정좌 등은 모두 합천군의 호걸로 무단(武斷)[107]을 좋아하였으니, 정상림은 바야흐로 향권(鄕權)을 잡고 고을 안에서 전횡하였다. 아전과 백성들은 단지 두려워 따르긴 했으나, 그들의 마음은 본래 조정을 배반하고자 하지 않았다. 또 관군이 안성(安城)과 죽산(竹山) 사이에서 적을 크게 무찔러 우두머리를 잡았다. 청주 사람 김진희(金晉熙) 등이 다시 적의 우두머리를 베고 상당산성(上黨山城)[108]에서 반정(反正)하였다. 관찰사가 인근 고을 군사들에게 첩(牒)을 내리고 장차 합천을 공격하려 하니, 이로 인해 합천 사람들은 더욱 두려워하다가 이정필이 돌아와 고을 경계에 이르렀다는 소식을 듣고는 몰래 맞이하고자 하였다.

김게는 처음에 병을 핑계로 적을 피하였다. 어떤 자가 김게에게 적을 위해 병무(兵務)에서 벗어날 것을 권하니, 김게가 발분하여 말하기를 "이것은 군수가 명한 것이니 오직 군수만이 해임할 수 있다. 만약 다시 병무에서 벗어나라고 말한다면 내 검에 찔리게 될 것이다." 하고 즉시 검을 뽑아 문지방을 베니, 적이 감히 다시는 말하지 않았다. 김게는 마침내 아전 이태경(李台卿) 등과 적을 토벌하기로 모의하고 조성좌를 꾀어 말하기를 "진양(晉陽)의 군사가 장차 이를 것인데, 장군은 훈련된 군사 하나 없이 그들을 대적할 수 있습니까?" 하고, 앞산 봉우리 밑을 가

---

107 무단(武斷) : 시골에서 지위와 세력 있는 사람이 남을 억지로 내리누르는 짓을 하는 것을 말한다.
108 상당산성(上黨山城) : 충청도 청주의 율봉역(栗峯驛) 북산에 있었던 산성이다. 안에 12개의 우물이 있으며, 『동국여지승람(東國輿地勝覽)』에는 "지금은 없어졌다."고 하였다.

리키며 말하기를 "이곳은 훈련할 만한 장소입니다." 하였다. 조성좌가 그의 말을 따라 빙고현(氷庫峴)으로 옮겨 주둔하였다. 이에 이정필의 빈객 노세엽(盧世燁)과 합천의 아전, 군교(軍校)가 적진의 왼쪽에 매복하고, 삼가의 군사가 그 뒤에 주둔하여 총성이 들리면 궐기하기로 약속하였다.

임무가 이미 정해졌는데, 적이 자못 의심하여 조정좌가 칼을 뽑아 들고 군중(軍中)을 순회하였다. 아전 이중춘(李重春)이 은밀히 조성좌에게 이르기를 "위태롭고 의심이 들 때 부장군께서 군중의 마음을 어지럽히는 것은 옳지 않습니다." 하니, 조성좌는 조정좌를 베려다 그만두고 군교들을 불러 섞여 앉아 노래 부르고 술을 마셨다.

삼경(三更)이 되자 김계는 노세엽과 삼가 파총(把摠) 윤세웅(尹世雄), 초계 파총 김려명(金呂鳴) 등과 함께 군막에 숨어 있다가 공격하여 막하(幕下)에서 조정좌와 조성좌를 죽이고, 조덕좌(曹德佐)는 다치긴 했지만 죽지 않아 곧바로 베어 죽였다. 역적 허택(許澤)이 도망쳐 달아나니, 김계가 뒤쫓아 가 밭 가운데서 찔러 죽였으며 아울러 잔당인 배중도(裵仲度)와 이성장(李星章) 등을 사로잡았다. 군중(郡中)이 평안해지자 즉시 깃발과 북을 준비하여 이정필을 맞이해 들였고, 네 역적을 아문(牙門)[109] 밖에서 효수하였다.

성주 목사(星州牧使) 이보혁(李普爀)의 군사가 합천 경내에 이르러 이 소식을 듣고서 이정필의 승첩 보고서를 **빼앗아** 자기 공으로 삼고는 그 길로 관찰영(觀察營)에 고하였다. 또 말하기를 "이정필은 달아나고 김계는 적을 환영했다." 하여, 이정필은 체포되고 김계는 참수형을 당하게

---

109 아문(牙門) : 아기(牙旗)를 꽂은 진영(陣營)의 문으로 관가를 뜻한다.

되었다. 때마침 관찰사 박문수(朴文秀)가 억울함을 바로잡으니, 김계는 석방되어 공신에 녹훈되고 당상(堂上)의 품계를 받았으며 첨지중추부사(僉知中樞府事)로 세상을 떠났다.

김려명(金呂鳴)은 본관이 언양(彦陽)으로 초계(草溪)에 세거(世居)하였다. 일찍 고아가 되어 먹고살 방법이 없자 열심히 농사지어 생계를 유지하였고, 사람됨이 강개(慷慨)하며 술 마시는 것을 좋아하였다.

영조 무신년에 청주의 역적 이인좌 등이 먼저 반란을 일으키고 정희량과 조성좌 등이 서로 호응하니, 영남 지역이 어지러웠다. 군중에서 김려명이 근력이 있다 논의하고 읍(邑)의 파총으로 기용하였다. 한번은 빈객과 친척을 만났는데 술에 취해 일어나 춤을 추고 탄식하기를 "나는 어지러운 세상에서 무관에 임명되었으니 죽는 것은 실로 직분이다. 다만 모친이 연로하고 자식이 어리니 장차 누구에게 부탁하리오?" 하였다. 또 두 아들을 가리키며 울었다.

얼마 후 적이 안음에서 일어나자, 합천 군수 이정필이 초계 군사를 재촉해 불렀는데, 초계 군사는 본래 합천에 예속되어 있었다. 관찰사가 또 진군하도록 독려하였다. 그런데 초계 군수 정양빈(鄭暘賓)은 평소 겁이 많아 날마다 슬프게 울며 어쩔 줄 몰라 하더니 스스로 말안장을 얹고 곧장 도망치려 하였다. 김려명은 불가함을 힘껏 아뢰고 합천의 위급한 상황을 말한 뒤 "이 적들은 향리의 무뢰배에 불과하며 갑작스럽게 모인 오합지졸(烏合之卒)로 본래 기강과 규율이 없습니다. 우리 군의 군사가 만약 움직여 합천, 삼가의 군사들과 전투에 임하면, 적은 감히 침범하지 못하고 군중은 절로 안정될 것입니다. 그런데 지금 머뭇거리면서 구하지 않으니, 우리가 망설이며 머물러 있다고 순찰사의 군영에서 책망하는 것이 또한 마땅하지 않겠습니까?" 하였다. 그러나 정양빈은 날짜만

따질 뿐 전쟁에는 뜻이 없었기에 단지 "합천이 위급하니 네가 가고 싶다면 가라. 하지만 군사는 줄 수 없다." 하였다.

김려명은 비록 간곡하게 간언했지만 어떻게 할 수 없게 되자 크게 한숨을 쉬고 정양빈의 앞에 놓여 있던 침그릇을 발로 찬 뒤 달려 나가 군임(軍任)을 자처하였다. 이왕 군사를 거느리고 기약한 날에 이를 수 없게 된 바에야 자신이 직접 신지(信地)[110]에 가서 적과 싸워 스스로 상사(上司)에 해명하는 것이 낫다고 여겨 곧장 칼을 차고 혼자서 갔다. 정양빈은 이미 성을 버리고 달아나 고령(高靈)으로 갔다가 성주진(星州陣)으로 들어갔다. 이때 합천의 좌수(座首) 정상림이 군수가 관에 없는 틈을 타 감옥에 갇혀 있던 죄수 조성좌 등을 꺼내어 장수로 삼으니, 군(郡)이 이미 적에게 함락되었다.

김려명이 도착하여 장청(將廳)[111]에서 몰래 천총 김게를 만났다. 김게는 그 무리와 함께 분주하게 지휘를 하다가 김려명을 돌아보며 "새벽에 아무 곳에서 나를 기다리시오." 하였다. 김려명이 도착하니, 김게가 먼저 와서 "우리 군이 장군의 경내에 있는데, 지금 내가 군사를 내어 역적을 없애버리기로 이미 동지들과 약속하였소. 그대는 혹시 참여할 생각이 있으시오?" 하였다. 김려명은 뛸 듯이 기뻐하며 "바로 나의 뜻이오." 하고, 마침내 심장을 가리키며 맹세하였다.

3월 그믐에 김게가 적을 들판으로 유인해 내었는데, 적은 밤이 되자 술을 마시고 취하였다. 김게와 김려명 등이 갑자기 습격하니 적은 군막 안에서 모두 죽었고, 합천 사람이 성주진에 승첩(勝捷)을 전하였다. 정양빈은 밤에 감영에서 서로 죽이는 소리를 듣고 두려워 산골짜기에 숨

---

110 신지(信地) : 규정(規定)된 위치이다.
111 장청(將廳) : 지방 관아에 딸려 장교가 숙직이나 당직을 서던 곳을 말한다.

어 있었다. 아침이 되어 여러 장교들의 승첩 문서에 김씨 성을 가진 초계 파총의 서명이 찍힌 것을 보고 깜짝 놀라 말하기를 "김려명이 여기에 있는가? 이놈은 내 침그릇을 차고 합천으로 갔으니 적을 쫓아갔을 것이라 여겼는데, 어찌 이곳에 있는 것인가?" 하였다. 초계의 간리(奸吏) 변초형(卞楚珩)이 곧 말하기를 "어찌 김려명을 잡아서 목베어 입을 막지 않으십니까? 그렇게 하지 않으면 사군(使君)께서 머뭇거리며 지체한 죄가 드러나게 될 것입니다." 하였다. 정양빈이 처음에는 어려워하다가 잠시 후 사람들에게 "김려명은 주장(主將)을 배신하고 역적을 따랐으니 참수하는 것이 마땅하다." 하였다. 그리고 즉시 영기(令旗)[112]를 보내 김려명을 잡아 오도록 하고 김려명이 잡혀오자 진(陣) 앞에서 참수하였다.

봉조하(奉朝賀) 박필기(朴弼琦)는 사간(司諫)이 되자 계(啓)를 올려 정양빈이 김려명을 무고하여 죽인 죄가 몹시 엄중함을 말하니, 상이 본도(本道)에 사실을 조사하라 명하였다. 그러나 당시 정양빈의 무리 중에 권세가와 결탁해 국정을 좌지우지하는 이가 많아 원통함은 끝내 밝혀지지 못했다.

선비는 위태롭고 어지러울 때 일을 살피는 것이 치밀하지 않으면 몸과 행동에 해가 된다. 합천의 일에 대해 지금까지도 이정필의 억울함을 호소하고 있지만, 김게와 김려명은 아는 사람이 없으니 어찌 슬프지 않겠는가? 그때 김게는 거의 죽을 뻔했고 김려명은 죽었는데도 신원되지 못하였으니, 저 무고를 잘 하는 이들은 과연 무슨 마음일까? 공명에 관련된 일은 예부터 그러하였다.

---

112 영기(令旗) : 군중(軍中)에서 명령을 내릴 때 전령(傳令)이 가지고 가는 깃발로서 '영(令)' 자가 쓰여 있다. 여기서는 전령을 말한다.

이술원(李述原)의 자는 선숙(善叔)이고 본관은 연안(延安)이니, 대대로 명유(名儒)의 집안이었다.

이술원은 어려서부터 빼어났고 담판을 짓는 재주가 있었으며, 자라서는 현중(縣中)에 이름이 알려졌다. 영조 무신년에 이인좌가 반란을 일으켜 청주를 함락시켰는데, 그 일당이 대부분 영남에서 유언비어를 유포하여 군현(郡縣)이 모두 소란스러웠다. 거창 현감 신정모(申正模)는 이를 걱정하며 어쩔 줄 모르다가 현중에서 호걸을 뽑았는데 이술원을 얻어 아전으로 삼았다.

당시 이인좌의 아우 이웅보(李熊輔)가 정희량과 함께 영남에서 반란을 일으켰으니, 정희량은 문간공(文簡公) 정온(鄭蘊)[113]의 증손이다. 부친의 상중이던 정희량은 곧 상복을 벗고 마을의 무뢰배를 거느렸으며 나무를 파 도장을 만들고 비단을 찢어 치마를 만들고는, 안의(安義)의 남쪽 마을에서 일어나 고창(古倉)에 근거지를 두고 반란하였다. 이술원은 신정모에게 현의 군사를 내어 토벌할 것을 청하였다. 장수와 병졸들이 평소 정희량을 두려워하고 있다가 곧 놀라서 흩어져 정희량에게 귀의한 이가 백여 명이나 되었지만, 향리 신극(愼克)만이 끝까지 가지 않았다.

---

113 문간공(文簡公) 정온(鄭蘊) : 1569~1641. 자는 휘원(輝遠), 호는 동계(桐溪), 본관은 초계(草溪)이다. 1610년(광해군2) 별시 문과에 급제하여 시강원 겸설서·사간원 정언을 역임하였다. 영창 대군이 피살되자 상소를 올려 폐모론의 부당함을 주장하니, 이에 격분한 광해군은 국문을 명하고 제주도에 위리안치하도록 하였다. 인조반정 때까지 10년 동안 유배지에 있었고, 이후 대사간·대제학·이조 참판 등 청요직(淸要職)을 두루 역임하였다. 병자호란 때에는 화의론을 적극 반대하였으며, 강화도가 함락되자 관직을 단념하고 덕유산에 들어가 살다가 죽었다. 시호는 문간(文簡)이다.

이술원은 신극과 함께 마침내 현문(縣門)에 방(榜)을 붙여 말하기를 "적을 따르는 현민(縣民)은 참수한다." 하였다. 얼마 후 신정모 또한 달아났다. 이술원은 20여 리를 걸어서 산골짜기 안까지 쫓아가 그의 옷깃을 잡고 울면서 "현으로 돌아오십시오." 하였으나, 신정모도 울면서 듣지 않았다.

정희량이 현에 들어와 장사를 보내 이술원을 잡아 오도록 한 뒤 꾸짖기를 "내가 격문(檄文)을 보내 현 안의 군사를 정비하여 나를 맞이하도록 하였는데, 네가 감히 명을 어긴단 말이냐?" 하였다. 이술원이 꾸짖기를 "너의 조상 문간공은 충신이었는데, 너는 조상을 배반하고 역적이 되었다. 나는 네 살을 씹어 먹지 못하는 것이 한스러우니 어찌 너를 따르랴?" 하였다. 정희량의 일당인 나숭곤(羅崇坤)이 이술원을 참수하여 군중에게 군명의 지엄함을 보일 것을 청하였다. 정희량이 말하기를 "형벌이 무겁지 않으면 명을 어기는 자에게 위엄을 보일 수 없다." 하고, 나숭곤에게 이마를 베게 하니 눈과 코가 잘리면서 곧바로 죽었다. 당시 나이는 50세였다. 현의 침류정(枕流亭)에 붉은 번개가 쳐 고을 사람들이 기이하게 여겼다.

아들 이우방(李遇芳)이 우영장(右營將)을 따라 정희량을 토벌하였고, 정희량이 잡히자 이우방은 즉시 머리를 베니 온 군이 칭찬하였다. 이술원이 이미 죽은 뒤의 일이라, 상은 어사(御史) 이종성(李宗城)을 보내 사제(賜祭)하고 정려하였으며, 사헌부 대사헌(司憲府大司憲)을 추증하고, 관찰사에게 사당을 세우도록 명하고 포충(褒忠)이라는 이름을 내렸다.

신명익(愼溟翊)의 자는 남거(南擧)이고 본관은 거창(居昌)으로, 어려서 고결한 행실을 좋아하였다.

영조 무신년에 역적 이웅보·정희량·나숭곤 등이 고을 안으로 들어와 좌수 이술원을 죽이고 신명익에게 대신하도록 하고자 하였으나, 듣지 않을까 두려워 건장한 군졸을 시켜 포박해 오도록 하였다. 신명익은 스스로 헛된 죽음은 무익하다 여겨 그들을 따르며 겉으로는 적을 위해 군대의 일을 맡아보았지만 은밀히 적을 토벌할 계략을 순찰사·절도사·토포사(討捕使) 삼영(三營)에 보고하였다.

또 별감(別監) 이만운(李萬運)을 시켜 성주 우방장(星州右防將) 이경종(李慶宗)에게 구원을 요청하도록 하고, 자신은 웅양창(熊陽倉)에 가서 군량미를 마련하고 선산(善山)의 구원병을 기다렸다. 아울러 고을의 충의지사(忠義之士)에게 알려 적을 토벌하기를 면려하였는데, 임무를 나누고 약속을 정하는 것이 아주 치밀하였다. 정희량 등은 이러한 사실을 모른 채 함양(咸陽)으로 군사를 옮겼다가 얼마 후 일이 누설되자 적이 즉시 무림역(茂林驛)으로 군사를 돌렸다.

4월 1일에 이웅보가 객관(客館)으로 들어와 대열을 정비하고 신명익을 참수하려고 하니, 사람들이 다투어 그의 죽음을 용서해 주기를 청하였다. 이웅보는 신명익이 죽으면 사람들이 반란을 일으킬까 두려워 곧 그만두고는 역사(力士)에게 매질하도록 하였다. 신명익이 꾸짖기를 "역적 놈아, 어서 나를 죽여라. 일이 성사되지 않은 것은 천명(天命)일 뿐 내 어찌 너를 따르겠느냐? 역적 놈아, 어서 나를 죽여라" 하니, 이웅보는 더욱 노하여 더 세차게 매질하였다. 신명익의 숨이 끊어질 듯하니, 적은 죽었다 여겨 곧장 내다 버렸다. 신명익은 정신이 돌아오긴 했지만 상처가 너무 심해 목숨을 부지하기는 어려웠다.

4월 3일에 경상좌도 방어사(防禦使)의 진영에서 현의 의병을 모아 고을 문밖에 이르니, 이웅보 등은 모두 패하여 사로잡혔다. 신명익은 적이 패했다는 소식을 듣고 큰소리로 말하기를 "나는 적괴(賊魁)가 죽는 것을 보게 되었으니 죽어도 여한이 없다."고 한 뒤에 마침내 죽었다. 누차 추증되어 승정원 좌승지(承政院左承旨)에 이르고 경충사(景忠祠)에 제향되었다.

　전흥도(田興道)는 출신을 알 수 없다.

　무신년 난리 때 적괴 이인좌가 밤에 청주로 들어와 절도사 이봉상(李鳳祥)·토포사 남연년(南延年)·비장 홍림(洪霖)을 죽여 시신을 늘어놓고, 그 무리 신천영(申天永)·양덕부(梁德溥) 등과 함께 절도사의 당(堂)에 다 모여 술을 마시고 떠들어 대는데 의기가 양양하였다.

　그런데 문밖에서 뵙기를 청하는 이가 있다고 보고하니, 적괴가 데리고 들어오게 하였다. 그 사람은 당에 올라와 빈주(賓主)의 예를 행할 것을 청하였고 이미 당에 올라온 뒤에는 또 점점 더 가까이 왔다. 적이 의심하고 몸을 수색하여 칼 한 자루를 찾아내고는 매질하고 무슨 짓을 하려 했는지 물었다. 그 사람이 말하기를 "나는 국가를 위해서 반역자를 제거하려 한 것이니 대체 무엇을 묻느냐?" 하였다. 적이 그 무리를 캐물었으나, 입을 닫고 말하지 않았다. 적괴가 그의 호패(號牌)[114]를 보더니 "이 자는 황해도 사람이다." 하고 곧 죽였다.

　난이 평정되어 그의 주머니를 수색하니 소장(訴狀)이 있었는데, '전흥도, 병오(丙午) 알성 무과(謁聖武科) 초시 입격(初試入格)'이라고 되어 있었다. 병조(兵曹)의 방목(榜目, 합격자 명단)을 살펴보니, 과연 '한량(閑良)[115] 전흥도. 나이 43세, 신천(信川)에 거주하며, 아버지는 유학(幼學)

114　호패(號牌) : 장방형(長方形)의 패(牌)로 앞면에는 성명과 연령, 신분과 거주지를 새기고, 뒷면에는 관(官)의 낙인(烙印)을 찍었다. 16세 이상의 남자는 신분의 고하를 막론하고 모두 호패를 차도록 하였다. 또 호패율(號牌律)을 정하여 호패를 분실한 자에게는 속전(贖錢)을 받고 재발급하였으며, 호패가 없는 자는 사형에 준하는 죄로 다스리고, 관의 낙인을 위조한 자는 참형(斬刑)으로 다스렸다.

전만흥(田萬興)이다.'라고 기록되어 있었다. 황해(黃海) 관찰영에 물어보니, 군중(郡中)에 과연 전흥도가 있으며 충청도를 유람 중인데 아직 돌아오지 않았다고 하였다. 일이 알려져 관례대로 증휼(贈恤)[116]하였다.

　무신년의 역적은 황지(潢池)의 부류[117]가 아니다. 효경(梟獍)[118]이 서로 연결되어 여러 도에서 메아리처럼 응하였던 것이다. 이때 취하고 버릴 것을 구분할 줄 알아 매서운 절개를 세운 자로는, 진신(搢紳) 중에는 충민공(忠愍公) 이봉상과 충장공(忠壯公) 남연년, 유생(儒生) 중에는 이홍무(李弘茂), 막부의 비장 중에는 홍림, 향품(鄕品) 중에는 이술원과 신명익, 무부(武夫) 중에는 전흥도 등 7명이 있을 뿐이다. 거실대족(巨室大族) 가운데 곳곳에서 반역자에게 붙었다가 주멸(誅滅)된 자도 많았다. 죽음을 맞이한 시간의 차이는 얼마 되지 않지만 영욕(榮辱)은 이와 같으니 또한 슬프지 않은가?

---

115 한량(閑良) : 무반 출신으로 무과(武科)에 아직 급제하지 못한 사람을 가리킨다.
116 증휼(贈恤) : 죽은 관원에게 장사나 제사지낼 비용을 내리는 것을 말한다.
117 황지(潢池)의 부류 : 생활고에 시달리고 수령의 압박을 견디다 못해 일으킨 농민의 반란을 말한다. 황지는 물이 고여 만들어진 작은 못을 가리키는데, 한나라 공수(龔遂)가 선제(宣帝)의 하문을 받고는 "이번의 반란은 기한(飢寒)에 시달리는 백성들을 관리들이 제대로 돌보지 않자, 폐하의 어린아이들이 폐하의 무기를 슬쩍 훔쳐서 황지 가운데에서 한번 장난을 쳐 본 것일 따름입니다.(其民困于飢寒而吏不恤, 故使陛下赤子 盜弄陛下之兵于 潢池中耳.)"고 답변했던 고사가 있다. 『한서』 권89, 「공수전(龔遂傳)」 참조.
118 효경(梟獍) : 효는 어미를 잡아먹는 새이며, 경은 아비를 잡아먹는 짐승으로 즉 흉악해서 윤기(倫紀)를 모르는 사람을 비유하는 말이다.

『연경재전집(研經齋全集)』 권57

『초사담헌(草榭談獻)』 4

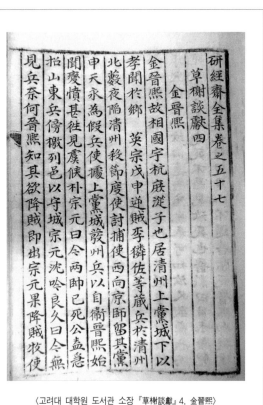

〈고려대 대학원 도서관 소장 『草榭談獻』 4, 金晉熙〉

김진희(金晉熙)

김진희(金晉熙)는 고(故) 우의정 김우항(金宇杭)[1]의 서종자(庶從子)로, 청주의 상당성(上黨城) 아래 거주하였으며 효자로 향리에 알려졌다.

영조 무신년(1728)에 역적 이인좌 등이 청주 북쪽 숲속에 군사를 숨겨 두었다가 밤에 청주를 함락시키고 절도사와 토포사를 죽였다. 서쪽으로 서울로 향하면서 일당 신천영(申天永)을 잔류시켜 가병사(假兵使)로 삼으니, 신천영은 상당성을 거점으로 하고 주병(州兵)을 동원해 자신을 호위하였다.

김진희는 처음에 변고를 듣고 몹시 분개하여 우후(虞候) 박종원(朴宗元)을 찾아가서 만나 "지금 두 장수가 이미 죽었는데 공은 어찌하여 산동쪽의 군사를 서둘러 부르고 인근 고을에 두루 격문을 보내 성을 지키지 않으십니까?" 하였다. 박종원은 한참 동안 고심하더니 "지금 거느릴 군사가 없는데 어쩌란 말인가?" 하였다. 김진희는 그가 적에게 항복하려는 것을 알고 즉시 밖으로 나왔는데, 박종원은 과연 적에게 항복하였다. 목사(牧使) 박당(朴鐺)이 성을 버리고 달아나니 적들은 의기양양하게 서울이 이미 함락되었다고 말하여 인심이 더욱 흉흉해졌다. 인근 고을은 대부분 관망만 하고 있었으며, 심지어 흉격(凶檄)[2]을 전하고 군량미를 마련하여 적을 맞이하기 위해 기다리는 곳도 있었다.

---

1 김우항(金宇杭) : 1649~1723. 자는 제중(濟仲), 호는 갑봉(甲峰)·좌은(坐隱), 본관은 김해(金海)이다. 1681년(숙종7) 식년 문과에 급제해 병조 판서·이조 판서·우의정 등을 역임하였다. 1722년(경종2) 신임사화로 노론 사대신이 화를 입자 부당함을 적극 주장했으며, 김일경(金一鏡)의 사친추존론(私親追尊論)을 반대하다가 화를 입었다. 저서로 『갑봉집(甲峰集)』이 있으며, 시호는 충정(忠靖)이다.
2 흉격(凶檄) : 역적의 격문(檄文)을 말한다.

김진희는 상당성 길을 따라 가다가 알고 지내던 군교(軍校)가 적에게 투항하려는 것을 보고 역리(逆理)와 순리(順理)를 말하며 설득하니, 군교가 감동하고 깨우쳐 말하기를 "공께서 다행히 말씀해 주셨군요. 제가 국가에 큰 죄를 지을 뻔 했습니다." 하며, 멈추고 가지 않았다. 김진희는 곧 술과 음식을 장만하여 자신의 친척과 마을 사람들을 불러 섞어 앉게 하고 말하기를 "누가 나를 따라서 성 안의 적을 죽이겠는가?" 하니, 사람들이 의리에 감동하여 모두 "공을 따르겠습니다." 하였다.

이에 앞서 김진희는 주교(州校) 이진우(李震遇)·조중렴(趙重廉)과 군사를 모으기로 약속했는데, 이진우가 과연 무리를 데리고 왔다. 김진희의 모친은 나이가 80세로 아들의 손을 잡고 울면서 "내가 작년에 둘째 아들을 곡하였고, 지금 네 큰 형이 멀리 가서 생사를 알 수 없는데 네가 또 나를 버리고 적에게 죽으려 하는 것이냐? 내가 차라리 먼저 죽지 차마 네가 죽는 것을 보지 못하겠다." 하였다. 김진희가 말하기를 "정오가 되기 전에 제가 돌아올 것이니, 어머니는 걱정하지 마세요." 하니, 어머니가 "날이 저물어도 돌아오지 않으면 나는 죽을 것이다." 하였다.

김진희가 곧 창을 뽑아 달려가니 따르는 자가 70여 명이었다. 곧장 산성의 수문(水門) 밖에 도착하니, 산성 위의 사람들이 활을 쏘려고 하였다. 김진희가 꾸짖기를 "너희들은 왜 나를 쏘려고 하는 것이냐? 서둘러 너희들의 장수를 불러 오라. 내가 말할 것이다." 하였다. 마침 적장이 오니 김진희가 예전에 알던 사람이었다. 김진희가 불러서 말하기를 "지금 왕의 군대가 적을 다 죽이고 내일이면 여기에 도착해서 너희들을 모조리 죽일 텐데 너희들은 듣지 못했느냐? 너희들은 이제 다 죽어 한 놈도 살아남지 못할 것이다." 하였다. 적장이 몹시 두려워하며 "장차 어찌하면 되겠습니까?" 하니, 김진희가 말하기를 "일단 성문을 열어라. 너희들은 모두 협박에 못 이겨 따른 것인데 어찌 죽이겠는가?" 하였다. 적장도 그렇게 생각하고 성 위의 사람들을 두루 설득하여 서문(西門)을 열고 맞이하였다. 김진희는 의병들을 거느리고 들어간 뒤 곧바로 성문을 닫았다. 의병들이 놀라서 말하기를 "문을 닫으면 일이 성사되지 않을 것인데, 장차 어찌하려 하십니까?" 하였다. 김진희가 말하기를 "성이 닫혀 있지 않으면 군사들은 필시 이 문을 통해 달아날 것이다. 내가 성문을 닫은 것은 아군(我軍)의 마음을 견고하게 하고 또 적이 달아나지 못하도록 하려는 것이다." 하니, 의병들이 전부 좋다고 하였다.

김진희는 그 길로 적이 거처하고 있는 문밖으로 가서 몰래 포수(砲手)를 영솔하는 자를 만나 귓속말을 하자, 그가 신천영에게 들어가 "군사들이 이슬을 맞고 지낸 지 오래되어 총심(銃心)에 문제가 있을 듯하니, 한 번 쏘아보겠습니다." 하였고, 신천영은 술에 취해 그러라고 하였다. 김진희가 무리들을 불러 신천영의 관사를 포위한 뒤 포를 한 차례 발사하도록 하니, 의병들이 즉시 문을 부수고 들어갔다. 신천영이 당황하여 쌍검(雙釼)을 찾아들고 달아나니, 김진희가 추격하여 죽였다.

또 한 적군과 격투를 벌였는데 적이 용감하고 사나워 머리를 맞아 왼쪽 귀가 떨어졌는데도 오히려 칼을 뽑아 앞으로 다가오니 형세가 매우 위급하였다. 김진희가 다급하게 "너는 적군 같지 않은데 혹시 관군(官軍)이더냐? 내가 실로 오해하여 다치게 했으니, 너는 나를 원망하지 말라." 하니, 적군이 알겠다고 하였다. 김진희는 곧 옷의 앞섶을 칼로 베어 그에게 주면서 "이것으로 피를 닦아라." 하였다. 적군이 받아서 막 귀를 닦으려는데, 김진희가 창을 들어 목을 쳤고 적군이 거꾸러지자 곧바로 베어버렸다. 이에 성안이 평정되었는데 아직 정오가 되지 않았다. 김진희는 모든 군사를 적절하게 배치한 뒤 각자 나뉘어 성문을 지키도록 하고, 병사(兵使)와 영장(營將), 우후(虞候)의 인장과 적의 문서를 수합하여 조정에 보고하려 하였다.

당시 김진희의 모친은 아들이 반드시 죽었으리라고 생각하여 눈물을 흘리며 자결하려 하였다. 서서 말하는 잠깐 사이에 사람이 서너 차례 이르니, 김진희의 마음이 더욱 다급해졌다. 때마침 고향 사람 박민웅(朴敏雄)이 고을 성에서 몇 명의 적을 베어 왔다. 김진희는 기뻐서 "내가 흉적(兇賊)을 없앤 것은 공을 바라서가 아니네. 나는 떠나올 때 노모와 해가 지기 전에 돌아가기로 약속했으니, 지금 돌아가지 않으면 노모가 위태로울 것이네. 그대가 이미 의병을 일으켜 왔으니 그대의 공으로 삼아주게." 하였다. 박민웅은 불가하다며 굳게 사양하다가 마침내 직접 서계를 작성해 올렸다. 이에 김진희는 박민웅과 함께 포박한 적들을 끌어내 참수하고 창고 안의 쌀을 꺼내 군사들을 먹인 뒤 돌아가 자신의 노고를 말하지 않았다. 그래서 사람들도 이 사실을 아는 자가 적었다.

소무사(召撫使) 유숭(兪崇)이 상황을 듣고는 김진희의 이름으로 서계를 바꾸어 올리려고 했으나 이루지 못하였다. 호중(湖中, 충청도)의 유생 2백 여 명도 심리사(審理使)[3]에게 글을 올려 억울함을 호소하니, 심리사가 비록 의리에 감탄했지만 또한 보고하지는 못하였다. 이후 김진희는 수직(壽職)으로 품계가 올라 지중추부사(知中樞府事)에 이르러 죽었다. 정조 무신년(1788)에 난리 중의 빠진 사적을 찾으니, 김진희의 명성이 환하게 밝혀져 특별히 숭록대부판중추부사 겸 판의금부사오위도총부도 총관(崇祿大夫判中樞府事兼判義禁府事五衛都摠府都摠管)을 추증하였다.

이인좌는 안성과 죽산 전투에서 패하자 종이로 만든 일산을 들고 흰 나귀를 타고 양지산(陽智山) 절로 들어가 스스로 외치기를 "대원수(大元帥)가 왔다." 하였다. 절의 중이 흘겨보며 "대원수가 어떤 물건인고? 너

---

3 심리사(審理使) : 옥수(獄囚)의 죄안(罪案)을 특지(特旨)로써 재심(再審)하는 임시 벼슬이다.

는 필시 안성과 죽산에서 온 적괴일 것이다." 하고, 중들을 불러서 석조(石槽)[4]에 포박하게 하였다. 절의 인근 마을에 사는 신씨(申氏) 성을 가진 사람이 소식을 듣고 나막신을 끌고 와서는 팔기를 요구하며 "이것은 기화(奇貨)[5]요. 스님이 팔지 않으면 내 마땅히 빼앗을 것이오." 하며 서로 한참 동안 값을 매겼는데, 이인좌는 마치 소와 말처럼 귀를 늘어뜨리고 들었다.[6]

김진희가 국가가 위급할 때 먼저 분발하여 적괴를 벤 것은 의리이며, 차마 자신의 영예로움을 위해 모친의 뜻을 다치게 할 수 없어 공을 버리고 곧바로 떠난 것은 효이며, 떠난 뒤에 입을 다물고 말하지 않은 것은 겸양이다. 가령 김진희를 의기양양하여 공 없이도 이익을 차지하는 자와 나란히 둔다면 그는 부끄러워하였을 것이다. 내가 음성(陰城) 현감으로 있을 때 들으니, 그의 외가 후손이 현에 있는데 키가 8척이 넘고 수염이 빛나며 성격은 꼿꼿하며 곧다고 한다.

김진희는 이미 작은 고을에 깊숙이 숨어 사적이 인몰되고 침잠하였다. 정조께서 일찍이 높은 벼슬을 더해 주셨는데 사람들은 오히려 알지 못하는 자가 있고, 아는 자들도 숨기며 분명하게 말하지 않는 것은 『감

---

4 석조(石槽) : 큰 돌을 파서 물을 부어 쓰도록 만든 석기로, 절에서 잔치를 한 뒤 그릇 따위를 닦을 때 사용한다.
5 기화(奇貨) : 진귀한 보배라는 말로 훗날 큰 이익을 안겨줄 것이라는 말이다. 여불위(呂不韋)가 진(秦)나라의 왕손 가운데 한 사람인 자초(子楚)를 보고 "이 사람은 기화이니 사둘 만하다.(此奇貨可居.)" 하고, 자금을 투자하여 마침내 세자로 만들어 왕위를 잇게 하였다. 이 사람이 진나라의 장양왕(莊襄王)이며 그 아들이 바로 진시황(秦始皇)이다. 『사기』 권85, 「여불위열전(呂不韋列傳)」 참조.
6 김진희에 대한 이야기는 김원행(金元行)의 『미호집(渼湖集)』 권14, 「기김군진희토적본말(記金君晉熙討賊本末)」에도 자세하게 기록되어 있어 참고할 만하다.

란록(戡亂錄)』[7]에 실려 있는 박민웅 때문이다. 사람들이 직접 보고 들은 사적도 이처럼 모호한데, 하물며 천년이 흐른 뒤에야 말할 것이 있겠는가.

---

7 『감란록(戡亂錄)』: 영조 때 좌의정을 지낸 송인명(宋寅明, 1689~1746)이 편찬한 6권 4책으로 구성된 책이다. 영조의 명으로 붕당(朋黨)의 폐해를 경계하기 위하여 박사수(朴師洙)와 함께 신임사화의 전말을 기록한 것이다.

2 이수절(李秀節) / 장숙(張翿)

이수절(李秀節)은 본관이 한산(韓山)으로 고(故) 판서 이수언(李秀彦)의 일족이다. 진사시에 합격하였고 술수(術數)에 정밀하였으며, 충헌(忠獻) 김상국(金相國)[8]의 문하에 출입하였다.

경종(景宗) 신축년(1721)에 옥사가 크게 일어나 충헌 등 여러 공이 큰 화를 입고 빈객(賓客)이 많이 죽었다. 이수절은 충헌공의 일족인 김영행 (金令行) 등 19명과 함께 귀양을 갔다가[9] 사면되어 돌아오는 길에 김영행 이 거주하던 청풍계(靑楓溪)를 지나면서 모(某)해에는 일번인(一番人)[10] 이 다시 진출하고 모해에는 화를 입은 대신들이 복관(復官)될 것이라고 차례로 말하였는데, 그 말이 하나하나 모두 징험되었다. 이수절은 술수

---

8 충헌(忠獻) 김상국(金相國) : 김창집(金昌集, 1648~1722)을 가리킨다. 자는 여성(汝成), 호는 몽와(夢窩), 본관은 안동이다. 좌의정 상헌(尙憲)의 증손으로, 아버지는 영의정 수항 이며, 창협·창흡의 형이다. 이른바 노론 4대신으로 불린다. 1684년(숙종10) 정시 문과에 급제하여 우의정·좌의정을 거쳐 영의정을 역임하였다. 1721년 경종이 즉위해 병약하고 자녀가 없자, 연잉군(延礽君)을 왕세자로 세우고 다시 왕세제의 대리청정을 상소했으나 소론의 반대로 실패하였다. 이 후 소론의 김일경·목호룡(睦虎龍) 등이 노론의 반역 도모 를 무고해 신임사화가 일어나자 사사되었다. 영조 즉위 후 관작이 복구되었으며, 저서로 『몽와집(夢窩集)』 등이 있다. 충헌은 그의 시호이다.

9 이수절은 …… 갔다가 : 1722년(경종2) 왕위 계승 문제를 놓고 노론과 소론 사이에 임인 옥사(壬寅獄事)가 일어났으며, 그 전 해 노론 4대신 김창집·이건명(李健命)·이이명(李 頤命)·조태채(趙泰采)가 축출된 신축(辛丑獄事)와 더불어 신임옥사(辛壬獄舍)라고 불 리운다. 이 사화를 계기로 노론이 축출되고 소론이 정권을 잡았다. 김영행의 자는 자유 (子裕), 호는 필운옹(弼雲翁), 본관은 안동이다. 당시 현감으로 있었는데 김창집의 일당 으로 몰려 파직되고 기장현(機張縣)으로 유배되었다가 1725년 영조가 즉위하자 사면되 었다.

10 일번인(一番人) : 당파나 이념을 달리하는 쪽의 사람을 구체적으로 지칭하지 않고자 할 때 쓰는 말이다.

때문에 화를 당해 거의 죽을 뻔 했는데, 영조 대왕이 세자 시절부터 이수절을 알았기 때문에 살려 주었다. 그의 손자가 더러운 옥사에 걸려들었을 때도 영조 대왕이 특별히 사면해 주었다.[11]

장숙(張翻)의 자는 대붕(大鵬)으로 의주(義州)에 거주하였고 평소 천문(天文)에 밝았다.

한덕필(韓德弼)이 부윤(府尹)으로 있을 때 마침 중국으로 떠난 절사(節使)가 기일이 지나도록 돌아오지 않자 장숙을 불러서 물어 보았다. 장숙이 말하기를 "왕량성(王良星)[12]이 움직였으니 황제가 필시 멀리 출타하였을 겁니다. 절사가 황제의 귀환을 기다렸다가 출발하느라 늦는 것입니다." 하였다. 절사가 도착하여 물어보니 과연 그러하였다.

장숙이 한번은 절사를 따라 북경에 갔는데 마부들과 섞여 있었다. 장숙을 알아본 자가 있어 손을 잡고 오게 된 이유를 물었으니, 그 또한 이인(異人)이었다.

선군자(先君子, 성대중)가 일찍이 운산 군수(雲山郡守) 시절에 홍화보(洪和輔)[13]의 유배지에서 장숙을 만났는데, 조용히 말하기를 "적성(賊星)

---

11 이수절에 관한 이야기는 성대중(成大中)의 『청성잡기(靑城雜記)』에 자세하게 기록되어 있어 참고할 만하다.

12 왕량성(王良星) : 북방 현무(北方玄武) 7수(宿) 중 실수(室宿)에 속하는 별로 천자의 시종신(侍從臣)을 상징하는데, 이것이 움직이면 병란이 일어나 천자가 멀리 출타한다고 한다. 『사기』 권27, 「천관서(天官書)」 참조.

13 홍화보(洪和輔) : 1726~1791. 자는 경협(景協), 본관은 풍산(豊山)이다. 아버지는 동지돈녕부사 홍중후(洪重厚)이며, 다산(茶山) 정약용(丁若鏞)의 장인이다. 관직으로 승지 · 함경북도 병마절도사 · 황해도 병마절도사 등을 역임하였다. 1776년(정조1) 전라 좌수사 시절 환곡을 발매하여 이익을 취하고 금송(禁松)을 함부로 베어 배를 만들었다는 죄목으로 운산군(雲山郡)에 유배되었다. 이때 성대중은 장숙을 만난 것으로 보인다.

이 자미원(紫微垣)에 들어왔으니[14] 머지않아 정유년(丁酉年) 가을에 옥사가 있을 것입니다.[15]" 하였다. 만년에 영변(寧邊)의 검산(釰山)에 은둔해 벽곡(辟穀)과 도인(導引)[16]을 일삼다 끝내 뜻밖의 재앙을 만나 죽었다.

술수는 본래 군자가 말하지 않는 것이다. 그러나 리(理)가 있으면 반드시 수(數)가 있으니, 성상(星象, 천문)과 복서(卜筮, 점치기)로부터 육임(六壬)[17]과 기문(奇門)[18]의 법이 모두 수에서 나온다. 진실로 이를 미루어 정밀히 하고 연구하여 규명한다면 앞날을 알 수 있으니, 이순풍(李淳風)[19]이나 진희이(陳希夷)[20]와 같은 부류가 바로 손꼽히는 사람이다. 저

---

14 적성(賊星)이 자미원(紫微垣)에 들어왔으니 : 적성은 혜성(彗星)이며, 자미원은 천문학에서 나눈 3원(垣)·28수(宿) 가운데 하나로 천제(天帝)가 거처하는 곳을 말한다. 여기서는 적성이 자미원에 쳐들어왔으니 전쟁이나 반란이 일어나는 것을 의미한다.

15 정유년(丁酉年) …… 것입니다 : 정유년인 1777년(정조1) 7월 28일에 있었던 역모 사건을 말한다. 당시 아버지 홍지해(洪趾海)를 귀양 보낸 정조에게 불만을 가진 홍상범(洪相範) 등이 주축이 되어 사도 세자의 서자인 은전군(恩全君) 이찬(李禶)을 추대하려고 역모를 일으켰다. 정조 암살을 주도한 홍상범은 책형(磔刑)을 당했으며 연루된 인물은 모두 사형되었다.

16 벽곡(辟穀)과 도인(導引) : 벽곡은 화식(火食)을 하지 않고 생식을 하는 것이며, 도인은 몸과 수족을 굴신(屈伸)하면서 신선한 공기를 마시는 것으로 둘 다 도가의 양생법이다.

17 육임(六壬) : 음양오행(陰陽五行)의 진행을 이용하여 길흉을 점치는 점법(占法)의 하나로, 태을(太乙)·둔갑(遁甲)과 아울러 삼식(三式)이라 칭한다.

18 기문(奇門) : 술수의 일종으로, 천간(天干) 가운데 을(乙)·병(丙)·정(丁)이 삼기(三奇)이고, 생(生)·경(景)·개(開)·사(死)·휴(休)·두(杜)·상(傷)·경(驚)이 팔문(八門)인데, 삼기와 팔문을 합하여 기문이라 한다.

19 이순풍(李淳風) : 당(唐)나라의 풍수가(風水家)로 여러 서책을 두루 섭렵하여 몹시 박학하였다. 특히 천문과 역산(曆算) 및 음양의 학문에 정통하여 혼천의(渾天儀)와 황도의(黃道儀) 등을 만들었다. 저서로 『법상서(法象書)』·『전장문물지(典章文物志)』·『기사지(己巳志)』가 있다. 『구당서(舊唐書)』 권79, 「이순풍열전(李淳風列傳)」 참조.

20 진희이(陳希夷) : 사호(賜號)가 희이선생(希夷先生)인 송(宋)나라 진단(陳摶)을 가리킨다. 자는 도남(圖南), 자호는 부요자(扶搖子)이다. 후당(後唐) 때 과거에 응시했으나 낙방하고

들은 모두 자신의 도를 행하되 함부로 말하여 누설하지 않았기 때문에
화란(禍亂)을 면할 수 있었다. 진실로 덕이 없는데 술수를 행한다면 다
만 자신을 해칠게 될 뿐이다.

무당산(武當山)에 은거하였으며, 그 후 화산(華山)으로 옮겼다. 『주역』에 정통하여 사람의
뜻을 미리 알았고 생사를 예견했다고 한다. 저서로 『지현편(指玄篇)』이 있다. 『송사(宋史)』
457, 「은일전(隱逸傳) 상(上)」 참조.

3

김성기(金聖基) / 김명국(金鳴國)

김성기(金聖基)는 금사(琴師)이다. 처음에는 상방(尚方, 상의원(尚衣院))의 궁인(弓人)이었는데 음률(音律)을 좋아하여 활을 버리고 거문고를 배웠다. 또 퉁소와 비파를 잘 알아 스스로 신성(新聲)을 만드니 도성의 많은 재인(才人)들이 다 그를 종장으로 여겼다. 그러나 집이 매우 가난하여 처자식이 굶주리고 추위에 떠는데도 돌보지 않았다. 늘그막에는 서호(西湖)에 집을 빌려 살았으며 작은 배를 사서 낚시질하여 자급하고 자호(自號)를 조은(釣隱)이라 하였다. 매양 고요한 밤에 달이 밝으면 중류(中流)에 배를 띄우고 퉁소 몇 곡을 부니, 물새가 모두 놀라 일어났다.

궁노(宮奴) 목호룡(睦虎龍)[21]이 고변하여 큰 옥사가 일어나 마침내 김충헌공 등 사대신(四大臣)을 죽이고 공신이 되어 동성군(東城君)에 봉해지니 기염(氣焰)이 사람을 찌는 듯했다. 일찍이 그 무리들을 크게 모아놓고 준마(駿馬)와 도종(徒從)[22]을 갖춰 김성기에게 거문고 연주를 청하였다. 김성기는 병이 있다 사양하고 가지 않았으며, 그에게 청한 이가 몇 명이나 되어도 끝내 가지 않았다. 목호룡이 노하여 말하기를 "김성기가 오지 않는다면 내가 그를 욕보일 것이다." 하였다. 김성기는 마침 손님과 비파를 연주하고 있었는데, 그 소리를 듣고는 몹시 노하여 목호룡

---

21 목호룡(睦虎龍) : 1684~1724. 본관은 사천(泗川)이다. 종실인 청릉군(靑陵君)의 가동(家僮)으로 있으면서 풍수술(風水術)을 배워 지사(地師)가 되었다. 1721년(경종1) 김일경 등의 소(疏)로 김창집 등 노론 4대신이 실각하여 유배되고 소론 정권이 들어서자, 다음 해 소론편에 가담하여 경종을 시해하려는 모의가 있다고 고변하였다. 이로 인하여 60여 명이 처벌되고 노론 4대신이 사형되는 신임사화가 있었다. 그는 고변의 공으로 동성군(東城君)에 봉해지고 동지중추부사에 올랐다. 그 뒤 영조가 즉위하면서 신임사화는 무고로 일어난 것임이 밝혀지자 김일경과 함께 붙잡혀 옥중에서 급사하였다.
22 도종(徒從) : 도보(徒步)로 따르는 사람을 말한다.

의 말을 전하러 온 자 앞에 비파를 던지고 꾸짖기를 "너는 곧장 돌아가 호룡에게 이렇게 말하라. 내 나이 일흔이니 어찌 너를 두려워하랴? 너는 고변을 잘하니 어찌 나를 고변하여 죽이지 않느냐?" 하였다. 목호룡이 그 말을 듣고 아연실색하여 모임을 파하였다. 이때부터 김성기는 사람들에게 가서 음악을 연주하는 일이 드물었고, 호사자(好事者)가 방문하면 통소를 불어 기뻐하였다. 김성기는 말이 적고 음주를 하지 않았으며 강가에서 곤궁하게 살다 죽었다.

김명국(金鳴國)은 화사(畫師)로 자호는 연담(蓮潭)이다. 그의 그림은 마음에서 터득하여 옛 법에 얽매이지 않았다.

인조 때 황초(黃綃) 소첩(梳貼, 빗접)을 내리고 김명국에게 그림을 그리도록 하니, 김명국이 열흘 뒤에 올렸는데 원래 그대로 그림이 그려져 있지 않았다. 인조가 노하여 죄를 다스리고자 하니, 김명국이 대답하기를 "신은 진실로 그렸으니 다른 날에 아시게 될 것입니다." 하였다. 그 뒤 공주가 아침 일찍 머리를 빗다가 이 두 마리가 머리카락 끝에 붙어 있어 손톱으로 긁어내도 죽지 않아 자세히 보니 그림이었다.

김명국은 사람됨이 소탈하고 호방하며 우스갯소리를 잘하고 술을 좋아하여 한 번에 몇 말을 마실 수 있었다. 술에 취해 그림을 그리면 바야흐로 신의 경지였다. 영남의 중이 큰 비단을 가지고 와 명사도(冥司圖)[23]를 부탁하며 세포(細布) 수십 필을 예물로 바쳤다. 김명국은 매우 기뻐하며 세포를 집안사람에게 주면서 "이것을 술집에 주어 내가 몇 달 동안 실컷 술을 마시기에 충분토록 하여라." 하였다. 얼마 후 중이 와서 명사

---

23 명사도(冥司圖) : 지옥을 그린 그림을 말한다. 명사(冥司)는 저승인데 여기서는 지옥의 의미로 쓰였다.

도를 찾으니, 김명국이 "너는 일단 가서 내가 주흥(酒興)이 일어날 때를 기다리라." 하였다. 서너 번을 이와 같이 하며 술을 실컷 마셔 취하자 비단을 앞에 두고 한참 동안 바라보더니 곧 붓을 휘둘러 잠깐 만에 완성해 내었다. 그림 속의 전우(殿宇, 불당)는 몹시 음산했고 귀신들은 마치 움직일 듯 빽빽하게 늘어서 있었으며, 머리채를 잡혀 앞으로 나온 자, 끌려와 형벌을 받는 자, 몸이 꺾여 태워진 자, 방아에 찧어 갈린 자는 모두 화상(和尙)과 비구(比丘)였다.

중이 보고 경악하였으나, 김명국은 두 다리를 뻗고 앉아 웃으며 "너희들은 혹세무민(惑世誣民)을 일삼으니, 지옥에 갈 자들은 너희들이 아니면 누가 들어가겠느냐?" 하였다. 중이 이마를 찡그리며 "공은 어찌 우리의 대사(大事)를 그르친단 말이오? 내가 드린 세포를 돌려주시오. 다른 사람을 찾아야겠소." 하였다. 김명국이 웃으며 "네가 술을 더 사오면 내가 너를 위해 고쳐주겠다." 하니, 중이 곧장 술을 사 왔다. 김명국은 술을 마시고 취하자 곧 붓을 들더니 머리 깎은 자에게 다 머리털을 그리고는 붓을 던지고 크게 웃으며 "이것은 네 마음에 드느냐?" 하였다. 중이 탄식하기를 "공은 참으로 천하의 신필(神筆)이십니다." 하며 절하고 갔다.

뛰어난 재주를 가진 자는 본성과 기질이 반드시 남과 다르니, 말을 몰듯 다그치고 속박한다고 해서 그의 마음을 얻을 수 있는 것은 아니다. 김성기와 같은 이는 강가에 은거하여 본래 강직함으로 이름났으니 어찌 목호룡이 굴복시킬 수 있었겠는가? 세상의 사대부는 간혹 거취를 정하지 못해 오욕(汚辱)을 취하기도 하는데 김성기를 보면 부끄러움을 알 것이다. 김명국의 그림 또한 방달(放達)하고 뛰어났으니 녹록(碌碌)한 보통 사람이 아니다.

4

이태명(李台明) / 승려 치웅(致雄)

이태명(李台明)의 자는 여삼(汝三)이고 호는 반치(半癡)로, 종성(宗姓)이다.

　집은 서흥(瑞興)에 있고 대대로 농사를 업으로 삼았다. 유독 이태명이 시를 배워 절구(絶句)에 뛰어났으니, 사천(槎川) 이병연(李秉淵)[24] 공은 자신이 따라가지 못한다고 생각하였다. 어려서부터 기개를 자부하여 기절(奇節)이 많았고 어질고 호걸스러운 사람을 택하여 종유하였다. 매양 사람이 많이 모인 자리에 가면 슬프게 노래하며 강개해 하다가 이윽고 크게 웃었다.

　사천은 일찍이 설산도(雪山圖)를 얻어 병풍을 만들고 그 위에 시를 쓰고자 하였다. 고심했으나 시가 아름답지 않아 곧 이태명에게 부탁하니, 이태명이 승낙하였다. 큰 바람이 불고 눈이 내려 몹시 추운 어느 날 밤, 사천은 이불을 덮고 홀로 잠들었다. 사경(四更)에 이르러 홀연 문 두드리는 소리가 들려 급히 묻기를 "자네 반치 아닌가?" 하니, 대답하기를 "그렇소. 어서 문을 열고 등불을 켜시오. 마침 아름다운 시구를 얻었으니 공을 위해 설산도에 붙일 생각이오." 하였다. 사천이 즉시 일어나 맞이하니, 곧장 병풍 아래로 가서 재빨리 쓰고는 떠나버렸다. 그 시는 이러하다.

---

[24] 사천(槎川) 이병연(李秉淵) : 1671~1751. 자는 일원(一源), 본관은 한산(韓山)이며, 사천은 그의 호이다. 김창흡의 문인이며, 벼슬은 음보(蔭補)로 부사(府使)에 이르렀다. 시에 뛰어나 영조 시대 최고의 시인으로 일컬어졌다. 문인 김익겸(金益謙)이 그의 시초(詩抄) 한 권을 가지고 중국에 갔을 때 강남(江南)의 문사들이 "명나라 이후의 시는 이 시에 비교가 안 된다."라고 그의 시를 극찬하였다고 한다. 일생 동안 10,300여 수에 달하는 많은 시를 썼다고 하나 현재 시집에 전하는 것은 500여 수 뿐이다. 저서로『사천시초(槎川詩抄)』2책이 전한다.

사립문에 달 지니 새벽 등불 가물거리고,　　柴門月落曉燈頹
찬 기운 음산하게 대문 매화를 에워쌌네.　　寒氣陰森繞閤梅
병든 이 몸 아마도 꿈이런가,　　　　　　病裡此身疑是夢
천 겹 눈 덮인 산이 홀연 날아오네.　　　　雪山千疊忽飛來

사천이 몹시 기이하게 여겼다. 이태명은 시를 지으며 오랫동안 서울에서 노닐다가 늙어서는 서흥으로 돌아가 죽었다.

승려 치웅(致雄)의 호는 몽월(夢月)로 금강산(金剛山)에 살았다. 삼연(三淵) 김창흡(金昌翕)[25] 선생과 마음이 맞아 백화암(白華菴)에 같이 거주하며 『장자(莊子)』를 읽었다. 도제(徒弟) 상훈(霜勳) 역시 시를 잘하였는데, 삼연이 준 시에 이런 구절이 있다.

몽월이 입적(入寂)한 후,　　　　　　　夢月淪光後
스님을 만나니 눈물이 수건을 적시네.　　逢師涕滿巾

또 금강산을 읊어 그의 시축(詩軸)에 이렇게 썼다.

---

25 삼연(三淵) 김창흡(金昌翕) : 1653~1722. 자는 자익(子益), 본관은 안동이며, 삼연은 그의 호이다. 좌의정 상헌(尙憲)의 증손자이고, 아버지는 영의정 수항이다. 형은 영의정을 지낸 창집과 예조판서 등을 지낸 창협이다. 과거에 관심이 없었으나 아버지의 명으로 응시하여 1673년(현종14) 진사시에 합격한 뒤 과장에 발을 끊었다. 백악(白岳) 기슭에 낙송루(洛誦樓)를 짓고 글을 읽으며 산수를 즐겼다. 1689년 기사환국으로 아버지가 진도에서 사사되자 영평(永平)에 은거하였고, 신임사화로 절도에 유배된 형 창집이 사사되자 지병이 악화되어 죽었다. 이조 판서에 추증되었고 저서로 『삼연집(三淵集)』 등이 있다. 시호는 문강(文康)이다.

기이한 봉우리 다 경옥(瓊玉)이요, 峰奇盡瓊玉
아름드리 고목은 모두 풍남(楓楠)일세. 木老皆楓楠

이사천도 시를 주었으니 "우거진 나무 가을바람 소슬한데 나 홀로 서
있네.〔萬木秋風獨立時.〕"라는 구절이 있다. 상훈은 늘그막에 운악산(雲岳
山)에 기거하였는데 이 시첩을 안고 우리 집에 놀러 왔었다. 나는 어렸
을 때 그것을 본 적이 있다.

한양의 북쪽 백악산(白嶽山) 아래에는 원래 시인이 많았으니, 대개 삼
연과 사천의 풍모였다. 이를테면 유하(柳下) 홍세태(洪世泰) 같은 이는
여항인인데 시로 세상에 명성을 떨쳤다. 당시 공경 현대부(公卿賢大夫)
들이 모두 몸을 낮춰 예우했기 때문에 명사(名士)와 시승(詩僧)이 백악
아래로 귀의하는 이가 많았다. 지금도 '악하체(嶽下體)'라고 말하니 또한
한 시대의 성대한 일이었다.

홍세태(洪世泰)의 자는 도장(道長)이고 본관은 당성(唐城)이다.

본래 노비 출신인데 시 짓기를 좋아하여 당나라 시인의 의경(意境)을 잘 배웠다. 청성(淸城) 김석주(金錫胄)[26] 공은 그를 고잠(高岑)[27]의 부류라고 하였다. 홍세태의 주인이 홍세태가 명을 따르지 않는 것을 노여워하여 죽이려고 하자, 청성이 백금 백 냥을 내고 동평군(東平君) 이항(李杭)[28]도 똑같이 내어 속량(贖良)시켜 주었다. 이에 홍세태는 마음대로 유학(遊學)하여 김농암(金農巖, 김창협)·삼연(三淵, 김창흡) 두 선생과 교유하게 되었다. 두 선생이 기뻐하며 그를 널리 칭찬하니 이로 말미암아 시명(詩名)이 더욱 성대해졌다. 혹자는 말하기를 "홍세태의 시는 석주(石洲) 권필(權韠)의 위요, 손곡(蓀谷) 이달(李達)의 아래에 있어야 마땅하다." 하였으나, 홍세태는 마음속으로 오히려 만족하지 않았다.

---

26 청성(淸城) 김석주(金錫胄) : 1634~1684. 자는 사백(斯百), 호는 식암(息庵), 본관은 청풍(淸風)이다. 1662년(현종3) 증광 문과에 장원급제하여 도승지·이조 판서·우의정 등을 역임하였다. 1680년(숙종6) 왕이 쓰는 장막을 사사로이 사용한 사건을 빌미로 남인 허적 등을 축출하고 서인이 집권한 경신환국을 주도하였으며, 이어 허적의 아들 허견(許堅)이 모역한다고 고변하여 남인 세력을 완전히 몰아냈다. 그 공으로 청성부원군(淸城府院君)에 봉해졌다. 저서로『식암집(息庵集)』등이 있으며, 시호는 문충(文忠)이다.

27 고잠(高岑) : 성당(盛唐) 시대 시인이었던 고적(高適)과 잠삼(岑參)을 아울러 일컫는 말이다. 고적은 기절을 중시하였고 변새(邊塞)의 이정(離情)을 읊은 시가 뛰어나며, 잠삼은 악부 가요(樂府歌謠)의 체제를 이용하여 서역(西域)의 풍사빙설(風沙冰雪)과 호가비파(胡笳琵琶) 등을 시 속에 넣어서 전쟁에 시달리는 군려(軍旅)들의 고통스러운 생활과 고향을 그리워하는 장사(壯士)의 정을 잘 표현하였다. 두 사람은 대표적인 변새시인으로 알려져 있다.

28 동평군(東平君) 이항(李杭) : 1660~1701. 인조의 아들인 숭선군(崇善君) 징(徵)의 아들로, 숙종의 총애를 믿고 불법을 자행하였으며 장희빈(張禧嬪) 사건에 연루되어 귀양갔다가 사사되었다.

상(上, 숙종)이 화공(畵工)을 시켜 서호(西湖)를 그리게 하고 홍세태에 게는 시를 짓도록 하셨다. 마침내 찬수랑(纂修郞)이 되어 우리나라 사람 의 시를 뽑는 것을 주관하였다.

청성은 일찍이 연경에 들어가 진자점(榛子店)에서 계문란(季文蘭)의 시를 보았다. 계문란은 강우(江右)의 수재(秀才) 우상경(虞尙卿)의 처로 청인(淸人)에게 붙잡혔는데, 심양의 왕장경(王章京)이 백금 7천을 주고 그녀를 샀다. 계문란이 진자점에 들러 시를 쓰고[29] 또 말하기를 "천하에 인심(人心)이 있다면 가련히 여겨 구해줄 것이다." 하였다. 주인 할멈이 그녀를 보니 얼굴빛은 슬프고 참담했지만 자태가 아름다워 사람을 감동 시킬 만하였다. 말을 타도록 재촉하니, 눈물을 흘리며 재빨리 글을 쓰는 데 오른손이 지치자 곧 왼손으로 이어서 썼다고 한다. 청성이 홍세태에 게 이 일을 말해주니, 홍세태가 자고사(鷓鴣詞)[30]를 지었는데 성조(聲調) 가 매우 뛰어나 나라 사람들이 암송하였다.

홍세태는 평소 이항에게 은덕을 입었는데, 기사년(1689)에 문곡(文谷) 김상국(金相國, 김수항)이 화를 당한 것은 이항이 그를 시기해서이다. 신 사년(1701)에 이항이 죽임을 당하자, 김씨 집안사람들은 이를 통쾌하게

---

29 계문란이 …… 쓰고 : 청나라 강희제(康熙帝) 때 강서성(江西省) 출신으로 수재 우상경의 아내였던 계문란은 남편이 만주족에게 피살당하고 자신은 납치되어 심양으로 팔려 가면 서, 산해관(山海關) 밖 진자점의 벽에다 구원을 호소하는 칠언절구 1수를 남겼다. 그 시는 다음과 같다. "사람됨이 분 바름도 부끄러워하는데, 치마 걷고 유수를 어이 건너리. 천고에 숨은 한을 아는 이 없어, 님 따라 요양 간다 의심 하네.(爲人羞抹粉紅粧, 豈欲從褰涉湵裳. 千古無誰知暗恨, 却疑雲雨下遼陽.)"

30 자고사(鷓鴣詞) : 당나라 교방(敎坊) 즉 기생 학교에서 가르치던 가곡 이름이다. 자고사 (鷓鴣辭) 혹은 산자고(山鷓鴣)라고 칭하기도 한다. 역대 시인들이 이 곡을 많이 노래했으 며, 홍세태의 『유하집(柳下集)』 권1에 「제계문란시후(題季文蘭詩後)」라는 제목으로 실려 있다.

여겨 형 집행을 가서 구경하였다. 그런데 홍세태가 이항의 시신을 수습하니 농암 형제가 이 일을 높이 평가하였다.

이태(李泰)의 본명은 태해(泰海)이고 자는 자산(子山)으로, 이만성(李晚成)[31] 공의 종이었다. 평소 글씨를 잘 썼다. 이만성이 그의 요사함을 미워하여 죽이려 하였는데, 응재(凝齋) 박태관(朴泰觀)[32]이 재주를 아껴 죽음을 면하게 해 주었다.

청나라 김상명(金尚明)은 증조부 김덕운(金德雲)이 의주 지인(義州知印)을 지냈기 때문에 묘가 의주에 있다. 김상명의 선조는 병자년에 포로로 잡혀갔다가 청에서 벼슬하여 귀족이 되었다. 김상명은 뛰어난 문장과 학문으로 옹정제(雍正帝, 청나라 5대 황제)의 스승이 되었으며, 산질대신(散秩大臣)이 되어 존경과 총애를 받고 권세를 부렸으며, 김덕운에게 광록대부(光祿大夫)를 추증하였다. 김상명은 늘 고국을 그리워하여 조선을 위해 많은 힘을 썼다. 임인년(1722)에 영조를 책봉하여 왕세제(王世弟)로 삼기 위해 주청했는데, 또한 김상명 덕분에 일이 이루어졌다.

일찍이 우리나라의 병풍을 원하였고 또 우리나라 사람이 병풍에 글씨 쓸 것을 요구하였다. 여러 재상이 비변사(備邊司)에 앉아 이태를 불러

---

31 이만성(李晚成) : 1659~1722. 자는 사추(士秋), 호는 귀락당(歸樂堂)·행호거사(杏湖居士), 본관은 우봉(牛峰)이다. 1696년(숙종22) 정시 문과에 장원해 대사성·대사헌·병조 및 이조 판서 등을 역임하였다. 1721년(경종1) 노론 대신들과 연잉군(延礽君)의 세제 책봉을 주청해 실현시켰다. 그러나 소론이 일으킨 신임사화에 연루되어 유배되었다가 다시 서울로 불려와 국문을 받다가 옥사하였다. 영조가 즉위하자 복관되었다. 저서로 『귀락당집(歸樂堂集)』이 있으며, 시호는 충숙(忠肅)이다.

32 응재(凝齋) 박태관(朴泰觀) : 이만성의 외사촌 동생으로 『응재잡고(凝齋雜稿)』 2권1책이 전한다.

쓰도록 하니, 이태가 곧 큰 글씨로 "평생 동안 숭정 두 글자를 써 왔으니, 차마 오랑캐 병풍 앞에서 붓을 들지 못하겠네.〔平生慣寫崇禎字, 不忍提毫向虜屛.〕"라고 썼다. 앉아 있던 사람들이 모두 깜짝 놀라 그를 죄주고자 하였다. 풍원(豊原) 조현명(趙顯命)[33] 공이 말하기를 "필부(匹夫)라도 그 뜻을 빼앗긴 어려우니, 이태가 비록 경거망동하긴 하였으나 벌할 수는 없다." 하여, 이태는 마침내 죄를 면하였다.

옥사에 연루되어 음성에 유배되었는데, 무신년에 적이 청주로 들어갔다는 소식을 듣고 속오(束伍)[34]의 초관(哨官)에 예속되어 적을 토벌하겠다고 자청하였다. 어머니에게 가서 하직 인사를 드리는데, 어머니가 만류하려 하니 즉시 옷을 떨치고 일어나 가다가 적이 패하였다는 말을 듣고 그만두었다. 이태는 끝내 요사한 짓을 하다가 죽었다.

홍세태와 이태는 같은 부류의 사람으로 재주 또한 같다. 홍세태는 우직하여 세력으로 굴복시킬 수 없고, 이태는 의기양양하여 진신(縉紳)들과 교제하는 것을 좋아하며 시사(時事)에 참여하였으니, 끝내 홍세태는 죽음에서 벗어났고 이태는 죽임을 당하였다. 이는 천하지만 재주 있는 자가 경계할 만하다.

진암(晉菴) 이상국(李相國)[35]이 일찍이 "홍세태의 시는 겸종(傔從, 청지

---

33 풍원(豊原) 조현명(趙顯命) : 1690~1752. 자는 치회(稚晦), 호는 귀록(歸鹿) · 녹옹(鹿翁), 본관은 풍양(豊壤)이다. 1719년 증광 문과에 급제하여 경상도 관찰사 · 좌의정 · 영의정 등을 역임하였다. 1721년 연잉군이 왕세제로 책봉되자 소론의 핍박으로 곤경에 처해 있던 왕세제 보호에 힘썼다. 1728년 이인좌의 난이 발생하자 종사관으로 종군하였고, 난이 진압된 뒤 분무공신(奮武功臣)에 녹훈, 풍원군(豊原君)에 책봉되었다. 저서로 『귀록집(歸鹿集)』이 있고, 시호는 충효(忠孝)이다.

34 속오(束伍) : 지방의 15세 이상 양민과 벼슬 없는 양반을 골라서 조직한 군대로, 평시에는 군포를 바치고 유사시에는 군역을 치르도록 했다.

기)의 기운이 있다."고 한 적이 있으나, 그의 시를 보면 다 그런 것은 아니다. 요컨대 폭이 좁을 뿐이다. 이태의 글씨는 변화에 능하여 각 체(體)를 쓸 수 있지만 경박해서 본받을 게 못된다.

6

가산 동자〔嘉山童〕 / 곽씨(郭氏) 아들

가산 동자〔嘉山童〕는 삼등(三登) 마을의 백성이다.

동자의 어미가 아들이 없어 가산에 있는 절에서 기도를 올렸는데, 미륵불(彌勒佛)이 꿈에 나타나 말하기를 "너는 이제 아들을 두게 될 것이다." 하였다. 동자의 아비가 멀리 장사하러 갔다가 마침 그날 돌아와 임신해서 아들을 낳았기에 가산 동자라고 불렀다.

16세 때 갑자기 성장하여 비대해지니 마치 미륵불처럼 커졌다. 처가 집이 강동현(江東縣)에 있었는데 삼등 마을의 인근이다. 동자가 그곳에 소를 타고 가다가 소 세 마리의 척추가 부러졌다. 윤수익(尹守翼)이 부친의 임소(任所)에 따라와 그를 보러 갔다가 동자가 사는 집이 벽을 터서 문으로 삼았기에 실로 이미 깜짝 놀랐다. 그를 만나 보니 모자 다섯 개를 이어서 머리에 썼고 손가락은 팔뚝만 하고 팔뚝은 넓적다리만 하고 넓적다리는 허리만 하였다. 다만 베 이불 한 폭으로 몸을 가렸는데, 그 누런빛이 너무나 넓어 가까이 가서 볼 수 없었으며, 하루에 먹는 것은 밥 세 동이와 국 세 동이였다. 지패(紙牌)와 상희(象戱)[36]를 잘하여 대적할 사람이 없었다. 동자는 본래 부잣집 아들이었는데 동자 때문에 재산이 거덜나고 말았다. 20여 세에 죽었다.

곽씨(郭氏)의 아들은 본관이 현풍(玄風)으로, 망우당(忘憂堂) 곽재우(郭再祐)[37]의 일족이다.

---

36 지패(紙牌)와 상희(象戱) : 지패는 두꺼운 종이에 각종 문양과 문자를 그려서 그 패를 뽑아 끗수로 승부를 겨루는 놀이이며, 상희는 장기이다.
37 망우당(忘憂堂) 곽재우(郭再祐) : 1552~1617. 자는 계수(季綏), 본관은 현풍이며, 망우당

그 아비는 이름을 잊었는데 별장(別將)이라 불렸다고 한다. 별장은 늙도록 자식이 없다가 70세가 넘어서야 비로소 아들을 낳았다. 아들이 갑자기 장대해져 서너 살에 나무를 해서 부모의 방을 따뜻하게 해 주니, 이웃 마을 사람들이 기이하게 여겼다.

어떤 이가 "이 아이는 훗날 재앙이 될 것이니 어찌 없애지 않소?" 하기에, 부모가 걱정을 하였으나 사랑하여 결행하지 못했다. 아이가 그 사실을 알고, 어미에게 밥 몇 말을 지어 이웃 사람들을 불러 모아 먹여 달라고 하였다. 아이도 배불리 먹은 후에 부모에게 인사하고 말하기를 "제가 장대한 것이 죄는 아닙니다만 이웃 사람들에게 의심을 받으니 제가 멀리 떠나겠습니다." 하였다. 부모가 울면서 말렸으나 붙잡을 수 없었다. 그런데 부모는 병이 날 때마다 방이 따뜻해지는 것을 느끼고 괴이하게 여겨 엿보니, 아이가 밤마다 섶을 지고 오는 것이었다. 뒤따라가 울면서 이유를 물으니, "저는 늘 늙고 의지할 곳 없는 부모님이 염려되어 병이 나신 것을 알면 그때마다 와서 따뜻하게 한 것입니다." 하였다.

몇 년 후 아이는 압록강을 건너 연경에 들어가 황극전(皇極殿) 옆에 숨어 있다가 강희제(康熙帝, 청나라 4대 황제)에게 잡혔다. 아이가 "저는 조선국 현풍현 곽별장의 아들입니다." 하니, 강희제가 "너는 어디로 가고 싶으냐?" 하였다. 아이는 "조선으로 돌아가고 싶습니다." 하니, 강희제가 "너는 돌아가면 필시 죽임을 당할 것이니 상국(上國, 중국)에 머무는 것이 나을 것이다. 내가 또 너에게 벼슬을 주마." 하였다. 아이가 말

은 그의 호이다. 1585년(선조18) 별시 정시에 합격했으나 지은 글이 왕의 뜻에 거슬린다는 이유로 수 일 만에 파방(罷榜)되었다. 이후 과거에 대한 뜻을 접고 은거하였으나, 몇 년 후 임진왜란이 일어나 관군이 대패하자 의병을 일으켜 큰 활약을 하였다. 저서로 『망우당집(忘憂堂集)』이 있으며, 시호는 충익(忠翼)이다.

하기를 "안됩니다. 돌아가 부모를 뵙고 죽는다면 죽어도 여한이 없을 것입니다." 하니, 강희제가 그의 말대로 돌려보내 주었다. 조정에서 그를 살려주자는 논의가 나오기도 했는데, 문충공(文忠公) 민정중(閔鼎重)만이 죽여야 한다고 말하여 현풍현에서 효수하였다.

성인(聖人)은 괴이한 것을 말하지 않으나,[38] 두 사람의 경우는 참으로 괴이하다. 서방(西方)에 사는 장선(藏禪)은 투태(投胎)하고 탈사(奪舍)할 수 있다고 하는데,[39] 가산 동자는 이러한 부류인 듯하다. 곽씨의 아들이 노주(虜主, 강희제)의 방에 숨은 것은 그 의도를 알 수 없지만, 아마 명나라 황실을 위해 원수를 갚고자 한 것일 것이다. 만약 그렇다면 그 뜻을 이루지 못한 것 또한 하늘의 뜻이다.

---

38 성인(聖人)은 …… 않으나 : 『논어』, 「술이(述而)」에 "공자는 괴이(怪異)와 용력(勇力)과 패란(悖亂)과 귀신(鬼神)에 대해서는 말하지 않았다.(子不語怪力亂神.)"라고 하였다.

39 서방(西方)에 …… 하는데 : 장선은 미상이다. 투태는 영혼이 딴 세상에 다시 태어나는 것이며, 탈사는 도가에서 남의 시신을 빌려 환신하는 것을 말한다.

7

전백록(全百祿) / 전일상(田日祥) / 홍우조(洪禹祚)

전백록(全百祿)은 온성(穩城)의 토병(土兵)[40]이다. 어머니가 흰 사슴 꿈을 꾸고 낳았기 때문에 이름을 백록(白鹿)이라 지었다가 벼슬을 하게 되면서 백록(百祿)이라 고쳤다.

무과에 합격하여 경흥 부사(慶興府使)가 되어 장차 관아로 가는데 길이 경성(鏡城)을 지났다. 당시 이동언(李東彦)[41]이 북평사(北評事)로 있었는데 전백록을 북방의 인재라 하여 붙잡아 술을 마시며 변방의 일을 매우 자세하게 말하였다. 또 묻기를 "내가 이곳에 온 이후로 북방 사람들이 무어라 하던가? 잘잘못이 있으면 자세히 말해보라." 하니, 전백록은 다음과 같이 말하였다.

"예전에 들으니, 공은 대각(臺閣)에 있을 때 일이 생기면 과감히 말을 올리니 위세가 늠름하여 범할 수 없다고 하였습니다. 그런데 공은 북막(北幕)[42]에 도착하면서부터 날마다 기악(妓樂)을 베풀어 스스로 즐기고 다른 것은 일삼지 않았습니다. 곤수(閫帥)[43]와 수령이 처음에는 몹시 두려워하며 서로 경계하기를 감히 공에게 과실을 보이지 말자고 하였지만 지금은 쉽게 생각한다고 합니다. 무릇 성악(聲樂)은 사람의 뜻을 손상시

---

40 토병(土兵) : 일정한 지역에 붙박이로 사는 사람으로 조직된 그 지방의 군사이다.

41 이동언(李東彦) : 1662~1708. 자는 국미(國美), 호는 삼복재(三復齋), 본관은 전주(全州)이다. 1693년(숙종19) 알성 문과에 급제한 뒤 지평과 정언을 번갈아 역임하면서 국정 전반에 걸친 시정(時政)의 득실을 논하는 소를 올렸다. 대간 활동을 활발히 하였으나 남의 미움도 많이 받게 되어 결국 1708년 조태억(趙泰億)의 모함으로 인하여 투옥되어 옥사하였다. 다음 해 이재(李縡)의 상소로 신원(伸寃)되었다.

42 북막(北幕) : 함경북도 경성에 설치된 북병영(北兵營)의 별칭이다.

43 곤수(閫帥) : 병마절도사와 수군절도사. 예전에 대장을 임명할 때 임금이 말하기를 "서울 성문 문지방〔閫〕 안은 내가 맡고 문지방 바깥은 장군이 맡으라."고 한 바 있다.

키기 쉬우니, 공은 마땅히 물리치고 자중하소서. 만일 성악을 멀리할 수 없다면 이제부터 가벼이 사람을 논하지 마소서. 사람들이 필시 도리어 공을 기롱할 것입니다."

이동언이 놀라서 사과하였고, 조정으로 돌아와서는 "전백록은 크게 쓸 만하다."고 칭찬하니, 마침내 발탁되어 충청 수군절도사(忠淸水軍節度使)에 제수되었다가 죽었다.

전일상(田日祥)은 본관이 담양(潭陽)[44]으로 무과로 현달하였다.

일찍이 나주 영장(羅州營將)이 되어 도둑을 매우 혹독하게 다스렸으니, 무릇 장물(臟物)이 많거나 재차 잡혀 들어오는 자는 모두 죽었다. 도둑들이 이를 근심하여 밤에 금성산(錦城山)으로 모여들어 그를 꾸짖고 욕하는 소리가 몹시 추악하였다. 전일상이 몰래 나가서 소리 나는 곳을 따라가 왼쪽 산등성이에 있는 도둑들 틈에 끼어[45] 있었는데, 곧 오른쪽 산등성이에서도 꾸짖고 욕하는 소리가 왼쪽 산등성이의 도둑들과 같았고, 왼쪽 산등성이의 도둑들 역시 그 소리를 따라가서 함께 모이게 되었다. 전일상이 말하기를 "나는 순창(淳昌)의 도둑이오. 우리 무리들이 전일상에게 거의 다 죽었고 이제 내 차례가 되어가오. 내가 그놈 배를 찌르고 싶지만 힘이 약해서 할 수가 없소." 하였다. 또 허리에 차고 있던 돈을 풀어 졸개에게 주면서 "급히 술과 안주를 장만하라." 하였다. 잠시 후 졸개가 몇 동이의 술을 짊어지고 왔으며, 또 개 한 마리를 묶어 와서

---

44 담양(潭陽) : 『초사담헌』의 원문에는 공란으로 되어 있는데, 전록생(田祿生)의 후손임에 의거하여 보충하였다.
45 도둑들 틈에 끼어 : 『초사담헌』의 원문에는 없는 내용이나, 이종휘(李種徽)의 『수산집(修山集)』 권9, 「거도(去盜)」의 내용을 참고하여 보충 번역해 넣었다.

장작을 지펴 구웠다. 전일상은 즉시 술동이 하나를 기울여 다 마시고 손으로 개고기를 반으로 쪼개어 뼈째 씹어 먹었다. 도둑들이 열 지어 절하고 말하기를 "장사시군요. 참으로 우리 장군이십니다." 하였다. 전일상이 "내일 밤에 다시 여기서 만나자." 하였다.

밤에 갔더니 도둑들이 다 모였으며 몇 명이 늘었다. 전일상이 말하기를 "너희들 중에 혹시 장사가 있느냐? 만약 우리 수십 명만 모인다면 전일상을 죽이는 것은 손을 뒤집는 것처럼 쉬울 것이다. 내일 밤에 다시 여기서 만나자." 하였다.

전일상은 술과 고기를 더 많이 가져갔고, 모인 자들이 또 몇 명 늘었다. 전일상이 말하기를 "우리들 수십 명이 각자 7, 8명씩 모은다면 어찌 전일상뿐이겠는가. 나주성(羅州城)도 전복시킬 수 있다. 너희들과 약조하건대 우리 무리 몇 명은 내가 다 데려올 수 있다. 너희들도 너희 무리를 다 데려오라. 모일(某日)에 모이기로 하자." 하니, 무리들이 좋다고 하였다.

이에 전일상은 그들을 한꺼번에 잡을 요령을 다 마련해 놓고 돌아왔다. 금성산은 감영과의 거리가 10리쯤 되어 갔다가 돌아오는데 얼마 걸리지 않았기에 옆에서 모시던 자들도 깨닫지 못하였다.

전일상은 곧 은밀하게 성 안의 장사를 선발하였으며, 약속한 기일이 되자 모두 편안한 옷에 몽둥이를 가져가도록 하고 당부하기를 "일단 나를 따라 약속 장소에 도착하면 반드시 나를 친구처럼 대하라. 그렇지 않으면 돌아와 곤장을 칠 것이다." 하였다. 또 산의 사방 구석진 곳에 건장한 군졸을 매복시키고 약속하기를 "내 휘파람 소리를 들으면 즉시 나가서 덮쳐라." 하였다.

전일상이 10여 명을 거느리고 도착하니, 모인 자가 6, 70명인데 모두 건장한 도둑으로 각각 칼과 몽둥이를 지녀 기세가 매우 사나웠다. 전일상이 말하기를 "너희들이 다 왔으니, 오늘 밤은 우선 함께 취하는 것이 좋겠다." 하니, 무리들이 알겠다고 하였다. 소 몇 마리를 잡고 술이 두 번 돌자, 전일상이 말하기를 "많은 사내들이 취했는데 즐길 만한 것이 없구나. 노래 부를 자는 노래 부르고 춤출 자는 춤을 출 것이며, 수박(手拍)을 하든 각저(角觝)를 하든[46] 각자 하고 싶은 대로 하라." 하였다. 도둑들은 좋다고 하며 모두 칼과 몽둥이를 풀어 놓았다.

전일상의 종자(從者)가 이미 칼과 몽둥이를 치워 버렸다. 전일상이 비로소 일어나 춤을 추다가 홀연히 긴 휘파람을 불자 종자들이 다 휘파람을 불었고 매복해 있던 군사들이 모두 일어나니, 도둑들은 손도 못 쓰고 전부 사로잡혔다. 이로부터 나주 주변 고을에는 개 짖는 경계가 없어졌다.[47]

전일상이 한번은 남평(南平)의 민가에서 매[鷹]를 빌렸다가 며칠이 지나 돌려주던 차에 백성이 고을 원에게 고소하였다. 고을 원은 대신(大臣)의 자제였는데, 전일상을 만나 많은 사람들 앞에서 꾸짖었다. 전일상이 말하기를 "내가 비록 무관이지만 지위로는 너의 상관인데, 많은 사람들 앞에서 모욕해도 되는가." 하고는 곧 매를 가져와 찢어 죽여 남평 원에게 던진 뒤 천천히 가마를 불러 나가니, 좌중이 크게 놀랐다. 관직이 절도사에 이르러 죽었으며, 나이는 53세였다.

---

46 수박(手拍)을 …… 하든 : 수박은 손으로 치는 놀이이며, 각저는 씨름이다.

47 개 짖는 …… 없어졌다 : 어진 수령이 선정(善政)을 베풀었다는 말이다. 후한(後漢) 유총(劉寵)이 회계 태수(會稽太守)로 선정을 베풀고 떠날 때, 산음현(山陰縣)의 노인들이 전송하며 "다른 태수 때에는 관리들이 백성을 갈취하는 일이 밤이 되도록 끊이지 않기 때문에 개들이 밤새도록 짖어대었고 백성들이 안정을 취할 수 없었는데, 명부께서 부임하신 뒤로는 개들도 밤에 짖지 않고 백성들도 관리를 볼 수 없었습니다.(他守時吏發求民間, 至夜不絶, 或狗吠竟夕, 民不得安, 自明府下車以來, 狗不夜吠, 民不見吏.)"라고 한 고사가 전한다. 『후한서』권76, 「순리열전(循吏列傳)·유총(劉寵)」 참조.

홍우조(洪禹祚)는 본관이 남양(南陽)이다. 장수 집안 출신으로 수염이 아름다우며 활을 잘 쏘고 말을 잘 탔다.

어려서 협객들 사이에서 노닐었는데, 도성의 소년들은 그가 날쌔고 용감한 것을 꺼려 감히 가까이하지 못했다. 무과에 합격했으나 가문이 한미하여 등용되지 못하고 한 번 첨사(僉使)를 맡는 데 그쳤다. 집이 가난하여 생계로 삼을 것이 없어 옛날에 교유하던 이들을 좇아서 기식(寄食)하였다.

일찍이 족인(族人) 중에 삭주 부사(朔州府使)가 된 모(某)를 따라갔다. 모가 새로 호마(胡馬)를 구입하여 탔는데, 호마가 너무 사나워 발로 차고 물어뜯는 것을 제어할 수 없었고, 오직 홍우조가 마구간에 서 있으면 말이 머리를 떨구며 제어되어 아주 순해졌다. 모는 호마가 홍우조의 말을 따르고 자신은 부릴 수 없는 것에 화가 나 말구유에 묶고 아전들에게 마구 때리게 하니, 호마가 쓰러져 곧 죽을 지경이었다. 홍우조가 불쌍히 여겨 직접 꼴을 점검하고 매우 정성껏 돌보고 나니 소생하였다.

모가 파직되어 돌아갈 때 빈객들은 각자 챙긴 재물이 있었다. 홍우조는 호마를 청하여 안장만 얹고 올라타니, 갈기를 떨치고 길게 울면서 날듯이 험한 곳을 뛰어넘었다. 서울에 도착하자 사복시(司僕寺)[48]에서 신이한 준마 소식을 듣고 구입해 내구(內廐)[49]에 들였으나, 구졸(廐卒)이 호마가 사나운 것을 꺼려서 굶겨 죽였다.

전백록 등 3인은 모두 호걸 중의 호걸인데 녹록한 신세로 살며 이름을 알아주는 이가 없었다. 비록 영진(營鎭)을 맡아 조금 시험받긴 했지

---

48 사복시(司僕寺) : 궁중의 가마, 마필, 목장 등에 관한 일을 관장하던 관청이다.
49 내구(內廐) : 나라의 마구간으로 곧 임금의 말을 먹이는 곳이다.

만 어찌 그 재주를 다할 수 있었겠는가? 가령 효종 때 북벌의 인재로 채워질 수 있었더라면 반드시 창을 비껴들고 말을 달리며 요양과 심양 사이에서 공명을 떨쳤을 것이다. 애석하도다, 그 때를 만나지 못함이여. 전백록으로 말하면 또 항직(伉直)하고 남을 따르지 않아 마침내 이 때문에 스스로 빼어날 수 있었으니, 이 역시 성세(盛世)의 풍모이다.

8

형선(刑仙) / 기리쇠(祁利衰)

형선(刑仙)은 그의 성명을 잊었는데 대정현(大靜縣) 색달리(塞達里) 백성이다.

대정현은 남쪽 바다 가운데 있어 척박한 자갈땅이라 벼가 무성하지 않았다. 형선은 농사를 열심히 지었지만 자급할 수 없었으며 흉년이 들어 굶주림이 심해지자 이웃집 소를 훔쳤다. 일이 발각되어 현에서 형벌을 받고 나오면서 탄식하기를 "내가 굶주림을 참지 못해 도둑질에 빠지게 되었으니 무슨 면목으로 세상에 서겠는가?" 하고, 곧장 한라산으로 들어가 나무 열매와 솔잎을 먹고 살았다.

20여 년이 지난 뒤에 나무꾼이 그를 만났는데, 산발한 채 벽려의(薜荔衣)[50]를 입고 있었으며 털이 몸을 덮어 길이가 몇 자쯤 되고 눈은 번개처럼 빛나니 사람 모습이 아닌 듯하였다. 그런데 말은 할 줄 알았기 때문에 그가 대정현 색달리 사람이라는 것을 알게 되었다. 나무꾼이 함께 돌아가고자 했지만, "산 속이 매우 즐거워 돌아가고 싶지 않소." 하고, 소리 높여 노래 부르고 떠나니 걸음걸이가 마치 나는 듯했으며 끝내 행방을 모르게 되었다. 제주 사람들이 그를 '형벌 받은 신선〔刑仙〕'이라 하였다.

기리쇠(祁利衰)는 석당(石堂) 김상정(金相定)[51] 공의 종이다.

---

50 벽려의(薜荔衣) : 벽려는 향기 나는 나무 덩굴 이름으로, 은자(隱者)가 입는 옷을 말한다.
51 석당(石堂) 김상정(金相定) : 1722~1788. 자는 치오(稚五), 본관은 광산(光山)이며, 석당은 그의 호이다. 승지 · 대사간 등을 역임하였다. 1777년 정조가 즉위하자, 정조와 사이가 나빴던 홍인한(洪麟漢)과 가까웠다는 이유로 파직되었다. 저서로 『석당유고(石堂遺稿)』가 있다.

성품이 소박하고 정직하였는데, 흉년을 만나 끼니도 해결하지 못하자 부잣집에서 품팔이 노릇을 하였다. 품삯이 싸서 간간이 나가 돌아다니며 구걸했지만, 사람들은 대부분 주지 않았다. 저녁에 구걸한 것을 세어보면 하루를 먹을 수 없는 분량이었으니 시간이 지날수록 더욱 군색해졌다. 이에 한숨을 쉬며 탄식하기를 "내 삶의 구차함이 심하구나. 나는 입에 풀칠하는 것을 일삼는데 만약 그렇게 하지 못하고 오래되면 도둑질 하려는 마음이 생길 것이다. 도둑질은 내가 가장 부끄러워하는 것이니 지금 이와 같을 때 내 차라리 죽겠다." 하였다.

마침내 대문을 걸어 잠그고 종일토록 나오지 않으니, 이웃 사람들이 실로 비웃었다. 다시 밤을 보냈는데 여전히 문이 잠겨 있자 비로소 괴이하게 여겨 다투어 서로 알리고 모여들어 벽에 구멍을 뚫어 살펴보았다. 기리쇠는 두 손을 마주 잡고 눈을 감은 채 가부좌를 틀고 마치 흙으로 만든 인형처럼 앉아 있었다. 간혹 불러도 듣지 못하는 듯했다.

마을 할멈이 소식을 듣고서 말하기를 "그 사람이 죽겠구나. 나는 지난번에 그가 실의에 빠져 즐거워하지 않다가 얼마 후 느긋하게 자득한 모습을 보았다. 그 사람이 죽겠구나." 하였다. 곧 밥 한 사발과 국 한 그릇을 가지고 그 집 문에 가서 부르며 "옹(翁)은 어찌 이처럼 자신을 괴롭히시오? 내가 밥과 국을 마련하여 여기서 기다리니, 옹은 나와서 한 번 배를 채우시오." 하였으나, 오랫동안 응답이 없었다. 할멈이 다시 울면서 말하기를 "배불리 먹을 것은 아니지만 내 뜻을 헤아려 주오." 하였다. 기리쇠가 그제서야 말하기를 "할멈의 의리에 감동하였소. 하지만 할멈도 가난하니 어찌 계속해서 나를 배부르게 하겠소? 만일 오랫동안 배불리 먹여준들 나는 또 명분 없음을 싫어할 것이니, 할멈은 어서 가시오." 하였다. 할멈은 종일토록 서 있다가 끝내 어찌할 수 없어 떠났다. 며칠 뒤에 기리쇠는 결국 방 안에서 죽었다.[52]

도둑질은 사람들이 싫어하는 것이지만 굶주리면 범하게 되니 본성을 잃어버리기 때문이다. 유사(有司, 담당 관원)가 먹을 수 있도록 이끌어 주고 편안히 거처하도록 해 주지 못하면서 도리어 형벌을 행하는 것은 선왕(先王)이 슬퍼하며 긍휼히 여긴 뜻이 아니다. 형선 같은 자는 비록 도둑질을 했지만 뉘우치고 자책하여 마침내 물외(物外)에서 초연하였고, 기리쇠는 악(惡)으로 흘러들까 두려워 죽기로 마음먹고서 탐하고 구차한 뜻을 끊었으니, 모두 보통 사람들보다 한 등급 낫다.

---

52 기리쇠에 대한 이야기는 김상정의 『석당유고』 권1에 「기리쇠전(祁利衰傳)」이 수록되어 있어 참고할 만하다.

9

어석광(魚錫光) / 홍건(洪楗)

어석광(魚錫光)의 자는 성지(成之)이고 본관은 함종(咸從)이다.

일찍 문과에 급제하여 원외랑(員外郞)을 역임하였다. 총명함이 남보다 뛰어나 책을 볼 때마다 눈동자가 종이에 닿으면 종이가 마치 뚫어질 듯하였다. 한번은 공의 좌객 중에 동파(東坡, 소식(蘇軾))가 절의 벽에 쓴 시를 보여주는 자가 있었는데, 그 시는 이러하다.

일 년 내내 버려진 땅 호숫가는 말라 있고,	終歲荒蕪湖浦焦
가난한 여자가 삿갓 쓰고 뽕나무 가지를 꺾네.	貧女戴笠落柘條
아농(阿儂)이 집을 떠나 멀리 서울에 있으니,	阿儂去家京洛遙
도적이 와서 약탈한다는 말에 마음 놀라네.[53]	驚心寇盜來攻剽

어석광이 한참 동안 자세히 살피더니 말하기를 "이 시는 다른 뜻을 숨겨 놓은 말이다. 시구에서 '일 년 내내〔終歲〕'라는 것은 '열두 달〔十二月〕'을 뜻하고, '버려진 땅〔荒蕪〕'은 '풀이 자라있는 밭〔草田〕'을 의미하며, '호숫가는 말라 있고〔湖浦焦〕'라는 것은 '물이 빠졌다〔水去〕'는 것이다. 이것을 각각 글자로 조합하면 '청(青)'자, '묘(苗)'자, '법(法)'자가 된

---

[53] 일 년 …… 놀라네 : 이 시는 왕안석(王安石, 1021~1086)이 정권을 잡고 있을 때 청묘법(青苗法)을 시행하여 국가와 백성을 어지럽히는 것을 걱정한 어떤 사람이 상국사(相國寺)의 벽에 쓴 시로, 원제목은 「제상국사벽(題相國寺壁)」이다. 조경(趙璥)의 『하서집(荷棲集)』권8에 수록된 「어성지석광애사(魚成之錫光哀辭)」에도 소동파의 시로 기록되어 있다. 또 첫 구절의 원문 '荒蕪'는 『초사담헌』의 원문에는 '荒茂'로 되어 있는데, 「어성지석광애사」의 기록에 의거하여 수정한 것이다. 『설부(說郛)』권30 하(下)에도 이 시가 수록되어 있는데 '荒蕪'로 되어 있다. 아농은 고대 오(吳)나라 사람이 자신을 일컬을 때 쓰는 표현이다.

다.[54] '가난한 여자가 삿갓 쓰고[貧女戴笠]'와 '뽕나무 가지를 꺾네[落柘條]'라는 것은 '안(安)'자와 '석(石)'자를 뜻한다.[55] '아농(阿儂)'은 오나라의 말이고, '집을 떠나 서울에 있다[去家京洛]'는 것은 '나라[國]'를 위한 것이며, '도둑이 와서 약탈한다[寇盜來剽]'는 것은 '백성을 해친다[賊民]'는 말이다.[56] 따라서 이 시는 청묘법(靑苗法)[57]을 만든 왕안석(王安石)이 나라를 그르치고 백성을 해치는 것을 이른다." 하니, 자리에 앉아 있던 사람들이 크게 놀랐다.

어석광은 사람됨이 우뚝 뛰어나고 굳은 절개가 있어 힘 있는 자에게 굽실거리지 않아 급제한 지 십년이 되도록 현달하지 못했다. 또 작은 고을이라도 얻어 부모를 봉양하지 못해 집안이 더 가난해졌지만, 늘 이틀에 하루치 음식을 먹으면서도 편안히 여겼다. 일찍이 고금(古今)의 인물로 예(禮)를 말한 백여 명을 취하여 구절마다 따지고 글자를 풀이하여 책을 만들었으니, 고교(考校)에 뛰어났지만 탈고하지 못했다. 정조 갑진년(1784)에 죽었다.

홍건(洪楗)은 무인으로 무과에 합격하여 군문(軍門)의 초관(哨官)이

---

54 이것을 …… 된다 : 십이월의 십(十)과 이(二)와 월(月)을 조합하면 '청(靑)'자가 되고, 초전의 초(草)[艸]와 전(田)을 조합하면 '묘(苗)'자가 되며, 물이 빠졌다는 것은 법(法)자에서 수(氵)를 제거했다는 의미이다.

55 '가난한 …… 뜻한다 : '여(女)'자에 삿갓을 씌우면 '안(安)'자가 되고, '자(柘)'자에서 '나뭇가지[條]'를 탈락[落]시키면 '석(石)'자가 된다는 말이다.

56 '아농(阿農)'은 …… 말이다 : '아농'은 오나라의 말이라는 것은 '오(吳)'와 '언(言)'자를 조합한 '오(誤)'자의 의미라는 것이다. 이를 조합하면 '오국적민(誤國賊民)' 즉 나라를 그르치고 백성을 해친다는 말이 된다.

57 청묘법(靑苗法) : 송(宋)나라 왕안석이 창설한 법으로, 곡식의 이삭이 푸를 때 상평창(常平倉) 곡식을 백성에게 꾸어 주었다가 추수한 후에 이자를 붙여서 받아들이는 법이다.

되었다.

영조가 일찍이 무신강(武臣講)에 친림(親臨)하였는데, 강론하는 글에 '정흉모(丁胸矛)'라는 말이 있었다. 영조는 마침 송절차(松節茶)를 마시고 있다가 하교하기를 "네가 어찌 정흉모를 알겠느냐? 사람의 가슴을 찌르는 창이다." 하였다. 홍건이 머뭇거리며 대답하지 않으니 마치 생각하는 것이 있는 듯하였다. 영조가 두세 차례 하문했으나, 홍건은 자리를 옮겨 엎드리고는 끝내 대답하지 않았다. 영조는 그가 모르면서 일부러 대답하지 않는다고 의심하여 병조(兵曹)에 명하여 곤장을 치도록 하였다.

영조가 더욱 노하여 "저 놈은 요상한 놈이다. 곤장으로는 안 되겠으니 내가 직접 심문하여 혼내 주겠다." 하였다. 옆에 있던 신하들은 모두 두려워 새파랗게 질렸다.

그러나 홍건은 기색이 편안하여 평소와 다름이 없었으며 천천히 아뢰기를 "용사(勇士)는 죽음을 두려워하지 않는다[58]고 하였으니, 저는 진실로 죽음을 두려워하지 않습니다. 다만 성상의 말씀이 제가 알고 있는 것과 달라서 생각을 하다 보니 감히 함부로 대답할 수 없었기 때문에 늦어진 것입니다." 하였다. 영조가 "너는 무슨 생각을 했느냐?" 묻자, 대답하기를 "제가 강론한 부분 몇 쪽에 정흉모라는 말이 있었고 그 말에 대한 주석은 그 위 몇 쪽에 있었는데, 살펴보니 거마창(拒馬槍)이라고 하였습니다. 말의 가슴을 찌르는 것이기 때문에 그런 이름을 붙인 것이었습니다." 하였다.

---

[58] 용사(勇士)는 …… 않는다 : 춘추 시대에 제(齊)나라 경공(景公)이 원유(苑囿)를 관리하는 우인(虞人)을 부르면서 예에 어긋나게 하였으므로 우인이 가지 않자 경공이 죽이려고 했는데, 공자가 이를 탄미하여 "지사는 곤궁하게 살다가 죽어서 구학에 버려질 것을 잊지 않고, 용사는 싸우다가 그 머리를 잃을 것을 잊지 않는다.(志士不忘在溝壑, 勇士不忘喪其元.)" 하였다. 『맹자(孟子)』, 「등문공 하(滕文公下)」 참조.

영조가 매우 기특하게 여겨 수령 자리가 있는지 물으니, 마침 서천(舒川)의 수령 자리가 비어 있어 즉시 그를 제수하였다. 정조 대왕이 그때 영조를 모시고 있으면서 그 일을 보았으므로 장용영(壯勇營)을 설치하면서 홍건을 찾았으나, 이미 죽은 뒤였다.[59]

발을 헛디뎌 곤경에 처한 사(士)는 늘 때를 만나지 못하였다고 한다. 정조 대왕은 인재를 구하는 것을 마치 미치지 못하는 것처럼 생각하여 작은 재주라도 있으면 직접 시험하지 않은 적이 없었다. 유독 어석광은 곤궁하게 비틀거리다 죽었지만 어찌 때를 만나지 못했다고 할 수 있겠는가.[60] 어석광이 소동파의 시를 풀이한 것은 참으로 기이하다. 저와 같은 재주를 지니고도 시속(時俗)을 따라 구차하게 용납되어 공명을 취하지 않았으니, 그의 지조는 더욱 훌륭하다고 할 만하다. 홍건이 수령 자리를 얻은 것 역시 때를 만난 것이라고 할 수 있다. 하지만 오래 살아서 역량을 다 발휘하지 못한 것이 애석하다.

---

59 홍건에 관한 이야기는 성대중의 『청성잡기』 권4, 「성언(醒言)」에도 수록되어 있어 참고할 만하다.

60 어찌……있겠는가: 너무 일찍 죽어서 등용되지 못한 것이지 때를 만나지 못한 것은 아니라는 말이다.

10

취매(翠梅) / 막덕(莫德)

취매(翠梅)는 호서(湖西) 공주(公州)의 아전 김성달(金聲達)의 딸이다.

　김성달은 쌍수산성(雙樹山城)[61]의 군량미를 관리하였는데, 부서(簿書, 관청의 장부와 문서)를 속여 쌀 4백 석을 훔쳤다가 발각되어 옥에 갇힌 지 수 년이 되었다. 친족에게 추징하니, 친족 수십 명이 모두 패가(敗家)하였다. 관찰사가 그를 죽이고자 죄상을 다스린 장계를 조정에 올리려 하였다. 취매가 밤에 막부를 두드리며 통곡하는데 소장을 가지고 왔으니 그 말이 완곡하고 간절하여 다 읽을 수 없었다. 그러나 비장(裨將) 등은 구제할 수 있는 힘이 없어 위로만 하고 보냈다. 다음날 관찰사가 관아를 살펴보니, 남녀 백성 수백 명이 떠들썩하게 뜰에 가득하였다. 취매가 머리를 풀어헤치고 앞에 있었는데 계단으로 올라와 울면서 말하기를 "아비를 살려주시기 바라옵니다." 하였다. 슬피 우는 소리가 처연하여, 보는 자들이 눈물을 흘리지 않는 이가 없었다.

　관찰사가 얼굴빛을 고치고 듣더니 저 백성들은 어떻게 오게 된 것인지를 물었다. 백성들이 말하기를 "김성달의 죄는 실로 죽어 마땅한데다 저희들은 김성달의 친족이 아닙니다. 다만 효녀인 딸 때문에 사람들이 각자 곡식 한 석씩 내어 수백 석이 되었으니, 이것으로 그의 죽음을 속죄해 주시길 바라옵니다." 하였다. 관찰사가 말하기를 "너희들은 일단 물러가거라. 내가 장차 생각해보겠다." 하였다. 백성들이 모두 물러갔지

61　쌍수산성(雙樹山城) : 백제의 도읍지였던 공주를 방위하던 산성이다. 백제 때에는 웅진성(熊津城), 고려 때에는 공산성(公山城)이라 하였다. 1624년(인조2) 이괄(李适)의 난 때, 이곳으로 피신했던 인조가 성안의 두 그루 나무 아래 머물러 있었기 때문에 이후로는 쌍수산성이라 불리었다고 한다.

만, 취매는 물러가지 않고 엎드려 눈물을 흘리면서 "아비를 살려주시기 바라옵니다." 하였다. 비장들도 취매가 간밤에 호소한 것을 아뢰니, 관찰사가 측은히 여겨 김성달을 살려주고 옥에서 내보내었다.

취매는 아비가 옥에 갇히면서부터 아침저녁으로 직접 밥을 들고 가서 아비에게 주었는데, 몇 년을 하루같이 게을리 하지 않았다. 죽게 될 것이라는 소식을 들은 아비가 밥을 먹으려 하지 않자, 취매는 머리를 조아리고 옥문 밖에서 말하기를 "아버지가 밥을 드시지 않으면 제가 먼저 죽겠습니다." 하고, 밥 먹는 것을 본 뒤에 돌아갔다. 이때 취매의 나이는 17세였다.[62]

막덕(莫德)은 신계(新溪) 민가(民家)의 딸이다.

해서(海西, 황해도)에 오랫동안 기근이 들었는데, 곡산 부사(谷山府使) 김효원(金孝元)이 구휼을 잘한다고 알려져, 한 백성이 아들과 딸을 데리고 곡산에 와 밥을 먹었다. 딸이 곧 막덕이다. 얼마 되지 않아 그 백성이 몹쓸 병을 얻으니, 막덕이 울면서 오빠에게 말하기를 "사람들이 손가락 피로 고칠 수 있다고 하는데, 오빠는 어찌 손가락을 잘라 시도해보지 않소?" 하였다. 오빠가 칼을 잡았으나 즉시 결행하지 못하였다. 막덕이 말하기를 "병이 오래되면 구할 수 없는데, 오빠는 어찌 이처럼 살을 아끼시오?" 하더니, 그 칼을 잡고 곧장 자신의 손가락 하나를 베어 피를 먹이니 병이 과연 나았다. 얼마 안 지나서 그 백성은 끝내 전염병으로 죽었다.

관에서 막덕의 효성을 듣고 쌀을 상으로 내리자 막덕은 굶주린 백성

---

62 취매 이야기는 정래교(鄭來僑)의 『완암집(浣巖集)』 권4, 「취매전(翠梅傳)」에도 실려 있어 참고할 만하다.

을 모아 나누어 주고 흙을 지고 와[63] 장사지냈다. 아침저녁으로 반드시 냇가 깨끗한 곳에 가서 전(奠)을 올리고 비바람이 불어도 그만두지 않았다. 몇 달 뒤 막덕이 죽자 관에서 염하고 장사지냈으며 묘소에 정표하였다.[64]

옛날에 제영(緹縈)은 편지로 천자(天子)를 감동시켜 부친을 형벌에서 면하게 하였고,[65] 조아(曹娥)는 물에 투신하여 부친의 시신을 안고 나왔다.[66] 두 여인과 같은 경우가 있으니 정성은 거짓일 수 없다.

취매의 간곡함은 마음에서 우러나와 사람들에게 인측(仁惻)한 마음이 들도록 하였고, 막덕은 손가락 피를 먹였으나 끝내 부친을 전염병에서

---

63 흙을 지고 와 : 원문은 '부토(負土)'이다. 후한(後漢) 순제(順帝) 때 장영(張嬰)이 기병(起兵)하여 양주(揚州)와 서주(徐州)를 장악하고 약탈하면서 10여 년 동안 위세를 부렸다. 이에 조정에서 장강(張綱)에게 지방 풍속을 순찰하라고 명하였는데, 장강이 장영의 군영에 들어가 설득하자 장영이 감복하여 회개하고 투항하였으며, 장강이 죽었을 때에는 장영 등 5백여 명이 상복을 입고 장지까지 등에 흙을 지고 와서 봉분을 만들었다고 한다. 이를 부토성분(負土成墳)이라고 한다. 『후한서』 권56, 「장강열전(張綱列傳)」 참조.

64 막덕 이야기는 강박(姜樸)의 『국포선생집(菊圃先生集)』 권12, 「한묵만희(翰墨漫戲)·총명쇄록(聰明瑣錄)」에도 실려 있어 참고할 만하다.

65 제영(緹縈)은 …… 하였고 : 한나라 문제(文帝) 13년(BC167)에 제군(齊郡) 태창령(太倉令) 순우의(淳于意)가 형벌을 받게 되었을 때 그의 다섯 딸 가운데 막내인 제영이 천자에게 글을 올리기를 "사람이 한번 죽으면 다시 개과천선할 기회조차 없어집니다. 더구나 제 아비는 청렴하다고 이름났는데 지금 죄에 걸려 형벌을 받게 되었습니다. 청컨대 제가 관비(官婢)가 되어 아비의 벌을 대신 받게 해 주소서." 하자, 문제가 가엾게 여겨 벌을 면해 주고 일체의 육형(肉刑)을 철폐하였다고 한다. 『한서』 권23, 「형법지(刑法志)」 참조.

66 조아(曹娥)는 …… 나왔다 : 조아는 한나라 조우(曹旰)의 딸로서, 14세 때 그의 아버지가 물을 건너다가 파도에 휩쓸려 익사하자, 17일 동안 울부짖다가 물에 투신했는데 5일 후에 시체가 되어 그 아비의 시신을 끌어안고 물 위로 떠올랐다고 한다. 『후한서』 권84, 「열녀전(列女傳)·효녀조아(孝女曹娥)」 참조.

구하지 못하고 자신도 천수를 누리지 못했으니, 이것은 무슨 이유일까? 사람은 감동시키면서도 하늘은 감동시키지 못하는 것은 아마 운명이 있어서일 것이다.

조절부(趙節婦)는 금천(金川) 사람으로, 아비는 백정이다.

집이 향숙(鄕塾, 시골 서당) 옆에 있었는데, 매양 향선생(鄕先生)[67]이 고금 현자(賢者)들의 사적을 담론하며 학생들을 가르칠 때면, 조절부는 가만히 듣고서 기쁜 마음으로 아비를 위해 암송했지만, 아비는 전혀 기뻐하지 않았다.

장성하여 마을 부자의 처가 되었다. 부자의 아들이 몹쓸 병에 걸렸는데, 조절부는 매우 정성껏 그를 돌보았다. 시집간 지 몇 년 만에 딸 하나를 낳고는 남편이 죽었다. 조절부는 아비가 반드시 자신의 절개를 무너뜨리라는 것을 알았으나 아이를 위해 억지로 밥을 먹었다.

같은 마을에 사는 소년이 절부에게 마음이 있어 백정에게 청혼을 하였다. 백정이 말하기를 "내 딸이 본래 열부(烈婦)라 내 말을 따르지 않을 것이네. 자네가 반드시 한밤중에 사람들을 많이 데리고 가서 보쌈해 와야 일이 성사될 것이네." 하고, 이어 소년에게 폐백을 받고 기약한 날에 모이기로 하였다.

조절부가 소식을 듣고 통곡하기를 "내가 곧바로 죽지 못한 것은 자식 때문이었다. 만약 내 뜻을 지키지 못한다면 어떻게 자식을 돌보며 살아갈 수 있겠는가?" 하였다. 몰래 남편의 영좌(靈座)에 가서 슬피 곡하고, 물러나 품 안의 아이에게 젖을 먹이고 편지를 써 아이 팔에 묶어 두었으며, 마을 사람의 부인이 된 언니에게 아이를 부탁하고는 치마끈을 풀어 스스로 목을 매어 죽으니 나이 22세였다.[68]

---

67 향선생(鄕先生) : 관직을 사직하고 시골에 머물러 살면서 학문을 가르치던 노인을 존경해서 부른 말이다.

광대의 아내〔優人妻〕는 호남(湖南) 모읍(某邑)의 무녀(巫女)로 어리고 아름다웠다.

남편의 무리가 그녀를 사모하여 효자복(孝子服, 상복)을 입고 가서 무녀에게 청하기를 "나는 모읍의 광대인데, 아버지의 상사(祥事)가 내일이니 감히 청컨대 낭자가 명복을 빌어 주시오." 하니, 무녀가 그 말을 믿고 남편과 함께 갔다. 광대가 일부러 산골짜기 속에 매우 외지고 먼 곳으로 데리고 가더니 곧 남편을 결박하였다. 무녀가 돌아보며 말하기를 "늙은 놈의 성질이 고약하고 쓸데없이 투기를 좋아하며 매양 심하게 나를 매질하니, 내가 일찍이 한스러워했지요. 그대가 결박한 것은 아주 잘한 일입니다." 하였다.

결박한 뒤 칼로 찌르려고 하니, 무녀가 저지하며 말하기를 "나는 본래 저 자가 죽기를 바랐지만, 내가 저 자와 오랫동안 살아 차마 그가 죽는 것을 보지 못하겠으니 잠시 나를 은신처에 숨긴 뒤 죽이세요." 하니, 광대가 즉시 무녀를 데리고 숲속으로 들어갔다. 무녀가 일부러 아양을 떨며 "저 자는 늙었지만 당신은 건장하고 저 자는 추하지만 당신은 미남이니, 제가 당신을 따르지 않고 어디로 가겠어요." 하고, 보따리 속에서 밥을 꺼내 손에 들고 먹여주었으며, 광대가 찬 칼을 뽑아 고기를 잘라서 자신이 먹고 다시 칼로 고기를 찍어서 광대를 먹여 주었다. 광대가 기뻐서 입을 쫙 벌리고 받으려는데, 무녀는 칼로 목구멍을 찔러 죽인 뒤 남편의 결박을 풀고 돌아왔다.

백정과 광대는 천한 자들로, 사람을 욕보일 때 반드시 백정과 광대를

---

68 조절부 이야기는 신방(申昉)의 『둔암집(屯菴集)』 권7, 「조절부전(趙節婦傳)」에 실려 있어 참고할 만하다.

일컫는다. 그런데 어떤 이는 위태로울 때 죽음을 결정하였고 어떤 이는 술수로 남편의 죽음을 면하게 하였으니, 이는 실로 남자도 하기 어려운 일이다. 천한 자들이 비록 스스로 천하게 처신하지만 천하게 처신하지 않는 자도 있다. 사람을 논할 때 걸핏하면 지위의 고하(高下)를 따지는 것은 어째서인가?

금희(金姬)는 황주(黃州)의 양가집 딸이다.

19세에 병사(兵使) 윤중연(尹重淵)에게 길러지게 되었다. 얼마 되지 않아 윤중연이 병들어 죽게 되자 집안사람에게 부탁하기를 "저 아이는 어리고 자식이 없으니 반드시 시집보내라." 하였다. 금희가 그 말을 듣고 먼저 자결하려고 했으나, 집안사람이 굳게 지켜 죽을 수 없었다.

한참 지난 후에 부모를 뵈러 집으로 돌아가 있었는데, 얼마 뒤 윤중연의 형 윤태연(尹泰淵)이 죽임을 당하였다.[69] 윤태연은 윤중연의 아들을 후사로 삼았고, 윤태연이 아내와 함께 섬으로 유배될 때 아내가 길에서 아들을 낳아 도생(道生)이라 이름지었다고 한다.

금희는 윤중연의 집안이 망했다는 소식을 듣고 윤중연의 집으로 가서 그들과 생사를 함께하려고 하였다. 그녀의 부모가 울면서 말하기를 "저들은 죄인의 집안으로 쇠약하고 무너져 사람들이 버리고 떠나기에도 겨를이 없는데 하물며 감히 가까이 가려고 한단 말이냐? 네가 가면 장차 누구에게 의지하란 말이냐? 너는 시집가지 않은 것이나 마찬가지이니, 너의 뜻을 지키면서 우선 우리를 먹여 살리고 그 나머지를 저들에게 주고서 네 생을 마친다면, 실로 윤씨를 저버리지 않는 것이다. 또 우

---

69 윤태연(尹泰淵)이 죽임을 당하였다 : 윤태연(1709~1777)은 조선 후기 무신으로 동부승지·우포도대장·어영대장 등을 역임하였다. 1753년(영조29) 우의정 김상로(金尙魯)의 추천으로 무신으로는 드물게 동부승지가 되었으며, 1776년 어영대장이 되었으나 군사 기무를 소홀히 하고 정사에 간여하며 권력을 남용해 여염집을 불법으로 산 죄로 기장현에 유배되었다. 정조 즉위년에 윤양후(尹養厚)와 함께 화완옹주(和緩翁主)와 정후겸(鄭厚謙)의 심복으로 고발되어 탄핵받고 위도로 이배되었으며, 역모의 혐의를 받고 서울로 압송되어 국문을 받던 중 장살되었다.

리는 차마 너를 품 안에서 내놓아 물과 불 속으로 던질 수 없다." 하였다. 금희는 부모의 뜻이 완고한 것을 보았지만 즉시 신을 신고 문에서 목놓아 우니, 부모도 어찌할 수 없어 곧 종과 말을 마련하여 재물을 실어 보냈다.

도착해 보니, 윤중연의 집은 텅 비어있는데 다만 그 아내가 살아있어 서로 보고 놀라 손을 잡고 울었다. 얼마 후에는 마치 형제처럼 다정하게 지냈다. 한참 뒤에 윤중연의 아내가 죽었다. 도생의 어머니가 또 사면되어 돌아와서는 곧이어 죽고, 도생만이 살아있는데 겨우 6, 7세였다.

처음에 윤태연이 장수가 되어 수십 년 동안 병권을 잡아 재화가 도성에서 으뜸이었다. 그런데 주살되자 그 재물은 이리저리 어지럽게 흩어져 버렸고, 종들은 다 사나와져 법도를 따르지 않았으며, 밭과 집도 유야무야되어 이익을 노리는 자들에게 다 빼앗겼다. 그런데 금희가 하루 아침에 집안일을 다스리게 되니 일이 모두 정리되어 혼란스럽지 않았고, 서적과 기용(器用) 등을 모두 장부에 올려 유실된 것이 없게 되자 집안의 도가 다시 윤태연이 있을 때처럼 번성하였다.

얼마 뒤 도생을 데리고 양주(楊州)의 시골집에 은거하였는데, 마을의 무뢰배가 도생을 노름으로 꾀어 재물이 줄어들게 빼앗았다. 금희는 말하기를 "여기는 아이가 살만한 곳이 아니다." 하고, 양주에서 원주(原州)의 가야(伽倻)로 옮겨 이웃의 독서하는 자들에게 자주 술과 음식을 제공하고, 도생을 위해 고인(古人)의 언행을 일러주어 외물의 유혹에 빠져들지 않도록 해 줄 것을 청하였다. 이 말을 들은 자들이 모두 기꺼이 스승이 되었다. 도생은 장가든 뒤 아내를 좋아하지 않았으나, 금희가 그들이 잘 지내도록 지성으로 권유하니 마침내 뜻이 화합할 수 있었다.

금희는 나이 56세에 윤씨 집에서 죽었으니, 무릇 윤씨를 위해 최선을 다한 것이 30년이었다. 집안사람이 그녀의 소장품을 살펴보았는데 실오

라기 하나도 사사로이 한 것이 없었다.

어진 자는 성쇠(盛衰)에 따라 절개를 변치 않고, 의로운 자는 존망(存亡)에 따라 마음을 바꾸지 않으니, 옛날의 정영(程嬰)과 저구(杵臼)[70]와 제갈무후(諸葛武侯)[71] 등이 이에 지극했던 자들이다. 이것은 남자도 하기 어려운 일이며, 금희의 경우 학문을 통해 저절로 인의(仁義)의 도에 합치될 수 있었던 자도 아니니 기이하지 않은가! 하루아침의 작은 신의를 이기지 못해 스스로 제 몸을 경시하여 구독(溝瀆)에서 목맨 자가 실로 많다.[72] 금희는 처음부터 끝까지 곧고 발라 뜻을 변치 않았으며 더우기 가문을 지켜내어 유능하다고 칭찬받았으니, 그 재주가 또한 위대하다.

---

70 정영(程嬰)과 저구(杵臼) : 춘추 시대 진(晉)나라 경공(景公) 3년에 조삭(趙朔)이 도안가(屠岸賈)에게 멸문(滅門)의 화를 당할 때, 조삭의 문객 공손저구(公孫杵臼)가 조삭의 친구인 정영과 더불어 조삭의 외로운 아들을 살리자고 모의하여, 정영에게는 조삭의 진짜 아들을 안고 산중에 도피하여 화를 면하게 하고, 자신은 다른 사람의 영아(嬰兒)를 데리고 거짓 조삭의 아이라고 위장하여 산중에 숨어 있으면서 정영에게 자신을 도안가에게 밀고하도록 하였다. 이에 공손저구 자신은 다른 사람의 아이와 함께 도안가에게 잡혀 살해당하고, 조삭의 진짜 아이는 정영에 의해 목숨을 보전하게 되었다. 『사기』 권43, 「조세가(趙世家)」 참조.

71 제갈무후(諸葛武侯) : 제갈량(諸葛亮)을 가리키는 것으로, 무후는 그의 시호이다. 제갈량은 삼국(三國) 시대에 실추된 한나라의 운명을 회복시키려는 유비(劉備)를 도와 촉한(蜀漢)을 세워 위(魏)·오(吳)와 정립(鼎立)할 수 있게 한 현상(賢相)이다. 유비의 유명(遺命)을 받들어 열과 성을 다하여 유선(劉禪)을 보필하고 촉한(蜀漢)의 부흥을 꾀하였다. 『삼국지』 권35, 「제갈량전(諸葛亮傳)」 참조.

72 하루아침의 …… 많다 : 많은 사람들이 하찮은 신의에 목숨을 가벼이 버린다는 말이다. 공자는 제환공(齊桓公)과의 왕위 다툼에서 패한 공자(公子) 자규(子糾)가 죽었을 때 그를 모시던 관중(管仲)이 죽지 않은 사실을 평하면서 "어찌 필부필부(匹夫匹婦)가 조그만 신의를 지키듯 스스로 구독에서 목매어 남들이 알아주지 않게 하겠는가." 하였다. 『논어』, 「헌문(憲問)」 참조.

조완(趙岏)은 본관이 평양(平壤)이다. 아버지는 병사(兵使) 조동점(趙東
漸)[73]이며, 조완도 벼슬이 병사에 이르렀다.

　정조 정유년(1777)에 옥사에 연좌되어 제주로 유배되었다. 친구인 김
영수(金永綬)[74]가 목사가 되어 유배 온 사람들을 매우 엄격하게 관리하
였으니, 매월 초하루와 보름이면 뜰에서 검열하여 달아나는 것을 방비
하였다. 조완이 날씨가 차서 털 갖옷을 입고 있으니, 김영수가 말하기를
"죄인이 어찌 감히 스스로 편해지려는가?" 하고, 사람을 시켜 벗기고 찢
어버리게 하였다. 조완이 몹시 분하여 곧 병이 심해지자, 서울에 가는
관인(官人)에게 부탁하기를 "내 집이 대흥(大興, 충청남도 예산)에 있으니
당신이 돌아오는 길에 내가 모월 모일에 죽었다고 전해주시오." 하니,
관인이 건성으로 대답하였다.

　얼마 후 관인이 서울에서 돌아오는 길에 대흥의 경계에 도착해 쉬고
있는데, 꿈에 조완이 나타나 "내가 죽었는데, 네가 나의 집에 전하지 않
은 것은 어째서냐?" 하였다. 관인이 깜짝 놀라 꿈에서 깨어서는 곧바로

73　조동점(趙東漸) : 1700~1755. 자는 성진(聖進), 본관은 평양(平壤)이다. 1728년(영조4)
　　별시 무과에 급제한 뒤, 함경북도 병마절도사 · 삼도수군통제사 · 어영대장 · 포도대장 등
　　을 역임하였다. 1755년(영조31) 포도대장에 특별히 제수되었으나, 사촌 형제인 조동정(趙
　　東鼎)이 옥사하자 병이 났으며, 그를 아끼던 임금이 약을 보내 주었지만, 7일간 음식을
　　먹지 않아 굶어 죽었다.
74　김영수(金永綬) : 1716~1786. 본관은 안동이며, 남도 병마절도사와 제주 목사 등을 역임했
　　다. 1744년(영조20) 무과에 급제하였으며, 1773년(영조49) 전라좌도 수군절도사로 제수되
　　어 여수에서 좌수영성을 개축하고 전함을 보수하였다. 1778년(정조2) 12월부터 1781년 2
　　월까지 제주 목사를 지냈다. 재임하는 동안 백성들의 어려운 사정을 잘 보살피고 지방 목민
　　관으로서 청렴한 생활을 했으며 매사를 공정하게 처리해 제주 백성들로부터 추앙받았다.

조완의 집에 가서 떠나올 때 조완의 말과 꿈에서 말한 것을 알려주었다. 집안사람이 즉시 가서 찾아보니, 조완이 과연 죽어 있었다.

조완은 임종 무렵 유배살이하던 집의 주인에게 말하기를 "나를 염할 때 내 겸인(傔人, 청지기)에게 시키지 마오. 겸인이 속임수가 많구려." 하였다. 또 겸인에게 말하기를 "너는 내가 죽었다고 내 재산을 함부로 취하지 말라. 그러면 내가 너에게 재앙을 내릴 것이다." 하였다. 죽은 날 저녁에 처녀인 주인집 딸이 갑자기 눈을 부릅뜨고 주먹을 불끈 쥐고는 남자 목소리를 내며 말하기를 "나는 조병사다. 어서 모(某) 겸인을 잡아오라." 하였다. 겸인이 스스로 두려워 뜰아래 엎드리자, 귀신들린 딸이 꾸짖기를 "네가 감히 나를 염할 때 입혔던 옷 몇 가지를 훔쳤단 말이냐. 내 너를 죽이고 싶지만 차마 그렇게 하지 못하겠으니, 너는 속히 나가서 그것들을 태워라" 하였다. 겸인은 감히 숨기지 못하고 귀신이 말한 것처럼 태웠다. 귀신이 또 김영수가 너무 심했던 것을 한스러워하며 말하기를 "어찌 옛 정을 생각하지 않고 나를 이다지도 욕보였단 말인가?" 하며, 눈물을 비처럼 쏟았다.

어떤 이가 "귀신이 참으로 저 김영수에게 서운한 마음을 품었다면 어찌 그를 두렵게 만들지 않는가?" 하니, 귀신이 말하기를 "저 사람은 명을 받은 관리이니 모욕을 줄 수 없다." 하였다. 김영수는 그 말을 듣고 요괴라 생각하여 위세를 떨치며 나가서 귀신들린 딸을 형벌에 처하고자 하였는데, 그 여자를 보니 목소리와 외모가 곧 조완이었다. 곧장 앞으로 나가더니 김영수를 괴롭혔으며 또 그 경박함을 꾸짖었다. 이어 젊을 때 일을 언급하는데 모두 김영수가 혼자 알던 것이었다. 김영수는 기이하게 여겨 여자를 형벌에 처하려는 것을 그만두었다. 영구(靈柩)가 돌아갔으나 귀신은 떠나지 않고 말하기를 "내 유배 기한이 차지 않았으니, 차면 떠나겠다." 하였다.

하루는 귀신이 주인에게 말하기를 "되[升]만한 작은 배를 마련하여 비단 돛을 펼치면 나는 떠날 것이오." 하였다. 주인은 그 말대로 하고 술과 음식을 장만하여 전별하였다. 귀신이 취하고 배불리 먹자, 돛이 저절로 움직이면서 바다를 건너가니, 보는 사람들이 눈물을 흘리지 않는 이가 없었다. 귀신이 홀연 돌아와 말하기를 "내가 처음 유배 올 때, 내 처가 나를 다시 보지 못할 것을 알아서 저고리를 하나 주었소. 내가 시렁 위에 두고 잊어버렸는데 부인의 저고리는 더럽힐 수 없으니 주인이 찾아서 배에 실어주시오." 하였다. 또 말하기를 "내가 북병사에서 해임되어 돌아올 때 철령(鐵嶺) 위에서 모인(某人)을 만났소. 선왕(先王)이 그 사람을 벌하여 전립(氈笠)[75]을 쓰고 적소(適所)에 가도록 명하셨지요. 내가 속으로 가련히 여겨 내 비단 전립을 벗어 주었는데, 지금까지 잊을 수 없소. 그 사람의 아들도 여기에 유배되었다고 들었는데 감히 만나지 못했으니, 저 사람도 이러한 일을 알까요?" 하였다. 말을 마치자, 배가 움직여 다시 떠났다. 주인집 딸은 땅에 혼절해 있다가 배가 돌아가자 갑자기 일어나니 더 이상 조완이 아니었다.

옛날에 자산(子産)이 말하기를 "사람이 태어나서 변화한 것을 백(魄)이라 하고, 백이 생긴 뒤에 그 양(陽)을 혼(魂)이라 한다. 사용한 물건이 풍족하고 정기(精氣)가 많이 길러지면 혼백이 강해지며, 이 때문에 죽은 뒤에도 정상(精爽, 정신)이 있게 된다." 하였다.[76]

조완은 대대로 무인 집안으로 절월(節鉞)[77]을 세우고 부신(符信)과 인

---

75 전립(氈笠) : 짐승 털을 다져 넣어 만든 모자로 벙거지라고도 한다.
76 옛날에 …… 하였다 : 자산은 춘추 시대 정(鄭)나라의 현대부(賢大夫)인 공손교(公孫僑)를 말하는데, 자산은 그의 자이다. 이 말은 『춘추좌씨전』, 「소공」 7년 조에 나오는 내용이다.

끈을 차고서 막중한 삼군(三軍)을 주관하였으니, 사용한 물건이 참으로 넓고 정기가 길러짐이 실로 많았을 것이며, 또 분노와 원망으로 마음속에 절로 불만스러운 점이 있었을 것이다. 그가 비명에 죽자 혼백이 울분이 맺혀 흩어지지 못하고 곧 사람에게 의지하여 영이함을 보인 것이니, 이러한 이치는 실로 속일 수 없다.

<hr />

77 절월(節鉞) : 안찰사가 가지고 가는 부절(符節)이란 깃발과 부월(斧鉞)이란 도끼이다. 부월은 생살여탈권(生殺與奪權)을 상징한다.

우심(牛尋)은 중으로, 외모는 촌스럽고 어리석었다.

화산(華山)의 태고사(太古寺)에서 걸식하며 오래도록 떠나지 않으니 중들이 싫어하여 꾸짖고 군욕(窘辱)을 주었지만, 우심은 늘 하하 웃기만 하였다. 중들이 그가 하는 짓에 더욱 분통이 터져 몽둥이를 들고 때리려 하면, 우심은 곧 달아났다가 며칠 뒤에 다시 돌아왔다.

춘주(春洲) 김도수(金道洙)[78]가 절에서 독서를 하다가 조용히 말하기를 "너는 모욕을 당하고도 어찌 화를 내지 않느냐?" 하였다. 우심이 대수롭지 않게 "본래 영화로움이 없는데 어찌 모욕을 알겠습니까?" 하고는, 곧 또 바보스런 말을 어지러이 늘어놓았다. 김도수가 말하기를 "너는 보통 사람이 아니니, 내게 가슴 속에 쌓아둔 생각을 한 번 털어 놓지 않겠느냐?" 하였다. 우심이 마침내 무릎을 꿇고 앉았는데 하는 말마다 모두 기이하였다.

김도수가 말하기를 "이것이 이른바 아득하여 천하를 잃어버렸다는 것[79]이구나." 하니, 우심이 웃으며 "방훈(放勳)[80]은 자신의 몸을 잃지 않

---

78 춘주(春洲) 김도수(金道洙) : ?~1742. 본관은 청풍(淸風)이고 춘주는 그의 호이다. 음보(蔭補)로 공조 정랑·지례 현감(知禮縣監)·통천 군수(通川郡守) 등을 역임하였다. 저서로 『춘주집(春洲集)』과 『창선감의록(倡善感義錄)』이 전한다.

79 아득하여 …… 것 : 훌륭한 말을 듣고 아무 생각도 할 수 없었다는 말이다. 『장자』, 「소요유(逍遙遊)」에 "요임금은 천하의 인민을 다스렸고 천하의 정사를 통할했다. 그런데도 멀리 막고야산 분수 북쪽에 가서 네 명의 신인을 만나보고는 그만 멍하니 천하를 잃어버렸다. (堯治天下之民, 平海內之政, 往見四子, 藐姑射之山, 汾水之陽, 窅然喪其天下焉.)"고 한 말이 있다.

80 방훈(放勳) : 공이 크다는 뜻으로 요임금을 지칭하는 말이다. 『서경(書經)』, 「요전(堯典)」에 "옛날 제(帝)였던 요(堯)를 상고하건대, 공이 크셨다.(曰若稽古帝堯曰放勳.)"라고 한 데서 나온 말이다.

앉는데 어찌 천하를 잃어버렸겠습니까." 하였다. 김도수가 더욱 탄식하기를 "뛰어난 재주로다. 너는 어찌 자신을 초목처럼 버리느냐?" 하니, 우심은 또 웃으며 "저는 이미 제가 있다는 것을 알지 못하는데 하물며 이름과 자취가 있다는 것을 알겠습니까?" 하고는 그 날로 달아났다.

김도수가 일찍이 가야산(伽倻山)에서 노닐다가 의눌(義訥)이라는 중을 만나 자세하게 말해주니, 의눌이 놀라며 "그 중이 이 산에 3년 동안 상주하였는데, 기이한 중이라는 것을 아는 사람이 없었습니다." 하였다.

준수좌(儁首坐)는 어떤 중인지 알지 못하는데, 가야산에 살면서 스스로 준수좌라고 하였다. 수좌는 중 가운데 장로(長老)를 일컫는 것이다. 외모는 나무에 난 옹두리 같고 목소리는 어린 송아지 같았으니, 절의 중이 해괴하게 여겼다.

베옷을 입은 한 선비가 절에 왔는데, 기상이 높이 솟고 고개를 돌리면 광채가 흐르며 말소리는 크고 밝았다. 마침 청암(靑庵)의 경도(經徒)[81] 6, 7명이 와서 뵈었는데, 선비가 끊임없이 불경(佛經)을 말하니 경도들이 서로 돌아보며 혀를 내둘렀다. 준수좌는 동쪽 요사(寮舍)에 앉아서 졸다가 하품을 하며 일어나 선비와 대화를 나누었다. 옆에 있는 사람들은 망연해져 무슨 말을 하는지 알지 못하였으며, 포시(哺時)[82]부터 시작하여 깊은 밤이 되었다. 선비가 일어서더니 꿇어앉아 인사를 하였고, 준수좌는 단정히 앉아 움직이지 않다가 갑자기 둘 다 일어서 나가 누대 가에 이르렀다. 때는 마침 중추(中秋)라 산은 텅 비고 달은 밝으며 모든 소리가 고요한데, 다만 흙으로 만든 인형처럼 묵묵히 서로

---

81 경도(經徒) : 불경(佛經)을 공부하는 무리라는 의미로 보인다.
82 포시(哺時) : 오후 3시부터 5시까지를 가리키는 말로, 신시(申時)라고도 한다.

바라보기만 하였다. 새벽녘에 선비가 홀연 낭랑하게 읊조리니 가락이 마치 『금강경(金剛經)』의 게송(偈頌)같았지만 그 말을 이해할 수 없었다. 다음날 아침 둘 다 어디로 갔는지 알 수 없었다.

호걸스런 사람이 때때로 기운을 펼치지 못하면 세상에 울분을 품고 시속(時俗)을 미워하여 바른 길을 잃는 슬픔을 돌아보지 않은 채 차라리 스스로 불가에 의탁해 물외(物外)에 자취를 감추고서, 혼탁한 세상에 빠져 스스로 더러운 물에 함께 휩쓸리려 하지 않았다. 그러니 그들이 기이한 중으로 일컬어진 것은 그들의 뜻이 아니다. 가령 성인(聖人)이 일어났다면 저들은 모두 제자의 반열에서 대도(大道)를 들을 수 있었을 것이고, 그렇다면 필시 훌륭하게 학문을 성취하였을 것이다. 나는 일찍이 『논어』, 「미자(微子)」편을 읽은 적이 있는데 대부분 은둔한 사람을 거론하였으니, 성인이 광견(狂狷)한 선비[83]를 생각한 것은 또한 까닭이 있어서이다.

---

83 광견(狂狷)한 선비 : 광은 뜻이 높은 반면 행동이 미치지 못하는 사람을 말하고, 견은 지식은 부족하지만 자신의 행동을 잘 단속하는 사람을 말한다. 『논어』, 「자로(子路)」에 "중도(中道)를 행하는 사람을 얻어 그들과 함께 할 수 없다면 반드시 광자나 견자와 함께 하겠다.(不得中行而與之, 必也狂狷乎.)"라는 말이 있다.

권극중(權克中)[84]은 본관이 안동이다. 문장에 능하였고, 고부(古阜)의 천태산(天台山)에 은거하여 단약을 제련하며 나오지 않았다. 후에 좌화(坐化)[85]하니 무지개가 그의 집에서 나와 위로 하늘을 비추었다. 『참동계(參同契)』를 주해(註解)한 책이 세상에 전해진다.

이덕우(李德宇)는 본관이 안변(安邊)이다.

처음에는 덕원(德源)에 거주하였으며 장가들어 딸 하나를 낳았다. 이덕우는 일찍이 자기 아내가 옷을 벗고 다른 사람과 사통하는 것을 덮쳐서 잡은 적이 있었다. 사통한 자가 머리를 조아리며 목숨을 구걸하자, 이덕우가 웃으며 말하기를 "내가 어찌 이 일로 너를 죽이겠느냐. 너는 내 아내를 원하느냐? 너에게 줄 터이니 데리고 가거라. 전답과 집도 다 네게 주겠다. 다만 내 딸은 네 자식이 아니지만 네가 불쌍히 여겨야 할 것이다." 하였다.

딸이 장성하여 시집갈 곳을 정하자 곧바로 떠나 황룡산(黃龍山) 속으로 들어가 암자를 지어 살았다. 매양 큰 도끼를 허리에 차고 산에 들어

---

84 권극중(權克中) : 1585~1659. 자는 정지(正之), 호는 청하(靑霞), 본관은 안동이다. 김장생(金長生), 조찬한(趙纘韓)의 문하에서 수학하였다. 1612년(광해군4) 진사시에 합격하였으며 잠시 태학(太學)에 유학하였으나 곧 낙향하였다. 그 무렵 인목대비의 폐출소식을 듣고 크게 낙담하여 은둔의 삶으로 기울어지게 되었다. 그 뒤 정두경(鄭斗卿)·이식(李植)·임전(任錪) 등과 교유하는 한편 내단사상(內丹思想)에도 침잠하였다. 저서로『청하집(靑霞集)』·『참동계주해(參同契註解)』 등이 있다.

85 좌화(坐化) : 원래는 불교에서 앉은 자세로 입적하는 것을 말하는데, 여기서는 수련하여 앉은 채로 신선이 되었다는 말이다.

가 소나무를 베어 팔아 돈을 얻으면 때로 아내와 사통한 자에게 보내서 자기 딸을 기르도록 하였다. 이덕우가 이따금 만나러 가면 그 사람이 감동하여 잘 대접하였다.

이덕우는 더 연로해지자 다시 산꼭대기에 흙집을 짓고 매일 한밤중에 일어나 북두성에 절을 하였다. 호랑이와 표범 등이 그 집을 에워싸며 지켰고 밤에 와서 아침에 갔으며 길에서 이덕우를 만나면 반드시 피하고 숨었다. 한 번에 쌀 한 말을 먹었고 또한 며칠 동안 아무 것도 먹지 않을 수 있었다. 나이 80여 세에 층층 절벽을 날듯이 오르내렸다.

선학(禪學)이 우리나라에서 성행한 것은 단학(丹學)이 유행한 뒤였다. 우리나라의 단학은 김가기(金可紀)[86]로부터 시작되었다. 김가기가 당(唐)에 들어가 정양진인(正陽眞人)[87]을 만나 금단(金丹)[88] 제련하는 비결을 얻어 우리나라로 돌아오면서 번갈아 서로 전수하게 되었으니, 근원과 유파가 매우 분명하다. 선학이 성행하면서 단학이 점차 사라졌으니, 저

---

[86] 김가기(金可紀) : ?~859. 신라 문성왕(文聖王) 때의 도사(道士)로, 당나라 문종(文宗) 때 최승우(崔承祐)·자혜(慈惠, 의상대사)와 함께 당나라에 유학하였으며 빈공과(賓貢科)에 급제하여 진사가 되었다. 일찍이 종남산(終南山)에 놀러갔다가 광법사(廣法寺)에서 정양 진인(正陽眞人)을 만나 단(丹) 공부를 배워 3년 만에 신선의 길을 걷기 시작했다고 전한다. 858년(헌안왕2) 소(疏)를 올려 자신이 옥황상제의 부름을 받아 영문대시랑(英文臺侍郞)이 되었는데, 이듬해 2월 15일에 승천할 것이라 하므로 당나라 선종은 이상하게 생각하던 중 과연 그 말대로 그 날짜에 승천하였다 한다.

[87] 정양진인(正陽眞人) : 이름은 종리권(鍾離權)이다. 당나라 함양인(咸陽人)으로, 자는 운방(雲房), 호는 정양자(正陽子)이다. 중국의 팔선(八仙) 중 한 사람으로 일컬어진다. 허균의 『성소부부고(惺所覆瓿藁)』, 「남궁선생전(南宮先生傳)」에 의하면, 신라 의상대사가 중국에 들어가 정양진인을 만나 『황제음부경(黃帝陰符經)』·『참동계(參同契)』·『황정내외경(黃庭內外經)』 등 도교 관련 서적을 받아왔다는 기록이 있다.

[88] 금단(金丹) : 도가에서 제조하는 장생불사약이다.

들 또한 둘 다 성행할 수는 없었던 것이다.[89]

이덕우는 단학을 터득하지 않았으나 장수하고 건강하였다. 그가 득도한 이유는 알 수 없지만 아마도 기(氣)를 넉넉하게 받았기 때문인 듯하다.

---

89 둘 다 …… 것이다: 원문은 '막능양대(莫能兩大)'인데, 『춘추좌씨전』, 장공(莊公) 22년에 "사물의 이치는 두 개의 사물이 동시에 강대할 수는 없다.(物莫能兩大.)"라는 구절이 보인다.

부록

『초사담헌(草榭談獻)』 1 원문

1 崔致遠 / 新羅王子

崔致遠, 字孤雲, 黃州人.

年十二, 隨海舶朝唐, 乾符元年登第, 年二十八爲侍御史內供奉, 賜紫金魚袋. 黃巢叛, 都統高駢辟爲從事, 爲駢檄聲巢罪, 徵諸道兵討之. 由是, 名聞天下. 致遠見天下已亂, 心懷思東歸, 光啓元年, 充詔使還, 事新羅, 爲翰林侍讀學士兵部侍郎知瑞書監事.

唐素以聲律取士, 韓偓 · 杜荀鶴之徒皆以文章名. 然儷文推致遠爲妙. 所著桂苑筆耕二十卷載唐書.

致遠旣歸, 金氏政亦衰, 弓裔叛於北原, 甄萱叛於全州. 眞聖女主淫亂, 惡隱士王巨仁譏國政, 囚欲殺之. 小人蒙蔽, 忌致遠貞直, 出爲泰山 · 富城二郡太守. 致遠自仕唐至歸本國, 皆遭世亂, 迍邅蹇連, 動輒得咎, 自傷不遇, 好自放於山海之間. 慶州南山 · 剛州氷山 · 陜川淸凉寺 · 智異山雙溪寺 · 合浦別墅, 皆置臺榭, 植花果松竹之屬, 喜逍遙自適.

乾寧元年, 上書言國危, 陳便宜十事, 主不能用. 乃入伽倻山海印寺, 與母兄浮屠賢俊及定玄師爲道友, 從之遊, 一朝脫其冠與屨, 遺之林中, 不知所終. 自致遠自唐還二十二年唐亡, 入伽倻山中二十九年新羅亡.

六朝事迹: "雙女墳記曰, 鷄林人崔致遠, 乾符中補溧州尉. 嘗憇于招賢館, 前有塚曰雙女墳, 詢其蹟, 莫有知者, 因爲詩吊之. 是夜二女前謝曰: '兒宣城郡開化縣馬陽鄕張氏二女. 少好文章, 以才情聞. 父母嫁爲塩商婦, 憤恚以死, 天寶六年, 同葬于此.' 燕語至曉而別. 在溧水縣南一百一十里."

新羅王子, 失其名, 敬順王金傅子也.
王國弱土蹙, 議欲降高麗, 王子曰: "國之存亡天也. 當與忠臣義士, 以死自守, 豈可以社稷輕與人乎?" 王不聽, 使金封體賚書請降高麗. 王子哭辭王, 擧其僚屬入金剛山玉鏡峰, 倚巖爲屋, 麻衣草食終其身. 入山時石城今存.

慶州之南, 有上書庄, 世稱致遠上書王氏所. 然致遠好高節, 豈爲王氏陰贊耶? 殆言王氏將興, 以戒新羅之君臣也. 後人不知, 以爲上書王氏也. '王氏贈內史令文昌侯, 從祀國學, 豈亦德致遠陰贊哉!' 殊不知致遠之心也.
王子之入山, 北地王諶後一人也, 金傅豈不知愧哉?

2 苜蓿政丞 / 王·白二尙書

苜蓿政丞, 弓裔時人.
芝峯李晬光曰: "故老云: '弓裔時宰相辰起明者, 弓裔無道, 托疾不仕, 自號苜蓿軒.'" 意是也, 然未詳. 鐵原弓裔故都也, 府北之楓川原, 有宮闕遺址, 其傍近有苜蓿政丞墓, 相傳苜蓿軒也.

王·白二尙書, 失其名.
廣州退村, 有杏陽里, 州人言: "王·白二尙書當國家顚覆, 相與退居于此, 接屋爲隣, 種杏數百株. 退村·杏陽之名以此." 至今其里多杏.
其前嶺曰望主嶺, 二尙書月朔所北望痛哭處也. 杏陽東十餘里, 卽楊根地也, 有洗耳亭, 又少東江上, 有王忠里, 差南有歸農浦. 皆前朝遺老之所居, 其人皆不傳. 歸農浦, 後變爲九雲浦, 音之訛也.

殷之末, 伯夷餓死於首陽山, 箕子東出朝鮮. 傳曰: "太上達節, 其次守節." 伯夷・箕子聖者也, 猶守節, 況不及伯夷・箕子而能達之乎! 苜蓿政丞及王・白二尙書, 殆守節之徒也, 惜乎! 其名不傳也.

不朝峴・杜門洞, 皆在松都. 太祖大王遷都漢陽, 麗朝大姓七十餘家不從, 入杜門洞. 惟曹義臣・林先味・孟姓人傳之, 然孟又佚其名. 正宗癸卯, 立祠賜額曰表節, 春秋祭祀不絶也.

3　大朗慧 / 智證 / 慧昭

大朗慧和尙, 新羅武烈王八世孫也.

嘗遊中原佛光寺, 問道於如滿. 如滿, 白居易空門友也, 輒爲朗慧屈曰: "吾閱人多矣, 無如子之善者. 禪道其東乎!"

去謁寶徹和尙, 寶徹曰: "昔吾師馬和尙訣我曰: '春蘤繁秋實寡, 攀道樹者非所咤. 今授若印, 異日徒中有奇功者封之. 東流之說, 盖出釣識, 彼日出處善男子, 根殆熟矣.' 師言在耳, 今付若印."

武宗會昌五年, 沙汰僧尼, 敕外國僧歸本國, 朗慧隨使舶歸, 住錦城之熊川寺. 憲安王卽位乞言, 對曰: "孔子對魯公之語具在."

景文王卽位, 召朗慧至京而師之, 嘗問曰: "劉勰文心雕龍: '滯有守無, 徒銳偏解, 欲詣眞源, 其般若之絶境.' 敢問絶境云何?" 對曰: "境絶則理亦無. 斯印也默行爾." 後館深妙寺, 王不豫召朗慧, 朗慧曰: "山僧及王門, 知者謂'聖住爲無住', 不知者謂'無染爲有染'. 然顧與王有香火因緣, 忉利之行有期矣, 庸無訣乎!" 遂詣王.

王薨, 憲康王卽位, 泣留朗慧無遠去, 朗慧曰: "古之師則六籍在, 今之輔則三卿在. 山僧何爲者, 蝗蟲桂玉哉! 以三言獻之曰'能官人.'" 翌日遂行. 王嘗問何以益國, 朗慧以何尙之以心聲對宋文帝者爲對. 王覽之曰: "三畏比三歸, 五常均五戒. 能踐王道, 是符佛心. 大師之言至矣."

是時唐僖宗以黃巢之亂入蜀, 王將使使奔問, 邀朗慧爲天子徹福. 王曰: "昔文考爲舍瑟之質, 今寡人忝避席之子. 繼體得崆峒之請, 服膺開混沌之源." 王雅善華言, 發口成儷語. 朗慧退謂王孫蘇判鎰曰: "昔人主有有遠體而無遠神者而吾君備, 人臣有有公才而無公望者而吾子全, 國其庶乎!"

以文德元年沒, 僧臘八十九. 眞聖王謚曰'大朗慧', 塔曰'白月葆光'.

朗慧性恭謹, 語不傷和氣. 諭生徒曰: "彼所啜不濟我渴, 彼所噉不救我餒, 盍努力自飮且食!" 凡所營葺, 役先衆人, 每言: "祖師嘗踏泥, 吾豈暫安棲!"

智證大師, 姓金氏, 王都人, 號道憲, 字智詵.

母夢一巨人曰: "僕昔勝見佛季世爲桑門, 以嗔恚故久墮龍報. 報旣矣, 當爲法孫." 因有娠.

長慶甲辰生, 儀狀魁岸. 九歲喪其父, 哀毀幾滅性, 有追福僧憐之, 喩曰: "幻體易滅, 壯志難成. 昔佛報恩有大方便." 智證仍感窹轍哭, 白母請爲僧, 不許, 卽亡去, 入瑞石山. 年十七, 受具始就壇. 覺袖中有神光, 探之得一珠.

景文王寓書曰: "伊尹大通, 宋纖小見. 以儒譬釋, '自邇陟遐'. 旬邑巖居, 頗有佳所, 木可擇矣, 無惜鳳儀." 選近侍中可人, 鵠陵昆孫立言爲使. 旣宣敎, 因遂乞爲弟子. 答曰: "修身化人, 舍靜奚趣."

獻康王召見于月池宮, 時月色甚明, 正當池中. 智證俯而覰, 仰而告曰: "是則是, 餘無所言." 王洗然契悟, 遂拜爲忘言師. 師欲行, 王請少停, 對曰: "謂牛戴牛, 所直無幾, 以鳥養鳥, 爲惠不貲. 請從此辭." 王喟然以韻語歎曰: "挽旣不留, 空門鄧侯. 師是支鶴, 我非趙鷗."

中和壬寅, 泊然而逝, 僧臘五十九. 王賜謚智證, 塔號塔照.

慧昭, 姓崔氏. 其先隋人, 從征遼, 沒驪貊, 遂爲全州金馬人.

母夢一梵僧謂曰: "吾願爲阿㜷子." 因寄琉璃罌, 未幾娠生慧昭. 自爲兒戲, 必焚葉爲香, 採花爲供, 或西向危坐, 未嘗動容.

貞元二十年, 爲榜人, 隨貢使渡海, 行至滄州, 謁神鑑大師, 師卽怡然令受誠. 慧昭形貌黯然, 衆呼爲黑頭陀. 元和五年, 受具於嵩山少林寺琉璃壇, 其母所夢琉璃罌者始驗. 遂入終南山, 食松實而習禪.

大和四年還本國, 聖德王迎之曰: "彌天慈威, 擧國欣賴. 寡人行當以東鷄林之境, 成吉祥之宅."

慧昭自尙州長柏寺, 至康州智異山花開谷, 得三法和尙蘭若之址, 修堂宇而居之.

愍哀王立, 降璽書別求見願, 慧昭曰: "在勤修善政, 何用願爲?" 使復于王, 王愧悟以爲'色空雙泯, 定慧俱圓', 賜號慧昭, 避聖祖諱, 易照爲昭.

晚居南嶺之麓, 將逝告門徒曰: "萬法皆空, 吾將行矣. 無以塔藏形, 無以銘紀跡." 逝時法臘七十七. 于時天無纖翳, 忽風雷起而豺狼號咽, 已而紫雲翳空, 空中有彈指聲.

慧昭性不散樸. 每王人傳命遙祈法力, 則曰: "凡居王土而戴佛日者, 孰不傾心護念, 爲君貯福! 何必遠紆綸言於枯木朽株!" 或贈胡香, 以瓦載糠灰, 不丸而焫之曰: "吾不識是何臭. 處心而已." 或贈漢茗爲供, 以薪炊石釜, 不屑而煑之曰: "吾不識是何味, 沾腹而已." 守眞忤俗皆此類. 雅善梵唄, 音調爽快, 東國習魚山之妙者宗之.

献康王追謚眞鑑禪師, 塔號太空虛.

智證等, 新羅三名僧也, 崔致遠並爲之銘. 自新羅至高麗, 崇尙佛法, 王子爲僧, 公主妃嬪聽法. 麗末儒學之士如圃隱・牧隱磊落相望, 然未能悉闢之, 如道詵・無學之說, 或行於搢紳間. 及至我朝, 儒學大起, 僧徒不期斥而自斥, 佛宇並摧殘毀壞, 物盛則衰, 固其勢也. 三名僧皆有禪理, 如朗慧能引聖人之言以訓王, 亦奇哉!

4 **南乙珍 / 趙瑜 / 李陽昭**

南乙珍, 宜寧人.

事高麗, 爲參知門下府事, 王氏政亂, 棄歸楊州之沙川縣, 躬耕以自給.

其從子曰在, 佐太祖開國爲元勳. 太祖問在曰: "卿叔父安在?" 在對曰: "在沙川", 上下令楊州徵之. 乙珍辭不起, 被髮逃之紺岳山中, 與世相絶. 太祖知其不可奪,環其所居而封之, 號曰'沙川伯.' 後人刻其像於石室, 且俎豆以祀.

趙瑜, 淳昌人.

有至行, 幼喪母, 能致哀謹禮, 居後母憂亦如之. 父沒, 躬負土以葬之. 高麗之末, 士大夫不行三年之喪, 獨瑜與冶隱先生吉再・圃隱先生鄭夢周行之.

始以進士及第, 事高麗, 至副正. 高麗亡, 國朝屢以官徵之, 至檢校漢城尹, 皆不就. 世宗嘉之, 表其閭曰'孝子前副正趙瑜之門.' 其書麗朝官者, 示不臣之, 以成瑜之志也. 後徙順天之謙川, 湖南人俎豆之.

瑜子崇文節度使, 崇文與成三問等俱死.

李陽昭, 字汝建, 順天人, 高麗代言師古子. 以太宗誕降之歲丁未生, 以洪武壬戌中司馬, 亦太宗榜也, 由是益歡好相得.

及麗朝革, 遯于漣川之陶唐谷中, 太宗三年求得之, 爲置酒其家, 枉駕自迎. 陽昭叙微時事甚悉, 上卽爲詩曰: "秋雨半晴人半醉", 命陽昭賡之. 卽對曰: "暮雲初捲月初生." 月初生者, 上微時幸姬名也. 上下床握陽昭手曰: "子眞余故人也." 將返欲與陽昭俱, 固辭不就, 卽除谷山郡守. 初陽昭從上讀書谷山山中, 嘗戲言: "我欲爲此郡, 得復見舊遊時山川." 上之除以此. 陽昭又不起, 上嘉之, 名其山曰'淸華', 取伯夷之淸及希夷之太華也. 且爲陽昭作宅山下, 額曰'李華亭.' 昭陽不居之, 移搆茅屋於林中, 扁曰'安分堂', 手植文杏於庭, 鼓琴自娛, 自號琴隱. 臨沒自書旌曰'高麗進士李陽昭', 恐其沒後書本朝官也. 上歎曰: "生而不可屈, 死當成其志." 贈諡淸華公, 賜葬地以葬.

勝國守節之士, 多在本朝勳舊家. 勳舊早知天命所歸, 得歸依眞主, 以靖禍亂, 助太平無疆之福. 獨守節者不樂是也. 寧困苦窮約, 與木石而塊處, 不願立聖人之朝, 與功臣爲伍. 盖洛邑頑民之志也, 不有是也, 亦何以光革除之際哉!

5 　李慶流 / 尹安國 / 尹淳

李慶流, 字長源, 韓山人. 牧隱之後, 慷慨有志節, 擧文科爲禮曹佐郎.

萬曆壬辰, 倭寇急, 朝廷遣將守鳥嶺, 以慶流差從事官, 屬助防將邊璣. 璣逃, 又隨李鎰於尙州, 鎰亦軍潰而逃, 獨慶流與從事朴篪 · 尹暹戰死.

魂歸家據靈座, 告家中吉凶如響. 時大夫人在而子稽年四歲, 每定省如常, 日敎授稽甚勤. 大夫人請見其形, 魂曰: “恐母氏之慽也.” 屢言之, 形遂見, 卽被兵狀也. 大夫人痛哭幾絶, 魂叫甦救護曰: “固慮是也.”

稽當痘, 痘劇, 醫曰: “洞庭橘可醫, 顧何由致之?” 魂曰: “苟可已之, 吾能得之!” 須臾以十餘枚至, 疾得愈.

魂忽辭家人曰: “吾去矣, 化生他處, 又幾年化生於中國江南地, 當復至故國.” 魂自是無驗. 子孫記其語.

英宗壬申, 淸副勑吳達聖來, 其籍江南也, 又年甲相符. 李氏欲見達聖, 或曰: “其事靈怪, 且邦禁也, 不可.” 而止.

尹安國, 字定卿[1], 楊州人. 擧文科, 爲觀察使.

崇禎己巳, 遼藩陷虜, 朝貢路絶, 使臣浮海至登 · 萊, 以達于皇都者十餘年. 自袁崇煥督師, 以爲內地宜禁, 改貢路, 由覺華, 經旅順口 · 鐵山觜, 至寧遠衛, 所過皆險礁也.

安國以刑曹參議, 進賀京師, 至寧遠前淹死. 家人嘗見安國盛騶從從外至, 皆羅拜迎之. 安國卽下馬入家廟, 遂寂然, 而騶從亦滅. 旣而安國坐室架上, 自言船敗時事甚詳, 且家中憂慶及奴婢詐僞皆奇中, 授書其子如常日.

尹淳, 字和仲, 海平人.

以筆名, 時人謂白下體. 與兄游友愛甚篤, 俱顯達于朝.

---

1 定卿 : 원문에는 공란으로 되어 있는데, 박세당(朴世堂)의 『서계집(西溪集)』 권9, 「강원도
　관찰사윤공묘지명(江原道觀察使尹公墓誌銘)」의 기록에 의거하여 보충하였다.

及游沒, 嘗孤坐懷思, 泫然泣下. 時夜久月沈, 傍御皆睡, 忽聞呵導聲, 至門視之, 卽游也. 淳迎拜號哭, 遊止之曰: "毋悲! 余方在左峀國爲顯職, 如我朝戶禮曹兼帶者也." 游素嗜水茄, 時盆茄離離徧庭. 游曰: "地下雖好, 恨無此爾." 淳呼左右摘以進之, 辭去. 朝視盆茄, 果亡如其數, 摘痕液皆溢.

靈怪雖不經, 亦不可無其理也. 或養氣太剛而凝結不散者, 往往顯其靈. 或曰魔也, 然彼皆君子也, 豈妖魅昏妄之物所敢託乎!

6 鄭希良 / 朴枝華

鄭希良, 字淳夫, 號虛菴, 海州人.

好爲潔淸, 博文學, 尤深於易. 弘治八年, 選進士壯元.

成宗薨, 故事國有大喪, 輒作佛事. 希良卽擧諸生言不可, 所言切直, 坐竄海州, 尋釋之. 中文科, 爲藝文館檢閱, 上疏言宮禁事, 亡所諱, 由是直聲重朝廷.

佔畢齋金宗直爲文吊義帝, 其弟子金馹孫書諸史. 柳子光素慍宗直輕己, 發之以爲宗直敢指斥世祖. 由是史官重得罪, 謂希良不告奸, 杖流義州, 移金海一年母沒, 是年得釋, 廬於德水上.

時燕山君荒淫無度, 希良憂傷不自得. 嘗曰: "甲子之禍, 甚於戊午." 遂亡去以絶蹤, 不知所終. 其家踵之, 祖江之壖, 遺其巾屨杖而已, 以爲溺水死. 時五月五日也.

初成宗時, 燕山君母尹氏賜死, 燕山君怨大臣尹弼商·韓致亨等不諫止上, 而反將順之. 會王后弟愼守英密訐負罪者怏怏怨望, 獄大起, 弼商等夷滅, 洪貴達·朴誾·金宏弼·鄭汝昌等皆死. 此所謂甲子之禍也.

文純李先生滉讀易小白山中, 有老僧談易甚善. 先生疑其爲希良也, 問: "釋知鄭虛菴乎?" 曰: "畧知其爲人也." 曰: "世易而禁亦解, 盍出乎?" 曰: "其人者, 母死不終喪, 不孝也, 亡君之命, 不忠也. 不孝不忠, 何以立於世乎?" 先生遂以爲希良也, 欲厚禮之, 釋起去, 不知所之.

朴枝華, 字君實, 號守菴, 旌善[2]人.

少受易於花潭先生徐敬德. 好脩鍊之術, 入金剛七年而返, 弟子問其術, 枝華曰: "此乃遺世獨行者所爲, 非學者先務也." 與北窓鄭礦友善, 礦弟碏師事之.

宣廟癸未, 許篈謫甲山. 其夏有鬼妖, 鉅齒蓬髮, 右握弧左握火. 邑發卒擊皷以 禳之, 枝華聞之曰: "不出十年國大亂, 始於南方." 後十年壬辰倭寇殘我, 七年 乃定.

壬辰之亂, 枝華年八十餘. 子孫相失奔竄, 入壽春史呑, 溺水死. 斫木書曰: "白 鷗元水宿, 何事有餘哀." 技華常守靜, 不以事物經心, 性簡潔, 文章亦如之.

昔屈原自傷其潔淸而不遇楚君, 投汨羅之淵, 君子謂之'忠之過'也. 若鄭希良之 投江, 豈屈原之志也歟! 或者疑其不死.

中宗之世, 羣賢並進, 靜菴先生爲大司憲柄用, 金湜爲大司成, 金淨爲刑曹判書. 而希良獨不出, 豈逆知乙卯之禍者歟! 朴枝華之沈淵, 亦傷時之意也, 古所謂水 仙者近之.

7　南師古 / 鄭斗

南師古, 英陽[3]人, 家仙槎縣.

有異術, 當明宗時, 謂判書權克禮曰: "朝廷當分黨. 且有倭亂, 辰歲變作, 尙可爲 也, 巳歲變作, 不可爲也." 東西黨果分, 而倭以壬辰冦我. 又云: "王氣在社稷洞." 且指泰陵之麓曰: "明歲其東封泰山乎!" 宣祖潛邸在社稷洞, 由是而承大統, 文 定王后薨, 葬泰陵.

嘗過榮川, 宿雨初收, 白雲橫帶於小白山下, 望之有喜色. 人問之, 曰: "此祥雲

---

2 旌善: 원문에는 공란으로 되어 있는데, 유신환(兪莘煥)의 『봉서집(鳳棲集)』 권7, 「수암박 공묘지(守庵朴公墓誌)」의 기록에 의거하여 보충하였다.
3 英陽: 원문에는 공란으로 되어 있는데, 김하구(金夏九)의 『추암집(楸菴集)』 권6, 「격암남 공묘갈명(格菴南公墓碣銘)」의 기록에 의거하여 보충하였다.

也. 兵燹將作, 在山下者得安, 豊基 · 榮川, 卽福地也.” 後倭冠由鳥嶺, 榮川 · 豊基距鳥嶺纔百餘里, 倭終不入.

師古嘗葬其親, 輒曰: “穴亡嗣.” 移之至十, 皆不吉, 乃大哭而不移, 果亡嗣.

爲讖言: “蠭目將軍起自西方.” 後李适叛於寧邊, 乃蜂目也.

鄭斗, 晉州人. 居晉之東山, 人稱曰東山翁.

有至性, 隱居不售於世. 平生恥匿過而爲名, 且善徇俗, 人莫之奇也. 獨土亭李之菡見之歎曰: “高士也. 江右惟此一人而已.”

晉之人相傳, 斗有異方, 能通鳥獸語, 入山中歈律, 鳥獸來馴.

及沒, 命其子曰: “葬我東山之傍. 至某歲, 若當死而無收者, 亦遺骨于此.” 及壬辰, 其子遇屠掠, 死墓傍, 其言果驗.

斗蓋魁梧奇偉, 托外物以自戲, 其文亦不離於濂閩學者.

世所稱異術, 皆無益也. 福不可倖求, 禍不可倖逃, 吉不可倖獲, 凶不可倖逃. ‘夭壽不貳以俟命’者, 聖人豈欺我哉!

南師古嘗望東海而歎曰: “我東之憂, 從此殷矣.” 乃豊臣秀吉始生之日也. 其明於星象如此. 其葬親也, 十改其葬, 終亡嗣. 其於命何哉!

8　權吉 / 申吉元

權吉, 字應善, 安東人, 文忠公近六世孫也. 以蔭補官爲尙州判官, 廉潔有異政. 壬辰四月十三日聞倭警, 卽發兵. 十五日夜, 巡察使金晬傳檄言牧使以兵救東萊, 判官守州城. 十七日, 節度使金誠一至, 詰吉不赴敵曰: “牧使老使酒, 不可付軍事. 判官促赴陜川.” 吉卽與母弟訣, 令州民徐誼攝判官事, 領軍二千餘人守州城. 十八日發兵至高靈.

牧使金澥軍已潰, 澥還謂守城軍曰: “賊在後, 其鋒不可當, 若等速去. 不者死.” 遂亡. 誼雖欲守軍散. 而吉軍尋亦潰, 吉還至州, 虛無人, 從者饑不能興. 吉覓釜鐺, 自炊與之飯, 且吹角聚兵, 吏民從山谷中稍稍來集, 遂求得澥.

謂曰: "吾兩人食祿二十餘年, 一朝背恩圖生, 可乎?" 瀞仰天不答. 吉哭曰: "公縱不欲爲國一死, 獨不念妻子乎!" 遂自書姓名於衣襟中以志之, 收散卒可七百餘人.

巡邊使李鎰至, 見州城不可守, 欲移軍安東. 吉爭曰: "公欲以賊遺君父乎?" 強鎰陳城外川上. 二十五日日午, 倭十餘萬迫之, 鎰走軍潰. 官奴福守抱吉腰乞避, 吉不可, 北向四拜, 被倭刃死. 福守及州吏朴傑俱死.

家人不得屍, 葬其衣冠. 瀞不卽報, 朝廷未知也, 贈恤不行. 州人趙靖陳其狀, 吉子譚又陳疏籲冤, 遂贈左承旨.

申吉元, 字慶初, 平山人, 壯節公崇謙之後.

以國學薦, 補爲聞慶縣. 壬辰倭陷東萊而前, 聞慶其要衝也. 卽馳之大邱觀察營, 欲議兵事, 道聞府城陷, 還之縣方治兵食.

倭已壓境, 吏民競請吉元避之. 吉元罵曰: "吾守土臣也. 捨封彊而安往!" 卽整衣冠佩印坐. 倭至露刃問曰: "能馳馬否?" 曰: "我儒者. 安能馳馬!" 曰: "速降." 吉元擧手指頸罵倭曰: "吾不能斬汝, 汝速斷我頸, 毋汚我!" 倭怒先斫一臂以脅之, 吉元罵不絶口, 遂剚之, 四月二十七日也. 事聞, 贈左承旨.

初崇謙與甄萱戰, 死于大邱之桐藪, 府中人俎豆之. 吉元死, 復配崇謙.

國家有難, 守土者死封彊, 職耳. 然以今所覩聞, 可死不可守. 器械粮餉, 皆齟齬散漫, 士卒皆擾攘不固志, 不可以調, 況可以戰乎! 權吉等徒糜身於鋒刃以報國, 顧安能有所爲哉!

9 林懽 / 宋齊民

林懽, 字子中, 號習靜, 羅州人. 中進士.

萬曆壬辰, 倡義使金千鎰起義師, 辟懽爲從事, 駐兵江華. 時光海君在遂安, 懽入謁, 三上書請移駕湖南, 以立中興之基. 及還, 潛入倭冠中, 以廟主歸. 明年冠退, 與千鎰踵倭而南, 至尙州病甚, 舁歸鄉里. 聞千鎰入晉州死之, 太息曰: "嗟呼! 丈夫既與人約, 忍使之獨死耶!" 自是絶意於世, 築室海上, 以漁釣自娛.

丁酉倭再動, 統制使李舜臣大破賊鳴梁, 軍于寶化島, 粮絶. 懽卽捐穀數百石瞻之. 倭悉衆北上, 鄕人相聚起義, 往請懽爲將. 懽辭曰: "我負金倡義, 不可復起爲將." 衆曰: "不忘故忠. 忠以濟事, 衆非公莫與也." 懽強應之. 巡察使黃愼以聞, 特拜工曹佐郞.

曳橋之役, 懽守孤頭, 倭猝犯之, 天兵亂, 懽軍獨不動. 自是諸軍號曰'進士軍'. 時天將劉綖以精兵四萬屯順天, 軍容甚盛, 人皆以爲殄倭在朝夕. 懽一見出語人曰: "劉公無戰意, 必以和退." 果然兵罷.

懽爲州縣自試, 然懽素事牛溪先生, 時人方攻牛溪, 懽不得安, 屢以劾去, 屏伏鄕里.

嘗爲千鎰建祠, 請額于朝, 君子曰: "嗜義不倦." 懽以信聞, 金象坤將死托家孥, 天將李義托其愛妾曰: "不于天朝人而于公者, 知公信也." 天將吳宗道還, 亦托遺腹子.

宋齊民, 字以仁, 洪州人.

深於易, 土亭李之菡謂曰: "有一字萬變之理, 子知之乎?" 齊民潛思不得. 後至端石山靜坐久之, 乃悟曰: "此洛書法也, 豈非朱子所謂肇其變數而用之'者耶!"

齊民好弛置自便, 然謹於禮, 閨門斬斬, 雖女子, 必通小學‧孝經‧列女傳.

嘗斬淫祠木爲舟, 遊海島中, 村人事淫祠甚神, 競止之. 齊民不聽, 忽僕夫多立死. 卽爲文責淫祠神, 死者皆甦. 舟成入海, 遇風舟敗路絶, 不食七日而不憂怛, 有船至而亦無喜色, 又猛虎羣而吼, 亦不怖.

壬辰倭冠至, 與梁山璹起義兵. 金德齡其中表兄也, 卽起之, 自入濟州求駿馬而授之. 德齡既起, 賊畏之.

天將楊元屯南原, 齊民往謁元, 元疑倭諜欲殺之. 閔純急言曰: "此東國高士宋齊民也." 元驚起自解縛, 引之座問策. 齊民曰: "公據地不便. 盍移之!" 元不聽而敗.

齊民痛二陵之變, 爲書曰'卧薪記', 以忘讐修好爲辱, 保民養兵爲要, 間以奇謀參錯之. 請道臣以聞, 道臣格不聞. 遂乘舟入海, 以自絶于世, 自號曰海狂, 以終. 子曰柁, 爲倭所執, 載倭船, 奪倭釰, 殺倭殆盡. 一倭泅而引其徒至, 柁自投水死. 子檣與父母避倭山谷, 倭迫, 檣出自林藪走, 故爲倭所得, 以免父母. 既入日本, 倭愛之, 粧美女三人, 使檣擇之, 終不肯擇. 後從信使歸國. 事在權鞸所記, 鞸, 齊民女婿也.

曩時, 湖南多道學文章節義之士, 又磊落不羈如林懽・宋齊民者亦出焉. 是以當島夷之變, 湖南爲國家根本, 卒能成中興之績. 善乎! 齊民之言, 曰:"士不能得時行志, 則寧爲編戶服甸, 以供賦役而已. 何必獻賦求仕哉!" 誠奇士哉!

10 鄭起龍 / 洪季男 / 高彦伯

鄭起龍, 字景雲, 昆陽人. 初名茂壽.
萬曆十四年, 中武科第一人, 宣廟夢神龍起自鐘樓, 飛昇于天, 遣內臣往視之, 茂壽獨至鐘樓下, 倚柱而立. 內臣還白, 上召見之, 奇其狀貌, 賜今名, 補訓鍊奉事. 既而還鄉里, 無所知名.
壬辰聞倭冦入境, 方與鄉人博, 卽下子, 呼曰:"此男子顯名之日也." 博局爲破. 卽從防禦使趙儆爲先鋒, 至牛旨遇倭, 殺五百人. 倭四人持利釰伏叢薄中欲刺之, 釰幾及背, 卽射殺之, 復蹂牛旨, 破倭三峰山下. 已而爲倭所圍, 乃折橡木爲椎, 搏擊之, 倭奴顱骨皆碎, 卽決圍出.
儆懼倭盛, 退保金山秋豊驛, 倭襲執儆欲殺之. 起龍卽拔釰入倭營, 大呼:"倭奴! 無殺我防禦使." 倭益怒, 搤儆抗將刃之, 起龍已躍馬斬倭首, 奪儆而歸, 倭奴望見莫敢犯. 是時起龍母避兵在智異山中, 起龍往省母, 母曰:"王室有難, 汝趣行."
起龍行至昆陽, 昆陽郡守李光岳赴晉州, 令起龍守昆陽, 招諭使金誠一又召起龍爲游兵將. 尙州判官權吉戰死北川, 及誠一爲觀察使, 復啓起龍攝判官保金烏山. 是時倭陷尙州, 或據山陽, 或據中牟, 或據化寧, 殺掠人民.
文莊公鄭經世與州人金光斗・康應哲等, 擧鄉兵與戰敗績, 牧使金澥驅州民入龍華洞, 倭奴將襲屠之. 起龍救之至谷口, 倭已被山, 顧地險不可馳擊之. 乃爲優人, 卽馬上長嘯, 或立或臥或隱或見, 倭競追觀之. 起龍偃旗而奔, 倭盡下平原, 然後建旗疾擊之, 倭敗走僵屍七十里, 尙州民皆得全.

未幾, 倭自中牟趨化寧, 起龍發石車多死傷, 倭猶據城不去. 起龍乃發州民四百人, 屯西亭約火攻倭, 圍三面, 唯缺其東, 伏壯士城東栗林. 夜半吹角以爲號, 四百人以火從西亭入, 燒倭廬舍. 倭奴大驚, 從東門走, 栗林兵逆擊之, 斬四百級, 遂復尙州.

十二月與倡義軍破倭唐橋, 又大破於大乘山. 令壯士李希春等數十人分守險阻, 遇倭輒狙擊破之. 皇朝游擊將軍吳惟忠屯尙州, 起龍爲牧使, 遂兼討捕使.

丁酉夏秀吉復叛, 文忠李公元翼開府南方, 與諸將權慄·郭再祐等議置帥, 皆曰: "起龍可." 皇朝游擊茅國器亦言: "起龍有戰勝相." 於是以二十八州兵馬付之. 起龍卽日進軍綠[4]檜田, 遣斥候將李希春等, 夜擊倭竹田中破之, 臨龍潭水, 與倭相持, 殊不利於戰. 乃遣安東稜挺軍伏藪中, 起龍先登與倭戰, 佯敗走, 至理同嶺, 倭果悉衆追之. 起龍乃反旗而戰, 擒其白馬朱衣者, 挾之而馳, 倭望之奪氣. 安東軍出藪中夾擊之, 倭大敗. 元翼聞其捷, 喜曰: "茅游擊善相人矣." 遂擢慶尙左道兵馬節度使.

是時皇朝大將軍麻貴擊淸正於嶺南, 起龍從之, 至慶州當右營. 淸正襲大將軍軍, 起龍引所部三千人破之, 淸正遁, 起龍追至富平驛, 又破之, 遂復慶州. 未幾, 貴屯蔚山, 距淸正營六十里, 起龍復與擺賽爲先鋒, 屢翦倭鋒.

明年春, 大將軍貴還慶州, 起龍獨不返, 與倭戰. 淸正悉引兵圍之, 起龍躍馬潰圍而出, 淸正戒其衆曰: "此敢死軍也, 無輕犯."

初皇朝總兵李梲繫麾下兵, 與起龍俱擊倭沙斤驛, 梲中丸死, 麾下軍七百餘人詣貴, 叩頭請願屬起龍. 貴具奏以聞, 詔以起龍爲總兵官, 使將梲軍. 其九月, 從大將軍董一元, 以重兵擊沈安頓吾于泗川. 一元不戰, 起龍固請進兵, 一元感之,

---

4　綠: 원문에는 '絲'로 되어 있으나, 이현일(李玄逸)의 『갈암집(葛庵集)』 권29, 「보국숭록대부삼도수군통제사오위도총부도총관정공시장(輔國崇祿大夫三道水軍統制使五衛都摠府都摠管鄭公諡狀)」 등의 기록을 참고하여 수정하였다.

以步兵二千騎一千授起龍爲先鋒, 直抵城下擊破之, 斬一百三十級. 會火發于
彭信古之軍, 軍大亂, 倭乘之多死傷. 一元欲收兵復戰, 信古詑言起龍軍又陷沒,
一元信之還星州. 然起龍軍未嘗敗也.

倭奴平, 辭節度使還鄕里. 後爲三道水軍統制使以卒. 年六十一, 謚忠毅.

洪季男, 南陽人. 其父曰身修, 壬辰倭大入, 身修在安城, 起兵擊之. 身修四子曰
震・霽・電・雷, 而季男其庶也.

季男素以驍武稱, 從使臣爲裨將, 入倭悉其情而還. 巡邊使李鎰方出師, 募季男
爲麾下, 鎰敗復從申砬於獉川. 砬敗馳至京, 上已西幸平壤, 身修與其四子方距
賊於鎭川鬘頓嶺. 季男追至軍, 夾擊破之. 從者三千餘人, 遂築壘于安城南木村
而據之.

賊踰鳥嶺, 達于王京, 有二路. 北則由驪州・楊根而至東門, 南則由竹山・陽
智・龍仁而至南門, 皆築營壘相屬, 以相傳報. 季男擊南路賊, 多殺傷, 賊大挫,
由是不敢踰木村而南. 自陽城至內浦, 民皆安堵者, 季男之力也. 季男語人曰:
"吾備諳倭狀, 倭易與耳." 每戰身先士卒. 嘗中丸, 裹創而戰, 卒得斬放丸者, 倭
畏之, 相語必洪將軍.

以功擢水原判官, 會身修擊竹山賊死之. 季男兄弟五人, 衝殺倭陣, 取其屍而歸,
倭不敢格. 上特命起復, 除畿湖助防將, 且令道臣勸食肉. 季男涕泣不食, 一軍
感之.

癸巳秋, 拜永川郡守, 兼助防如故, 與節度使高彦伯軍慶州. 尋與金德齡擊東萊
倭, 齊躍馬挺釖試藝於海上, 倭氣奪不敢出, 遂還. 賊猝入慶之安康縣, 掠男女
五千人而去, 諸將莫敢擊. 季男奮曰: "安有見賊掠我境而不之擊乎!" 卽出擊盡
奪之還.

季男在郡, 常鍊士卒整器械, 誓報君親之讐. 丁酉卒, 年三十四, 贈判敦寧府事,
又旌其閭.

高彦伯, 喬桐鄕吏也. 中科, 從征叛胡有名.
壬辰之難, 從都元帥金命元, 頗有斬獲功. 自請還楊州圖都城屯倭, 上特拜楊州

牧使, 使護畿內陵寢. 壬辰七月, 彦伯之任, 募壯士據險阻, 時抄零賊, 賊大發兵
搜之. 彦伯善避匿, 賊終不能害. 彦伯伏兵陵寢傍, 賊近輒射殺之. 倭嘗犯泰陵,
爲彦伯所逐, 由是各陵獲安.

京畿監司沈岱屯朔寧, 柳成龍曰: "書生臨陣, 終非所長. 使彦伯將之必有功." 岱
不從而敗. 其九月, 成龍言: "圻路諸將, 惟彦伯可任, 所將只楊州兵, 無以爲力.
請以京畿峽邑兵屬之, 以辦東路賊." 上許之.

癸巳正月, 覘賊, 碧蹄驛南斬倭百餘級. 二月軍官盧松襲倭典農峴, 軍官愼碁·
具忠卿襲賊沙彌里, 多殺傷. 倭從北至屯於道峰之野, 彦伯復揜殺之幾[5]盡. 彦
伯與卒同甘苦, 約束明, 以故圻旬諸帥, 惟彦伯以力戰名.

甲午出爲慶尙左道兵馬節度使, 與惟政擊嶺南倭, 體察使以彦伯明賊情, 輒主
偵探.

亂平還, 後坐事, 死於獄.

鄭起龍等, 皆猛將也, 好以少擊衆. 然每從天兵戰, 未嘗有方面之績. 惜乎! 如而
人者, 早得拔擢, 布列於嶺南州縣, 倭雖欲入, 得乎! 韓子曰: "所養非所用, 所用
非所養." 此誠治平時所當憂也.

11 **李福男 / 任鉉 / 金敬老**

李福男, 字綏甫, 慶州人, 徙羽溪. 少中武科, 每讀古忠臣烈士事, 必爲之流涕.
壬辰春, 爲羅州判官, 倭冠至, 兼本道助防將, 屯熊峴遏倭鋒. 他將敗還, 福男奮
憤, 自馳往擊倭多殺獲, 倭不敢前.

陞羅州牧使, 癸巳九月, 擢湖西防禦使, 行至牙山境, 縣令名官也, 不郊迎. 卽杖
之, 列邑震慴. 甲午拜南原府使兼本道防禦使, 乙未罷, 尋拜全羅兵馬節度使.
丁酉倭冠再猘, 倭將加藤入湖南境, 福男招募湖南義士金克忱等, 置帳下, 分屯

---

5 幾: 원문에는 '畿'로 되어 있는데, 문맥을 고려하여 수정하였다.

豆峙・蟾津, 以捍石曼子・行長. 時天將楊元以兵三千人鎮南原勢縮, 而陳愚衷・張維城在全州, 按兵不救. 元求救於福男, 福男議于衆曰: "南原朝暮必陷, 我不可坐視. 然必無幸, 諸君不可俱死, 願從者從, 不願從者去." 將士爲之泣下, 多散去.

從五十餘騎, 疾馳, 路遇助防將金敬老, 與之俱. 踰飛鴻嶺, 望倭奴圍城. 呼僕隷以頭髮及所着衣授之曰: "我當與此城俱存亡, 以二物歸我家. 城陷日認我死." 卽擊皷吹角, 從南門緩驅入南原城, 賊駭之不敢擊.

福男守北門. 賊設雲梯蟻附而發火器, 福男與戰屢却之. 賊肉薄復進, 城中皆哭. 倭知其急, 攻益力, 且潛諭楊元空城. 夜二更, 倭登南門, 將士民人咸聚于北門, 盡爲倭所殺. 福男還府中, 據椅坐, 元邀與同走. 福男曰: "吾不能從草間求活." 卽自焚死, 年四十三. 家人以頭髮及衣葬之. 贈兵曹判書, 諡忠壯, 又命不祧.

元見城陷卽走, 倭編木束刀釰塞路. 元鞭駿馬, 先走馬皆觸刃仆, 相屬於道, 元卽躍馬騰死馬上而過. 倭羣追之, 馬少疲, 卽易騎而走, 伴使鄭期遠不能從而死. 元卒以棄軍誅.

福男弟德男, 中武科, 與倭戰死金化. 仁男爲南虞候, 殉節關北. 庶叔敬憲・承憲俱從申砬戰死彈琴臺下.

任鉉, 字士重, 豊川人. 少事栗谷・牛溪二先生. 萬曆癸未, 中文科, 爲司諫院正言. 時栗谷已卒, 牛溪被黨人所掎, 鉉退歸鄕里.

壬辰, 聞倭冦至, 上幸義州, 卽奔問行在. 忌者斥補江原都事, 捕斬春川賊四百餘級. 文忠李公元翼・鰲城府院君李公恒福・文翼李公德馨, 咸薦鉉才略可任, 爲咸鏡南道兵馬節度使.

丁酉甫還, 捴兵楊元鎮南原, 請得文武備具者. 上指鉉曰: "此人可." 遂拜南原府使. 時倭復大至, 人多爲鉉憂. 鉉曰: "不辭難, 臣職也." 訣母兄而行.

城旣被圍, 竭力拒戰, 賊至益衆, 以蠟書乞救於陳愚衷張維城, 皆不應. 元遂走, 鉉止之不可, 返要鉉同走. 鉉曰: "我守土之臣, 當死賊." 乃自登埤射賊, 矢盡還至舘, 整衣冠, 北向四拜曰: "臣不能保此城, 臣死有餘罪." 據胡床罵賊, 賊怒刃之. 年五十一.

事聞, 贈議政府左贊成, 旋其閭, 錄原從一等勳. 畫殉節狀, 示中外. 南原人爲祠曰'忠烈', 以享鉉等諸殉難人. 肅宗時, 諡忠簡.

金敬老, □□人, 家南原. 中武科, 爲助防將.

萬曆丁酉, 倭襲殺統制使元均於閑山島, 長驅至南原. 敬老在全州, 聞南原圍急, 亟救之, 遇李福男於道, 謂曰: "楊摠兵只有三千人, 豈足以當方張之寇乎! 不數日必陷, 不可使天兵獨死." 福男邊前執其手曰: "公言是也." 卽令麾下欲去者去. 壯士林士美等從之不去, 凡百餘人. 逐趨南原城, 城陷, 奮釖斫倭而死. 贈漢城判尹.

丁酉之倭, 以李舜臣據閑山島, 不得志於水戰, 乘舜臣得罪而水陸俱進, 其勢甚盛. 雖以天兵之强, 楊元走, 陳愚衷閉城不救, 獨福男等輕身赴難. 雖無救於覆亡, 亦足愧夫縮朒畏慄者矣.

12 ◉ 白光彦 / 李之詩 / 金德麟

白光彦, 字明善, 高山人.

家泰仁, 時鄭汝立所居金堤, 相去纔十餘里. 光彦方中武科, 以勇力聞, 且歷仕淸顯, 卽欲相結, 光彦故不往見. 汝立憝, 嗾其黨, 每光彦有除, 輒劾之不得赴. 人勸光彦一見汝立釋其憾, 光彦曰: "汝立將叛, 吾方違棄之不暇, 何以見爲!" 重峰趙先生言汝立奸, 謫吉州, 沿路守宰, 畏汝立, 不敢出見. 光彦時爲北靑判官, 非素所相識, 卽盛供具而迎之. 已而爲滿浦僉使, 丁母憂歸.

倭難作而上西狩, 光彦晝夜哭. 上起光彦爲將, 光彦聞命, 墨縗杖釖出, 募義士數十百人, 無所屬. 是時觀察使李洸覲王至公州, 聞倭入王城, 卽罷歸. 光彦往見洸, 慷慨語曰: "君父播越, 公擁重兵而不救, 何哉?" 拔釖斫洸席曰: "吾欲斷公頭. 請公趣出師擊倭, 不用命者視此." 洸跪謝曰: "敢不唯將軍之命是聽." 光彦徐曰: "公北上. 吾爲先鋒." 洸遂將二萬, 由龍安, 防禦使郭嶸亦將二萬, 由全州. 光州牧使權慄爲中衛將, 光彦爲先鋒, 約會稷山.

嶸將擊龍仁賊, 先遣光彦, 視軍所從入, 光彦還白路狹林密, 不可輕進. 洸素慍
光彦, 謂光彦欲逗留杖之. 光彦憤甚, 自引而起, 洸令李之詩助之.

光彦・之詩進兵龍仁. 始慄戒光彦毋輕戰, 待中衛至. 光彦望見北斗門山之賊
墨小, 卽易之. 不用慄言, 去賊數十步, 下馬坐射賊. 賊故不出, 光彦軍懈而乘之,
大呼拔釖斫之. 光彦不及上馬, 以短兵殺賊幾百數, 良久力竭死之. 洸卒不救,
棄旗皷而走. 時壬辰五月五日也. 事聞, 贈兵曹判書, 泰仁人立祠祀之.

李之詩, 字咏而, 丹陽人. 祖謙在己卯諸賢間有名.
之詩擧武科第一, 爲富寧府使, 從北兵使李鎰襲時錢叛胡, 斬三百八十餘級. 壬
辰, 全羅觀察使李洸方覲王, 之詩以勇爲先鋒, 至龍仁, 與白光彦擊倭俱死.

金德麟, 字祥卿, 天安人. 與白光彦同里, 以氣節相高. 中武科, 爲訓鍊判官.
德麟有至性, 盜入室將刃母, 德麟握盜刃哀號, 請代母死, 母得免.
壬辰難作, 杖釖從光彦爲副將, 戰于龍仁, 死之, 地微不得顯. 後配光彦祠左.

權元帥慄, 戰熊峙戰幸州, 皆有大功, 倭人畏之. 然從李洸至龍仁而潰, 兵非不
精也, 智非不奇也. 庸帥牽掣之, 無以爲功. 若光彦等使得以一隊自奮, 豈不能
如權元帥哉! 乃騈命於零賊, 惜乎!

---

13 **魯認 / 金永哲 / 崔陟**

魯認, 字公識, 咸平人. 父師曾.
認十五六, 從鄭介淸學, 旣長學射, 欲以武自奮. 壬辰倭冠入湖南界, 光州牧使
權慄召認計事, 慄破倭梨峙, 繼敗之幸州, 認未嘗不在軍.
丁酉南原圍急, 認覘賊至南原, 楊元跳, 城陷路塞不得歸. 倭讚歧守一正從光陽
屠羅州, 認父母在羅州, 認一晝夜走至家, 負父母挈妻子入錦城山中, 爲賊所獲.
認翼蔽父母, 哀號乞命, 倭感而捨之.
越三日又遇倭被縶, 置順天防踏浦. 認奮罵倭何不殺我, 倭曰: "你壯而解文官

人也, 以去." 舟行三晝夜到安骨浦, 又二晝夜至壹岐島, 由西海道之筑前州·
豊前州之中鎮村, 至伊豫州之浮穴. 認來時與父母相失, 卽食素而矢曰: "幸不
死, 偵倭情而還必圖之, 上雪山陵之辱, 下洒父母之寃而後, 伏刑王府, 以明吾
志." 倭愛扇面題詩, 認輒爲題之, 多得銀. 日偵倭人情, 倭僧有能詩者, 亦時爲
認語倭事.

明年戊戌上元, 夜將半, 潛從務安人徐景春及我人據者數輩, 乘小舟西出江口,
被獲將斬於館外. 認抗言: "禽獸尚能懷土, 何怪乎我!" 倭有奪刀而止者, 遂不死,
縛送和泉州日根.

是月晦, 聞倭與天朝乞和. 而薩摩州守義弘, 禮認甚厚. 倭僧希安嘗遊中州而歸,
與認懽甚, 介而交安西堂者, 得見其風土記. 認乞西堂周旋得歸國, 西堂戒曰:
"子不見夫李曄乎? 走而被獲, 刺腹水中死, 同走者皆戮. 子愼勿出此."

時興陽正兵奇孝諄·密陽驛卒鄭同·京圻私奴風石, 先認而據, 能倭語, 認潛與
三人者謀歸國. 會天朝差官從者陳屛山·李源澄等至倭, 認潛出見之, 約同舟往
福建.

五月十七日, 屛山等船發浦口, 認等已潛往攀綆而上. 行十日, 大嶽奇峰, 羅列
於百里外, 曰天台山也. 又二日, 泊漳州之浯嶼寨, 水軍把摠孫繼爵以認等歸,
爲設饌甚珍, 認辭之, 改以蔬果進, 且與白衣冠, 留數日送之漳州. 行二百餘里
抵漳之門, 仍詣泉州, 過同安縣, 謁朱文公祠. 又三日而抵福州. 州去浯嶼一千
四百餘里, 皆礰石鋪路, 平夷如砥, 樓觀夾道甚壯麗. 差官以認等謁福建省, 言
所從來與所書倭情而退.

有秀才洪汝諄者謂認曰: "聞足下抗義不屈, 脫身而來. 雖古之包胥·子卿, 何以
過足下哉!" 左右見認衣素而飯蔬, 皆太息曰: "誰謂朝鮮夷? 其知禮如是!" 認曰:
"子不聞'善居喪者, 大連·小連乎! 東夷之人也.' 武王封箕子於朝鮮, 敎民以八
政. 時則七閩未曁王化, 唐以來始因常袞化中國之俗. 諸公試思古昔而勿鄙我."
左右相顧而笑.

認呈文于省乞歸, 久之未獲命. 布政使徐匡嶽儒宗也, 見而憐之, 爲言于省而傳
其指曰: "水潦方漲, 少俟秋生霖收可歸." 又遺閩中問答八卷·白金十兩. 認朝
將往謝, 遇匡嶽詣御史, 旁路進帖, 匡嶽令門子偕詣書院參講.

院祀朱韋齋·晦菴二先生也. 入中門, 有明道堂. 軒東挂鐘, 西挂磬, 長廊環之.
前後左右皆諸生所處也, 讀書聲琅然滿耳. 門子先之, 已而一秀才出, 揖認以入.
相讓而至于堂, 諸生秀才各從戶出, 揖讓而坐. 坐定各自書名, 諸生則倪士和·
謝兆申等三人也, 秀才則黃應暘等二十五人也.

認旣留院久, 講大學·心經, 請聞其要訣. 士和曰: "孔氏之學, 只在大學經一章.
其旨則止至善, 其工程則敎人以修身." 認卽曰: "至善者, 吾之性, 在天爲命. 大
學之道, 只是止至善, 止至善, 可見於修身." 兆申歎曰: "足下可謂聞一知十者
也. 吾師旣賞以白金, 又贈閩中問答, 又送之參講, 有以也." 是時, 陸·王之學浸
淫乎東南, 匡嶽爲文寫木屛風, 張之堂壁東西, 皆闢之之辭也.

認又從兆申請心經之旨, 兆申曰: "心經究人道之分, 只是敬." 他日匡嶽爲行人
李汝奎講學于明道堂, 芝峰·謹江·三山之院羣秀才集而聽講, 認亦厠其中. 旣
進業, 秀才三人列于東, 歌關雎·鹿鳴之章. 二人東西立, 考鐘磬而和, 其聲鏗
然而淸. 座皆肅然拱手而定. 執事出揚聲曰: "進講", 秀才二人敬應曰: "諾", 立
案前, 先講大學之經一章, 以'止'·'修'之旨相難. 匡嶽端坐, 隨問而答之. 講心經
亦如之. 講畢, 二人擧案而退, 匡嶽出, 諸秀才送至門.

九月福建省爲認治行具, 送詣皇京, 各衙官與同院生, 競爲詩文贐之, 認亦以詩
謝, 遂行. 由台州, 覽天台·鴈蕩·秦望之山, 到紹興, 覽剡溪·雲門山·若耶
溪·蘭亭. 留餘杭十日, 悉閱西湖兩山, 歷嘉興·湖州·蘇州, 縱觀吳越山川, 入
金陵, 周視六朝之墟, 過秦淮, 遊楊州二十四橋, 六街烟花, 猶唐之盛. 路徐州而
入山東, 到尼丘山下, 謁大聖祠, 望岱宗, 路首陽而達于皇城之兵部.

兵部譯問之, 認泣陳其始末. 兵部爲之諭曰: "今當凍沍 少待明春可護送." 庚子
三月, 兵部員外郎史汝梅始以皇旨護送義州, 帝賜認馬一疋騎之.

旣至漢陽, 宣祖大王令中官招至, 上閤門而勞之, 亟命乘馹歸. 至家, 父母免倭
鋒, 戊戌以天年終, 惟其妻梁氏在. 認奔往哭父母之橫, 空之先壟, 結廬于側, 追
爲之服三年. 服闋, 拜氷庫別提, 以將材薦, 特賜武科, 爲宣傳官·主簿等職. 出
爲呂島鎭萬戶.

明年乙巳, 僧惟政奉使由日本還, 朝廷令三道舟師將會于釜山, 壯兵威以迎之,
認爲先鋒. 丙午爲蓋山鎭萬戶, 以績聞. 上曰: "魯認修繕戰艦軍器, 皆堅利, 撫

士卒以恩, 持身廉謹. 特加通政資, 除水原府使." 未及赴而除所江鎭水軍僉節制
使, 治行第一, 民立碑頌其惠.

鄭仁弘用事, 見認乘而欲之. 認曰: "天朝所賜, 不可與也." 仁弘大怒, 以故爲其
黨所劾, 廢于家.

金英喆, 永柔縣人.

萬曆己未, 與從祖永和, 屬宣川郡守金應河, 戰深河敗陷虜. 永和死, 英喆當斬,
虜將阿羅那請其渠曰: "吾弟戰死. 此人貌類吾弟, 請免之." 渠許之. 阿羅那挈
至家.

英喆與登州人田有年, 夙夜廝役, 居半載亡走, 刖左跟. 又亡刖右跟. 虜法三逃
則戮. 阿羅那意英喆竟亡, 以弟妻妻之. 生二子, 曰得北, 曰得建.

乙丑五月, 阿羅那與英喆戰馬三, 同有年及華人降者七人, 往牧建州江上. 八月
十五夜, 天無雲月明, 相與歌呼爲樂. 有年顧語衆曰: "彼月應照我父母妻子." 相
向慟哭. 仍語英喆曰: "吾從征久, 習知虜中形勢. 此千里馬, 行四五日, 必抵寧
錦. 遼路已阻, 聞朝鮮使航海, 由登州達皇都. 若可得以還, 若豈有意乎?" 衆曰:
"善." 有年恐英喆顧戀妻子, 謂曰: "吾有二妹美, 歸日長者行, 必以小者妻汝."
於是, 與英喆嚙指血和酒飲, 拜月爲誓. 人齎五日粮, 一時上馬. 時夜半, 牧馬者
皆睡. 向北疾馳, 値深灘, 策馬亂流而渡. 爲守者所覺追, 陷大澤中, 六騎逸, 餘
俱死.

馳百餘里, 月落. 野多虜帳, 輒避匿大麓中, 嚼米飲水, 月上復騎而馳. 行沙漠無
人地百餘里, 歷戰場, 得破壚止炊. 又馳達曙, 有年顧見山川, 喜曰: "已背遼藩
矣." 行二晝夜, 抵寧遠, 候卒以爲虜, 欲殺之. 會六人中有兄爲候將者驚止之,
得不死.

事聞, 詔賜英喆衣食及金. 有年偕之登州, 以小妹妻之. 女謂英喆曰: "人皆謁舅
姑, 我獨無. 畫其舅姑像, 每晨夕拜之." 隣有宴飲, 必請英喆, 作朝鮮歌舞, 客無
不稱歎者. 生二子, 曰得靑, 曰得中.

庚午冬十月, 我進賀使泊登州, 梢工李連生, 英喆同縣人也. 往呼之, 連生熟視
乃大驚. 爲語其父戰死安州, 祖依永和子爾龍, 母歸蘸湖外家. 英喆痛哭, 與連

生約同歸.

及明年春, 使還到登州. 明將發船, 英喆醉其妻, 潛走入連生船底而匿. 平明妻奔至窮索, 無所得. 越三日回泊于平壤石多山, 歸故居, 其祖與母皆無恙. 英喆既歸喜幸, 然新經兵火, 家産蕭然, 行哭于道. 同縣富人李羣秀謂英喆孝子, 歸其女焉.

丙子秋, 連生又往登州, 英喆妻携二子來問英喆曰: "聞朝鮮又陷虜, 此路從此絶矣. 願子一言以釋我意." 連生具言之, 有年歎曰: "英喆丈夫哉! 必行其志."

是年冬, 虜東冠, 使孔有德攻椵島屯. 永柔縣令遣英喆致辭, 有一虜執之曰: "此吾叔家奴也. 竊馬亡去, 吾叔常憤甚. 今以此奴去." 縣令脫其棻, 使還阿羅那, 又賂其人他物, 得免. 後縣令竟取其直.

庚辰虜犯錦州, 林慶業領水卒助之. 天兵戰艦相望, 慶業陰使英喆往遣天將書曰: "虜侵我, 強弱不敵, 有此役. 然天朝其敢忘乎? 明日我軍銃去丸, 天兵亦矢去鏃, 我故受圍而降, 胡虜可合力破也." 天將大喜, 賜銀三十兩靑布二十疋. 火光中有一人執手曰: "故人何以來此?" 視之乃田有年也. 聞妻子無恙也, 贈靑布歸遣之. 及還泊, 爲虜所覺, 慶業以譎得免.

是日中與天兵合戰, 天兵圍我軍, 良久進退者三, 天兵急鉤我船. 我軍有不知謀者實放銃, 天兵有死者, 乃解圍去.

辛巳, 又從柳琳赴錦州. 阿羅那來議事, 見英喆, 責背恩, 麾從騎縛之急. 琳曰: "公旣活之而今殺之, 何爲德之不卒也? 請爲公重贖之." 以細南草二百斤贖之. 時英喆虜婦子從軍見之, 相持悲泣.

虜主破天師十萬, 琳遣英喆往賀. 阿羅那白前事請罪之. 虜主擧手南指曰: "英喆本朝鮮人, 八年爲我民, 六年爲登州民, 今還爲朝鮮民. 朝鮮民亦我民. 況其大男在我軍, 小子在建州, 父子皆我民. 彼在登州者, 獨不爲我民乎! 吾自此得天下也." 乃賜帛十端馬一疋. 英喆曰: "願以此馬與阿羅那, 贖竊馬罪." 虜主許之, 又賜英喆一靑騾.

歸到鳳凰城, 琳曰: "向以戶曹物贖汝, 爾其償之." 還家數月, 戶曹果督銀二百兩. 英喆鬻騾傾家産, 僅納其半, 賴親族足其數. 聞者憐之.

戊戌朝廷脩慈母山城, 募守卒免役. 英喆念從軍苦, 擧其子四人處之. 年六十餘,

窮老無聊, 每意不平, 輒登城北望建州, 西望登州, 黯然淚下. 嘗謂人曰: "妻子無
負於我, 我實負之, 使沒身悲恨, 宜吾困窮至此. 然身陷異域, 終歸父母之邦, 亦
何恨焉!" 守城二十餘年, 年八十四而死.

崔陟, 字伯升, 南原人.

家府西萬福寺側, 早喪母, 獨與父淑居. 好武喜交遊, 不拘小節. 時倭冠鴟張, 州
縣徵武士. 陟恐與募, 遊學於城西鄭上舍者, 未浹朔, 詞華溢發, 鄕人稱其敏.
陟每讀書, 輒有一女子年可十七八, 甚姣好, 伏窓壁間潛聽. 一日乘陟孤坐誦書,
從窓隙投摽[6]梅之卒章, 筆札多藻彩. 陟情不自勝, 欲摟之而未有路.
既卒業, 袖詩而返, 有一靑衣踵至家, 請曰: "兒是李娘娘之女奴春笙也. 娘娘使
兒乞詩於公." 陟訝曰: "爾非鄭家婢耶? 何云李娘娘也." 曰: "主家本京城靑坡里.
主父姓李名景新早沒, 主母沈氏獨與娘娘居. 娘娘名玉英, 投詩者是也. 娘娘有
兄得英, 善屬文, 年十九而夭, 娘娘傳其業. 去年春避兵沁都, 從羅州會津轉至
此. 鄭公主之聯也. 待之甚厚, 爲娘娘擇佳婿而未得." 陟喜甚, 賜酒食, 作書通
慇勤.
玉英翌日又遣春笙報曰: "妾不幸早失所怙, 終鮮兄弟. 生丁亂離, 獨奉偏母, 流
離南土, 恐一朝污強暴. 然絲蘿所托, 必在喬木. 窃觀君雍容閑雅. 昔者投詩, 非
敢誨淫, 欲試君之心也. 自此媒妁存焉, 不宜更貽書令妾重貽行露之譏."
陟既得書, 乞其父與李氏女通婚姻, 沈氏以貧妻難之. 是夜玉英就其母曰: "母爲
兒擇富家婿, 婿而不賢, 雖有粟, 吾其食諸? 況今兒身寄他人, 賊壓四境! 隣居崔
生忠信人也, 可仗而濟事. 得此而配, 死不恨矣." 母不得已告之鄭, 鄭曰: "善.
以崔之才, 寧久於貧乎!" 卽日送庚帖, 將以九月之望迎焉.
無何, 府人邊士貞起義兵, 討嶺南賊, 與陟偕. 及期, 陟欲乞暇歸, 帥怒曰: "君父
蒙塵, 越在草莽, 臣子當枕戈之不暇. 況汝年未及有室. 滅賊而婚, 亦未晩也."
不許.

---

6 摽: 원문에는 '標'로 되어 있으나, 『시경(詩經)』 원문에 의거하여 수정하였다.

玉英之隣有富人梁氏者, 聞陟從軍, 久不得歸, 潛賂鄭之妻以求媾. 沈亦貪其産
許之, 婚有日矣. 玉英屢訴母, 母不聽, 夜自縊窓壁間幾絶, 母驚救之得不死. 由
是一家絶口不言梁氏事. 淑具報陟. 陟戀玉英方成疾, 聞之遂篤, 帥遣之. 遂於
十月之吉, 醮于鄭氏家.

玉英既歸, 親井臼治織具, 養舅甚孝, 産亦稍饒. 久之無子, 每月朔, 夫妻禱于萬
福寺. 明年甲午元日往祈之, 是夜玉英夢丈六佛曰: "我萬福寺之佛也. 嘉爾虔
禱, 錫一男子, 生必有異相." 果生男, 背有赤痣. 遂名曰夢釋.

陟善吹簫. 嘗暮春之夜, 風恬月明, 在花樹下, 引一大白, 據床而弄. 玉英和以詩
曰: "王子吹簫月欲低, 碧天如海露凄凄, 會須共御青鸞去, 蓬島烟霞路不迷." 愀
然謂曰: "人事好乖, 百年之間, 離合無常. 妾於此不能無感." 泣下沾襟.

丁酉八月, 倭陷南原, 陟與家人避于智異山燕谷寺. 玉英着男子服雜稠人中, 入
山屢日粮盡. 陟從數丁壯求食到求禮縣, 値賊潛匿巖谷間. 是日賊入燕谷, 大搶
掠. 過三日陟始至, 積屍枕藉. 聞林莽號咷聲, 就求之, 老弱數輩哭曰: "賊入山,
肆斬伐, 盡驅子女, 昨已退屯蟾江, 君何從覓室家?"

陟卽走蟾江, 未數里, 見僵屍中有人傷重將殊, 乃春笙也. 陟大聲呼之, 春笙乍
睍之, 微曰: "主家皆被劫. 吾負阿釋不能及, 賊釼斫之卽仆, 不知背上兒生死."
言訖而絶. 陟搥胸頓足, 無可奈何.

向蟾江路, 蟾江岸上有數十人帶創哭曰: "從燕谷被掠, 丁壯盡載船, 賊刃傷老羸
如此." 陟遍訪之, 不見其家人. 大慟將欲自裁, 被傍人勸止.

還南原故第, 頹垣破壁, 不可以處. 憩金橋之下, 適天將浙江余有文, 從十餘騎,
秣馬其傍. 陟在軍久, 習知華語, 且嫺弓馬, 余甚愛之, 隸陟軍簿而返, 至浙江
家焉.

初陟家被掠, 賊以陟父及沈氏姑老病不甚守. 二人俟其怠, 逸於中路, 乞食至燕
谷寺. 聞僧舍孩兒啼, 跡之夢釋也. 問諸僧何從得兒, 有惠正者自言得路傍積屍
中. 陟父懷之, 與沈氏迭負歸, 收聚僅指, 經紀家事.

時玉英被劫於老倭頓于, 頓于倅佛不喜殺. 業商販習舟, 倭渠行長以爲船主, 頓
于愛玉英機警, 數以華衣美服慰其心. 玉英欲投海輒被覺, 一日夢丈六佛告曰:
"愼勿死. 後必有喜." 玉英遂強食. 頓于家在狼姑射, 妻老女幼, 無他男子, 使玉

英主內政. 玉英謬曰: "我弱而多病, 不能服丁壯事也." 頓于尤憐之, 名曰'妙于', 與之販閩浙.

是時陟在姚興府. 余欲歸其妹. 陟辭曰: "我家陷賊, 老父弱妻至今未知生死. 安可婚娶爲自逸計!" 余義而止之. 其冬余病死, 陟無所依, 落拓江淮間, 聞海蟾道士王明隱居靑城山中, 習黃白術, 將就學焉. 適有朱佑者, 家在杭州湧金門外, 喜施與. 聞陟入蜀曰: "人生幾何, 何苦服食忍飢爲? 子從我適吳越, 販繒賣茶, 以娛餘年可乎?" 陟又然之, 遂同歸.

歲庚子, 隨佑賈安南, 有倭船十餘泊浦口, 留十餘日不發. 時四月中旬, 天無纖翳, 海光澄碧, 舟人皆睡, 浦禽時鳴. 陟聞隣船念佛聲甚凄惋, 感念身世, 卽抽洞簫, 作界面調. 念佛聲邊止, 卽以朝鮮音咏王子吹簫之句, 吟罷歔欷久之. 陟聞詩甚悄悅擲簫, 已而淚歔歔. 佑恠問之, 曰: "此詩卽吾妻所製, 他人不之知也. 且酷似吾妻聲, 吾妻豈在是耶?" 因述陷賊事甚悉, 舟中人咸異之. 座有杜洪者, 勇敢士也, 奮請探之, 佑止之.

翌日至倭船, 陟問曰: "余鮮人. 夜聞吟詩聲, 亦鮮人也. 盍令我見之?" 玉英聞簫聲甚熟, 又朝鮮譜, 疑夫之來, 故咏其詩而試之. 及聞此, 跳下船相視, 驚呼抱持, 宛轉久之. 玉英爲言自燕谷俘至江, 父母尚無恙, 會日暮上船, 蒼黃相失, 遂不知所之. 又相對號跳, 聞者亦哀酸.

佑請頓于以白金贖玉英, 頓于怫然曰: "自我得此人四年. 寢食未嘗少離, 然不知是女子也. 今日之覯其夫, 殆天也, 我何忍貨爲?" 便搊橐中銀十兩贐曰: "好去好去, 妙于! 珍重珍重!" 陟携玉英返其船, 隣船遺金銀彩繒以賀, 歸橐頗富.

仍歸館佑家, 居一歲生一子. 前夕又夢丈六佛曰: "生兒亦背有痣." 夫婦咸謂夢釋復生, 名曰'夢禪'. 夢禪旣長求字. 隣有陳家女名紅桃, 生未晬, 其父隨提督劉綎征倭不返, 喪母, 養於其姨吳鳳林. 紅桃常痛父沒異域, 願一至朝鮮國, 返其柩. 及聞夢禪求婦, 謀諸姨乞爲崔氏婦, 冀成其志. 其姨語諸陟, 陟亦歡異之, 娶爲子婦.

明年己未, 奴酋冠遼陽, 天子出四路兵討之. 蘇州人吳世榮, 喬遊擊一琦之百摠也, 因余有文知陟武勇, 引爲掌書記赴軍. 玉英泣曰: "妾身險釁, 早罹閔凶, 賴天之靈, 得重遇夫子, 于玆二紀. 不意垂老遠別, 此去遼陽萬餘里, 生還未易期也.

欲先自裁." 陟止之.

遂行至遼陽, 深入胡地二百餘里, 連朝鮮軍營于牛尾寨, 提督敗死, 陟匿朝鮮軍. 元帥姜弘立等降, 陟亦被拘. 是時夢釋以南原武學隸弘立. 奴酋分處降卒, 陟實與夢釋同焉, 父子相對, 茫然不知爲誰. 過數月, 情誼遂篤, 陟始歷陳平生. 夢釋色動, 猝然問兒年紀身貌, 陟曰: "生於甲午十月, 亡於丁酉八月. 背有赤痣." 夢釋袒而示背曰: "兒是也!" 因相持悲哭.

主胡憐之, 俟羣胡盡出, 作鮮語陟曰: "無怖我. 我朝鮮朔州土兵, 苦邑倅侵虐, 擧家入胡, 今十年. 奴酋使我領卒八千, 管朝鮮人. 今聞爾言異哉. 縱奴酋責我, 我安忍不送汝!"

翌日具餱粮, 使其子導間路. 於是陟擧夢釋南下, 適患背疽, 到恩津縣, 疾劇臥旅店. 有華人避地者, 見而驚曰: "過今日, 疾不可爲." 乃手決癰得瘳. 遂偕返其家.

沈氏自失玉英, 只依夢釋, 釋又赴征, 悲苦成疾. 及見夢釋與父返, 且聞玉英無恙, 狂呼錯愕, 疾遂已.

夢釋感華人之活父, 問其姓名. 答曰: "我陳偉慶也, 家居杭州. 萬曆丁酉, 從劉提督陳順天, 一日詞賊形, 失主將旨將斬. 夜半潛逃, 留至此." 陟大驚曰: "有父母妻子乎?" 曰: "瀕行妻産一女. 適有隣人饋桃實, 因名紅桃." 陟遽前執手曰: "嘻! 其姻也. 吾在杭州, 隣爾家居. 爾妻以辛亥九月病沒, 獨紅桃在, 今爲我兒婦." 偉慶亦驚呼不怡者久, 曰: "吾從大丘姓朴人, 得一老婆, 業鍼砭以糊口. 今欲移家依子." 陟驪然曰: "諾."

是時玉英在杭州, 聞遼事敗績, 意陟竟亡, 不食欲死. 又夢丈六佛曰: "愼毋死. 後必有喜." 旣覺幡然謂夢禪曰: "奴地距朝鮮不遠, 汝父萬一獲生, 必走朝鮮. 安能遠來尋妻孥爲哉! 我將往求之朝鮮. 苟死矣, 招魂葬先壟側, 吾責塞矣. 且余老矣, 欲歸國以終. 況尊舅偏母及弱孩俱失於賊! 日本賈人向言朝鮮俘多生還, 信爾, 豈無一人還者? 余歸決矣!" 紅桃亦贊之. 玉英嘗販貨海中諸國, 占里候潮, 無不精詳. 卽縫鮮倭兩國衣, 敎子夫婦習兩國語.

庚申二月朔日放船, 懸羽旗竿, 前置磁石. 整舟中諸具, 乘風掛帆, 劈浪入海. 過登萊, 遇中國邏船. 問船向何地, 玉英應聲答曰: "杭州人, 將向山東賣茶." 卽過去. 又二日遇倭船, 卽改着倭服, 作倭語曰: "漁採入海, 遇颶棄舟楫, 雇乘杭州船." 倭曰: "良苦良苦! 此去日本差枉, 向南則直." 亦棄去.

是夕南風甚惡, 帆裂檣摧, 夢禪與紅桃困水疾. 夜半風靜浪恬, 轉泊小島. 遙望洋中有舡急運, 舟中裝藏巖寶. 俄見船人叫噪而下, 言語衣服微同華人, 提白挺索貨. 玉英涕泣言無貨, 卽取玉英舡去. 玉英曰: "吾聞海浪賊搶掠華鮮間, 不喜殺人, 此是也." 環坐哀號. 夜伏崖塹, 天且曉, 玉英昏墊, 良久謂紅桃曰: "夢丈六佛復謂我勿死, 異哉! 盍姑待之!" 三人相對, 祈天念佛, 望風帆如豆, 漸近岸. 英喜曰: "此朝鮮舡也." 改着朝鮮服, 使夢禪揮衣問之, 果統制使貿販船也. 同載至順天泊焉.

玉英與夢禪紅桃, 間關五六日, 到南原府. 意家已淪沒, 但欲求故墟, 徑尋萬福寺, 至金橋望見, 城郭村閭不改舊時. 顧語夢禪曰: "彼卽舊廬也. 今當易主, 第往宿." 及至門, 陟方對客坐大柳樹下, 熟視之, 乃其夫也. 陟携玉英入, 疾呼夢釋曰: "而母來矣!" 夢釋急出扶持. 沈氏驚仆幾窒. 陟又招偉慶至, 命紅桃語其事. 一家人相持悲啼. 玉英等卽供具詣萬福寺, 潔齋修享, 以答陰騭. 時萬曆庚申四月也.

魯認等三人, 方流離間關之際, 豈意其重與家人相會哉! 特夤緣湊會, 皆得越險跨重溟, 卒返于本國, 其故何也? 曰誠也. 其秉志堅確不貳, 足以格神明, 誠之不可揜如此. 履艱難而涉憂患者, 可不勉哉!

14　郭再祐 / 諸沫

郭再祐, 字季綏, 玄風人.

父越觀察使, 嘗朝正京師. 再祐從之, 天子賜紅錦, 有相者謂曰: "子當以奇功顯名天下."

再祐好讀書通武藝. 以明經累捷鄉試, 及庭對, 輒抗髒不徇俗, 以故不得中. 遂棄之, 爲茅亭於岐江上, 漁釣自娛.

萬曆壬辰, 倭冦深入. 時朝野升平, 民不見兵革, 見倭輒奔潰, 嶺湖皆陷賊. 再祐

在宜寧田間, 太息曰: "方闊皆碌碌爲偸生計, 在野者其死乎!" 卽散家財, 募鄕里
壯士. 據新反之粟, 取草溪之兵, 嶺南散卒多歸之, 有衆數百人. 卽椎田牛饗士,
以天子所賜錦爲戎服, 騎白馬以戰. 倭懾其神威, 號天降紅衣將軍. 馬甚駿而不
知所自來.

倭將安國司者, 將渡鼎津, 鼎津有淖不可行. 賊使人擇乾燥可渡, 卽植木以識.
再祐夜拔木, 易植淖中, 藏兵於傍津崓壑中. 賊至果滔淖, 而兵出掩之, 賊多死,
倭憚不敢濟.

時賊屯結洛水之東, 四出剽略. 再祐起於宜寧, 攻玄風縣, 夜令人多持炬張皷角,
若將擊之者. 旣而火滅而復盛, 皷息而復作, 閃忽眩亂. 賊大驚疑, 棄玄風而逃,
洛東之寇皆走.

再祐用軍泫嚴, 犯者無所貸. 所部卒皆烏合不任戰, 再祐自以身擣倭鋒, 然未嘗
遇害, 每行軍, 好出奇以敗賊. 當禦鼎津也, 衣紅衣乘白馬, 選壯士十餘而將之,
薄賊疊左右馳以誘賊, 賊空疊而追之, 旣入谷中, 失再祐所在. 左右岡巒, 揚旗
而皷, 皆衣紅衣騎白馬者, 賊莫能測再祐. 兵從崦樹木中叢射之, 賊大敗. 再祐
威名大震, 由是擢幽谷察訪.

初觀察使金睟以嶺南兵至龍仁, 見賊六人, 怯㥘而敗. 再祐憤曰: "往者節度使軍
敗當斬, 睟不斬. 今乃以一方之甲, 不見賊而奔, 賊乃睟也." 遂移檄睟八罪, 且
請諸朝, 不誅睟, 無以令諸將. 睟大怒, 上奏言再祐叛. 招諭使金誠一移書再
祐·睟兩止之, 且上章具道再祐忠義狀. 朝廷進再祐刑曹正郎, 奪睟巡察使.

再祐旣受命, 益自奮, 與上洛君金時敏, 破倭於晉陽. 是時權應銖起於永川, 金
沔起於居昌, 鄭起龍起於尙州, 金德齡起於光州, 多捕獲功. 然提孤軍當勁敵,
大小數十戰, 未嘗敗衄, 蔚然爲中興之績, 無如再祐者.

再祐以尹鐸爲副, 朴思齊爲都捴, 鄭演爲殿, 權鸞爲鬪將, 李雲長主收兵, 裵孟伸
爲先鋒, 張文章·朴弼備戰士, 許子大主軍器, 許彦琛主餉, 姜彦龍治械具. 皆
忠義激發善陳鬪.

甲午釋兵爲州郡, 所過星州及晉州, 皆有淸白名.

丁酉倭再動, 起再祐爲防禦使, 守昌寧火旺山城. 賊薄城下, 知不可破, 自引去.
未幾丁母憂, 卽棄軍去, 旣葬避地入蔚珍縣, 手織蔽陽笠自食. 服已爲慶尙左道

節度使, 請大繕閑山島, 議格, 卽棄官去, 坐是謫靈巖. 後爲漢城府左尹·節度全羅慶尙左右道兵馬, 統制三道舟師, 觀察咸鏡道, 或就或不就. 再祐素多病, 不欲仕宦. 時方錄宣武勳, 而前後破賊, 未嘗上首虜以徼賞, 故獨不錄.
冦亂旣平, 再祐自以功高不自安, 入琵琶山, 飱松辟穀, 學道引法. 嘗與人語, 擧酒連飮數杯, 已而取器傾耳瀉酒, 皆從耳出.
光海欲殺永昌大君, 再祐上疏言: "八歲兒, 焉知逆謀! 且大君見誅, 慈殿必不能安, 設有不諱, 殿下何以自解於天下後世乎?" 不報. 再祐雖謝世以自全, 其憂時匡君上如此. 卒時年六十七. 卒之夕, 大雷雨, 有紫氣冲霄, 竟日不滅.

諸沫, 固城民也, 嘗爲守門將.
壬辰倭入冦, 沫倡義師而擊之, 倭輒奔潰. 沫每戰奮怒, 鬚髯皆張. 賊畏之如神, 所向無前, 威名與郭再祐埒. 以是得擢星州牧使, 未幾死, 功業不大顯.
星州人鄭錫儒嘗在府中梅竹堂. 月微明, 有一丈夫烏紗帽紅團領袍, 額上有光戎戎如火焰, 從後園篁竹中而至, 言曰: "我本州牧使諸沫也. 嘗斫熊海賊營, 又拒戰鼎津, 無不摧破, 嶺南諸帥, 功莫能競於我. 然文檄佚於兵, 今無知我者. 如鄭起龍諸人, 皆我褊裨, 所樹立乃掩我. 我墓在柒原郡, 已頹廢, 誰能治者?" 仍拔所佩劒曰: "以此斬數倭將." 且吟詩曰: "山長雲共去, 天逈月同孤, 寂寞星山館, 幽魂有也無." 仍入竹林而滅.
觀察使鄭益河聞之, 令柒原郡封其墓, 爲置守塚二戶. 柒原郡守魚史迪夢, 沫來言: "墓在府治幾里之邱. 觀察使當牒令修墓, 其識之." 史迪覺而異之, 其夕牒果到, 遂大其修治.

郭再祐·諸沫, 皆諸將之傑者也. 自倭入冦, 倡義者多不能軍, 或復一城斬一將, 輒嵬然指以爲奇功. 獨再祐等能轉鬪靡冦敵, 始可以語功績. 然不得與勳籍, 何哉? 縱得錄, 亦再祐所不屑也. 遂自托於仙術以全功名. 沫亦不見於世, 然憑神鬼而言, 精爽久而不散, 盖非庸人矣.

15 僧休靜 / 僧惟政

僧休靜, 字玄應, 號清虛堂. 多居妙香山, 故稱'西山', 香山國之西也. 俗姓崔氏, 名汝信, 家安州. 父世昌鄉舉爲箕子殿參奉, 不就.

休靜生三歲, 父夢老翁來, 自言: "訪小沙門." 擧兒而呪, 復摩頂曰: "以雲鶴名." 以是小字稱雲鶴.

未十歲, 失父母無所依. 嘗至京師, 學於泮宮, 恒鬱鬱不適意. 南遊智異山, 講佛書而感之, 遂聽法於靈觀大師, 剃髮於崇仁長老. 年三十中禪科, 陞至敎兩京判事, 然顧不樂也, 卽解去, 入金剛山以自晦.

己丑鄭汝立謀逆伏誅, 其黨僧無業誣引休靜被逮. 宣祖知其誣, 卽釋, 徵其詩而覽之. 且賜御畫墨竹, 命賦詩而進, 休靜卽進一絶句, 上亦和之.

壬辰倭寇至都城, 上狩義州, 休靜杖釰至行朝. 上曰: "寇亂若是, 若不能弘濟耶?" 休靜對曰: "臣謹令國中僧. 老病者焚香祈神助, 其壯者悉從戎." 上嘉之, 命爲八道十六宗都摠攝. 於是其徒惟政擧僧七百餘起關東, 處英擧僧一千餘起湖南. 休靜擧其門徒且募僧, 合五千人, 屯于順安法興寺, 爲天兵援. 遂戰牧丹峰, 斬獲甚多.

天兵克平壤, 上還漢陽, 休靜以勇士百人衛之. 天朝提督李如松送帖以獎, 由是休靜名益重, 喧于上國.

倭退, 休靜請于上曰: "臣年老不任. 以軍事屬惟政·處英, 退休于香山舊居." 上許之, 賜號國一都大禪師敎都摠攝扶宗樹敎普濟登階尊者.

甲辰正月, 會弟子於香山之圓寂菴, 焚香設法, 自題其像曰: "八十年前渠是我, 八十年後我是渠." 趺坐而逝. 年八十五, 法臘六十七. 異香滿室, 久之不息. 其弟子多至千餘人.

初元季有石屋和尙, 傳之高麗太古禪師, 太古傳之幼菴, 幼菴傳之龜谷, 龜谷傳之正心, 正心傳之智嚴, 智嚴傳之靈觀, 靈觀傳之休靜, 休靜傳之惟政.

惟政, 自號松雲, 俗姓任氏. 往來倭淸正軍中, 復稱蔣啓仁.

萬曆壬辰, 居金剛山之楡店寺, 倭兵至, 拘居僧十餘, 索貨不得, 將殺之. 惟政避兵深谷中, 聞之卽入寺, 倭植釰戟, 或坐或立或臥. 惟政意揚揚, 不色怖掠過, 歷山影樓, 至法堂. 僧皆縛, 見之而泣. 有倭坐堂外治文書, 惟政故久立注視不可曉. 直上堂上, 曳錫掉臂, 徘徊自得. 諸倭酋熟視之, 倭書問曰: "爾尊七祖乎?" 惟政曰: "我聞六祖, 何乃七祖也?" 曰: "願聞之." 惟政卽書六祖以示.

倭曰: "寺所有金銀盡出之, 否則死." 惟政卽書曰: "我國不寶金銀, 況山僧只事佛, 飢則食松葉, 或乞食村里間, 安用金銀爲哉! 且若能知六祖佛. 佛以慈悲不殺爲主, 何爲縛愚僧以責所無哉! 雖刲身粉骨不可得, 盍活之!" 諸倭傳視色動, 呼小卒, 盡釋所縛僧. 惟政又徐步而出, 倭卽書寺門曰: "此寺有知道高僧, 諸兵更勿入." 卽去. 由是倭不復入楡站寺.

文忠公柳成龍在安陵, 檄召四方僧兵. 惟政呼諸僧讀檄, 忼慨揮涕, 卽起兵至平壤城, 衆千餘人. 與順安軍相應, 遂將八道僧軍. 時倭陣中, 以遊說爲事, 淸正問曰: "爾國有何寶?" 惟政曰: "我國無所寶. 惟寶將軍首耳." 淸正笑而陰憚之. 癸巳七月, 自嶺南入南原守之. 甲午四月, 以全羅道觀察使權慄令, 見淸正蔚山之西生浦, 諭和好事, 凡三入賊營, 還兩王子. 丙申, 築公山·龍起·金烏三城. 丁酉, 從提督麻貴, 戰于蔚山. 又從捴兵劉綎, 陣順天. 戊戌以軍三百餘, 復營于南原之周浦. 己亥以穀三千餘石, 助兵食. 辛丑, 築斧山城, 前後爲國家効勞甚多.

亂旣定, 隱於伽倻之海印寺. 甲辰正月, 上驛召之, 命曰: "咨爾惟政, 彼倭冠實我仇讐. 然爲生民而惻予心. 爾往探倭情實, 因通和好."

三月四日遂行, 數月而至倭都. 倭人盛帳具以待, 錦繡步障聯三十里, 左右列金銀屏. 屏間悉書倭人詩, 惟政一見輒記之. 及至館, 與論國中詩, 輒誦屏間詩, 無所差錯, 倭大驚.

其王欲試之, 掘坑十餘丈, 布琉璃, 中置蛇象諸秘怪, 竝張牙皷吻, 蜿蟺跳踉, 若戲於水上者. 邀惟政坐其上. 惟政擲念珠, 知其琉璃, 卽入坐.

倭又立鉄馬以通路, 下熾炭四圍之, 使惟政緣鐵馬而入. 惟政卽西向默禱, 片雲來自東萊境, 大雨下注, 火皆滅. 見者皆驚曰: "神僧也." 輦至內庭師事之.

乙巳四月將還, 倭主以下各賂以貨, 悉却之. 卽言交和安兩國, 次求淸正頭, 次及我被擄人刷還. 倭主悚然, 卽刷出男女三千餘人, 具舟粮令俱還. 又以雪綿二

萬斤遺之, 辭不得, 悉與對馬島主橘智正而歸. 宣祖嘉其功, 加嘉善大夫, 錄原
從勳一等, 贈其父任守城刑曹判書.

丁未秋, 歸隱于原州雉岳山. 戊申, 宣祖昇遐, 惟政痛哭得疾, 入伽倻山調病. 庚
戌, 示寂, 年六十七.

於于柳夢寅嘗見于香山普賢寺, 狀貌魁偉, 雖削髮而髥髶髶至帶.

爲佛之徒, 皆棄大倫, 而自托於巖穴深林之中, 固見外於君子者. 然其心不汩亂
於芬華, 見國家有事, 卽自奮於戎陳, 以效一死, 往往先於士大夫, 秉彝之性, 固
不可誣矣.

休靜惟政, 不徒以忠義顯, 又能釋兵權, 善處於功名之際, 如二人者, 眞豪傑矣哉!

16 晉州妓 / 桂月香

晉州妓, 失其名.

萬曆壬辰, 倭寇晉州, 金時敏拒戰却之. 方時敏之城守也, 兵使柳崇文軍潰, 單
騎至城下, 乞入城同守. 時敏不納曰: "公入城, 是易主將也, 恐乖節制." 崇文不
得入, 敗死. 郭再祐聞時敏不納崇文, 歎曰: "此計足以完城, 晉人之福." 方戰,
時敏與其婦躬持酒食以餉士, 士皆感奮欲死.

癸巳, 倭將淸正復圍晉州, 倡義使金千鎰 · 慶尙右道兵馬節度使崔慶會 · 忠淸
兵馬節度使黃進等, 並諸義師六七萬, 形勢甚盛. 衆皆謂倭寇不足畏, 獨老妓憂
之. 千鎰問其說, 對曰: "壬辰之役, 守城雖寡弱, 將卒相愛, 號令如一, 故能成功.
今者兵雖衆而將不習兵, 紀律少紊, 妾實憂之." 千鎰以爲妖言惑衆, 斬之, 後數
日城陷.

桂月香, 平壤妓也.

壬辰倭據平壤城, 別將金應瑞以龍岡 · 三和 · 甑山 · 江西四邑之軍, 布二十餘
屯于平壤之西. 倭酋爲行長副者, 有勇好先登陷陣, 得桂月香甚寵之. 酋所處樓
深邃, 防禦甚固, 屏人不得通, 惟桂月香得出入.

時沈維敬入倭營, 約行長立標平壤西十里, 俾不犯朝鮮界. 由是倭斂兵自守, 我人得往來平壤城. 桂月香雖爲倭酋所愛, 思幸得脫歸. 於是請於酋, 欲訪父母, 酋許之, 卽登城而呼曰: "吾兄安在?" 應瑞適偵倭至城下, 聞之曰: "我是也." 桂月香迎之, 密語曰: "公若脫我, 請以死報." 遂引之入城謁倭酋, 倭酋以爲應瑞爲桂月香兄, 甚親信之.

桂月香乘倭酋睡, 潛引應瑞. 倭酋據椅坐, 面紅目張, 左執鈴索, 右負釖若斫人者. 應瑞直前斬之. 酋殊而鈴索動, 釖投地, 地穿數尺. 卒倭聞鈴而譁, 桂月香迎謂曰: "將軍醉矣, 無他事." 卒倭退. 應瑞佩酋頭欲出, 桂月香牽衣從之. 應瑞自度不能兩全, 卽斬桂月香, 踰城至軍, 以其頭懸示倭. 倭由是氣益蘧䐡不敢出.

"先民有言, 詢于芻蕘." 晉妓善料兵矣. 金千鎰遽殺之, 何也?
先見謂之妖妄, 良策謂之煽惑, 將敗之軍所共患也. 昔申砬軍獶川, 軍官言倭至, 砬斬之. 金自點屯黃州, 軍官報清人至, 亦幾見死. 誰肯爲庸帥言哉? 漢之屈羣策, 所以得天下也, 況下此者乎!
桂月香雖死, 倭酋馘, 於桂月香有光矣.

西崖柳成龍兄, 無所知名, 雖成龍, 亦不識也.
時倭關白豊臣秀吉將犯天朝, 欲假道于我, 有悖書. 我不許, 以其書奏天朝.
白沙李恒福嘗退朝, 闇者告門有醜丈夫求謁, 恒福卽整衣迎之. 其人弊衣冠, 面如盤, 身一丈有半, 腥臭不可近. 直入跪坐, 張赤口咕囁語, 良久起. 恒福從子擢男在傍室, 驚問其故, 恒福曰: "白岳山鬼也. 言明年將大亂, 無一人憂者, 獨公可語此. 故來言之云." 時倭使玄蘇等, 混我僧徒, 出沒閭里寺刹, 詳察險阻, 刺探國事, 我人固不識也.
成龍兄謂成龍曰: "夕當有僧來求宿, 愼勿許, 送之我所也." 成龍漫應曰: "諾."
夕時果有乞食僧, 卽勸之兄所. 夜將半, 卽拔釖劫其僧曰: "我知若從倭至, 若能止倭軍不犯我乎? 不者殺汝." 僧曰: "豊臣秀吉已定軍期, 令嚴威猛, 我雖死, 不能止之." 成龍兄念殺僧無益, 乃復曰: "若能止倭兵毋犯我安東界乎?" 對曰: "諾." 倭旣動, 終不入安東界.

倭常卜軍, 遇松而敗. 是故, 靑松府及楊州松山村, 皆不敢入. 凡以松名皆避之, 卒爲李如松所敗.

柳琳叔, 亦佚其名. 素以迂名, 琳常輕之. 崇禎丁丑, 虜圍廣州, 琳爲平安兵馬節度使, 與觀察使洪命耉, 覲王至金化. 方列陳以待虜, 其叔忽至, 琳甚迂之, 然不得不開門迎之.

旣至爲琳畫計策, 令離觀察使陳, 營山上, 依林以自蔽. 虜覆觀察使陳而殺之, 止琳勿救. 敗卒薄琳營欲入, 勸琳逆拒之.

虜至乃從樹隙苦戰, 矢丸將盡, 戒琳: "下令賊近十餘步, 視我颭旗乃發." 虜旣迭前, 發輒殪之, 屍積齊柵. 銃久於用, 燥暴欲裂, 戒琳: "令士以雪包銃腰." 銃不坼. 戰終日, 士氣不振, 戒琳: "奏笳吹以勵之."

日暮虜益至, 戒琳: "收破銃而藏焬, 連綴樹木間, 約繩長短而爇其端." 聲終夜不絶. 遂以軍至春川, 琳始奇其叔, 自以爲不及也.

士之蘊奇者, 輒眞實朴古, 不輕易泄於人. 是故人多輕之.

如柳氏二公事, 卽諺傳, 余未記其名, 然誠奇士也. 當國家擾攘之際, 何不以功名自奮, 甘自晦於草野之間也?

余嘗讀陳同甫所著中興傳, 錄趙·龍二生事, 輒爲之感慨. 柳氏二公, 殆龍·趙二生之類乎!

『초사담헌(草榭談獻)』2 원문

1 金蟾 / 愛香 / 論介 / 今玉 / 龍岡妓

金蟾, 咸興人, 爲宋象賢妾.

萬曆壬辰, 隨象賢在東萊府中. 四月十五日, 倭迫城, 象賢穿甲, 上加紅團領袍, 戴烏紗帽, 上南門, 據椅拱手坐. 城陷倭蜂瀸而至, 猶不動, 群倭殺人於庭以懼之而不視.

倭平調益者, 隨平調信往來東萊府, 象賢厚遇之, 調益感而欲爲報, 及是, 指城南隙地, 目象賢使避. 象賢不應, 調益意象賢不之覺, 又牽其衣. 象賢卽下床, 北向四拜, 拜已致書其父曰: “孤城月暈, 列鎭高枕, 君臣義重, 父子恩輕.” 卽還據椅, 卒倭前殺之. 金蟾亦罵賊.

賊收象賢及金蟾, 瘞于東門之外, 立木表之, 引卒倭之害象賢者戮之. 自是南門之上, 夜輒有紫氣燭天, 數歲不散. 嶺南人爲祠祀象賢, 並祀金蟾.

象賢妾李氏被掠, 亦不屈, 倭敬之. 以關白妹寡而守節者俱居, 天[1]大風雨, 墻宇皆壞, 李氏所居獨不壞, 倭異之. 付我人以歸, 始追服象賢三年.

---

1 天: 원문에는 '矢'로 되어 있는데, 문맥을 고려하여 수정하였다.

愛香, 鄭撥妾也.

撥爲釜山僉使, 時倭釁已啓, 撥訣母而行, 顧謂妻曰: "事吾母如吾在." 撥有一子昕, 隨撥之任.

壬辰四月初四日, 讌于望海樓, 酒半謂昕曰: "吾設讌, 爲訣汝也. 促行, 徐則必及禍." 昕泣不可, 撥叱從者扶上馬而送之. 獨與愛香在.

十三日候人報警, 望見倭船蔽海. 撥只有三船, 下海戰不勝, 還城, 倭百重圍之. 是夜天無雲, 月明如晝. 撥令瞽者吹簫, 軍中安閑如平日.

翌日倭肉薄登城, 撥厲氣巡城射賊, 賊多死. 令軍中曰: "欲去者去." 士皆泣莫敢離次. 旣而撥中丸死, 城遂陷. 愛香奔哭屍傍自到, 時年十八. 奴龍月亦赴倭死. 倭言: "朝鮮將惟斧山黑衣將軍可畏." 且稱愛香節甚烈. 撥所着黑衣也.

祀撥東萊之祠, 門外設位祀愛香.

論介, 長水妓, 爲崔慶會妾.

癸巳, 慶會爲慶尙右兵使, 入晉州. 倭攻晉州急, 天又大雨, 城潰. 倭附上, 慶會自投矗石之淵.

論介聞慶會死而不慽. 卽盛粧其佩之餙, 就江上巖, 婆娑以眩倭. 倭酋就, 論介故要帛束腰而舞, 因俱墜淵死. 至今稱其巖曰'義巖'.

今玉, 成川妓也. 金琩爲府使, 以今玉自侍.

崇禎丙子, 虜圍廣州, 分其兵, 侵掠關西州縣. 琩兵盡屬觀察洪命耈屯慈母山城, 府中空虛. 虜大至, 琩令家屬護諸稚子避兵. 光南君金益勳其婿也, 強挽琩同去, 琩不起, 遂死虜.

府中人望見今玉同琩遇虜, 左右皆散. 獨琩手石擊虜, 今玉蒙面投崖死.

文忠公閔鼎重言今玉可褒, 遂旌之.

龍岡妓, 失其名.

崇禎丁丑, 朝廷旣與虜媾和, 虜通事鄭命壽, 殷山官奴也, 故困我. 虜使旁午於道, 每至館, 輒求妓爲歡, 妓不足, 括女巫及私娼充之. 龍岡妓聞當往虜館宿, 卽自殺, 士大夫多媿之.

娼妓, 自管仲始. 齊俗好淫, 管仲收其稅, 乃富強之術. 越王句踐將報吳, 欲民生聚, 令處女年二十不嫁者罪其父母, 寡孽者亦又如之. 是故越俗亦好淫. 秦始皇欲改其俗多誅殺, 然未之止也.

東俗置官妓, 自高麗時已然. 然導人以禽獸之行, 是何理也? 世宗時欲革之, 爲許稠所止, 惜乎! 其不見大道也. 雖然, 烈行多從妓中出, 天賦之善, 貴賤一也.

姜緒, 字遠卿, 晉陽人, 貞簡公士尙之長子也.

性明達, 牢牢多大節. 宣祖二年擧丙科, 多病不任職者七年. 選國子典籍, 常任三司, 拜同副承旨.

緒家世素貴, 兄弟皆顯仕, 頗好謙約自守. 在近密, 直言不諱, 爲上所知. 嘗大醉臥玉堂不省事, 上命召對. 小吏盥其面, 扶起至上前, 辭氣肅然.

緒旣好飮, 以俳諧自晦. 與其僚會飮承政院, 酒盡卽曰: "我自有覔酒處." 整朝衣, 詣閤門外, 啓曰: "臣與諸僚飮酒盡, 請賜內醞." 上令具酒賜緒盡醉. 其恩遇如此.

時東西朋黨起, 緒謝交遊. 嘗讀書皷琴獨酌, 醉輒放歌, 或猖狂自恣. 歎曰: "觀天時人事, 不出四五年, 大亂將作." 後侍上泫然出涕, 上怪問之. 對曰: "臣賦命將至, 不得久侍殿下, 是以泣." 出語其僚曰: "上辭氣之間, 已見亂兆." 其十月鄭汝立叛, 獄大起, 壬辰有倭寇果大亂. 卒時年五十二, 臨沒謂其子曰: "毋慼. 禍迫矣, 病死何慼!"

緒善知人. 與引儀趙忠男·李文忠公元翼相得, 謂文忠公曰: "子當貴且壽, 以稚子託. 然當危亂之際, 涕泣時多." 文忠公入相四十年, 自壬辰殘破以來, 諫光海放逐者幾數十年, 光海廢, 及仁祖世, 繼有兵革播遷者再, 年八十四而卒.

緒嘗過路上, 遇童子羣嬉, 招一童子曰: "動中有靜, 他日必貴." 童子乃申相國欽也. 相國登第, 爲校書正字, 見緒, 緒無他言, 以家族託曰: "後當自知之, 愼勿忘老夫言." 又謂從弟紳曰: "家族當因若免禍." 壬辰之亂, 關東伯難其人, 紳適居憂原州, 起爲關東伯, 姜氏之族, 皆避地關東峽中得免.

弘立其從孫也. 時上設書講, 姜氏顯者多在經筵, 弘立出而誇其盛. 緖罵曰: "我家因若而滅." 後弘立降虜, 而仁祖反正, 朝議將族弘立家. 相國時爲吏曹判書, 獨念緖言而無以救. 文忠爲領議政, 亟往見之, 文忠有憂色, 若有所思. 相國言: "公知姜承旨乎?" 文忠曰: "子何問?" 相國具言緖所托者. 文忠驚曰: "姜公神人也. 嘗語我, '後幾年吾宗必屠, 子雖欲救, 患力弱. 與當國一宰臣濟之.' 宰臣卽子也." 於是協力緩其禍, 姜氏以免.

趙忠男, 漢陽人, 靜菴趙先生光祖兄弟之後也.

潔身不汚, 隱於世, 世莫知也. 惟姜緖心相許, 稱之曰: "有高行而隱於世者也." 稱病啞不肯與人語, 凡人物善惡邪正得失, 以嚬笑示之. 其所嚬者其後人皆敗, 所笑者皆以令譽終. 嘗仕爲引儀, 棄去. 咏姜承旨彈琴詩一絶, 傳之世.

靜者之先知, 非他術, 心明故也. 姜緖生於鼎貴之家, 獨冲虛淡泊, 故仕雖不能達. 然彈琴好飮, 以養其靈, 能明見其異日之事, 卒能免其族.
趙忠男其事無所傳. 然與文忠公好, 必淡泊人也. 嘗聞文忠見金剛山, 皆金銀積成, 乃不貪者得見之. 文忠公爲相四十餘年, 茅屋不蔽風雨云. 是時鄭北牕·古玉諸賢, 皆出於權貴家. 古之人何其多淡素無累也!

3　海上漁父 / 醴泉隱者 / 成處士

漁父, 迭其名.

在湖南海上, 家於舟, 只一妻一女. 捕魚爲業, 以暇日輪人穀而自資. 船可容三百石, 滿二百石, 卽止曰: "載輕則船無患."
嘗與土亭李之菡浮海, 刺船甚捷, 他漁子莫能及. 其妻往隣舍, 人買魚於其女價少高, 妻還, 女誇其能. 妻驚曰: "魚直若干, 汝過受其直幾葉錢. 汝父聞之必怒, 可急追與之." 女走及減半價而返. 之菡歎其高.

醴泉隱者, 不知其名姓.

蔚山吏千時遠淳潔寡慾, 好遊佳山水, 嘗至醴泉境, 從草間微徑入谷中, 樹木扶疏, 泉流布石上, 吏濯足而樂之. 沿溪行數十里, 洞益平豁, 有數家籬落蕭麗. 上有草屋, 書史盈架. 中一人倚戶坐, 着弊布袍, 面蒼然如老松皮. 吏異之, 自晡至日沒時, 相對嘿然, 最後請寄宿. 主人徐答曰: "此中無宿處." 遂不言.

吏退謂籬下氓曰: "是公半日不飮食, 似有室而無烟火氣. 彼何爲者?" 氓曰: "誰曾見是人粒食者? 只呑棗兩枚, 可六日, 核淨則止." 吏益奇之曰: "若人者可謂末之慾也." 氓曰: "彼猶有慾. 每歲貿針, 預與村中人, 斂松芝, 棗盡則煨食. 此其慾也." 問有動作時不, 曰: "一歲中擇美景一詣澗谷上, 散步而止." 吏一宿而歸, 欲再尋之, 母老未果.

成處士, 原州人, 居蓀谷. 蓀谷, 詩人李達所隱而自號也.

故參判洪檢早歲赴忠州試, 場屋不利, 還至彈琴臺下遇驟雨. 已而雨止月上, 天水澄澈, 洲渚如畫. 忽有人從蘆葦中, 叩舷歌退陶所製淸涼山白鷗之曲. 意甚異之, 卽尋聲過其舟問之, 卽處士也.

處士出濁醪勸之. 檢問何生活, 答云: "春至氷泮, 具一小舟, 緣江上下可百里, 釣魚爲業. 岸上漁家皆熟, 得魚輒沽酒. 魚一貫易酒一椀, 以其餘作肴. 秋深而凍, 維舟江岸始還. 每歲如之."云.

宋紹聖中, 有漁翁棹小舟遊松江. 往來波上, 扣舷飮酒, 酣歌自得. 閩人潘裕見而異之, 揖漁翁曰: "先生非漁釣之徒也. 願賜緖言, 以發蒙陋." 漁翁曰: "君能過小舟語乎?" 裕欣然過其舟.

漁翁曰: "吾遯於此三十年, 唯飽食以嬉, 尙何所事邪?" 裕曰: "今聖明在上, 盍出而仕乎?" 漁翁笑曰: "君子之道, 或出或處. 吾聞養志者忘形, 致道者忘心. 心形俱忘, 視軒冕如糞土耳." 裕曰: "敢問居室所在?" 漁翁曰: "吾姓名不欲人知, 況居室乎!" 遂揖使裕返其所, 鼓枻而去.

彼三人者, 淸德高節, 方之紹聖之漁翁, 未知何如耳. 然其避世高擧, 與鳥獸魚鼈爲群, 以自晦匿者似之. 如斯人者, 可不謂隱逸者流哉!

鄭之升, 字子愼, 號叢桂堂, 又號會稽山人. 溫陽人. 父礑. 其伯父礥號北牕, 北牕淸眞沖虛, 明三敎, 好棲逸, 世所稱異人者也.

之升狀貌瑩然, 善爲詩. 與李五峯好閔·林白湖悌遊, 名出其上. 居龍潭縣, 常騎大龜而行, 止則龜自藏巖石間, 背有雲氣覆之, 其奴輒跡而牽. 至之升將歿, 龜徘徊庭際, 鳴聲如雷.

宅畔設臺祭天, 甚標緲, 頂有一松. 至今傳叢桂子設醮所.

牛溪成先生曰: "鄭公豈詩人而已! 其學精微而力量雄偉, 盖諸葛孔明·王景略之流亞也."

其孫曰斗卿, 號東溟, 亦以詩名.

李之蕃, 字馨佰[2], 韓山人.

其弟之菌以眞逸稱, 之蕃亦有高致. 爲丹陽守, 斂民葛爲索, 截龜潭綴左右兩山之巓. 刻木鶴而跨之, 緣索往來, 民謂之'木鶴居士'. 以司評卜居島潭之上, 地宜種靛, 賣靛以爲食, 死而葬龜潭東可隱村.

士當世治而志於隱者, 性也. 彼其觀魚鳥採芝芄, 豈以鍾鼎易其樂哉! 蒹葭之君子, 姓名不顯, 百世之下, 聞其風尙, 亦足以興起.

鄭子眞耕於谷口, 只憑子雲而傳. 然西京勳貴大臣, 皆不得傳, 而獨子眞之名不可泯滅, 士固無意於名, 名之自顯如是夫!

金萬壽, 字德老, 光山人, 徙鳳山.

2　馨佰: 원문에는 공란으로 되어 있는데, 『국조인물지(國朝人物誌)』의 기록에 의거하여 보충하였다.

長九尺餘, 有膽氣. 有母弟三人, 曰千壽・百壽・九壽, 皆武健, 爲鄕里所服.
萬曆壬辰, 倭犯王京, 上幸平壤, 諭八道士民令起兵討倭. 萬壽聞之, 哭失聲, 與
三弟起兵田間, 壯士從者九百餘人. 卽赴臨津軍, 萬壽爲將, 百壽・九壽爲前驅,
千壽殿, 進士崔涉・李蘙居中參謀. 旣至官軍敗績, 百壽死焉, 萬壽與二弟犇還
鄕里, 益募村勇.
是時倭逼平壤, 上幸義州, 海西州縣, 潰裂散漫. 鳳山民奔告巡察使李鎰, 以萬
壽攝鳳山郡守, 民心稍定. 萬壽子光鈗自行朝至, 軍益振, 遂糾合旁郡兵, 破倭,
報捷行朝. 上喜甚, 拜萬壽爲宣傳官, 諭曰: "秋凉乍動, 邊塞早寒. 思歸一念, 如
水東流. 速淸道路, 來延乘輿." 萬壽聞命益涕泣, 誓死殺賊.
賊數萬駐洞仙嶺, 萬壽軍栗津, 相持未戰. 賊移屯富車原, 萬壽潛渡水擊破之,
又襲破南山賊. 與義兵將尹聃・林仲梁等綴倭兵, 倭畏之.
明年天兵拔平壤, 倭遁走, 萬壽邀擊砥峴, 斬數十百人, 遂拜珍島郡守. 統制使
李舜臣軍閑山島, 義兵將金德齡軍光州, 萬壽繕聚給粮, 二軍賴之.
尋忤權貴去. 及錄勳爲媚嫉者所抑, 置原從科. 後官豊川府使, 母老棄仕窹歸田
里, 養母十年. 母卒未幾亦卒, 年五十五. 贈工曹判書. 郡人立祠湖上而祀之, 以
諸弟及光鈗等配食.
九壽戊午之役, 起家從軍, 中流矢傷重而還. 明年九月卒, 贈工曹參議.

光鈗, 字子長. 趫勇善騎射, 年十六爲武科壯元, 擢都捴府都事.
明年倭亂作, 上幸平壤, 光鈗從之, 叩頭自請曰: "臣願得一符, 還海西, 收兵而掃
盪倭冠, 以迎駕." 上壯而許之.
光鈗行收鎭堡守卒, 至鳳山, 萬壽兵敗自臨津歸, 得光鈗喜甚. 進與賊遇於豊德
峴, 賊盛, 諸將皆有懼色. 光鈗奮勇直前, 斬隊長一人, 諸將從之, 疾戰破賊. 自
是賊畏光鈗, 輒避之.
光鈗遇敵, 好先登以取勝, 然亦由是以敗. 賊屯可佐村刈稻, 光鈗帥數騎而前.
賊方手旗指揮刈稻者, 見光鈗驚起, 光鈗卽格殺之. 刈稻者就圍光鈗, 旣而知其
爲光鈗, 皆散去. 賊入南山阻洞仙爲固, 萬壽曰: "賊據險守, 猝不可下. 若得勇
士往刺其酋, 仍急擊之, 可以得志." 光鈗夜與勇士十餘人, 因大雪緣崖出賊後,

直入其軍, 斬一酋. 持其頭大呼曰: "我金光鋏也." 賊大驚. 會萬壽兵至, 夾擊大破之. 光鋏自追零賊至古井村, 又破之. 次富車橋, 若有呼者曰: "莫過橋!" 馬逸不可止, 遂過橋, 中丸死橋下.

初光鋏截其髮, 約左手無名指, 示母曰: "兒死, 以是驗兒屍." 光鋏死, 諸將吊萬壽, 萬壽曰: "何吊爲? 兒死得其志也." 事聞, 贈慶尙左水使, 後加贈工曹參判.

壬辰之際, 湖嶺多義兵, 散漫州縣, 多殺賊. 海西則鳳山金萬壽, 黃州黃河水·尹聃, 中和金進壽, 皆蜂涌伉健, 足以制倭寇, 不讓湖嶺之士. 今之人只知權應銖·鄭起龍等諸義帥, 萬壽等無聞焉. 盖海西荒陋, 文獻散佚, 萬壽亦不能自拔從戎如應銖等奮揚於功名之際, 惜乎! 其忠義, 何論於顯不顯哉!

6 劉希慶 / 白大鵬

劉希慶, 字應吉, 委巷人.

幼有至性. 年三十而孤, 負土以葬, 因守不去. 有隣僧哀之, 作土宇其側, 手煑粥勸之食. 母久病, 每取所藉席, 出惠化門外, 手濯而曝之巖上, 坐其傍讀書, 見者異之.

從東岡南彦經受朱子家禮, 尤明於喪禮, 公卿大夫有喪必邀之. 國有喪, 議用質殺, 無能知其制者, 乃召希慶定之.

壬辰之亂, 宣廟西幸平壤, 希慶涕泣糾義士, 助天兵討賊, 上嘉之. 光海戊午, 賊臣李爾瞻謀廢母后, 脅都下民庶投疏, 違者罪之, 希慶獨不肯. 希慶素與爾瞻熟, 卽絶之. 嘗遇諸塗, 爾瞻叱曰: "若不訪我, 何也?" 對曰: "小人有母, 急於供養, 未暇造公門." 仁祖反正, 大臣以其節聞, 特命進其秩.

希慶爲人恬靜. 家在淨業院下流, 卽水涯壘石爲臺, 名之曰'枕流'. 傍植桃柳數十株, 每春時花開, 嘯咏其中, 自號村隱. 爲詩閑淡如其人, 文忠公朴淳亟稱之, 公卿大夫咸造之唱酬, 世所謂'枕流臺詩帖', 是也. 永安尉洪柱元最友善, 日過松下, 仁穆王后聞之, 輒馳賜御饌. 後地入禁中爲摛文[3]院, 其松尙存.

希慶素慕靜菴先生之風, 且愛道峰山水, 將終老其間. 道峰, 靜菴所嘗隱而俎豆之所也. 畫師李澄爲作林藏[4]圖, 請諸所與遊者以詩文道其意. 後葬道峯山.

白大鵬, 奴也. 國法人奴不敢赴試, 大鵬好爲詩, 顧無以自見. 有詩悲傷云: "白首風塵典艦奴."

大鵬與劉希慶友善, 得爲公卿大夫所知, 許筬使日本, 與之俱. 後李鎰以巡邊使出師, 謂大鵬明倭情, 辟以自隨, 鎰敗死之. 以地微故不顯.

劉希慶·白大鵬俱有節, 希慶顯, 大鵬不顯, 何也? 希慶爲當時卿相所奬許, 大鵬亡是. 此太史公所以歎附驥尾也.

大鵬之節, 與三從事無所輕重, 獨三從事爲壇而俎豆之也. 且柳夢寅云: "徐起·朴仁壽·權千同·許億健, 以學行稱. 然惟徐起孤靑有聞, 不知餘子爲何人." 此類之湮滅, 又何恨哉!

7　曹德健 / 白胤耇

曹德健者, 書吏也.

居彰義洞, 有至行. 與再從祖兄弟之親凡數十人, 皆同室居, 埋小甕於堂下, 約曰: "遇不可者而欲相戒飭, 毋煩言, 卽書之紙投甕中." 歲終具會諸兄弟而發之, 各默自勉戒于心, 不以語人, 卽焚其紙, 亦不使知爲某人所書. 閭行人慕其行, 雖亡賴子弟, 亦不敢呼其名.

白胤耇, 字頤孟, 平山人, 高麗侍中景臣後也.

家貧爲養親仕曹吏. 嘗曰: "後世無善俗, 以事不師古也." 遂自號學古堂. 事父母極其誠, 男女終日侍坐, 父子妻妹各有位秩然也. 英宗大王命諸臣纂喪禮補編, 以胤耇知禮, 令給事左右而佐之. 胤耇論三大禮, 請白于上曰: "昭穆之制也, 被

3　文 : 원문에는 '父'로 되어 있으나, 오류가 분명하므로 수정하였다.
4　藏 : 유희경의 『촌은집(村隱集)』 권2, 부록 「행록(行錄)」에는 '莊'으로 되어 있다.

髮之謬也, 嗣王冕服之疑也." 諸臣難其事不能用.

人或譏胤耈爲吏者, 卽曰: "此古人所謂祿養. 且隨事得自効, 報國豈有貴賤乎!" 補編未訖而沒, 年四十九. 禮曹判書申晦等白上曰: "胤耈方持生母喪, 鹽菜之外, 無所食, 每仕退服衰居苫, 哭泣之哀, 感動傍人." 上嗟異之, 旌其門.

曺德健者, 世遠莫能徵, 白胤耈者, 近時人多道之云. 其言曰: "服聖人之心, 行聖人之事, 三代可復, 王道可興. 且爲仁而不明乎禮, 不能安仁. 學校古也, 可復之, 科擧末也, 可廢之. 井田行然後民産均, 昭穆辨然後人神定. 禁緇徒革奴婢則軍丁裕, 罷折受去免稅則國用富." 其言未必能救時, 要之有識之言, 後有王者作, 亦必取之.

8 　王一寧 / 金溟鵬

王一寧, 遼陽秀才, 素好奇計. 遼陽旣陷虜, 一寧欲詣本朝請兵以復遼. 時光海君在位, 李爾瞻等用事, 而國兵新破, 金應河等死之, 殊無意助兵. 時給事中楊道寅·翰林劉鴻訓先已奉使本朝. 一寧投揭以說, 道寅叱之出, 獨鴻訓厚賜資. 遍遊西海中諸島, 招撫遼人.

會杭州人毛文龍好爲大言. 遼東巡撫王化貞問部下有能出海辦島中事者, 文龍請自往, 化貞卽與兵二百人, 齎兩月糧. 文龍雖在邊上, 實未諳島事, 屯兵海口, 未敢輕入.

鎭江守將佟養眞爲淸人捕, 勒長山諸島, 使其中軍陳良策居前往. 良策素欲投順, 與一寧遇, 偕出海口, 望見文龍旗幟, 卽遣一寧致意. 文龍不應, 良策自入文龍船請合兵, 文龍恐見欺, 又不肯. 一寧曰: "請將軍旗, 乘夜破鎭江, 來迎將軍, 何如?" 文龍許之. 良策與心腹人蘸萬義, 果夜縛養眞, 迎文龍爲島帥, 諸島李景先等並來歸. 文龍以爲己功, 與化貞上本, 以爲鎭江奇捷. 魏忠賢方欲立邊功, 卽拜文龍參將, 遂鎭鎭江. 一寧陛贊畫.

文龍賄通權閹, 猖狂自恣, 一寧常面斥之. 文龍誣一寧私通外國. 鎭詣京師, 囑許顯純殺之.

金溟鵬, 嶺南玄風人.

九歲爲僧, 名妙圓. 十六歲, 從其師徽遠, 習禪於毗瑟山石窟中, 數月不寐, 忽發狂疾. 長其髮, 學琵琶於湖南老樂工, 未周歲爲國中第一. 遠遊至關西, 遇毛文龍麾下士樊後遲, 後遲雅知音, 聞之抃蹈以爲神, 將至椵島.

文龍嘗大讌鎭海樓, 令美姬花兒彈琴, 義子李堅皷瑟, 衆樂皆張, 賓佐雜還. 溟鵬抱琵琶而徐進, 從容數三弄, 文龍大奇之, 自爲擊節, 延坐上座. 遂亟愛之, 賜廣寧姬後紫雲, 搆室於運籌堂前.

海上旣蕭瑟, 每秋高月明, 溟鵬輒爲文龍皷琵琶, 文龍未嘗不慷慨泣下. 已而文龍爲袁崇煥所誅, 島又陷虜. 溟鵬失其姬, 流離嶺東之江陵, 托漁家自食. 還漢陽入松都, 每都人會飮, 輒邀溟鵬皷琵琶爲懽, 聞者皆太息久之. 轉至長淵金沙寺, 依者臘海淸上人. 後不知所終.

椵島, 據瀋陽之後, 聯絡關西北, 苟欲控制滿洲, 則捨此何適哉!

毛文龍始攘王一寧之功, 雄據海上, 輂金寶賄權閣, 侵掠關西州郡, 殺害生民以爲功. 殊無意於復遼, 擁美女音樂以自嬉. 崇煥之誅, 宜矣. 椵島者, 雲從島也, 在鉄山地.

9 李成梁女 / 李成龍

李成梁女, 佚其名.

成梁嘗爲小將征蜀, 狎官妓而還. 及爲大將鎭寧遠, 見少年騎靑驢而至, 顔貌綽約, 卽征蜀時所生女子也.

成梁撫定東北諸胡, 殺叫場·他失, 俘他失子努爾哈赤以歸, 給事左右. 成梁嘗晝寢, 努爾哈赤悉放架上鷹, 太息久之. 復就成梁枕傍, 拔寶刀擬成梁腹者三. 成梁固見之. 及反釰故處而後, 問曰: "爾放鷹, 何也?" 曰: "惜其志雲霄而爲人所縶也." 曰: "爾欲刺我以釰而不刺, 何也?" 曰: "欲刺者, 爲父仇也, 置釰也者, 德活我也." 成梁知其不可制.

子如松忽白: "努爾哈赤竊蜀女而逃, 請追之." 成梁曰: "汝能擒之則擒之. 恐非汝所能擒也." 如松使疾騎追之, 果遇於中路, 努爾哈赤問曰: "今追我者, 誰所命也? 老爺耶? 抑少爺送若也?" 曰: "少爺之命也." 曰: "固也, 老爺必不追我. 我既至此, 寧爲若所擒哉! 若樹矢簇於百步外. 我射中之, 矢繼發必中故處. 一矢少差, 我當爲汝擒." 追騎曰: "諾." 努爾哈赤射之, 不差故處.

成梁女曰: "我所以逃者, 爲英雄故也. 旣與之俱, 寧遽反乎! 若立百步外, 我射帽上毛. 一不中則任汝擒." 追騎曰: "諾." 成梁女射之, 皆中帽上毛. 騎不敢追, 還白已遠去.

努爾哈赤還入建州衛, 成梁仍請封爲龍虎將軍. 卒乃強梁主中國.

李成龍, 如梅孫也. 如梅以總兵官從其兄如松至朝鮮, 征倭有功.

成龍好釰術, 深河之役, 從劉綎, 綎敗逃至朝鮮. 玉城府院君張晚置其幕府, 虜索成龍急, 晚乃匿之湖西, 虜使刺客刺之. 客亦善用釰, 盡成龍技, 成龍乃入室中, 背諸壁而敵之, 刺客從戶入, 迎刺殺之.

如松之東至也, 取通津琴氏女爲侍姬. 有身贈釰而行曰: "生子可名天根." 果生天根. 天根之後多在巨濟, 而熙章爲如松後孫, 孝承後. 釰長三尺四寸, 刃面有縱釁, 蜿蜒微坼, 至今不鏽[5]澁.

李氏, 本朝鮮人也. 成梁曾祖英, 殺人逃入中國云. 成梁女爲努爾哈赤所竊者, 東人之說也, 琴氏事信然. 伽倻山中有如松所戴笠, 妙香山之內院, 有如松抵僧休靜書.

昔如松將東出, 成梁誡曰: "朝鮮故邦也, 勉之." 如松戰甚力, 髮盡白. 其後孫多仕窒于朝, 歲給祿甚豊, 朝廷之待李氏, 亦至矣.

---

5 鏽: 원문에는 '繡'로 되어 있으나, 『무예도보통지(武藝圖譜通志)』권3, 「제독검(提督劍)」의 기록에 의거하여 수정하였다. 鏽는 '녹슬다'라는 뜻이다.

鮮于浹, 箕子之後. 箕子受封朝鮮, 其子食采於于, 爲鮮于氏. 洪武中有鮮于景者, 爲中領別將. 其七世孫寔從泰川居于平壤崇仁殿側, 請奉箕子祀, 上許之. 子孫世爲殿監. 寔子曰浹.

年十二, 讀書齋室, 夢箕子贈詩曰: "尺墳殘城外, 孤祠對虛牖." 月沙李廷龜歎異之曰: "神語也." 旣冠, 遊學于鄕先生金台佐, 受孟子, 至登泰山小天下之章, 慨然慕之. 徒步遊嶺南, 謁退溪李先生祠, 留數月. 讀祠中所藏書訖, 之仁同, 與旅軒張顯光講學而歸, 學益進, 從之遊者甚衆.

關西俗尙好弓馬喜然諾. 平壤故都也, 山水又佳麗, 人以酒食相邀, 絃歌馳逐, 其所稱豪傑之士, 習功令業, 以取科宦於朝. 其崇尙經術敎人以善者, 自浹始. 朝廷聞其行, 以社稷參奉·禧陵參奉·成均司業等職, 屢徵之不起. 仁祖薨, 浹奔詣闕下而哭. 賜三綱行實, 復以司業召, 乃起. 都下士大夫多執經而問者. 年六十六, 召親戚門生與訣, 恬然而逝. 關西人建院于龍山之下, 俎豆之. 特贈司憲府執義, 有心學至要·易學圖說·太極辨解·大易理義等書.

李載亨, 字嘉會, 號松巖, 德泉君厚生之後也.

少重厚, 動止必以法, 衆笑其迂, 不之改也. 稍長讀孟子至浩然章, 心悅之. 農巖金先生昌協以北道兵馬評事至鏡城, 卽往從之學, 農巖授近思錄, 每講論, 亟歎其才敏, 北人始重之. 載亨益奮勵爲學, 博觀四子諸經, 旁通典禮. 嘗語其徒曰: "爲學貴在篤志."

三淵金先生昌翕嘗北遊, 訪其廬, 歎曰: "古所謂知行並進者, 其斯人乎! 仲氏之道北矣." 歸言之夢窩公. 爲南部參奉, 歷內侍敎官·翊衛司副率.

上習聞其賢, 每御史入北, 命面致傳旨而起之. 特拜司憲府持平, 馹召之, 以老病不得謝而卒, 年七十七.

壬寅竹醉金公濟謙被禍於富寧, 載亨遣子治其喪, 又酹之. 或怵以禍而不顧, 人由是益義之.

國家崇儒化, 靜·退諸先生益振之, 絃誦之聲相聞. 獨關西北, 隣近邊塞, 荒遠朴野, 不知經學之重. 浹等特自奮于其中, 沈潛篤工, 能自得師, 蔚然倡一方之學. 南方學者未之或先, 此豈非豪傑之士哉!

11　鄭大任 / 朴毅長

鄭大任, 字重卿, 延日人. 父容隱于鄉里不仕.

大任生而不妄言笑, 及長倜儻有大節.

宣祖壬辰, 倭冠東萊陷之, 旬月間直犯王京, 大任與其從弟大仁起義于龍山下. 時永川郡守金潤國棄城走, 深入妙覺寺, 一邑兵民無所統攝. 大任遣人要之, 請死守城, 潤國慚而反. 遂遣壯士鄭千里屯城隍山, 李蕃屯蓬川院, 偵賊多勦殺, 倭不敢掠其境.

倭三百餘潛據西山匙川之間, 大任度必由唐山, 設伏待之, 倭果至而敗. 倭詐稱御史, 潛渡朴淵, 大任躡之, 與權應銖等夾擊其黨, 又敗之, 軍益振.

七月倭據永川城, 大任與新寧縣監韓倜 · 河陽縣監曹久伸 · 慶州判官朴毅長 · 義興洪天賚及應銖, 各以兵圍其西北. 大任與潤國等擊其東南, 倭蟻聚不敢動, 設苫架以自蔽. 大任別遣兵屯馬峴, 順風揚灰, 倭不能相見. 又縱敢死軍, 直前焚苫架, 烟焰迷惑, 倭逃于東南門爭出, 爲我軍所殺. 嶺左之倭分據列邑, 而永川倭尤盛, 至是盡殲. 潤國以棄城被拿, 得以功自贖, 倜等皆陞職, 獨大任賞不行.

於是, 倭退屯尙州, 餘黨散布於比安 · 龍宮之境. 大任選輕銳擊之, 又多殺傷. 八月擊慶州倭, 失利, 義兵頗死傷, 大任以震天砲懼倭, 倭夜遁西生浦. 觀察使請令攝比安縣監. 癸巳爲前鋒當蔚山倭, 力戰太和津. 倭退, 節度使朴晉聞于朝曰: "大任永陽之捷, 龍宮比安之戰, 射殺倭不計其數. 今太和之鬪, 倭矢丸碎甲, 猶不退, 忠義勞勤, 宗罕其耦, 請施重賞, 以激勸將士."

是年秋, 陞中訓大夫醴川郡守. 嶺南荐經兵火, 又癘疫甚熾, 四方飢民坌集, 大任調餉設賑俱無缺. 冬援慶尙左道兵馬虞候. 甲午追倭至鳥嶺, 據其要害, 倭不能支而退.

大任久在兵間, 勞悴疾甚, 還鄉里而卒. 屢贈嘉善大夫戶曹參判. 應銖與大任同時倡義, 大任卒, 獨能益樹功爲大帥, 策宣武勳, 封花山君兼五衛都摠管.

朴毅長, 字士剛, 務安人, 移寧海. 弱冠擧武科, 屢遷慶州判官.
壬辰倭入寇, 毅長引兵從節度使李珏于東萊. 珏欲遁, 毅長力言不可, 珏怒欲殺之而止. 釜山旣陷, 毅長歸治慶州, 旣至軍民盡散. 從府尹尹仁[6]涵駐杞溪, 遂據竹長縣, 募精勇. 夜植火山頂, 晝耀兵城外. 倭稍斂, 遂夜薄城, 放震天砲, 賊慴而夜逃. 追斬甚衆, 遂復慶州.
癸巳二月, 引兵入大邱, 破倭巴岑. 以功陞通政大夫慶州府尹, 又賜表裏一襲以褒之. 十二月丁父憂, 朝廷卽命起復. 甲午二月破倭梁山, 五月又破倭墨長村, 七月又破倭州東, 自是倭不敢復犯州境. 九月率諸將大戰永川, 十月又戰安康, 皆大敗之. 倭退屯蔚山自保. 戊戌平秀吉死, 倭遂撤歸.
毅長屢遷節度使, 多爲不悅者所搆陷. 乙卯卒, 贈戶曹判書.

壬辰之難, 嶺南多倡義者, 如大任不階尺寸而能招募忠義, 不亦偉乎!
今考權愈所撰權應銖謚狀, 以爲大任入山中, 畏賊不敢出, 應銖引大義激諭之乃出, 大任誠畏賊, 何故倡義也! 功名之際, 互相猜忌, 至壞亂其宗蹟, 雖有勞勤, 不得明于後世, 何勝歎哉!

12 權井吉 / 朴義

權井吉, 安東人, 家居安山.
崇禎丙子, 邊憂甚棘, 擢爲原州營將. 及南漢被虜圍, 以關東兵覲王, 至廣州黔丹山擧火, 與南漢城中相應, 兵氣甚銳, 虜望而憚之. 及戰屢挫虜鋒, 赴難諸將無與角其能者, 卒無救而潰. 及沒, 贈工曹判書, 顯宗丁未諭祭.

---

6 仁: 원문에는 '任'으로 되어 있으나, 여타 기록에 의거할 때 오류가 분명하므로 수정하였다.

朴義, 高敞人. 中武科.
丁丑從金俊龍, 與虜戰于光郊山. 虜將楊古利蒙金假面, 與多鐸, 擁精騎潛踰後嶺, 據上峰督戰, 建大旗以令衆, 衆皆合. 俊龍指示麾下士曰: “彼不殺不退.” 義伏崖谷間, 以砲殪執旗者, 果楊古利也.
楊古利虜貴將, 而虜主努爾哈赤女婿也. 並東北諸部, 犯關內大鎭, 戰勝攻取. 至是爲義所殺, 淸主哭其尸甚哀. 旣媾和, 求殺楊古利者, 義深匿不出. 後爲直洞萬戶.

丙子之際, 虜主以衆至, 我軍無能敵者. 虜勞薩以五百騎, 直入至王城下, 岳託以三十三人, 破嶺南兵四萬. 然其將楊古利死, 色爾格克被創, 董廷元淹死, 虜亦未嘗不敗. 當時諸將以縮朒遷延爲上策, 未嘗敢戰. 然虜死亡猶若是, 使得如井吉者當之, 必有磊落可紀者也.

13 朴震龜 / 馬神仙

朴震龜, 武人也.
盧協爲獻陵郞, 與李枝茂課擧子業於齋殿, 震龜從之遊. 嘗謂協曰: “時運不佳, 將有兵革之禍. 余試觀都城, 殺氣方瀰漫布密. 國家脩江都城, 以爲必守, 吾又從而觀之, 殺氣亦如都城. 吾憂念嘻吁不自禁. 還都城, 由水口門望見, 生氣隱隱然, 緣其線脉隨至南漢. 旣入城, 城中皆生氣, 而西門尤盛. 國祚其靈長乎! 料吾不及見, 子其記之.”
及崇禎丙子, 虜陷都城及江都, 上從水口門入南漢城, 由西門下城, 其言皆驗.

馬神仙, 失其名. 中國人, 嘗避地至椵島, 匿石窟中, 不飮食. 一日望登萊而嘻曰: “今夕必損一大將.” 張可大果死於孔耿之變.
後嘗嘆咤曰: “恠哉! 島中人皆鬼也.” 仍不知所在. 無何, 島中兵數變, 而丙丁之際, 終爲淸人所搶殺, 島中遂丘墟. 鐵山府志: ‘椵島有馬仙窟.’ 卽是也. 馬神仙又見虞初新志.

皇明運訖, 虜傍伺之, 恐我襲其後, 欲先甘心于我. 我力微勢窘, 無愚智皆危之. 然其前知之巧, 如朴震龜者亦難矣, 此非有異術能乎哉. 馬神仙又可異也, 板蕩之時, 固多奇士, 而人不能知, 惜哉!

14 慶運宮宮人 / 韓保香 / 李守則

慶運宮宮人, 失其姓氏.

仁穆大妃爲光海君所廢, 幽于西宮, 西宮者, 慶運宮也. 減供奉, 設分司以衛之. 光海壬戌十二月, 逆賊白大珩·李偉卿等謀曰: "西宮若在, 我輩終無葬地矣." 聚其徒, 假儺戲名, 歲除日, 張金皷, 呼噪入西宮.

是夜初昏, 大妃夢, 宣祖黯然來臨曰: "賊方至, 不避則死." 大妃覺而泣, 宮人侍請其故, 大妃具語之. 宮人曰: "聖人諭之矣, 請少避. 妾代以待." 大妃從之. 賊入殺宮人于床, 時昏黑不辨人. 領議政朴承宗聞事急, 馳入西宮, 逐賊徒, 以此大珩等不得搜諸苑.

翌年三月十九日, 仁祖反正, 光海問大妃安在, 盖意其薨也. 宮人旣死, 大妃命他宮人潛瘞後苑, 後乃葬以禮.

韓保香, 光海時宮人.

仁祖旣反正, 光海妃柳氏從宮人數輩, 避于後苑魚水堂, 兵圍之數日. 柳氏曰: "吾豈隱忍而生者! 誰宣余言?" 宮人皆惶懼不敢出.

獨保香前呼曰: "中宮殿在, 大將下床立." 保香遂宣柳氏意曰: "主上失國, 誰登大位?" 答曰: "宣祖大王孫綾陽君也." 保香曰: "今日之擧, 爲宗社乎? 爲富貴乎?" 大將曰: "宗社垂亡, 故擧義而救之, 何富貴也?" 保香曰: "以義而名, 可餓殺前王妃乎?" 大將卽啓于上而進食.

上令光海時老宮人監宮中事. 保香得事仁烈王后, 懷思故主, 時時泣. 有告于后者曰: "保香心不忘光海時, 近之恐有變." 后召保香慰曰: "國之興替, 何常之有! 汝眞義人也, 可令保育我子孫." 卽拜保母尙宮, 賜與甚厚, 引告者撻之. 保香頓首感泣, 舊宮人皆服.

李氏守則, 佚其名.

失父母, 依其姨母, 業針線. 姨母早寡, 役于大內. 宮中法, 嫁人者不得任宮人職, 卽華語'挾的'也.

李氏年十餘歲, 亦從之入. 莊獻世子遊後苑苑亭, 李氏適侍得幸. 未幾出外, 丐食閭巷, 莊獻世子微行而識其居, 復幸之.

歲壬午世子薨, 李氏遂矢死不嫁. 購屋必於僻, 多飼狗備無賴, 撿畫周易, 談命以自食. 隣人目以巫而逐之, 移寓城外月巖村, 不櫛沐, 以帛盖首, 不見天者三十年. 隣火及室而不出, 賴隣人趨救得生.

辛亥正宗大王聞之, 遣老宮人以驗, 其姨媼指示曰: "彼房中女子, 是也. 然上不命之見, 不可見其面."

上爲語大臣·禮曹堂上及京兆尹, 議旌之. 判尹洪檍言: "貞烈固可褒也. 事有關於至重, 旌之恐不便." 上曰: "然." 只命檍書'守則李氏之家'. 守則者, 李氏所封女官號, 秩視從二品.

論人每謂人古今不相及, 節烈之行, 熾於後世, 豈古之人達節, 今之人守節而然歟! 若慶運宮人之代慈殿以殉身者, 紀信之忠也, 韓保香之不以存亡易心者, 夏侯令女之心也, 李守則之不避火者, 宋伯姬之行也. 孰謂今古人不相及哉!

『초사담헌(草榭談獻)』3 원문

1 朴承任 / 尹鑅

朴承任, 密陽人, 父安禮.

崇禎丙子, 安禮沒, 承任方上墓哭, 聞虜至, 與母避兵東峽, 路遇權井吉, 以兵覲王. 承任爲之策曰: "城中望援兵甚急. 子由龍津渡兵, 取訓局庫所藏焇藥以自資, 分兵上黔丹山, 樹幟爲疑兵, 賊必撤城圍而至. 我以精銳從東門入, 計之上也." 井吉果上黔丹山, 虜將欲擊之. 淸主曰: "兵少而氣銳, 其帥必勇. 殄之不足爲武, 徒損我勁." 遂不擊.

朝廷旣與虜講好, 承任西向哭. 旣卒喪, 遂棄擧業曰: "吾縱不能蹈海而死, 豈忍揚揚爲仕宦計哉?" 好與隱遯者遊, 與許格最善.

尹鑅, 南原人. 父孝全, 母忠武公李舜臣之女也. 少好經濟之學, 其婦父李文忠元翼常曰: "吾婿宰相材也."

丁丑虜媾成, 鑅痛之, 不應貢擧, 講北伐之策. 自鴨綠以西, 道里險阻, 兵馬錢穀多少, 皆瞭然甚悉, 有書曰恒符同奇, 蓋孫吳之術也.

其弟鑴襲其說而用之, 與柳赫然等, 設體府廳於相國許積家側, 廣募力士, 招納無賴, 聲言復明室. 然鑴實虛譽也, 鑅戒之, 不從, 卒以誅死.

鏌家甚貧. 有一婢及水田數畝, 不給於用, 亦賣之自食. 夏月屋漏甚, 鏌錐堁而注之, 閱章潢『圖書編』, 其勤苦如此. 藤葛蒙垣外, 路人欲入乞火, 同行者挽之曰: "乞火而入林藪中何也?" 尙書尹深訪鏌, 鏌具弊巾短褐以迎, 翛然無窮困色. 深歎曰: "得與神仙中人遊也." 尙書李袤欲薦其材未果, 竟以窮餓終, 年八十.

朴承任等皆奇士也, 孝廟當北伐時, 可以奮戈躍馬爲前驅, 惟是公也, 可以運籌帷幄而決勝者, 惟是公也. 彼旣不得乎此, 而泯然自晦于世, 以邃高節者, 豈不誠丈夫哉?

2 鄭時凝 / 宋將軍

鄭時凝, 字汝績, 草谿人. 父文翼觀察使. 時凝材勇絶人, 中武科.

孝宗方欲北伐, 蒐羅材武, 嘗見時凝騎射而奇之, 每禁中肄射, 輒召試, 褒賜甚盛. 時凝亦感念恩遇, 謂將朝夕麾兵渡鴨綠水, 磨鐵槍以待.

及孝宗薨, 時凝顧無所用, 然金文谷壽恒惜其材, 言于朝, 屢試之邊上州郡, 所至以廉白稱.

老居露梁江上, 貧無以具酒, 大雪中射禽鹿之屬, 從野老乞酒爲樂. 酒酣輒慷慨言孝廟時事, 撫所磨鐵槍曰: "此槍已苦蝕矣. 幸未死時, 一得當胡酋而鬪, 雖死無所恨." 聽者亦感歎不已.

嘗在理山射猛虎殺之, 浿上曹世傑以畫名, 爲寫鄭將軍射虎圖, 精爽可畏. 子孫衰絶, 瘞之塚前云.

宋將軍, 佚其名, 光州傭也.

孝宗下令, 求力士於國中, 擧千斤者方中格. 座首出自州言之, 宋將軍指庭畔石曰: "彼可千斤耶?" 卽擧之甚易. 座首甚喜, 告之官試之, 果中格, 遂以聞.

宋將軍旣至京師, 上促召之, 命侍衛武士角力, 皆莫能及. 且賜食甚豊, 宋將軍啖之立盡. 上益奇之, 卽冠于前, 且賜宮人爲婚, 賜第金虎門外. 刀釰鞸袍之屬, 皆從內府出, 甚寵愛之. 已而試邊上小鎭, 使習邊塞事. 上每念而賜與, 馳驛相屬.

上薨, 宋將軍猝聞諱音, 悲哀慟寃, 棄印符, 馳至闕下痛哭. 入其家, 其妻感上恩, 已自縊死. 節度使又以宋將軍棄鎭請梟其首, 顯宗憐而赦之.

宋將軍無所依, 客龍仁縣. 縣人見其軀幹壯大如貙虎, 呼曰: "宋將軍." 爲酒食邀宋將軍, 俱食觀其啖, 以爲笑樂.

宋將軍當孝宗諱日, 輒終日慟哭. 常着孝宗所賜錦, 半臂盡弊, 獨存銀釦, 常有涕淚痕. 人勸賣以自食則不肯也.

鄭時凝等並孝廟所求材勇之士也. 昔孝廟在瀋陽, 遇會稽人孟永光, 畫會稽圖, 及卽位, 以生聚敎訓爲事, 文而致宋文正諸先生, 武而求李貞翼諸公, 皆任之以北伐事. 然聖祖蓋欲自將之, 時凝等苟得備行伍, 奮虓勇而威胡虜, 則誅多爾袞豪格輩, 必易如拉朽矣.

3　朴淵 / 魚繼卜

朴淵, 南蠻人. 崇禎戊辰, 漂至耽羅. 淵不識字, 以蠻語稱其姓名曰朴淵. 淵在國, 有善占候者, 言某日風某日雨, 其驗甚神. 航海者準之, 淵不遵其指, 遇颶而漂云.

爲人卓犖, 每言善惡禍福曰: "毋庸汲汲, 天報之矣." 其言類有道者. 談土風曰: "地煖無霜雪, 每天陰而重露." 老人言: "此中國雪下之日也." 國法作盜者, 無輕重皆殺, 由是國無盜賊. 日本·琉球·安南之國, 皆淵所行貨者, 亦嘗遊小人國, 其人善錦布. 海島人言: "高麗俗炙人肉而食." 方到耽羅也, 會日暮, 太守張炬以審之, 舟中人皆哭, 此炙我之具也, 久乃覺其非. 淵雖甚寒不綿衣, 身體壯大, 碧眼白面, 黃髯垂腹, 見者異之. 娶我國女, 産男女各一人.

淵至本國二十六年癸巳, 西洋人又漂至耽羅. 朝廷遣淵視之, 淵戒傍人勿先言以觀其所爲. 西洋人熟視淵曰: "是與我若兄弟者也." 相對而泣. 西洋人曰: "我國商多往日本, 送我日本, 可得歸." 淵曰: "日本俗雖其國人漂, 從他國還, 輒殺之. 耶羅宗門頃歲漂到此, 卽送對馬島, 島主盡屠而奪其貨. 若等往日本必死.

我來此隸訓鍊都監, 身安而食足. 若等且從我至王京可乎?" 衆曰: "諾." 既至京, 分隸中外諸營.

西洋人多技術, 最精曆法醫方. 其巧匠良冶多死於海, 只有解星曆者一人, 解拳法者一人, 善鳥銃者一人, 善大礮者十餘人, 後多逃之日本.

魚繼卜, 訓局管庫也.

顯廟辛亥, 北關人得一兒於海上無人處, 年可八九歲, 衣服殊而言語不通, 茫然不解所從來, 送致之備邊司. 備邊司令譯者徐孝男問之, 其音不可辨. 久而後微可通, 問土俗, 卽擧臂上下作射獵狀, 問所由來, 卽掉曳欵側若刺船者. 訓鍊大將柳赫然令卒伍養之, 名曰繼卜, 姓曰魚, 以其爲魚皮㺚子之種也.

我國三面距海, 少盜賊, 然東南海上, 常有紅毛夷阿蘭陁之屬漂至, 卽倭奴勿論也. 海中諸國, 皆侏㑋啁啾, 不可通其俗. 然性悍毒易忿, 所挾兵器皆精巧, 萬一爲邊土梗, 安得而制之? 士可以海外殊俗而不之講乎? 如申叔舟海中諸國記, 眞知籌國之方也.

4 **黃功 / 康世爵**

黃功者, 杭州人, 擧武進士任職.

崇禎末, 流冠犯皇城, 天子崩, 清人破逐流冦, 遂自據燕京, 功爲清所俘. 時孝宗大王從入燕, 功與其徒王鳳岡等, 隨至本國, 是謂從龍十三姓. 上時在鳳林邸, 居朝陽樓, 舘功等於樓下閭里相望, 歲時賜與甚給, 功等安之. 上卽位, 授功嘉善大夫.

顯宗丁未, 福建人林寅觀等九十五人漂至耽羅. 時鄭成功在臺灣, 遙奉永曆號, 爲永曆二十一年大統曆. 然永曆皇帝十七年, 爲吳三桂所弒, 成功未之知也. 寅觀等賈人也, 爲成功販海中, 携大統曆而至. 時草野士大夫憤滿洲殄明室, 日夕思報之, 及聞皇統猶存, 競騈闐于道, 求見寅觀等, 握手涕泣, 悲不自勝. 或筆談相酬答, 以抒其慷慨.

然秉國者恐事泄, 將執之與淸, 寅觀等至國門外堅不去. 朝廷苦無以開其意, 迫功好諭之. 寅觀等聞功南音也, 爲叙流離困苦狀. 且曰: "感國王義得生, 旣至此, 又何爲送與淸人也, 寧餓死不可行." 卽相向而哭. 功盛言: "淸人寬厚, 得罪人不妄殺, 朝野安樂, 若雖去不死, 且可得還鄕路." 寅觀等意少解, 仍問功何爲至此. 功備言北京殘破, 得衣食於此將二十年, 未聞故里存沒. 且問南方云何, 答曰: "身居海島, 不知兩國興亡, 然聞皇帝入海中者四歲, 以雷化寧州爲界."

功雖爲朝廷所驅, 而諭遣寅觀等, 心欝悒不平. 寅觀等爲閩越之歌, 功亦歌木蘭花詞, 自叙在皇朝時事曰: "文着藍衫, 武披金甲. 御前欽命傳旨意, 後苑防門提調兵. 修築邊城, 征討三山, 留守鳳泗, 奉勅西洋. 爲制使埋伏太湖, 爲守備顯名池河." 亦閩越音也.

寅觀等將行乞留至春而後發, 功不可. 寅觀等不飲食, 功勸之食, 且恐其自刺, 搜奪之刀. 有二人自縊欲死, 卽強遣之, 旣入燕, 未知生死. 備邊司吏石希璞言: "淸人放于寧古[1]塔盡殺之." 亦未詳. 功卒賜葬地, 子孫皆爲委巷人.

康世爵, 字子榮, 荊門人. 故家通州, 移撞州北石塔村. 曾祖祐以勇健擢金州參將, 屢與蒙古戰死之, 贈指揮. 祖霖從經畧楊鎬擊倭於朝鮮, 死平山, 贈都指揮, 給功臣祿. 父國泰亦以武顯, 爲靑州通判, 布政使王象乾論在州不法, 繫之獄. 時建州叛命, 經畧鎬討之. 廣寧總兵李光榮與國泰聯榜相善, 卽言國泰武藝可制敵, 得有之, 仍擢爲中軍. 光榮去, 又屬李如柏. 及鎬分四路入滿州, 令國泰擧廣寧騎一千五百從劉綎, 至牛毛之谷, 綎所分路獨遠且險, 巖路錯互不能軍.

時世爵從父深入, 父叱之促還, 世爵不忍去, 匿帳外而踵之. 國泰招入帳, 撫背曰: "此何等地, 汝尙隨我也." 過牛毛嶺三十里, 遇賊將戰, 賊伏兵從左右山谷中夾攻之, 綎敗死. 國泰亦中矢死, 僅奴皆散. 日將暮, 世爵移父屍置山北巖下, 壘石藏之, 走入朝鮮軍.

時遊擊喬一琦監朝鮮軍, 見虜圍急, 卽墮崖死. 將死附書朝鮮軍遺其子曰: "文臣武將, 以社稷爲戲, 循私貪鄙, 致屬國喪師. 粮斷水盡, 朝夕且不保, 吾不敢離.

---

1 古 : 원문에는 '固'로 되어 있는데, 문맥을 고려하여 수정하였다.

謹自裁家哈嶺上, 兒可奏知聖明. 求赤城薛道尊, 以家口還鄉. 我死而心安, 汝昨去催家丁, 若再來, 不必出關."

世爵遇一琦子, 泣言東兵若戰勝, 可收父屍歸. 已而朝鮮軍亦覆, 元帥降, 左營將死之. 滿州遣騎, 搜明軍匿朝鮮軍者縛去, 適遺置世爵. 世爵磨背石角絶其縛, 夜走遼陽. 世爵季父曰國鑅, 弟曰世祿, 與新經略熊廷弼善. 廷弼亦楊州人, 托至遼, 存恤世爵. 廷弼招謂世爵曰: "若壯健, 可起復復父讎." 卽署爲軍校.

越三年, 賊破瀋陽, 且攻遼陽, 遼陽人引賊上城, 城陷. 世爵伏積屍中以免, 潛走鳳凰城, 依李仁厚者, 避賊山中. 仁厚遇賊死家覆, 世爵獨得脫, 遇廣寧人劉光漢, 糾合遼陽散卒三百人, 入鳳凰山, 遇賊大敗, 卽走免. 光漢又死. 世爵被創飢甚, 食草木實, 賣羊裘以食得不死. 至滿浦境, 流寓關西北諸縣, 最後居會寧地. 世爵旣東來, 娶婦多生子, 然常睠顧中原. 又爲土著人所賤, 著自述篇以自傷云. 中原旣傾覆, 避地人至朝鮮者, 多誕妄無情實, 獨世爵卓犖忼慨, 爲學士大夫所愛. 世爵亦故爲詼諧不羈, 以取容於世, 爲室名曰楚冠, 常居之. 江北多茆, 會寧民取而蓋屋, 世爵獨以藁曰: "母令人疑我涉胡地也." 戒子同居, 二子皆趫健善射, 有楚士之風.

方深河之敗, 朝鮮人不得以一琦書傳其子, 後數年從事李民宷賫之至本朝.

黃功等並皇朝之餘, 流離失所, 能自全於亂世, 冠裳儼然, 不爲胡虜之臣, 幸矣. 中國人薙髮左袵戴滿帽, 與禽獸無別, 視此果何如也? 胡虜據天下, 已過百年, 中國人安之, 飫其祿, 而仕窶如不及. 功等之後, 雖困苦佗傺, 能以其先祖之心爲心乎?

昔功之徒, 糜於都監爲假倭, 每治兵輒穿斑斕之服, 跳躍嘯呼. 至正宗朝, 除其役, 陞爲漢旅, 得守護皇壇, 皇朝之子遺, 亦宜知所自勉矣.

5　　**金忠善 / 貴盈哥**

金忠善, 倭人也, 始名沙也可.

萬曆壬辰, 日本豊臣秀吉將犯天朝, 以假道名, 先冠我, 擧其八道兵, 以加藤清正爲前駈.

沙也可屬清正, 將兵三千爲左先鋒. 旣入我境, 見衣冠文物與中州同, 慨然慕之, 禁其卒無殺掠, 自號慕夏堂, 遂降我. 從朴晉金應瑞戰, 屢立奇勳, 朝廷賜姓名金忠善, 籍金海. 忠善感之, 海防十年不懈, 進階至正憲大夫.

仁祖初, 李适叛, 先是降倭三百屬适, 屯寧邊, 與适同誅. 徐牙之者最勇, 號稱飛倭, 亡至密陽, 爲忠善所斬, 以功賜田民, 忠善辭不受.

丙子虜圍廣州, 忠善時已老, 從軍至雙嶺. 兵敗而壻亦成, 卽痛哭歸以終. 忠善娶仁同張氏家, 亦名族也.

貴盈哥, 滿州努爾哈赤第二子, 雄鷙善戰. 努爾哈赤死, 貴盈哥當立, 讓弘歹始, 不辭而立. 貴盈哥旣失位, 欝欝不自得, 挈其子女奔我. 我待之甚薄, 貧窮不得食, 以其女與武人朴功爲妾, 生二子而依之.

丙子冬洪歹始冠廣州, 貴盈哥夜入南陽府, 殺府使尹棨, 復歸洪歹始, 待之如初, 且並其女北歸.

明制勳戚子弟, 爲京營掌宿衛. 夫趫勇之士, 不問所從來, 皆任武職, 無所拘. 如滿桂周遇吉皆降丁也, 卒能有樹立, 忠義赫赫然照耳目. 甲申之難, 勳戚殉者無多, 惟張鵟數家耳.

金忠善等, 並鷙雄豪健而歸我矣. 擧藩閫而屬之, 彼必有以報効. 而顧惜之不肯予, 奈之何哉?

6　金宗立 / 趙某

金宗立, 鎭川人. 父貴賢中武科, 萬曆丁酉, 從戰蔚山倭有功. 宗立天啓甲子中武科, 碌碌鄉里間.

丙子虜騎圍南漢, 巡察使鄭世規選兵八千人勤王. 宗立以鎭川哨官從之, 至廣州之險川, 日卓午軍未食, 下令傳餐, 虜將碩託尼堪博和託洛託等禦之. 世規軍方列坐而食, 有虜騎從樹木間出汲, 已而火箭發而虜騎大至, 環而芟之, 軍大潰.

宗立跳出柵外, 問哨軍孫永立曰: "使安在?" 答曰: "不知也, 盍與我急走?" 宗立曰: "失帥而安往?" 卽冒刃求之, 爲賊所殺, 屍被焚不得. 永立歸聞之其父, 父曰: "渠得死所, 夫何恨?" 人皆曰: "宗立之節, 其父之使也."

趙某, 鎭川人, 居柏谷, 爲人魁偉喜施與.

光海時幽母后于西宮, 某以其徒四十餘人, 將抗疏言不可, 至竹山逃者過半. 及渡漢江, 只四五人. 某終不懾, 疏上不報而歸.

丙子虜圍南漢, 縱掠於畿湖間. 某據縣之深淨寺, 木川·天安·稷山·安城·振威之民, 依之, 幾千餘人, 某部分皆有法.

胡騎四五持戈躍馬, 向寺門而至, 義旅洶洶欲散. 某挺釰叱曰: "我一擧足, 虜乘勢蹴之, 是遺之禽矣." 乃令其人環立若射者. 虜遙謂曰: "我乃求食者也, 須諸公少避, 容我搜粮去." 某不聽, 愈益自奮, 虜退. 某曰: "幸虜少不得敵我, 明日必引其衆而攻我, 不如登萬弩城, 據險以待." 遂引衆伏城上, 翳草樹而望之.

明日虜果引百餘騎圍寺, 搜之不得, 虜大恚, 望城上有人, 引兵攻城甚急. 某預聚石爲戰具, 關弓整砲, 爲死戰計. 虜分三人爲一隊, 劈板扇爲盾而執之, 蟻附而上, 進一步必發一矢. 某若無覩也, 虜旣近, 令砲卒砲其板, 而執弓者射, 無弓者投以石, 多殺虜. 虜戰終日不得上, 取死者焚之而退. 虜旣去, 某又遭父憂, 守殯於城西佛舍, 二胡騎白馬而至, 某潛伏壁後, 挾弓而俟之. 虜馬忽盤旋不進, 虜怪之而去.

亂已, 六郡之士, 將擧其功而拜疏. 某止之曰: "吾得以全軀者, 諸君之力, 吾寧可誣飾而欺天乎?" 人感其誠而止. 某年過八十而卒, 以壽進秩爲僉知中樞府事.

余屢過鎭川縣中, 見金宗立遺墟碑, 又過險川, 見諸公殉節之所, 至今有生氣. 當丙丁之際, 使人人得如宗立, 虜豈得渡鴨綠水? 縱得渡, 豈能蹂躪跳踉如虛邑者? 雙嶺之戰, 賊乃三十三人爾, 敗嶺南兵四萬而有餘. 彼士卒無素訓, 臨陣而先志於走, 不然豈其摧敗若是哉? 險川之卒雖債, 乃身先諸路兵, 推刃而死敵, 一營鮮有全者, 耿耿烈哉!

趙某亦興義旅, 使六郡之民不罹於鋒刃, 其功亦可稱述矣夫.

7 　屈氏 / 梅環

屈氏, 中國蘇州良家女, 選入侍周皇后.

崇禎甲申, 李自成陷京師, 烈皇帝崩, 周皇后亦崩. 屈氏逃匿民間, 及淸人破自
成, 獲屈氏. 時我昭顯世子從淸人入京師, 舘前星門外文淵閣東廡, 又改舘廣仁
街西駙馬萬氏家. 淸人以屈氏侍, 及世子歸, 屈氏從之, 屬萬壽殿, 事莊烈王后,
常北望中州, 泫然泣下. 時孝宗大王與一二臣議北伐事, 屈氏獨心知之, 常願忍
死見皇朝之興復云.

將死, 言願葬我西郊, 魂魄得見義師之出. 如其言葬高陽大慈洞.

梅環, 林慶業妾也.

慶業當錦州之役, 潛與天師通. 久之事泄, 淸人令我縛致慶業. 慶業將如瀋陽,
顧梅環曰: "吾不能死於虜, 若可走匿許道所." 道亦壯士也, 家在楊州. 慶業至金
郊驛, 而逃入天寶山, 削髮爲僧. 國中大索, 械其妻李氏, 幽之瀋陽獄, 李氏自刎
死. 道卒免梅環.

孝宗大王將北伐, 求材勇之士, 惜慶業死, 召梅環, 問慶業驍武狀, 歎曰: "安得
慶業而將之哉?" 梅環請曰: "上思慶業, 欲用之北伐乎?" 上曰: "然." 梅環曰: "妾
固知上不能北伐也." 上笑曰: "若何由知吾不能也." 梅環曰: "上在江都時, 見諸
將將僨事, 何不斬之, 勒兵拒虜乎? 上失此機, 妾以是知上之不能北伐." 上憮然
久之.

孝廟北伐之議, 誠天下之大義也. 于時國中皆奮, 有北首爭死之志, 雖婦人女子,
皆與其義. 事雖無成, 亦足暴於天下, 聖人之旨深矣.

8 　申瀏 / 慶河昌

申瀏, 嶺南人, 孝廟戊戌, 爲北道兵馬虞候.

時淸人徵我兵攻車漢, 車漢者羅禪也, 在極北鄂羅斯地, 在漢爲堅昆丁零, 在唐

爲黠戞斯. 其人皆長大赤髮皙面, 綠眼而黑瞳者曰李陵之後也. 竊據黑龍江上,
侵擾傍近雜種, 俾不得朝淸人. 淸人遣兵擊之多不勝, 及是使瀏選北邊銃手二
百及票下旗鼓手火丁六十, 齎三月糧救之.

三月一日渡豆滿江, 十三日渡漁濟江, 十六日渡毛緞江, 十九日達寧古塔. 所過
樹木蔽天, 麋鹿成群, 遊魚不避人, 長者至十餘尺, 士取飽之, 行至厚通江. 又十
餘日歷蒙古國. 四月十九日渡加里江, 至金泉江, 遂歷愎介國, 其俗男女同衣服,
以鬚別之. 五月五日到曰介國, 曰介者淸之別種也. 十五日到宋加羅江, 江與黑
龍江合流, 乃車漢往來之衝也. 車漢以船爲家, 不耕織, 事攘奪, 非水戰不能制.
淸人製戰船, 大者長可五十丈, 小者長可十三丈, 高可三四丈. 內用板隔爲三層,
下藏穀, 中藏兵具, 上可容五百人. 每船從五小船而至.

淸將以曰介・介夫落・愎介・蒙古兵軍之, 六月五日解纜而行, 十日到黑龍江.
江濶二十餘里, 色如柒, 深不可測, 魚族禽獸皆黑.

車漢從黑龍江下流望見兵至, 驚聚其船, 橫布爲陳, 分其半登島以掎角之. 淸帥
遣兵再嘗之, 多死傷. 用我副將裵是煜策, 以巨艦比列鉄干爲城, 橫截水陸之間,
先擊島上人殲之, 復下水而戰不利, 相待五日, 士氣益沮.

我請火攻, 淸師始利車漢財不卽聽, 窮而後許之. 於是, 是煜與劉應天被甲登舟,
藏火箭乘流而下, 相謂曰: "車漢船多焇藥, 火發而不卽避必死." 車漢見是煜船
甚孤, 疑之不卽擊, 船近以火箭發, 延爇車漢船, 風雷又大作, 震盪天地. 二人回
船走可十里, 波濤猶汹涌, 窈冥晝晦, 半日始息. 數日而後達大軍, 淸帥[2]迎謂曰:
"方戰時風浪甚惡, 吾謂汝死矣." 相與觀戰地, 車漢皆爛糜枕藉, 腥臭彌漫蔽河,
皆曰: "此朝鮮之力也."

獲其兵器, 其銃用瑪瑚石牢護火門[3], 置金鐽於龍頭, 龍頭落而金石相薄, 火起丸
發. 其船設椽加板, 上覆樺皮甚厚, 左右多穿穴, 爲放丸之用也.

<hr>

2 帥 : 원문에는 '師'로 되어 있는데, 『성호사설(星湖僿說)』 권8, 「차한일기(車漢日記)」에
  의거하여 수정하였다.
3 門 : 원문에는 '間'으로 되어 있는데, 『성호사설』 권8, 「차한일기」에 의거하여 수정하였다.

七月十日還軍寧固塔, 舉鐵錠十人不能勝, 有械囚車漢舉之甚易, 其强力如此.

九月二十七日至寧固塔, 淸賜我將爵龍骨大副骨大, 賞又若干.

淸帥引是焜至家, 見其妻三人, 皆擧一臂垂一臂爲禮, 進與合面, 且設酒食甚盛.

翌年淸人賜我陳亡者八人銀各三十兩, 傷者二十五人, 分五等賜銀有差.

慶河昌, 東海上人, 往來慶興府撫夷堡, 以通貨爲事.

天啓中, 滿洲强大, 侵及東海上, 東海諸部落皆服屬之, 以貂貉之貢貢滿洲. 河昌獨率其子囉囉只阿等入熊島.

崇禎丙子, 我與滿洲和, 河昌滋益恥之, 移住獐島, 潛使人越滿洲境, 與中國通. 滿洲人畏之, 令我發舟師一千取之. 我遣北道兵馬虞候劉纘先, 與滿洲使者, 以精兵五百, 從西水羅舣行, 獲獐島敗商於慶源府, 爲之導, 將至島.

河昌命子吉羅·姪牙豆·宗人梅介·從人古郎阿, 潛理三艇, 挾毒箭, 伏叢薄中. 纘先裨將韓希龍薄而獲之, 具告河昌在獐島. 纘先夜圍獐島, 以砲卒一百八十人匿山後. 河昌急率部下人持兵奔巨藪, 砲齊發, 河昌及其屬男婦十五被擒, 並搜島中男婦五百口. 滿洲不殺, 處之也春地, 且運粟以餉.

河昌命子吉羅·姪牙豆·宗人梅介·從人古郎阿, 潛理三艇, 挾毒箭伏叢薄中, 纘先裨將韓希龍薄而獲之, 具告河昌在獐島, 纘先夜圍獐島, 以砲卒一百八十人匿山後. 河昌急率部下人持兵奔巨藪, 砲齊發, 河昌及其屬男婦十五被擒, 並搜島中男婦五百口, 滿洲不殺, 處之也春地, 且運粟以餉.

滿州乃東胡之微者, 雄强遼藩, 卒乃吞中國. 中國士大夫靡然服屬之, 況東北諸部乎? 獨羅禪及慶河昌不肯爲滿州臣, 倔强海上, 功雖不終, 其志諒亦奇矣.

9　朴星錫 / 朴新源

朴星錫, 字汝晶, 密陽人.

少踔厲有奇節, 遊于尤菴宋先生之門. 聞孝宗明大義, 欲以功名自奮, 一朝謝諸生, 學射中武科. 宋先生勸其讀春秋, 旣而爲文谷金公·老峰閔公所知.

壬戌朝廷患西邊寇盜, 陞昌城爲防禦營, 擢拜星錫. 星錫在邊, 戎事飭備, 盜爲之屏跡.

嘗從使臣南公九萬赴燕, 書狀官吳公道一以詩名, 見星錫詩, 有'男兒無限意, 瞋目視旄頭'之句, 大驚曰: "公非我所及也."

己巳, 尤菴·文谷賜死, 老峯栫棘以沒. 星錫先已丁憂, 歸屏田里. 後拜全羅道兵馬節度使, 未赴而卒.

星錫識解淹博, 天文卜筮兵法數理靡不精, 談言屢中, 辨博不窮, 然不輕出. 晚家黃山, 杜門讀易以自娛. 其庶子曰新源.

新源, 字景明, 風骨瀅澈, 眉目如畫. 少好易, 善數計, 傳父法. 常往來公山之婦家, 望堂前寒峯山可數里. 婦黨請籌之, 卽懸繩堂隅, 出鏡照峯影, 布籌而對曰: "距幾尺寸也." 繩準之果然.

少上俗離山讀易, 心豁然開朗, 預知山外事, 尋下山處塵囂中, 卽不能也. 家居江鏡, 江鏡人傳言其占甚神. 所居里曰彩雲, 百濟義慈王離宮之地, 産異花發於古根, 紅白芬馥, 不可名言, 其堂前多此花.

新源好奇, 每談說西洋利瑪竇及皇明曇陽大師事. 又曰: "吾弟有神勇善用釰. 有大熊逸於野, 入林立而投之釰, 熊噬之脆如荎. 獨吾弟能搏殺之, 不幸早夭云." 洪啓禧學其數, 薦拜禮賓寺參奉, 然啓禧議行均役法, 新源貽書絶之.

朴星錫素以驕武稱. 然國俗賤武而崇文, 爲武者雖地均而秩比, 亦爲文所屈, 少倔強骯髒者, 輒謂之驕. 彼從大老遊, 素講明義理, 及見文宰便媚苟合, 以取功名, 誠不足於意, 安得不輕之? 使在文谷·老峯之側, 寧詎驕哉? 新源之好奇不屈於俗, 有由來矣.

10 成挨憲 / 金百鍊

成挨憲, 字仲一, 昌寧人.

生於崇禎甲申後三年, 忿明室殘毀淸人主中原, 常慷慨欲復之. 涅其背曰: "敬直內義方外, 國恥雪君恩報." 始灸畫成文, 久之漫不可辨, 乃涅之. 老而居春川大明灘, 尋入谷雲山中, 搆春睡亭, 取諸葛亮興復之志也.

揆憲雖窮老無聊, 心常睠顧王室, 國家有事輒赴之. 肅宗己巳, 仁顯王后將出宮, 揆憲倡諸生疏爭之, 會者一千八百人. 是夜忠貞公吳斗寅‧忠肅公李世華‧文烈公朴泰輔被鞫, 令復敢言者死. 衆稍稍自引起, 獨揆憲及申五相不去, 屢呈疏, 承政院輒却之. 甲戌仁顯王妃復位, 拜揆憲繕工監監役. 嘗代人撰疏, 忤旨謫珍島, 二年乃還.

英宗丙午, 以老拜五衛將. 適命百官有所懷輒陳, 揆憲以懋聖學破朋黨等七條事, 懇懇拖長, 陳奏不已. 上悉嘉納之, 承旨言: "末官所陳, 猥雜煩屑, 請推考." 揆憲卽起對曰: "臣所陳, 皆時務也. 承旨請推考, 此壅蔽之習也. 朱雲請釖以此." 聽者莫不變色.

戊申逆賊李獜佐等叛, 揆憲倡義旅勤王, 亂平條上安集之策, 格不達. 順天金百鍊以間世英豪目之, 及沒, 哭之曰: "吾東忠義索矣."

金百鍊, 字礪世, 號五黜, 順天人, 昇平府院君塸之後也.

昇平爲癸亥元勳, 家甚富, 然多罪人家財貨. 百鍊見家中物, 輒嚬蹙曰: "吾祖多蓄不義物, 吾何用是爲累哉? 蔘銀之屬, 任人持去, 不之收也." 朝廷以功臣孫錄之爲郡縣. 雖廉白高潔, 邑事不治, 所至多壞亂散漫, 每爲觀察使所殿.

嘗挈妻子入洞陰峽中, 久之復詣忠州彈琴埋. 妻在楊津祠屋中, 自出江上, 拾木葉多所書, 然皆荒怪不可解. 已而入靑山峽中, 壬辰卒, 年□□.

婿洗馬李淞, 家甚貧. 淞夫人聞父爲榮川守, 甚冀其濟. 逾年始遣紀綱負一大包而至, 僮僕隣里環集, 莫不動色. 及發緘乃三綱行實一部. 書其空曰'父贈第幾女某', 復署官印. 又伴大芭蕉根三, 書中無他語. 但曰: "吾之官, 見三綱行實板甚佳, 爲汝而印. 官舍有芭蕉甚敷大, 輒劉而送之, 可植以玩之." 其高潔如此.

百鍊又多靈異. 有人見其所記日曆云: "夢入閻羅殿, 閻王械一罪人, 責以交搆兩宮間, 拷掠甚酷, 視之乃金尙魯也." 丙申果籍産如法.

百鍊又嘗至婿家, 忽粅主人促覆諸避雨之物. 時天無纖翳, 日色淸朗而屢促之. 主人弟湉怪而問之, 曰: "山鬼入簷." 已而, 片雲從南方驟雨至, 頃刻溪漲, 人不得渡.

草野故多奇傑之士. 南漢之和, 誠百世之耻也, 士當其時, 咸悲憤不自得, 輕爵
祿入山林以自藏者類是也. 及時移世久則又恬然安樂, 不講春秋之誼, 獨揆憲
秉大義, 以復雪爲事, 久而靡懈, 豈非奇傑之士哉?

11 李夫人 / 郭夫人 / 任夫人

李夫人, 號雪峯, 延安人. 延城府院君石亨五世孫, 郡守廷顯女. 歸平山申純一,
純一仕爲延安都護府使.
夫人幽閑簡靜, 有藻思, 兼工書法, 案上常置周易及李白詩集. 子弟從場屋還,
閱其草, 預定高下得失, 無不中. 子弟登試, 輒歎曰: "世無能文者, 此輩亦得之
耶." 代其夫裁酬簡牘, 見者不知其爲婦人筆也. 名徹上, 上嘗下黑絹八幅, 求夫
人筆, 其書益重於世. 詩集逸於兵, 傳者二十餘首.
夫人多靈異, 嘗齋沐整衣服, 深臥屛障中, 戒家人勿驚, 俄而絶氣息. 久之傍人
呼覺之, 卽欠伸曰: "何驚我也?" 神氣揚揚如平日, 若導引內視者. 有疾輒向空若
酬答, 擧手輒有物在, 呑之病乃已. 傍人怪而伺之, 如鳳仙花子, 香烈觸鼻, 久而
不息. 問其名, 曰: "石中彈也." 問何由得, 曰: "天餽之." 其孫誤取呑其一, 味辛
甘絶異. 夫人覺而恨之曰: "此非人人所可食, 汝壽必不長." 後果如其言.
病中閉目而吟如昏囈, 實誦易非囈也. 吉凶必有夢, 徵之皆驗. 子侄親戚候者至
外, 夫人必先知之, 促之來. 及歿後當祭, 子孫婢僕或不謹潔, 輒得暴疾.

郭夫人, 號晴窓, 西原人, 王子師傅始徵之女, 嫁進士金鐵根.
少好詞翰, 鐵根卒, 自撰墓文, 就質於陶菴李先生縡. 鐵根於先生戚聯也. 先生
以爲嫂叔不通問, 無所可否, 然甚敬其文. 文甚典雅, 不似閨壼體. 有集六卷.

任夫人, 號允摯堂, 豊川人. 其兄弟並好學, 曰聖周以經行聞, 曰相周以文學稱.
夫人長於史學, 爲文皆典實, 可爲師法. 與子侄談說古時賢聖豪傑, 纚纚不已,

聽者無不洒然. 嫁爲申光裕[4]婦, 有集行于世.

詩自關雎 · 卷耳以來, 多婦人所作, 蓋發乎情而止於義者也. 後世婦人之詩, 多
秀麗纖薄, 不離於玉臺臙脂之習, 蓋關雎 · 卷耳之風, 無得以見之.
東國婦人少能詩者, 獨推蘭雪軒許氏詩, 然其弟筠多潤色之, 如白玉樓上梁文,
或以爲李再榮所作. 二人皆輕薄無實, 故許氏詩少典雅之音, 人亦有訾之者.
若李夫人詩幽閑淸逸, 郭夫之敦厚可爲則, 有關雎 · 卷耳之風, 豈許氏之所可比
哉? 允摯堂又以史學稱, 談說亦足以勸人善, 如古之曹大家者其人矣乎.

12 **江上烈孝女 / 金銀愛**

江上烈孝女, 未知誰氏子.
故判書鄭載禧家在銅雀江上. 冬日寒洌, 有一童子行乞至其家, 年可十二三, 貌
甚姣. 一僮從焉, 年亦差一二長, 而又纖好. 載禧問其族, 童子曰: "父責逋奴於
南方, 與一賈歸, 賈利父裝而戕父於路. 兒遂無所依, 乞食到此." 其言甚悲酸.
載禧憐之, 暮舍之門傍屋.
間壁一嫗病無睡, 聞兩兒昵昵語, 閉息潛聽, 語幽嗚嗚咽, 不甚分明. 已而一兒
若潛出, 移時返曰: "跡得矣. 賊方宿僧房店第幾舍." 一兒卽大哽塞曰: "腐心者
三年, 今始遇矣." 一兒曰: "娘子泣而已乎? 天將明矣, 少緩復失之." 卽綷綷爲結
束聲, 戶開踩踩然. 時月明如晝. 嫗爲之髮竪, 而年老鈍劣, 懼不敢跡.
天旣明, 聞僧房店有人殺一客商而逸, 刀函胸不抽, 刀四射而首其街. 嫗以告載
禧, 載禧大駭良久, 太息曰: "卽纖纖一姣女乎!" 逢人輒以爲言, 竟不知所之.

金銀愛, 康津良家女.
里有安婆者本娼也, 醜而甚口工誨淫. 銀愛母饒産而吝, 婆或稱貸不如意, 憾而

---

4 光裕: 원문에는 공란으로 되어 있으나, 여타 기록을 참고하여 보충하였다.

欲中之. 里童子崔正連, 婆與有聯, 冲穉娟好. 卽以男女之好挑之, 且言銀愛美曰: "而欲之乎? 第言而私銀愛, 吾爲而實之, 吾患疥, 藥債高奈何?" 正連曰: "毋憂, 事成吾必重報嫗, 藥債乎何有?"

婆乃出言曰: "銀愛耽正連, 余實媒之." 里莫信也. 或質之正連, 正連曰: "然, 銀愛期我於安嫗之室, 爲我大母所覺, 踰墻而遁." 於是銀愛之醜, 一邑莫不聞, 嫁幾不得售, 同里人金養俊獨知其誣而娶之.

己酉閏五月二十五日, 婆又揚言曰: "銀愛畔正連而嫁, 正連背我藥債, 我病之飢, 銀愛故也." 銀愛素剛忍而受讒者, 且二年, 至是寃憤愧恨, 益不自勝, 遂決計靡之.

翌日夜伺家人不在, 潛持厨刀, 扱裙而出, 疾趨安婆之室. 婆將睡露半體. 銀愛立燈下, 挺刃叱曰: "爾之淫, 反誣人乎? 昨日之誣, 又何甚也? 我欲甘心若久矣." 婆易其纖弱, 遽曰: "能刺刺我." 銀愛疾聲曰: "能." 徑刺其喉. 婆猶活, 急持把刀之腕, 銀愛氣益湧, 又刺喉之右. 婆始仆, 遂踞其傍, 刺輒罵, 凡十八刺. 見其殊, 乃抽血刃, 直走正連家, 路値其母, 泣挽之歸.

縣監朴載淳, 撿婆屍剚跡狼籍, 訊問如法, 銀愛毅然對曰: "妾之刺婆, 亦晚矣. 重被嫗誣, 不污猶污. 妾時未笄, 黽勉忍慎, 妾旣嫁矣, 搆誣益甚, 妾以是手刃之. 他人無預也. 聞之殺人者死, 妾知當誅. 然正連尙在, 妾死不瞑. 願官榜殺之, 以泄妾寃." 銀愛年纔十八, 身嬰三木, 少無怖色, 觀者莫不壯之. 九覈而辭如一, 縣監觀察使欲活之, 顧拘於法, 婉其辭而上之朝.

庚戌夏, 元子誕生大赦, 上審理死囚, 至銀愛獄, 敎曰: "此烈婦也. 使當列國時, 可與聶嫈齊名. 然殺人重律也, 問于大臣以聞." 左議政蔡濟恭議持法. 上曰: "昔海西處女有殺人者, 似此獄. 先王亟命之釋. 女出獄, 媒僋競集, 購之千金, 竟爲士人妻, 至今傳爲美談. 今銀愛不宥, 其可曰述志事而樹風敎乎?" 遂釋之, 頒示獄案于湖南, 以爲節義者勸.

女人荏弱, 不能操兵刃與人爭. 考之傳記, 如呂母龐娥之倫不多有, 婦人不邇戎器, 古之訓也. 稗史所傳紅線雲娘, 其事誠閃忽神異, 疑寓言者所託. 設有是也, 卽釖俠之流, 爲人報仇怨解鬪難, 豈若二女之捍然奮袂, 手翦除賊讎, 殲滅淫醜之爲快於心恔於義乎! 吁亦奇矣.

13 　賣粉嫗 / 玉娘 / 柳氏妾 / 有分

賣粉嫗, 都下人家婢也.

少有姿首, 隣之子悅而挑之. 不應, 從而賚之. 嫗謝曰: "吾故賤, 然竊墻而從, 卽死不爲也, 若卽不捨, 請吾父母許而後可." 隣之子退而具幣, 造嫗父母而言, 嫗父母不聽. 於是思慕菀悒, 遂成疾以死.

嫗聞而泣曰: "吾雖不沾於彼, 固心許之, 彼死而改之, 非義也. 且彼慕我而至於死, 我肯從他而歡樂乎?" 自誓不嫁, 賣粉爲業而至於死.

玉娘者, 鍾城女子而內寺婢也.

有殊色而喜書史, 家富而蓄書甚多, 常寢處其中. 邑中有儒生少年艷之, 作歌詞試投玉娘. 玉娘亦慕其才, 情和而謝, 因與之唱酬. 生乃微露其意, 玉娘唱然歎曰: "得生之才而托吾身足矣, 復何求?" 卽告父母, 約與爲婚姻, 生遽沒. 玉娘痛傷之, 待生之親盡婦道, 守節以終身.

金川人柳恒鎭之妾某, 其族人婢也.

族人適出, 使恒鎭守外, 婢守內. 恒鎭夜求飮, 婢奉漿而饋, 恒鎭悅其姿, 執手而挑之. 婢大恚, 持莝刀欲斬臂曰: "吾聞古之烈女, 有斷臂以去汚者." 恒鎭懼謝乃已. 仍誘之曰: "而與其爲人婢僕, 曷若媵於我而脫賤籍乎?" 婢愈怒不應, 已而曰: "君所言利也, 吾不可從. 然身已沾於君, 不可以他適, 君能終始我乎?" 恒鎭曰: "諾" 婢曰: "吾父母在, 苟父母不許, 請以死報君." 翌日果告其父母, 父母知不可奪許之. 婢慮恒鎭妻不見容, 往爲之執役累月, 乃以情告. 妻感其誠亦許之, 乃延恒鎭於父家, 以禮交焉.

其主不利也, 欲奪以與人, 與恒鎭父母謀, 居恒鎭于山寺, 久不得歸. 夜叩門聲甚急, 視之乃妾也. 驚曰: "汝不畏猛獸乎? 胡爲乎夜來?" 妾曰: "不幸主有他意, 今事急. 逃則累父母, 欲一見君而死. 且死於猛獸, 可以潔身." 恒鎭唶遣之, 將

身往解之. 未至, 其主果(門+卞)於暗室, 將使人亂之, 妾遂自經死. 其未死, 托其
父母, 乞以夫之服斂瘞于路側, 以見恒鎭往來也. 金川人至今傷之.

坡州驛奴金乭夢妻有分, 亦賤人也.
幼從隣媼入邑, 憩棹楔之下, 問媼曰: "此何門?" 曰: "旌門也." 又問: "旌門何故?"
曰: "孝子忠臣烈女, 官旌之." 又問: "何如爲烈女也?" 曰: "不事二夫爲烈女." 有
分竦然久之. 及嫁事其夫敬, 事其舅姑孝, 一郷稱之.
嘗歸母家, 獨穫於野, 里有惡男子欲犯之, 前求其鎌. 有分恚不予而罵男子, 男
子強奪貪之. 有分愈益奮罵, 拳擊男子折兩齒. 男子怒擊之傷其面, 有分披腹曰:
"殺我." 男子卽刺潰其腹, 乃仆. 男子刈草掩之, 慮其甦, 復蹴之而去.
有分果甦, 手納其腸而握之, 匍匐至家. 其母大驚問其故, 泣曰: "汝不畏死耶?
何不少屈以求生?" 有分大恚曰: "母何辱我? 我豈畏死者耶?" 釋其握, 腸出遂死.
縣聞之, 戮男子, 旌其門.

先王制婚姻之禮, 以定男女之大倫, 執純帛而迎之, 合卺而告廟, 媒氏掌其判, 不
如是者謂之奔. 然中春之月, 令會男女, 於是時也, 奔者不禁. 夫奔雖惡德, 亦先
王有時許之也. 夫讀禮而律身者, 苟有故則不能守其志者有之.
如四女人皆賤者, 非有濡染之素, 而或許以心則不欲渝其誓, 或許以身則不欲撓
其節. 男女之情, 死生之分, 亦大矣, 而不之顧者何也? 昔箕子設敎於東也, 國俗
化之, 婦女皆貞信, 至于今賴之. 穆姜之節, 令女之懿, 誠幾家有之矣, 且余見聞
不能廣, 只記其四. 安得以廣之, 俾發幽潛耶?

14　山南烈婦 / 金時雨

烈婦, 嶺南某郡士族.
舅惑後妻, 虐前妻子, 前妻子旣娶而亡不歸. 後妻生二子, 皆娶而烈婦其季也,
纔入門而舅姑俱沒. 久之有僧來言: "我前妻子." 道其婚時事, 私昵歈曲可以爲
證左者甚悉. 距其逃殆三十餘年, 前妻子婦卽信之, 爲夫婦如初. 二弟雖不拒,

心常疑之.

前妻子婦懟曰: "吾夫之出, 汝母之故也. 今歸而汝兄弟又欲搆殺之耶?" 卽具訴于官. 官問其隣里族黨, 皆言: "僧之爲兄也信, 二弟不當疑." 官痛二弟惡, 杖殺之. 僧夫婦專家政, 二弟旣葬, 其長婦自刎死.

烈婦時年十八九, 持刀誓墓曰: "彼僧眞僞未可知, 我將求其實. 苟未得也, 歸死亦未晚矣." 翦髮作頭陀狀, 從墓下而走, 遍遊國中山谷都邑閭里寺刹可物色者, 幾六七年, 而漠然無所得.

至安邊之黃龍寺, 時初冬蕭瑟, 海濤汹湧, 回廊闃然無人聲. 烈婦心自悲傷, 聲嗚咽不自勝. 寺有老僧明燭, 徹曉授其徒, 出而問曰: "客何爲而悲若是?" 烈婦見老僧鬚眉皤然, 眞實不欺人, 遂具訴其情曰: "彼誠假矣, 而無以辨其假, 豈吾求之不能盡其方耶? 抑眞者已沒也? 明將歸死於夫墓" 老僧戄然止之曰: "娘子勿過自悲哀. 天必鑑其誠. 老僧當爲娘子送之歸."

翌日烈婦行, 老僧卽聚其徒, 區處後事而發, 衆莫知故也. 老僧至其縣, 詣官自言: "我前妻子, 請與初來者決之." 初來者見老僧色沮, 不敢出一言. 僧罵曰: "若以吾徒弟, 從吾遊者三十餘年, 具知吾家事, 忽不辭而去, 今乃爲此." 初來者具服, 遂幷其妻而誅之. 僧詣父墓而哭曰: "兒旣不孝, 兩弟由我而死, 我何生爲?" 自到死. 烈婦嘆曰: "吾事畢矣, 可以報亡夫." 亦自刎死.

金時雨, 舒川人.

生三歲, 父避家難棄家去. 時雨年稍長, 日夜問父狀貌於母, 獨出求之. 南至海上而不得乃返, 又將求之北. 母持泣曰: "汝父出已久, 不可求. 吾惟恃汝而生, 汝又北往, 歸日未可卜, 吾何生爲?"

時雨乃娶於隣, 爲之治貨産得饒, 而婦又賢, 母甚宜之. 於是時雨泣曰: "兒失父常悲痛冤結, 豈敢安於室? 娶妻爲母養也. 兒今而後可往求父. 父不見兒不還, 母勿以兒爲念."

遂行至磨天嶺, 遇一老父, 時雨心動問之, 乃父也. 父子相抱持而哭, 哀酸動路人. 遂與俱歸, 州里皆感歎, 事聞旌其閭.

聖人設敎, 先正人家道者, 爲其消患亂於未然, 未有家道失而無患亂者也.

山南富人一失御家之法, 三子三婦皆殄而家遂亡. 烈婦之名以彰. 彼以纖弱之質, 間關險阻, 歷久而不渝, 卒乃伸其願, 誠有志者.

如金時雨亦奇矣.

15　金坥 / 金呂鳴

金坥, 字汝彦, 光山人, 世家陜川.

坥爲人寬厚好義. 英宗戊申春, 嶺南盜鄭希亮等起, 陜川守李廷弼聞坥名, 起家爲府千摠, 甚委任之.

郡人曺鼎佐者劇賊也, 夜謁廷弼, 言: "賊陷淸州殺節度使. 希亮等屯安陰, 與淸州賊相應." 盛言其可畏, 欲貳廷弼. 廷弼卽縛訊之, 迹見, 並囚其族兄聖佐, 卽發兵自守. 且調海印寺僧, 守賊衝要地, 促隣邑來救. 隣邑兵皆不至, 安陰賊復陷居昌而前. 廷弼自念單弱不能軍, 自往晉州, 求兵於節度使李時蕃.

郡掾鄭商霖出鼎佐聖佐於獄, 破其械, 擁之爲帥, 舘客舍, 以郡兵叛附于賊. 且脅三嘉兵從己, 三嘉兵亦叛. 鼎佐等並陜之郡豪好武斷, 商霖方擁鄉權, 爲橫郡中. 吏民特畏而從之, 其心固未欲叛王朝. 且官軍大破賊安竹之間, 獲其魁. 淸州人金晉熙等復斬賊渠, 以上黨山城反正. 觀察使又牒傍邑兵, 將擊陜川, 由是陜川人益恐, 聞廷弼還至郡境, 潛欲迎之.

坥初引疾避賊, 有爲賊勸坥解兵務者. 坥奮曰: "此地主所命, 惟地主令可解. 若再言兵可解, 齒我釖." 卽拔釖斫門闑, 賊不敢復言. 坥遂與掾吏李台卿等謀討賊, 誘聖佐曰: "晉陽兵將至, 將軍不一鍊卒而敵之乎?" 指前峰下曰: "此可爲敎塲." 聖佐從之, 移屯氷庫峴. 於是, 廷弼客盧世燁與陜川吏校, 伏賊陳之左, 三嘉軍次其後, 約聞銃聲則起.

部署旣定, 賊頗疑之, 鼎佐拔釖循軍中. 小吏李重春密謂聖佐曰: "危疑之際, 副將軍不宜撓衆情." 聖佐欲斬鼎佐而止, 呼諸校雜坐呼飮.

夜三更, 坥世燁與三嘉把摠尹世雄·草溪把摠金呂鳴等, 掩帷幎以擊之, 斃鼎佐聖佐於幕下, 德佐傷未殊, 卽斬之. 賊許澤跳出, 坮逐及之田中刺殺之, 幷擒其黨裴仲度·李星章等. 郡中平, 卽備旗皷迎廷弼入, 梟四賊首牙門之外.

星州牧使李普烄軍至境聞之, 奪廷弼牒爲已功, 徑告觀察營, 且言廷弼逃走坮迎賊, 廷弼被逮, 坮當斬. 會觀察使朴文秀直其寃, 坮得釋錄功, 階堂上, 僉知中樞府事以沒.

金呂鳴, 彦陽人, 世居草溪. 呂鳴早孤無生業, 力田而食, 爲人慷慨喜飮酒.
英宗戊申, 淸州賊李麟佐等先叛, 鄭希亮·曺聖佐等相和應, 全嶺騷屑. 郡中議呂鳴有膂力, 起爲邑把摠. 嘗會賓客親戚, 酒酣起舞, 仍歔欷曰: "吾當世亂爲武任, 死固職耳. 顧母老而子幼, 將誰托乎?" 且指二子而泣.
未幾, 賊起安陰, 陜川守李廷弼促召草溪兵. 艸溪兵素縮於陜川, 而觀察使又督令進兵. 郡守鄭賜賓素怯怯, 日悲泣不知所出, 自輅馬而立欲逃走. 呂鳴力陳不可, 且言陜危急狀曰: "此賊不過鄕里無賴, 倉卒烏合, 素無紀律. 郡兵若動, 與陜川三嘉兵臨之, 賊不敢犯, 而郡中自定. 今遷延不救, 巡察營以逗留論, 不亦宜乎?" 賜賓視日早晩, 意不在兵, 第言: "陜川危急, 若欲往則往, 兵不可得."
呂鳴雖苦諫無可奈何, 卽太息蹴賜賓前唾壺而趍出, 自以居軍任, 旣不得領軍赴期約, 無寧身自趍信地, 與賊鬪, 以自解於上司. 卽帶鈒獨行. 賜賓已棄城跳, 趍高靈入星州陣[5]. 時陜川座首鄭商霖乘郡守不在官, 出獄囚曺聖佐等爲帥, 郡已陷賊.
呂鳴旣至, 潛見千摠金坮於將廳. 坮方與其徒紛然有所指揮, 顧呂鳴曰: "方晨俟我於某所." 至則坮先來言: "我郡將在郡境, 今我發兵誅亂賊, 已與同志約矣. 君倘有意乎?" 呂鳴懽躍曰: "是吾志也." 遂指心爲誓.
三月之晦, 坮誘賊致野中, 夜飮旣醉. 坮呂鳴等掩擊之, 賊骿死於帟幕之下, 陜人報捷於星州陣[6]. 賜賓夜聞郡治有相殺聲, 畏怖匿山谷中. 及朝見諸將校捷書有草溪把摠金姓人着署, 大驚曰: "呂鳴在此乎? 是嘗蹴我唾壺而趍陜川, 意其從

---

5 陣: 원문은 '陳'으로 되어 있으나, 문맥을 고려하여 수정하였다.
6 陣: 위와 같음.

賊, 胡爲在此?" 草溪奸吏卞楚珩卽言: "盍捕斬呂鳴以滅口也? 不然使君逗留之
罪著矣." 暘賓初難之, 旣而言於衆曰: "呂鳴背主將而從逆, 當斬." 卽送令旗押
呂鳴, 至卽陣前斬之.

奉朝賀朴弼琦爲司諫, 啓言暘賓誣殺金呂鳴罪尤重, 上令本道覈其狀. 時暘賓
黨多結權貴人左右之, 寃終不得白.

士當危亂之際, 機事不密, 則害于身麕于行. 陝川之事, 至今訟李廷弼之寃, 而
坧與呂鳴無知者, 豈不悲哉? 當是時坧幾死, 呂鳴死, 亦不得伸, 彼巧於誣者果
何心哉? 功名之際, 終古然矣.

16 **李述原 / 愼溟翊 / 田興道**

李述原, 字善叔, 延安人, 家世儒素.
述原幼俊拔有折衝才, 及長知名縣中. 英宗戊申, 李獜佐叛陷淸州, 其黨多在嶺
南, 流布訛言, 郡縣皆騷動. 居昌縣監申正模憂懼不知所爲, 擇縣中豪, 得述原
而爲椽.
時獜佐弟熊輔與鄭希亮發難於嶺南, 希亮文簡公蘊曾孫也. 方居父憂, 卽脫衰
服, 鄕里中無賴, 刻木爲印, 裂錦爲裳, 起自安義之南里, 據古倉以叛. 述原請正
模發縣兵討之, 將士素畏希亮, 卽驚散歸希亮者以百數, 獨鄕吏愼克終不去. 述
原與克終榜縣門曰: "縣民從賊者斬." 旣而正模亦逃, 述原徒步二十餘里, 追及
山谷中, 執其裾泣曰: "還之縣." 正模亦泣不聽.
希亮入縣, 遣壯士縛致述原罵曰: "我移檄令整縣中兵迎我, 若敢違令爲?" 述原
罵曰: "若祖文簡公忠臣也, 若忍背而爲叛逆. 吾恨不得食若肉, 豈從若乎?" 希亮
黨羅崇坤請斬以令衆, 希亮曰: "刑不重, 無以威違令者." 使崇坤斬其額, 目鼻斷
立死. 時年五十. 有赤電出縣之枕流亭, 縣人異之.
子遇芳從右營將討希亮, 希亮被獲, 遇芳卽斷其首, 一軍稱之. 述原旣死事, 上
遣御史李宗城賜祭旌其門, 贈司憲府大司憲, 命觀察使立祠, 賜號褒忠.

愼溟翊, 字南擧, 居昌人, 少好潔行.

英宗戊申, 逆賊李熊輔鄭希亮羅崇坤等入縣中, 殺座首李述原, 欲令溟翊代之, 恐不聽, 令健卒縛致之. 溟翊自念徒死無益, 卽從之, 陽爲賊治兵事, 密以討賊方略, 報巡察使‧節度使‧討捕使三營.

又使別監李萬運乞救於星州右防將李慶宗, 自往熊陽倉備軍餉, 以待善山援兵. 又告鄕中忠義士勉討賊, 部署約束甚密. 希亮等不知也, 移兵咸陽, 已而事泄, 賊卽還軍茂林驛.

四月一日熊輔入客舘, 陳其徒欲斬溟翊, 衆競請貸其死. 熊輔恐溟翊死而衆叛, 卽止, 使力士杖之. 溟翊罵曰: “賊速殺我, 事之不成天也, 我豈從汝者? 賊速殺我.” 熊輔愈怒杖益力. 溟翊垂絕, 賊以爲死, 卽出棄之. 溟翊復蘇, 然傷已重不可救.

三日左防陳合縣中義兵至縣門外, 熊輔等皆敗潰被獲. 溟翊聞賊敗, 能大聲曰: “吾及見賊魁戮死, 吾死無所恨.” 遂死. 屢贈承政院左承旨, 享景忠祠.

田興道, 不知何許人.

戊申之難, 賊魁李獜佐夜入淸州, 殺節度使李鳳祥‧討捕使南延年‧裨將洪霖而尸之. 與其徒申天永‧梁德溥等, 咸聚節度使之堂, 飮酒喧呼, 意氣張甚.

門外報有人請謁, 賊魁延入之. 其人請上堂行賓主禮, 旣上堂, 又稍益近之. 賊疑之, 搜其身得一釽, 卽杖問其所欲爲. 其人曰: “吾欲爲國家除叛逆, 夫何問?” 賊究其徒, 閉口不言. 賊魁見其號牌曰: “此黃海道人也.” 仍殺之.

及亂平, 搜其囊有訴牒云: ‘田興道, 丙午謁聖武科初試入格.’ 考之兵曹榜目, 果錄‘閑良田興道, 年四十三, 居信川, 父幼學萬興.’ 問之黃海觀察營, 郡中果有田興道, 遊湖中未回. 事聞贈恤如例.

戊申之逆, 非潢池者類. 梟獍相連, 諸道響應. 能知取舍之分而其死於烈者, 搢紳則忠愍公李鳳祥‧忠壯公南延年, 儒生則李弘茂, 幕裨則洪霖, 鄕品則李述原‧愼溟翊, 武夫則田興道, 唯七人而已, 巨室大族往往附反逆誅滅者多. 死之早晚無幾何, 而榮辱若是, 不亦怵哉?

『초사담헌(草榭談獻)』4 원문

1 金晉熙

金晉熙, 故相國宇杭庶從子也, 居淸州上黨城下, 以孝聞於鄕.

英宗戊申, 逆賊李獜佐等藏兵於淸州北藪, 夜陷淸州, 殺節度使討捕使. 西向京師, 留其黨申天永爲假兵使, 據上黨城, 發州兵以自衛.

晉熙始聞變憤甚, 往見虞候朴宗元曰: “今兩帥已死, 公盍急招山東兵, 傍檄列邑以守城?” 宗元沈吟良久曰: “今無見兵, 奈何?” 晉熙知其欲降賊卽出. 宗元果降賊. 牧使朴鐙棄城走, 賊揚言京師已陷, 人心益洶洶. 列邑多觀望, 甚者傳凶檄治兵粮以待賊.

晉熙從上黨路見所知軍校投賊者, 爲言逆順, 往往感悟曰: “公幸言之. 吾幾得罪於國家多.” 止不往. 晉熙卽具酒食, 邀其親戚及里人雜坐, 語曰: “誰能從我殺城中賊者?” 衆感其義, 皆曰: “從公.”

先是晉熙約州校李震遇・趙重廉募兵, 震遇果以衆至. 晉熙有母年八十矣, 握手泣曰: “吾前年哭仲兒, 今汝伯遠去, 生死未可知, 汝又欲棄我而死於賊, 吾寧先死, 不忍見汝死也.” 晉熙曰: “日未午兒當還, 母無憂也.” 母曰: “日入不還, 吾當死.”

晉熙卽挺槍而馳, 從者七十餘人. 直抵山城水門外, 城上人欲射. 晉熙叱曰: “若

奚射? 趣召若將官來, 吾乃語." 會一賊將來, 卽晉熙舊所識也. 晉熙呼曰: "今王
師盡殺賊, 明日且到此盡戮若曹, 若曹不聞之耶? 若曹今盡死無類矣." 其人懼甚
曰: "將奈何?" 曰: "第開門. 若曹皆脅從, 何誅之有?" 其人然之, 遍諭城上人開西
門迎之. 晉熙以諸義兵旣入, 卽閉城. 諸義兵驚曰: "門閉而事不成, 將奈何?" 晉
熙曰: "城不閉, 衆必由此而逃. 吾所以閉之者, 欲以堅吾軍心, 且不令賊亡逸
也." 諸義兵皆曰: "善."

晉熙卽抵賊所居門外, 潛見其領砲者, 耳語其人, 入言天永曰: "卒露處久, 恐傷
銃心, 請試放之." 天永醉曰: "諾." 晉熙招其衆, 反圍天永館, 試放一砲, 諸義兵
卽壞門而入. 天永蒼黃覓雙釖而跳, 晉熙追殺之. 又格一賊, 賊勇悍, 旣擊其腦
落左耳, 猶挺刀而前, 勢甚急. 晉熙遽曰: "若不類賊, 豈官人歟? 吾誠誤傷之, 若
毋恨我." 賊曰: "諾." 晉熙卽割衣前裾與之曰: "用此拭血." 賊受之方拭其耳, 晉
熙擧槍擊其頸, 賊倒卽斷之. 於是, 城中定而日未午, 晉熙部署諸軍, 分守城門,
收兵使營將虞候印及賊中文簿, 將聞于朝.

晉熙母意晉熙必死, 涕泣欲自盡. 立談間, 人三四至, 晉熙心益急. 會鄕人朴敏
雄自州城斬數賊而至, 晉熙喜曰: "吾除兇賊, 非希功也. 吾來時與老母約日入
而歸, 今不歸母危矣. 君旣擧義而至, 請以爲君功." 敏雄固辭不可, 敏雄遂自爲
啓. 晉熙乃與敏雄引所擒諸賊斬之, 發倉中米餉士而返, 不自言其勞, 人亦少知
之者.

召撫使兪崇聞之, 欲以晉熙名改上而未果. 湖中儒生二百餘人, 又上書訟寃於
審理使, 審理使雖歎其義而亦不得上. 晉熙後以壽進秩至知中樞府事而終. 正
宗戊申, 搜訪亂中逸事, 晉熙名旣徹, 特贈崇祿大夫判中樞府事兼判義禁府事五
衛都摠府都摠管.

獜佐敗於安竹, 擁紙傘騎白騾入陽智山寺, 自呼曰: "大元帥來." 寺僧睨曰: "大
元帥何物? 汝必安竹賊魁也." 呼其徒縛於石槽. 寺隣里申姓人聞之, 曳木屐而
至, 求賣曰: "此奇貨也, 僧不賣, 吾當奪之." 相與上下其價者良久, 獜佐帖耳而
聽若牛馬也.

晉熙當國家之危亂, 首先奮發斬賊魁, 義也, 不忍以己之榮傷母之志, 棄功而徑

去, 孝也, 旣去而絶口不言, 讓也. 使晉熙揚揚然與罔功居利者列, 亦晉熙之所恥也. 余在陰城, 聞於其外裔在縣中者, 長八尺餘, 鬢鬐赫赫, 性优直云.

晉熙旣深藏于下邑, 湮沒沈潛矣. 正廟嘗加崇秩, 而人猶有不知者, 其知者亦掩諱不明言, 爲勘亂錄中載朴敏雄故也. 事在人耳目者, 模糊若是, 況千載之下乎?

2　李秀節 / 張翶

李秀節, 韓山人, 故判書秀彦之族也. 擧進士, 精術數, 出入於忠獻金相國之門. 景宗辛丑獄大起, 忠獻諸公被淫禍, 賓客多死. 秀節與忠獻之族令行等十九人被謫, 及有還, 過令行所居靑楓溪, 歷言某歲一番人當復進, 某歲被禍諸大臣當復官, 其言一一皆驗. 秀節以術中禍幾死, 英宗大王自在春邸, 知秀節故活之, 且其孫陷陋獄特放.

張翶, 字大鵬, 居義州, 素解天象.
韓德弼爲府尹, 會節使過期不至, 召翶問之. 翶曰:"王良星動, 主必遠出. 使待其還而後發, 所以遲也." 使至問之果然.
翶嘗隨節使入北京, 與僕御混. 有識者執手問所爲來, 亦異人.
先君子嘗爲雲山郡守, 遇之洪和輔謫所, 從容言:"賊星入紫微垣, 无何有丁酉秋獄." 晩而避隱寧邊釖山, 以辟穀導引爲事, 卒中奇禍死.

術數固君子所不言也. 然有理必有數, 自星象卜筮六壬奇門之法, 皆由數而生. 苟得推之精究之明, 可得前知之, 如李淳風·陳希夷之類其選也. 彼皆以道將之, 不妄言漏泄, 故得免於禍亂. 苟無德而行之, 適足以自戕矣.

3　金聖基 / 金鳴國

金聖基者, 琴師也. 初爲尙方弓人, 嗜音律, 棄弓而學琴. 且解洞簫琵琶, 能自爲新聲, 都下衆伎皆宗之. 然家貧甚, 妻子飢寒, 亦不之恤也. 晩乃僦居西湖, 買小舟釣魚以自給, 自號釣隱. 每靜夜月明, 泛中流, 引洞簫數弄, 水鳥皆驚起.
宮奴睦虎龍上變, 獄大起, 遂殺金忠獻等四大臣, 爲功臣封東城君, 氣焰熏人.
嘗大會其徒, 具駿馬徒從, 請聖基皷琴. 聖基辭以疾不往, 其徒請之者數輩, 終
不往. 虎龍怒曰: "聖基不來, 吾且辱之." 聖基方與客皷琵琶, 聞之大怒, 擲琵琶
於使者前, 罵曰: "若趣歸語虎龍, 吾年七十矣, 豈懼汝者? 若善告變, 盍告殺我?"
虎龍聞之色沮, 爲之罷會. 自是聖基罕詣人作樂, 有好事者訪之, 用洞簫爲歡.
聖基少語言, 不飮酒, 窮居江上以終.

金鳴國, 畫師也. 自號蓮潭, 其畫得於心, 不泥古法.
仁祖時以黃絹梳貼, 命鳴國繪, 十日而後進, 固不畫. 仁祖怒欲治, 鳴國對曰: "臣
固畫之, 他日公主當知之." 他日公主早梳, 有二蝨緣髮末, 爪之故不死, 視之畫也.
鳴國爲人踈放, 善諧謔嗜酒, 能一飮數斗, 醉而畫方神. 嶺南僧持大綃乞冥司圖,
用細布數十疋爲幣. 鳴國喜甚, 以布付家人曰: "用此付酒家, 使我得數月快飮足
矣." 旣而僧來索圖, 鳴國謂曰: "汝姑去, 俟我興到時." 如是者數四, 乃痛飮至醉,
臨綃而瞪良久, 卽奮筆, 頃刻而就. 殿宇甚陰幽, 鬼物森列若動, 其捽而前者, 曳
而刑者, 挫燒者, 舂磨者, 皆和尙比丘也.
僧見之愕然, 鳴國箕踞而笑曰: "爾徒以惑世誣民爲事, 入地獄者非爾徒而誰入
乎?" 僧嚬蹙曰: "公何誤我大事? 還我布. 當改求他." 鳴國笑曰: "若益市酒來,
吾爲爾改之." 僧卽具酒至. 鳴國飮至酣, 卽援筆髡者盡髮矣, 卽投筆大噱曰: "此
可以足汝意乎?" 僧嗟異曰: "公誠天下神筆." 拜謝而去.

懷絶藝者, 其性氣必異於人, 非駃迫束縛而得之也. 如金聖基隱居江上, 故以航
髒名, 豈虎龍所可屈哉? 世之士大夫, 或去就不能定, 以取汚辱者, 視聖基, 可以
知愧哉. 鳴國之畫, 亦閑曠俊逸, 非碌碌庸人矣.

4 **李台明 / 釋致雄**

李台明, 字汝三, 號半癡, 宗姓也.

家在瑞興, 世以稼穡爲事. 獨台明學爲詩, 長於絶句, 槎川李公秉淵自以爲不及
也. 少負氣多奇節, 擇賢豪長者遊. 每稠坐, 輒悲歌慷慨, 已而大笑.

槎川嘗得雪山圖爲障子, 欲題詩其上, 苦未佳, 乃屬台明, 台明諾之. 一夜大風
雪寒冽甚, 槎川擁衾獨睡. 至四更, 忽聞叩門聲, 急問曰: "子非半痴乎?" 曰: "然,
速開門張燈, 適得佳句, 思爲公題雪山圖." 槎川卽起迎之, 徑至障子下, 疾書而
去. 其詩曰: "柴門月落曉燈顏, 寒氣陰森繞閣梅. 病裡此身疑是夢, 雪山千疊忽
飛來." 槎川大奇之. 台明以詩遊於洛久之, 老而返瑞興以卒.

釋致雄, 號夢月, 居金剛山中. 與三淵金先生昌翕相得也, 同住白華菴中讀莊子.
其徒弟霜勳亦能詩, 三淵贈詩曰: "夢月淪光後, 逢師涕滿巾." 又咏金剛題其軸
曰: "峯奇盡瓊玉, 木老皆楓楠." 李槎川亦與之詩, 有曰: "萬木秋風獨立時" 霜勳
老居雲岳山, 抱是帖而遊吾家. 吾幼時亦嘗見之.

漢城之北白嶽山下, 故多詩人, 蓋三淵·槎川之風也. 如柳下洪世泰委巷人也,
詩名振一世. 當時公卿賢大夫皆折節禮之, 故名士韻釋多歸嶽下, 至今說嶽下
體, 亦一時之盛也.

5 **洪世泰 / 李泰**

洪世泰, 字道長, 唐城人.

本人奴也, 好爲詩, 善學唐人意. 清城金公錫胄曰: "高岑之流也." 其主怒世泰不
從令欲殺之, 清城出白金一百兩, 東平君杭亦如之得贖. 世泰縱益遊學, 得交金
農巖三淵二先生. 二先生喜爲之延譽, 由是詩名益盛. 或言: "世泰詩當在石洲權
韠之上·蓀谷李達之下." 世泰意猶不滿也.

上令工畫西湖, 命世泰賦之. 遂爲纂修郎, 掌選東人詩.

清城嘗入燕至榛子店, 見季文蘭詩. 文蘭江右秀才虞尙卿妻也, 爲清人所俘, 瀋
陽王章京以白金七千買之. 過榛子店題詩, 且曰: "天下有人心, 憐而見拯." 主媼
見之, 色悲楚凄黯而嬌艷動人. 從騎促之, 垂淚疾書, 右手倦, 卽左手接書之. 清

城爲言世泰, 世泰作鶗鴂詞, 聲調甚妙, 爲國人所誦.

世泰素德杭, 己巳文谷金相國之禍, 杭甚之. 辛巳杭被誅, 金氏諸人快之, 往觀其刑. 然世泰收杭屍, 農巖兄弟善之.

李泰, 本名泰海, 字子山, 李公晩成奴也. 雅善書, 李公嫉其妖邪, 將殺之, 朴凝齋泰觀愛其才而免之.

淸金尙明者, 其曾祖德雲爲義州知印, 墓在義州. 尙明之先, 丙子被俘, 仕淸爲貴族. 尙明以文學師雍正主, 爲散秩大臣, 尊寵用事, 贈德雲光祿大夫. 尙明常睠念故國, 爲我事甚力. 壬寅冊封英宗爲王世弟而請之, 亦賴尙明力得請.

嘗願得我國屛, 且要我人筆題之. 諸宰坐備邊司, 招泰書之, 泰卽大書曰: "平生慣寫崇禎字, 不忍提毫向虜屛." 坐皆驚欲罪之. 豊原趙公顯命曰: "匹夫之志難奪, 泰雖妄不可罪." 泰遂免罪.

嘗坐事配陰城, 戊申聞賊入淸州, 自請隷束伍哨官以討賊. 往辭其母, 母欲挽之, 卽拂衣起去, 聞賊破而止. 泰卒以邪死.

洪世泰·李泰, 一流人也, 其材亦同. 世泰俸俸不可以勢屈, 泰沾沾好交結縉紳間, 干預時事, 終之世泰免泰誅. 此可爲賤而有才者戒.

晉菴李相國嘗言: "世泰詩有傔從氣." 觀其詩, 未盡然也. 要之幅尺狹. 泰筆能變爲各體, 然輕薄不可法也.

6   嘉山童 / 郭氏兒

嘉山童者, 三登村氓也.

童母無子, 禱于嘉山寺, 彌勒佛夢言: "汝今有子." 童父遠賈, 適以其日還, 有娠生子, 名嘉山童.

年十六, 暴長肥大, 龐碩如彌勒佛. 婦家在江東縣, 其隣也. 童往詣之, 折三牛之脊. 尹守翼隨父任往見之, 童所居室, 通壁爲戶, 固已驚駭, 及見之, 聯五帽加之頭, 指如腕, 腕如股, 股如腰. 惟掩一布衾, 黃色蕩蕩, 不可逼視, 一日食飯三盆羹三盆. 所能卽紙牌象戲, 人莫能敵. 童本富家子, 家產從而盡. 二十餘歲而死.

郭氏兒, 玄風人, 忘憂堂郭再佑之族也.
其父失其名, 稱別將云. 別將老無子, 過七十始生男. 男猝長大, 三四歲能負薪
溫父母之室, 隣里人異之.
或曰: "是將有後禍, 盍除之?" 其父母憂之, 然憐愛不能決. 兒知之, 勸其母炊飯
數斗, 邀隣里聚食. 兒亦飽而後, 辭父母曰: "兒之長非罪也, 爲隣里所疑, 兒當遠
去." 其父母泣止之不可留. 然每父母有疾, 覺室溫, 恠而伺之, 兒夜輒負薪至.
旣跡之, 泣詢其故, 曰: "兒常念父母老無依, 候病發則輒來溫之."
居數年, 兒渡江入燕京, 匿于皇極殿傍, 爲康熙主所捉. 兒曰: "我朝鮮國玄風縣
郭別將子也." 主曰: "若欲何之?" 兒曰: "願還東土." 主曰: "若還必誅, 不若留上
國, 朕且官爾." 兒曰: "不可, 還見父母而死, 死亦無所恨." 主如其言還之. 朝議
或欲生之, 文忠公閔鼎重獨言當殺, 梟于玄風縣.

聖人不言怪, 若二人者誠怪矣. 西方有藏禪者, 能投胎奪舍, 嘉山童豈是歟. 郭
氏兒塗於虜主之室, 其意未可知也, 豈欲爲明室報仇哉. 苟然者, 其不成亦天也.

7 全百祿 / 田日祥 / 洪禹祚

全百祿, 穩城土兵也, 母夢白鹿而生, 故名曰白鹿, 及仕改百祿.
中武科爲慶興府使, 將之官, 路過鏡城. 時李東彦爲北評事, 以百祿爲北方之傑,
留與飮, 談邊塞事甚悉. 且問: "自吾來此, 北路人云何? 有得失, 可詳言之." 百祿
曰: "昔聞公居臺閣, 遇事敢言, 威稜凜然不可犯, 公自抵北幕, 日張妓樂以自娛,
他無所事. 閫帥守宰初甚怵畏, 相戒飭母敢以過失見公, 今則曰易易也. 夫聲樂
易傷人志, 公宜屛之而自重. 如不能遠聲樂, 後勿輕論人. 人必反譏公." 東彦瞿
然謝, 及還盛言百祿可大用, 遂得擢拜忠淸水軍節度使而卒.

田日祥, 潭陽[1]人, 以武顯.

嘗爲羅州營將, 治盜甚酷, 凡贓多與荐入者皆死. 盜患之, 夜聚錦城山, 詬辱之
甚醜. 日祥潛出而迹之聲在左岡, 卽從右岡詈辱如左岡盜, 左岡盜亦迹之而會. 日
祥曰: "我淳昌盜也. 吾徒死於日祥將盡, 且及我. 我欲刃其腹, 顧力單不能辦."
且解腰間錢授卒盜曰: "趣具酒肴." 已而卒盜擔數盆酒, 且縛一狗至, 斫木而燒
之. 日祥卽傾一盆而飮盡, 手劈狗半體, 並骨啖之. 盜羅拜曰: "壯士. 眞吾帥也."
日祥曰: "來夜又會此."

至則盜皆會而加數人矣. 日祥曰: "若徒豈有壯士乎? 如得我數十輩, 鏖日祥易如
反手耳, 來夜又會此."

日祥益齎酒肉而往, 會者又加數人. 日祥曰: "吾徒數十, 各聚七八人, 豈惟日祥
哉? 羅州城亦可覆也. 與若輩約, 我徒幾人吾皆能致之, 若等亦盡致若徒, 以某
日爲期." 衆曰: "諾."

於是, 日祥盡得其要領而返. 錦城, 去營可十里, 往返不移時, 雖傍御者不能覺.
日祥乃陰選城中壯士, 至期皆便衣納椎, 囑曰: "第從我至所期, 毋存等威, 必爾
汝我, 不者還而棍." 且伏健卒於山四隩, 約聞我嘯卽出掩之.

日祥從十餘人而至, 會者六七十人, 皆健盜也, 各挾釼椎, 勢甚獰. 日祥曰: "若等
皆至矣, 今夜第先共一醉可乎." 衆曰: "諾." 椎數牛酒再行, 日祥曰: "衆好漢醉
矣, 無以爲懽. 歌者歌, 舞者舞, 手拍角觗, 各從其好." 盜曰: "善." 皆釋釼椎.
日祥從者, 輒已去釼椎, 日祥始起舞, 忽長嘯, 從者皆嘯, 伏兵皆起, 盜拱手皆就
擒. 自是環羅州而邑無狗吠之警矣.

日祥常借南平民家鷹, 數日將還之, 民訴於倅. 倅大臣子, 逢日祥衆詬之. 日祥
曰: "某雖武夫, 位則乃上官也, 公侮辱之可乎?" 卽取鷹而裂之, 投南平倅, 徐命
轝出, 座中大驚. 官至節度使而卒, 年五十三.

洪禹祚, 南陽人. 出自將家. 美鬚髥, 便弓馬.
少遊俠邪間, 長安諸少年, 憚其趫勇, 莫敢近. 中武科, 顧地寒不得用, 得一僉使

而止. 家貧無以爲生, 從舊時所遊而寄食.

嘗從其族人某爲朔州倅者. 某新購胡馬而騎之, 馬甚悍踶齧莫能制, 獨禹祚當廐而立, 馬垂頭受制甚馴. 某忿其馬從禹祚馭而己不能馭, 縛之槽, 令羣卒亂撾之, 馬頹臥將死. 禹祚憐之, 自爲檢蒭豆, 視之甚勤而後得甦.

某罷官歸, 諸客各有所資. 禹祚獨請胡馬, 徒鞍而跨, 振鬣長鳴, 超險如飛. 及至京, 司僕寺聞其神駿, 購入內廐, 廐卒憚其悍, 餓殺之.

全百祿等三人, 皆豪俊之尤者, 碌碌無所知名. 雖少試之營鎭, 豈能盡其材哉? 使當孝廟時得備北伐之用, 必橫戈躍馬, 奮功名於遼藩之間, 惜乎其不當時也. 如百祿者, 又亢直不徇人, 卒能以是自拔, 亦盛時之風也.

8 刑仙 / 祁利衰

刑仙, 失其姓名, 大靜縣塞達里民也.

大靜在南海中, 土瘠确穀不茂. 刑仙力農不自給, 歲且歉飢甚, 盜隣家牛. 事覺被刑於縣, 旣出嘆曰: "吾不能忍飢而陷於盜, 何面目立於世乎?" 卽入漢挐山, 食木實松葉.

後二十餘年, 樵夫遇之, 散髮被薜荔, 毛遍體長數寸許, 目閃閃如電, 不類人形. 以能言故知其爲大靜縣塞達里人也. 欲與俱歸, 曰: "山中甚樂, 不願歸也." 高歌而行, 行步如飛, 遂失所在. 濟州人謂之刑仙.

祁利衰者, 石堂金公相定之奴也.

性樸直, 値歲饑不能自食, 爲富家傭. 傭直賤, 間出行乞, 人多不與. 夕而計所得, 不能食一日, 久而益窘. 於是, 喟然嘆曰: "甚矣! 吾生之苟也. 吾以糊口爲事, 若不能焉, 久而盜心生. 盜者吾所深恥也, 今如此, 吾寧死矣乎."

遂反鎖其外戶, 終日不出, 隣人固笑之. 再經宿而鎖之如故, 始怪之, 爭相告來集, 穴壁而視之. 祁利衰斂手瞑目, 盤膝而坐如塑. 或呼之若不聞也. 有村媼聞之曰: "彼其死矣. 吾曩見其忽忽然不樂也, 旣而由由然自得, 彼其死矣." 卽具飯

一盂羹一椀, 往呼其門曰: "翁何自苦如此? 我具飯與羹待此, 翁出可一飽." 久之
不應. 媼復泣而言: "非爲飽也, 惟吾意是圖." 祁利衰乃曰: "感媼之義. 雖然, 媼
亦貧, 安得繼我飽? 苟其長飽我, 吾又惡其無名, 媼速去." 媼立終日, 卒無奈何,
去之. 後數日, 祁利衰竟死其室中.

盜者人之所惡也, 飢則犯之, 失其性也. 爲有司者, 不能導之食而安其所, 乃反
刑之, 非先王哀矜之義也. 若刑仙者, 雖犯之, 能悔寤而自引, 卒能超然於物表,
祁利衰者, 恐流入於惡, 能辦一死而絶偸冒苟且之意, 皆賢於人一等矣.

魚錫光 / 洪橷

魚錫光, 字成之, 咸從人.
早中文科, 官員外郎. 聰明絶人, 每觀書目精觸紙, 紙若爲之穿. 嘗公座客有示
東坡所題寺壁詩者, 詩曰: "終歲荒蕪[2]湖浦焦, 貧女戴笠落柘條. 阿儂去家京洛
遙, 驚心寇盜來攻剝." 錫光諦視良久曰: "此謎語也. 終歲者十二月也, 荒蕪者草
田也, 湖浦焦者水去也. 其於字也, 爲靑爲苗爲法. 貧女戴笠落柘條者, 爲安爲
石. 阿儂者吳言也, 去家京洛者, 國也, 寇盜來剝者, 賊民也, 蓋謂靑苗法安石誤
國賊民也." 一坐大驚.
錫光爲人孤特有苦節, 不肯與有力者俯仰, 登第十年, 其仕不達. 又不得一小縣
以養親, 家道益貧, 恒並日而食, 能安之. 嘗取古今人禮說百餘家, 句櫛字解以
成書, 便於考校, 亦不得脫藁. 正宗甲辰卒.

洪橷者, 武人也, 中武科, 爲軍門哨官.
英宗嘗臨武臣講, 講書有曰: '丁胸矛'. 英廟適御松節茶, 敎曰: "汝安知丁胸矛
者. 矛之擵人胸者也." 橷遷延不對, 若有所思者. 上敎之再三, 橷離席伏, 卒不

2 蕪: 원문에는 '茂'로 되어 있는데, 『설부(說郛)』 권30 하의 기록에 의거하여 수정하였다.

對. 上疑其不知而故不對, 下兵曹棍之. 上怒益甚曰: "彼妖惡物也. 棍不足蔽之, 吾將親訊而戮之." 左右侍臣, 皆惶惻無人色. 橽氣色安閑, 不異平日.

徐奏曰: "勇士不忘喪其元, 臣固不敢惜死. 第上敎異於臣所聞, 思之而未敢妄對, 故遲也." 上問曰: "若何思?" 對曰: "臣方講第幾板丁胸矛, 註在上第幾板, 視之乃拒馬槍也, 以其丁馬胸, 故名."

上大奇之, 問有守令窠, 適舒川闕守, 卽除之. 正宗大王適侍側見之, 及設壯勇營, 問橽尙在, 已死矣.

士之踡蹟困頓者, 輒曰: "不遇時矣." 正宗大王求才如不及, 尺寸之能, 無不自試. 獨錫光困頓踡蹟而終, 豈可曰不遇時哉. 錫光解東坡詩, 誠奇矣. 以彼之才, 不隨俗苟容以取功名者, 其操尤可言矣. 洪橽之得一守, 亦可謂遇時矣. 惜乎! 不能壽以究其用也.

10   翠梅 / 莫德

翠梅, 湖西公州吏金聲達女也.

聲達管雙樹山城軍餉穀, 幻簿書, 盜米四百石, 事覺繫獄者數年. 徵及其族黨, 族黨數十人皆破家. 觀察使欲誅之, 治狀本將聞于朝. 翠梅夜叩幕府而哭, 持一牒, 牒辭委曲懇惻, 讀不能竟. 然裨將等力不能救, 第慰遣之. 翌日觀察使視衙, 民衆男女數百人, 喧譁盈庭. 翠梅被髮而前, 上階而泣曰: "乞蒙恩活父." 哀號凄酸, 見者無不泣下.

觀察使改容而聽, 卽問彼民衆何爲而至. 衆曰: "聲達罪固當誅, 且民等非聲達族黨. 直以孝女之故, 人各出穀一石, 可數百石, 乞以此贖其死." 觀察使曰: "若等且退, 吾將思之." 衆皆退, 翠梅不退, 蒲伏涕泣曰: "乞蒙恩活父." 裨將等亦以翠梅夜所訴者告, 觀察使惻然, 活聲達出獄.

翠梅自父囚, 朝夕躬持飯往遺父, 數年不懈如一日. 父聞當死不肯食, 翠梅叩首, 獄門外曰: "父不食, 兒請先死." 見食已還. 翠梅時年十七.

莫德, 新溪民家女.

海西久饑, 而谷山府使金孝元, 以善賑聞, 民携一男一女, 就之食, 女卽莫德也. 未幾, 民得惡疾, 莫德泣謂兄曰: "人言指血可治, 兄盍斷指以試之?" 兄持刀不卽決. 莫德曰: "疾久則不可救, 兄何惜膚如此?" 取其刀, 卽自割一指試之, 病果愈. 未幾, 民竟以癘死. 官聞莫德孝, 賞以米, 莫德卽散以募飢民, 負土以葬. 朝夕必就川上淨地而奠, 雖風雨不廢. 數月莫德又死, 官爲斂且葬, 旌其墓.

昔緹縈以書感動天子, 免父於刑, 曹娥赴水抱父屍以出. 若二女子有之, 誠者不可僞.

翠梅懇曲由中, 能使人仁惻, 莫德血其指, 卒不能救父於癘, 身又不終, 何? 其能於人而不能於天也, 殆有命矣夫.

11 趙節婦 / 優人妻

趙節婦, 金川人也. 其父屠者也.

家在鄉塾傍, 每鄉先生談說古今賢者事, 敎諸生, 節婦未嘗不竊聽, 喜爲父誦之, 父固不憙也.

旣長, 婦邑中富人. 富人子有惡疾, 節婦事之甚勤. 嫁數歲, 擧一女, 其夫死. 節婦度父必壞其節, 然爲兒強食之.

同里少年, 有欲節婦者, 請於屠者. 屠者曰: "吾女素烈不從我. 子必夜半多具人徒, 劫取之, 事可成也." 因受少年幣, 與約日爲會.

節婦聞之慟曰: "吾所以不卽死者, 爲夫家兒. 苟不得守吾志, 何可顧夫家兒而生哉?" 潛詣夫座哭甚哀, 退乳懷中兒, 作書繫兒腕, 託其兄之爲邑人婦者, 解裙帶自縊死, 年二十二.

優人妻, 湖南某邑巫也, 少而美.

夫之徒慕之, 具孝子服, 往邀巫曰: "我某邑優也, 父祥在明日, 敢請娘以薦福." 巫信之, 與夫往. 優故引入山谷中甚僻迂, 卽縛其夫. 巫顧曰: "老奴性妄, 喜乾妬, 每毒打我, 吾嘗恨之, 君縛之甚善."

旣縛, 欲刃之. 巫止之曰: "吾固欲彼死, 我與彼久居, 誠不忍見其死, 且屛我隱處
而後殺之." 優卽以巫入林中. 巫故媚之曰: "彼老而爾壯, 彼醜而爾美, 我不從爾
而何之?" 出橐中飯, 搯以相哺, 拔優人佩刀, 切肉自啖之, 復以刃揷肉而啖優.
優喜甚張口而受之, 巫刀刺其喉而殺之, 解夫縛以歸.

屠與優, 賤者也, 辱人必數屠與優. 然或臨危而決死, 或以術而免夫死, 固男子
之所難也. 賤者雖自賤, 而其不賤者存, 論人輒以地高下者何哉?

金姬, 黃州良家女也.

年十九, 爲兵使尹重淵所畜. 未幾, 重淵病且死, 囑家人曰: "彼少而無子, 必嫁
之." 姬聞之, 欲先自裁, 家人守之甚, 不得死.

久而後, 歸覲父母, 已而重淵兄泰淵以罪誅. 爲泰淵嗣者, 重淵子也, 與妻竄海
島, 妻生男於道, 名曰道生云.

姬聞重淵家覆, 將赴與之同死生. 其父母泣曰: "彼乃罪人家, 殘靡破敗, 人違棄
之不暇, 況敢嚮邇之乎? 若去將誰依? 若如未嘗嫁者而守若志, 姑衣食我而資其
餘, 以畢汝生, 誠不負尹氏矣. 且吾不忍捨諸懷而投水火中也." 姬見父母意堅,
卽納屨, 號泣於門, 父母亦無可奈何, 卽治僕馬資送之.

至則重淵家空虛, 而獨其妻在, 相見卒愕, 握手涕泣. 旣而相歡愛若兄弟然. 久
之重淵婦沒. 道生之母, 又蒙恩有, 還卽沒, 獨道生在, 而纔六七歲.

初泰淵爲將, 秉兵柄數十年, 富貴甲都下, 及被誅, 泮渙壞亂. 僮僕皆強梁, 不循
法度, 田廬漫漶, 爲射利者所乾沒. 姬一朝理家事, 事皆整齊不棼亂, 書籍器用
皆具籍, 無所遺失, 家道復盛如泰淵時.

旣而挈道生, 屛居楊州田舍, 里中無賴, 誘道生賭技, 以攘其貲. 姬曰: "是不可居
兒." 自楊州遷之原州之伽倻. 數爲酒食供鄰里讀書者, 請爲道生談說古人言行,
得不爲外誘遷, 聞者皆樂爲之師. 道生旣娶, 不宜其妻, 姬誠勸其好合, 卒得諧

其志.

姬年五十六, 而卒于尹氏, 凡爲尹氏效勞者三十年. 家人撿其藏, 無一布縷自私者.

仁者不以盛衰改節, 義者不以存亡易心, 古昔程嬰·杵臼·諸葛武侯之倫, 其至也. 此男子之所難, 如金姬者, 非由學而自能合仁義之道, 不亦異哉! 夫人不勝一朝之諒, 自輕其身, 而經溝瀆者, 固多矣. 金姬能終始貞固, 不渝其志, 又能持門戶以斡稱, 其材亦足偉矣.

13 趙峴

趙峴, 平壤人. 父兵使東漸, 峴亦官兵使.

正宗丁酉, 坐事謫濟州. 其故人金永綬爲牧使, 而管謫人甚嚴, 每月朔望閱于庭, 以防走逸. 峴値天寒着毛裘, 永綬曰: "罪人安敢自便?" 使人捽而裂之. 峴憤甚卽病劇, 囑官人上京者曰: "吾家在大興, 爾歸可傳吾某月某日死." 官人漫應之. 旣而自京還, 至大興界而憩, 夢峴曰: "吾死矣, 若不傳吾家何也?" 官人大驚覺, 直詣峴家告來時峴所言及峴告諸夢. 家人卽往尋之, 峴果死.

峴臨沒謂主人曰: "斂我不可付我傔, 傔多詐." 又謂傔曰: "若勿死我而多乾沒. 我且禍汝." 死之夕, 主人女子未笄, 忽張目奮拳作男子聲曰: "我趙兵使也. 亟捽某傔來." 傔自攝伏庭下, 神罵曰: "汝敢竊我斂時服幾件爲. 我欲殺汝而不忍, 汝速出而焚之." 傔不敢匿, 焚之如神言. 神又恨永綬甚曰: "獨不念舊時情, 而衆辱我乎?" 淚隨下如雨.

或曰: "神誠憾彼, 何不懼之?" 神曰: "彼命吏也, 不可侮也." 永綬聞之以爲妖, 張威而出, 欲置女子于刑, 及見女子, 其聲音狀貌乃峴也. 卽前而勞苦永綬, 且訕其薄. 因及少時事, 皆永綬所獨知也. 永綬異之而止. 柩返而神不去曰: "吾謫限未滿, 滿當去."

一日謂主人曰: "具小船如升, 上張錦帆, 吾乃行." 主人如其言, 且具酒食以餞. 神醉飽已, 帆自動涉波濤以去, 見者無不流涕. 神忽返曰: "吾始謫, 吾妻知不復見, 贈一襦. 吾置架上而忘之, 婦人之襦, 不可褻也, 主人搜得之, 載于舟." 又曰: "吾當解北兵使而歸也, 遇某人於鐵嶺上, 先王罪其人, 命戴氊笠之謫. 吾心憐之, 脫吾錦氊笠而與之, 至今不能忘. 聞其人子亦方謫此而不敢見, 彼亦知此否乎?" 言訖而舟動復去. 主人女子昏倒於地, 舟旣還, 乃蹶然起, 非復帨也.

昔子產有言曰: "人生始化曰魄, 旣生魄, 陽曰魂. 用物精多, 則魂魄強, 是以有精爽."
帨世世武家, 建節鉞佩符綬, 掌三軍之重, 用物誠弘矣, 取精誠多矣. 又憤恚恨毒, 中心有不自得者. 其強死也, 魂魄爵結而不散, 乃憑依於人, 以見靈異, 斯理固不可誣矣.

14 牛尋 / 儁首坐

牛尋者, 僧也. 貌朴而駛.
乞食於華山太古寺, 久之不去, 僧徒苦之, 至呵叱窘辱, 尋恒嘻嘻而笑. 僧徒尤憤其所爲, 擧杖欲擊之, 尋乃走, 數日復歸.
春洲金道洙讀書寺中, 從容語曰: "汝遭窘辱而獨無恚乎?" 尋率爾答曰: "本無榮, 安知辱?" 卽又以痴語亂之. 道洙曰: "若非庸人也, 獨不爲吾一攄胸中所蘊乎?" 尋遂斂膝而坐, 發言皆奇.
道洙曰: "是所謂藐然喪其天下者也." 尋笑曰: "放勛乃不能喪其身, 獨喪其天下耶?" 道洙益歎曰: "奇材也. 汝何自棄如草木乎?" 尋又笑曰: "吾旣不知有吾, 況知有名迹乎?" 是日逃去.
道洙嘗遊伽倻山中, 遇僧義訥者具言之, 訥驚曰: "是僧常住是山三年, 人不知爲異僧也."

儁首坐者, 不知何許僧, 而寓於伽倻山, 自稱儁首坐. 首坐者, 僧長老之稱也. 形貌如木瘿, 語音如稚犢, 寺僧怪駭之.
有一布衣士至寺, 氣宇軒擧, 顧眄流彩, 吐音鴻亮. 適有靑庵經徒六七人來謁,生乃纚纚談內典, 經徒相顧吐舌. 俙方坐睡東寮, 乃欠伸而起, 與生話. 傍人茫然不知爲何語, 自晡時至夜深. 生起而長跪拱揖, 俙端坐不動, 忽俱起出至樓上. 時正中秋, 山空月明, 萬籟俱寂, 但嘿嘿相對如泥塑人. 向曉生忽朗吟, 其韻節若金剛偈, 而其語不能解也. 明朝俱不知所去處.

豪傑之人, 往往不能發舒其氣, 憤世嫉俗, 不顧失路之悲, 寧以身自托禪林, 沈冥物外, 不欲汨沒湮沕, 自同於流汚. 其稱以異僧者, 非其志也. 使聖人者作, 彼皆在弟子之列, 得以聞大道, 則必彬彬然成章矣. 余嘗讀論語微子篇, 多擧避世之人, 聖人思狂狷之士者, 亦有以夫.

15 權克中 / 李德宇

權克中, 安東人. 能文章, 隱居古阜之天台山, 鍊丹不出. 其後坐化, 有虹自其屋發, 上燭于天. 註參同契行于世.

李德宇, 安邊人. 始居德源, 娶婦生一女. 德宇嘗掩捕其婦解衣與人私. 私者搏顙乞命, 德宇笑曰: "吾豈爲是殺汝乎? 汝欲吾妻乎? 與汝取去. 且幷田宅悉汝畀. 唯吾女非汝種也, 汝宜憐之."
長而擇所歸, 卽去入黃龍山中, 結菴以居. 每腰大斧入山, 斫松得錢, 時送於私婦者, 俾養己女. 德宇時亦來見, 其人感而善待之.
德宇旣益老, 更築土室於絶頂, 每夜中起拜北斗, 虎豹之屬, 環守其廬, 夜來朝去, 遇之路必避匿. 能一食斗米, 亦能數日不食. 年八十餘, 上下層崖如飛.

禪學之盛于東方, 在丹學後. 東方之丹學, 自金可紀始, 可紀入唐, 遇正陽眞人, 傳得鍊金口訣東歸, 遞相傳授, 其源派甚明. 自禪學盛, 而漸就澌滅, 彼亦有莫能兩大者乎. 李德宇者非有得于丹學, 而能壽而健. 不知其得道之由, 然由受氣之厚故歟.

研經齋

참고문헌

1. 원전류

『논어(論語)』

『대학(大學)』

『맹자(孟子)』

『서경(書經)』

『시경(詩經)』

『예기(禮記)』

『주례(周禮)』

『주역(周易)』

『춘추좌씨전(春秋左氏傳)』

『효경(孝經)』

『소학(小學)』

『고악부(古樂府)』

『당서(唐書)』

『사기(史記)』

『삼국지(三國志)』

『삼국지연의(三國志演義)』

『세설신어(世說新語)』

『설부(說郛)』

『송사(宋史)』

『열선전(列仙傳)』

『장자(莊子)』

『전국책(戰國策)』

『진서(晉書)』

『한비자(韓非子)』

『한서(漢書)』

『후한서(後漢書)』

『고려사(高麗史)』

『광해군일기(光海君日記)』

『국조인물지(國朝人物誌)』

『동사강목(東史綱目)』

『무과방목(武科榜目)』

『무예도보통지(武藝圖譜通志)』

『사마방목(司馬榜目)』

『삼국사기(三國史記)』

『삼국유사(三國遺事)』

『선조수정실록(宣祖修訂實錄)』

『숙종실록(肅宗實錄)』

『신증동국여지승람(新增東國輿地勝覽)』

『광해군일기(燕山君日記)』

『영조실록(英祖實錄)』

『정조실록(正祖實錄)』

강박(姜樸), 『국포선생집(菊圃先生集)』

김상정(金相定), 『석당유고(石堂遺稿)』

김원행(金元行), 『미호집(渼湖集)』

김창협(金昌協), 『농암집(農巖集)』

김창흡(金昌翕), 『삼연집(三淵集)』

김하구(金夏九), 『추암집(楸菴集)』

남구만(南九萬), 『약천집(藥泉集)』

노인(魯認), 『금계집(錦溪集)』

박세당(朴世堂), 『서계집(西溪集)』

성대중(成大中), 『청성잡기(靑城雜記)』

성해응(成海應), 『연경재전집(硏經齋全集)』

성현(成俔), 『용재총화(慵齋叢話)』

송시열(宋時烈), 『송자대전(宋子大全)』

송인명(宋寅明), 『감란록(戡亂錄)』

송제민(宋濟民), 『해광집(海狂集)』

신방(申昉), 『둔암집(屯菴集)』

신숙주(申叔舟), 『해동제국기(海東諸國記)』

원교(袁郊), 『감택요(甘澤謠)』

유몽인(柳夢寅), 『어우야담(於于野談)』

유성룡(柳成龍), 『징비록(懲毖錄)』

유신환(俞莘煥), 『봉서집(鳳棲集)』

유희경(劉希慶), 『촌은집(村隱集)』

윤영(尹鍈), 『항부동기(恒符同奇)』

이건창(李建昌), 『명미당집(明美堂集)』

이광정(李光庭), 『눌은집(訥隱集)』

이규경(李圭景), 『오주연문장전산고(五洲衍文長箋散稿)』

이긍익(李肯翊), 『연려실기술(燃藜室記述)』

이덕무(李德懋), 『청장관전서(靑莊館全書)』

이백(李白), 『이태백집(李太白集)』

이수광(李睟光), 『지봉유설(芝峯類說)』

이유원(李裕元), 『임하필기(林下筆記)』

이의현(李宜顯), 『도곡집(陶谷集)』

이익(李瀷), 『성호사설(星湖僿說)』

이재(李縡), 『도암집(陶菴集)』

이재형(李載亨), 『송암집(松巖集)』

이종휘(李種徽), 『수산집(修山集)』

이항복(李恒福), 『백사집(白沙集)』

이현일(李玄逸), 『갈암집(葛庵集)』

장황(章潢), 『도서편(圖書編)』

정래교(鄭來僑), 『완암집(浣巖集)』

정약용(丁若鏞), 『다산시문집(茶山詩文集)』

조경(趙璥), 『하서집(荷棲集)』

조귀명(趙龜命), 『동계집(東谿集)』

증공(曾鞏), 『도산정기(道山亭記)』

최치원(崔致遠), 『고운집(孤雲集)』

허목(許穆), 『미수기언(眉叟記言)』

홍세태(洪世泰), 『유하집(柳下集)』

『청구야담(靑邱野談)』

『국역 고대일록(孤臺日錄)』, 정경운, 한명기 외 역, 한국고전번역원, 2009
『국역 고려사절요(高麗史節要)』, 이재호 외 역, 민족문화추진회, 1968
『국역 국조보감(國朝寶鑑)』, 양홍렬 외 역, 민족문화추진회, 1996
『기행문선집』, 조선문학예술총동맹출판사, 1964

2. 논저류

이우성, 『신라사산비명교역(新羅四山碑銘校譯)』, 『이우성저작집』 7, 창비, 2010
최영성, 『역주(譯註) 최치원전집(崔致遠全集)1 사산비명(四山碑銘)』, 亞細亞文
化社, 1998

찾아보기

나

재단법인 실시학사

실학사상의 계승 발전을 위해 설립된 공익 재단법인이다. 다양한 학술 연구와 지원 사업, 출판 및 교육 사업 등을 수행하며, 실학사상의 전파와 교류를 위해 힘쓰고 있다. 1990년부터 벽사 이우성 선생이 운영하던 '실시학사'가 그 모태로, 2010년 모하 이헌조 선생의 사재 출연으로 공익법인으로 전환되었다.

경학 관계 저술을 강독 번역하는 '경학연구회'와 한국 한문학 고전을 강독 번역하는 '고전문학연구회'라는 두 연구회를 두고 있으며, 꾸준하게 실학 관련 공동연구 과제를 지정하여 그에 맞는 연구자들을 선정·지원함으로써 우수한 실학 연구자를 육성하고 연구 결과물을 사회에 환원하고 있다. 이번에 상재하는 '실시학사 실학번역총서'도 그의 소산이다. 앞으로 아직 세상에 제대로 드러나지 않은 실학자들의 문헌을 선별해 오늘날의 언어로 옮기며, 실학의 현재적 의미를 확인해 나갈 것이다.

홈페이지 http://silsihaksa.org

실시학사 실학번역총서 09

연경재 성해응의 초사담헌

1판 1쇄 인쇄 2015년 10월 10일
1판 1쇄 발행 2015년 10월 20일

기획 | 재단법인 실시학사
지은이 | 성해응
옮긴이 | 손혜리·이성민

펴낸이 | 정규상
펴낸곳 | 성균관대학교 출판부·사람의무늬
등록 | 1975년 5월 21일 제1975-9호
주소 | 110-745 서울특별시 종로구 성균관로 25-2
전화 | 02)760-1252~4 팩스 | 02)762-7452
홈페이지 | http://press.skku.edu

ⓒ 2015, 재단법인 실시학사
ISBN 979-11-5550-133-7 94150
      979-11-5550-001-9 (세트)
값 28,000원

잘못된 책은 구입한 곳에서 교환해 드립니다.
사람의무늬 는 성균관대학교 출판부의 인문·교양·대중 지향 브랜드의 새 이름입니다.